精 益 生 产

刘树华　鲁建厦　王家尧　编著

机 械 工 业 出 版 社

本书由一汽轿车股份有限公司专家与浙江工业大学工业工程与物流系教授合作编写而成。全书由精益生产方式的理论体系、支撑技术和实施过程等三方面组成，以介绍精益生产体系为主线，并主要结合中国第一汽车集团公司应用案例，详尽地介绍了各种精益生产的组成技术及其原理，系统性强，案例丰富。全书共分13章，分别为：概述、准时化生产、看板管理、均衡化生产、流程化生产、准时化物流、自働化、标准作业、现场改善、TPM、品质管理、人才培育、价值流图。

本书可作为精益生产相关从业人员的研究、参考资料，也可以作为高等院校工业工程及相关专业本科生和研究生的教材。

图书在版编目（CIP）数据

精益生产/刘树华，鲁建厦，王家尧编著. —北京：机械工业出版社，2009. 10（2025. 8 重印）
ISBN 978-7-111-28260-0

Ⅰ. 精⋯ Ⅱ. ①刘⋯②鲁⋯③王⋯ Ⅲ. 企业管理：生产管理 Ⅳ. F273

中国版本图书馆 CIP 数据核字（2009）第 160845 号

机械工业出版社（北京市百万庄大街 22 号 邮政编码 100037）
策划编辑：张敬柱 责任编辑：张敬柱 版式设计：张世琴
责任校对：王 欣 封面设计：张 静 责任印制：张 博
北京铭成印刷有限公司印刷
2025 年 8 月第 1 版第 30 次印刷
184mm×230mm · 19. 5 印张 · 1 插页 · 409 千字
标准书号：ISBN 978-7-111-28260-0
定价：48. 00 元

电话服务　　　　　　　　　网络服务
客服电话：010-88361066　　机 工 官 网：www.cmpbook.com
　　　　　010-88379833　　机 工 官 博：weibo.com/cmp1952
　　　　　010-68326294　　金 书 网：www.golden-book.com
封底无防伪标均为盗版　　　机工教育服务网：www.cmpedu.com

前　言

众所周知，丰田汽车公司在国际市场竞争中成功的秘诀之一就是开创了一种全新的生产管理模式——丰田生产方式（Toyota Production System, TPS）。TPS 可以说是世界制造史上一大奇迹，给企业提供了一个最佳解决方案，科学灵活地实行 TPS 可以设计并生产出高品质低成本的产品，并能快速响应顾客需求，达到以最小的投入实现最大产出的目的。现在对于 TPS 的研究已经遍布全世界，众多研究与推广 TPS 的企业都已获得相当可观的成果。1985 年，麻省理工学院等单位的专家用了五年时间对丰田公司和丰田生产方式进行研究后，把丰田生产方式总结为精益生产，诞生了精益生产这一名词。

目前，中国正处于世界制造中心形成的阶段。在当今快速多变、竞争日趋激烈的市场环境中，中国制造业面临着比以往更多的来自低成本、短周期和高品质等方面的压力。为解决当前的困境，很多企业开始纷纷学习并导入精益生产，其中一些取得了丰硕成果，如中国第一汽车集团公司（以下简称一汽）。但更多的情况是，企业管理者渴望掌握精益生产的理论和知识，了解"精益思想"，在企业中导入精益生产，却又不知从何处入手，或即使硬性导入也难以有效地组织实施。因此，编写一本系统介绍精益生产原理与应用的书籍就显得非常重要。为了满足企业更多、更深入地学习和应用精益生产的要求，作者根据一汽轿车股份有限公司推行精益生产的经验，特编写了本书。

本书由精益生产方式的理论体系、支撑技术和实施过程 3 部分组成，以介绍精益生产体系为主线，并主要结合一汽应用案例，详尽介绍各种精益生产的组成技术及其原理。全书共分 13 章，分别为精益生产概述、准时化生产、看板管理、均衡化生产、流程化生产、准时化物流、自働化[⊖]、标准作业、现场改善、TPM、品质管理、人才培育、价值流图等。

本书由一汽轿车股份有限公司专家与浙江工业大学工业工程与物流系教授合作编写而成。一汽三次大规模推行丰田生产方式，并已取得了很好的效果。1978 年，一汽到日本丰田公司学习 TPS。1981 年，一汽在大野耐一指导下建立 TPS 样板线。20 世纪 90 年代初，一汽再次引进 TPS，生产轿车能力由 8 万辆提高到 12 万辆，降低在制品 70%。2002 年，一汽轿车股份有限公司开始推行精益生产，实现了多品种汽车混流生产；4 条

⊖　自働化中的"働"为"动"的异体字，但在丰田生产方式中被赋予了不同于"动"的特殊含义，且被业界所公认并广泛使用。为了尊重行业习惯，本书将沿用自働化的提法。

生产线达到整体优化的标准，在制品储备下降40%。一汽推行精益生产的经验为本书编写奠定了很好的基础。浙江工业大学工业工程与物流系从1994年开办工业工程本科专业以来，一直从事工业工程、精益生产的教学研究工作，有较深的理论研究水平与丰富的实践经验。这种校企合作编写的模式，既能发挥高校的理论优势，又能结合企业实际推行中的成功经验，使得图书编写更能符合企业实际需要。

本书主要由一汽轿车股份有限公司原副总经理刘树华高级工程师、浙江工业大学工业工程与物流系主任、工业工程研究所所长鲁建厦教授、中国机械工业企业管理协会培训师王家尧高级工程师合作编写，刘树华负责总体编写，鲁建厦负责全书统稿。同时，浙江工业大学的研究生黄祯祥做了大量资料收集、整理与初稿编写工作，兰秀菊副教授对本书初稿进行了修改整理，还有很多其他老师和同学做了不少工作，在此不再一一列出。在本书编写过程中采用了一汽轿车股份有限公司推行精益生产的大量案例以及其他企业的部分案例，并引用了《新丰田生产方式》（1~3版，门田安弘著，王瑞珠等译）中的部分内容，同时还引用或参考了其他相关书籍资料，在此对这些文献的创作者一并表示感谢。

本书读者可以看到机械工业出版社教学服务网（www.cmpedu.com）免费下载本书的PPT课件素材。

由于作者水平所限，书中难免有一些问题或错误，敬请广大读者批评指正。

作 者

目　　录

前言
第一章　概述 ················ 1
第一节　精益生产形成 ··········· 1
第二节　精益生产理念 ··········· 4
第三节　精益生产体系 ·········· 14
第四节　背景资料 ············· 18
第二章　准时化生产 ·········· 23
第一节　准时化生产概述 ········· 23
第二节　准时化生产实现方法 ······ 24
第三章　看板管理 ··········· 30
第一节　典型生产方式 ·········· 30
第二节　看板概念、类型和功能 ····· 32
第三节　工序内看板和工序间
　　　　　领取看板 ··········· 34
第四节　信号看板 ············· 44
第五节　外协领取看板 ·········· 46
第六节　特殊看板 ············· 50
第七节　看板使用问题 ·········· 54
第四章　均衡化生产 ·········· 56
第一节　均衡化生产概念 ········· 56
第二节　总量均衡 ············· 58
第三节　品种均衡 ············· 60
第四节　均衡生产实施 ·········· 67
第五章　流程化生产 ·········· 77
第一节　流程化生产概述 ········· 77
第二节　一个流生产 ··········· 80
第三节　设备布置和设计 ········· 94
第四节　少人化 ············· 104

第五节　缩短作业切换时间 ········ 113
第六章　准时化物流 ········· 131
第一节　准时化物流概述 ········ 131
第二节　工厂间物流 ··········· 135
第三节　厂内物流 ············ 145
第七章　自働化 ············ 150
第一节　自働化概述 ··········· 150
第二节　人机分离 ············ 153
第三节　异常管理 ············ 157
第四节　防错法 ············· 168
第八章　标准作业 ··········· 178
第一节　标准作业概述 ·········· 178
第二节　标准作业文件 ·········· 181
第三节　标准作业改善 ·········· 192
第四节　标准作业再分配 ········· 198
第五节　标准作业执行与完善 ······ 202
第九章　现场改善 ··········· 203
第一节　现场改善概述 ·········· 203
第二节　5S ················ 205
第三节　目视管理 ············ 212
第四节　基础 IE ············· 218
第五节　改善顺序和方法 ········· 225
第十章　TPM ·············· 232
第一节　TPM 概述 ············ 232
第二节　TPM 活动内容 ········· 235
第三节　TPM 活动实施 ········· 247
第十一章　品质管理 ········· 249
第一节　品质管理概述 ·········· 249

第二节　品质保证方法 ·············· 253

第三节　全面质量管理 ·············· 264

第四节　6σ 管理 ·················· 265

第十二章　人才培育 ·············· 268

第一节　人才培育概述 ·············· 268

第二节　在岗培训 ················· 273

第三节　多能工 ·················· 277

第四节　技能评价法 ··············· 280

第五节　团队工作 ················· 284

第十三章　价值流图 ·············· 288

第一节　价值流图概述 ·············· 288

第二节　绘制当前状态图 ············· 290

第三节　绘制未来状态图 ············· 297

参考文献 ······················ 306

第一章 概　述

第一节　精益生产形成

一、大量生产方式产生

20 世纪初期，当时的制造业生产方式以手工单件生产为主。由于生产率低、生产周期长，导致产品价格居高不下。人们对产品有需求却无力购买，最后致使许多作坊和工厂面临倒闭的危机。第二次工业革命以后，随着机器的全面普及使用，机器渐渐代替人力成为生产制造的主要方式，从而大大促进了生产力的发展，提高了生产率。大量生产方式就在这种背景下应运而生。

大量生产方式从形成到发展主要经历了萌芽期、形成与发展期和全盛期三个阶段。

1. 萌芽期

19 世纪中叶，美国制造业已具有劳动分工、零件的互换性和专用机器等特点，已具备了大量生产方式的雏形。但进入 20 世纪后，美国模式的这些特征已经不足以支持许多大企业的成长。

2. 形成与发展期

1903 年，美国福特汽车公司成立，享利·福特在试造了几个车型后，终于推出了改变世界的 T 型车。1913 年福特意识到要降低成本、提高质量，必须采用流水作业进行大量生产，为此建立了世界上第一条汽车装配流水线。流水线生产大大提高了生产效率，促使了大量生产方式的发展，这就有助于创建以规模经济为基础的商业市场。流水线不仅仅为汽车制造，更为全球整个工业界带来了伟大的变革。为此，大量生产方式的概念广为传播。

3. 全盛期

第二次世界大战后，作为管理范式的大规模生产成为世界工业的主导生产模式，它对美国 20 世纪经济力量的迅猛发展起了巨大的推动作用。除了大型企业内部的原型样机制造车间还保留了手工生产方式外，大规模生产实际上已成为美国大型制造商采用的唯一生产模式。

大量生产方式是指大规模地生产单一品种的生产方式，这种生产方式具有以下基本特征：①稳定的需求；②巨大、统一的市场；③低成本、稳定的质量、标准产品和服务；④产品开发周期长；⑤产品生命周期长。

大量生产方式的特点是以单一品种的大规模生产来降低产品成本。大量生产方式围绕功能专业化和劳动的详细分工而设计的庞大生产组织，把固定费用分散到工厂、设备以及生产线组成上，产品的巨大产量形成了规模经济，这种高效能降低了单件成本。这与当时美国乃至世界的经济发展是吻合的。在当时的时代背景下，只要产品能生产出来，就能销售出去，生产得越多，成本也就越低。

大量生产方式的优势能实现规模经济和降低产品成本，但它只适用于单品种、稳定的市场需求，而一旦市场的需求出现多样化、特殊化和不稳定时，由于生产规模庞大、大量采用专用设备、专业化分工等原因，企业很难快速调整，以适应市场变化的需要。因此，大量生产方式对于多品种小批量生产就很难发挥它的优势。

二、丰田生产方式产生

20世纪50年代，第二次世界大战刚刚结束，日本经济萧条，缺少资金，生产效率低，日本制造业当时的生产效率只有美国制造业的 $1/8 \sim 1/9$。日本要发展汽车产业，但是又不可能全面引进美国成套设备来生产汽车，因此也就无法照搬美国的大量生产方式。那么日本怎样建立自己的汽车工业呢？丰田人发现，日本的社会文化背景与美国是大不相同的。日本的家族观念、服从纪律和团队精神是美国人所不具备的，日本没有美国那么多的外籍工人，也没有美国生活方式所形成的自由散漫和个人主义的泛滥。丰田人总结了本国的这些优势后，开始了制造汽车的探索和实践。丰田公司逐步形成了新的生产方式，初期被称为大野式管理，在1962年才被正式命名为丰田生产方式(Toyota Production System, TPS)，但丰田生产方式真正引起制造业的关注出现在1973年的石油危机以后，1974年丰田汽车公司向外正式公布了丰田生产方式。自此，经过了几十年的努力完善和不断改进，终于形成了如今世界著名的丰田生产方式。

丰田生产方式的发展，主要得益于丰田佐吉、丰田喜一郎和大野耐一等三个主要人物。

丰田佐吉是丰田公司的奠基者。19世纪，丰田公司生产织布机。1902年，丰田佐吉发明了自动纺织机，他的发明打开了自动纺织业的大门，使一名工人同时看管多台机器，并可使设备在发生故障时自动报警停机，这就是TPS自働化的前身。

丰田喜一郎是丰田佐吉的长子。20世纪30年代，丰田开始建立汽车制造厂。丰田喜一郎赴美学习亨利·福特的生产制造系统，他把福特的传送带技术在日本的小规模汽车生产中加以改造应用，提出了在生产线的各个工序中，只在下道工序需要时上道工序才进行生产，这就奠定了准时化生产的基础。

大野耐一，在丰田英二(丰田喜一郎的侄子)领导时期，他概括出了丰田生产方式的完整体系。20世纪50年代，美国的超级市场给了他很大的启迪，并由此发明了拉动式生产系统，同时开发了一系列工具来实现他的生产模式，最著名的工具就是看板。

与大批量生产方式相比，丰田生产方式主要有如下特点：

1. 准时生产

准时生产是指只在需要的时候、按必需的量生产所需的产品。这种理念能够大幅度减少闲置时间、作业切换时间、库存、劣制品、不合格的供应商、产品开发设计周期。

2. 看板管理

看板管理利用看板传递物料搬运指令信息和生产指令信息。利用这种方法，使得导致成本提高的零部件库存减少甚至接近于零，从而实现了较高的生产率。

3. 员工参与

部分权力下放，员工参与管理，充分调动员工的积极性，从而降低产品返修率，形成和谐的企业文化。

三、精益生产产生

20 世纪 70 年代石油危机以后，丰田生产方式在日本汽车工业企业中得到迅速普及，并体现了巨大的优越性。此时，整个日本的汽车工业生产水平已迈上了一个新台阶，并在 1980 年以其 1100 万辆的产量全面超过美国，成为世界汽车制造第一大国。

不仅是在汽车行业，在家用电器、数控机床等市场竞争中遭受了惨重失败的美国，终于意识到致使市场竞争失败的关键，那就是美国制造业的生产水平已落后于日本，而落后的关键又在于日本采用了全新的生产方式——丰田生产方式。

为此，1985 年美国麻省理工学院筹资 500 万美元，确定了"国际汽车计划"（IMVP）的研究项目。在丹尼尔·鲁斯教授的领导下，组织了 53 名专家和学者，从 1984 年到 1989 年，用了 5 年时间对 14 个国家的近 90 个汽车装配厂进行实地考察，查阅了几百份公开的简报和资料，对西方的大量生产方式与日本的丰田生产方式进行对比分析，最后于 1990 年出版了《改变世界的机器》（The Machine that changed the World）一书，第一次把丰田生产方式定名为精益生产（Lean Production，LP）。

在《改变世界的机器》一书中，从 5 个方面论述了精益生产的特征：

（1）以用户为"上帝"，产品面向用户，与用户保持密切联系，将用户纳入产品开发过程，以多变的产品、尽可能短的交货期来满足用户的需求，真正体现用户是"上帝"的精神。

（2）以"人"为中心，充分发挥一线员工的积极性和创造性，下放部分权力，使员工积极为企业建设献计献策。此外，还要满足员工学习新知识和实现自我价值的愿望，形成独特的具有竞争意识的企业文化。

（3）以"精简"为手段，实现组织机构精简化，去掉一切多余的环节和人员。在生产过程中，采用先进的柔性加工设备，减少非直接生产工人的数量。另外，采用 JIT 和看板方式管理物流，大幅度减少甚至实现零库存，也减少了库存管理人员、设备和场所。

（4）团队工作组（Team Work）和并行设计。精益生产强调团队工作方式进行产品的并行设计。团队工作组是指由企业各部门专业人员组成的多功能设计组，对产品的开发和生产具有很强的指导和集成能力。团队工作组是企业集成各方面人才的一种组织形式。

（5）准时供货方式。准时供货方式可以保证最小的库存和最少的在制品数。为了实现这种供货方式，应与供货商建立起良好的合作关系，相互信任，相互支持，利益共享。

精益生产追求的目标在于精益求精、尽善尽美、不断地降低成本，做到零废品、零库存和产品品种的多样化。它比以往提出的任何一项技术包含的内容更多，涉及的范围更广，解决的问题也更全面。精益生产将改变几乎所有的公司事务，包括消费者的选择、工作的内涵、公司的命运，甚至国家的前途。正如 20 世纪初福特生产方式所带来的工业飞跃一样，精益生产也将使制造业进入一个崭新的时代，并将对世界的政治与经济的变化产生深远的影响。

第二节　　精益生产理念

一、经营思想

众所周知，企业经营的最终目的，就是要获取最大的利润。而如何获取最大的利润，却因经营思想不同而导致做法不同。企业的经营思想可分为成本主义、售价主义和利润主义三种，如图 1-1 所示。

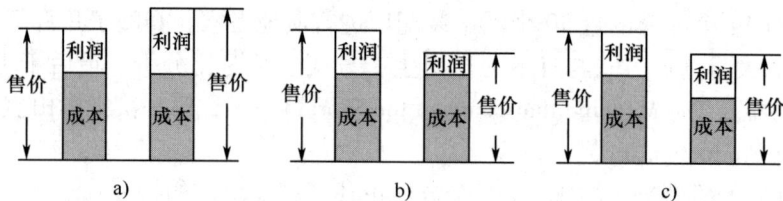

图 1-1　企业的经营思想
a）成本主义　b）售价主义　c）利润主义

1. 成本主义

以成本为中心，加上预先设定的利润，由此得出售价的经营思想称之为成本主义。即

$$售价 = 成本 + 利润$$

例如：生产成本为 1000 元，利润定为成本的 20%，即 200 元，则售价为 1200 元。当市场需求增多，供不应求时，企业抬高售价来获得更多的利润。这类产品大都属于垄断性的商

品，消费者没有选择的余地，但这样的卖方市场是十分有限的。

2. 售价主义

以售价为中心，当市场售价降低时，利润也随之减少，这样的经营思想称之为售价主义。即

$$利润 = 售价 - 成本$$

例如：市场售价是 1200 元，现在的生产成本为 1000 元，利润就是 200 元。当市场竞争导致售价降为 1100 元时，但成本仍是 1000 元，利润就降低为 100 元。采用这种经营思想的企业大都属于没有危机感和缺乏改善意识的企业，在市场竞争日益激烈的今天更加难以生存。

3. 利润主义

以利润为中心，当市场售价降低时，成本也必须降低，以便维持目标利润的经营思想称之为利润主义。即

$$成本 = 售价 - 利润$$

例如：公司的目标利润是 200 元，现在市场的售价是 1200 元，那么目标成本就是 1000 元。如果市场的售价降至 1100 元，为了维持 200 元的目标利润，则必须降低成本至 900 元。很显然，采用这种经营思想的企业就可以在竞争中立于不败之地。

以上 3 种经营思想的目标虽然都是利润，但由于立足点不同，导致的经营结果也是完全不同的。成本主义是建立在生产垄断产品以获得高额利润的基础上的，虽然由于其垄断地位保证了其利润，但市场需求仍将影响其利润的大小，并且一旦失去其垄断地位，终将会走向倒闭。售价主义经营思想完全是消极地适应市场，供不应求时企业就抬高售价，供大于求时就实行降价，这种经营理念太过被动，终会被市场拖垮。而利润主义顾名思义追求的就是利润，企业会为了保证其利润，而努力改进生产中所存在的问题，因此使企业立于不败之地。在自由竞争的市场环境下，商品的售价受到市场的供需影响，当需求大于供应时，可以依靠提高售价或增加销售量来获得更高的利润，也就是卖方市场。但现今市场竞争日益激烈，供应大于需求，也就是买方市场，企业要想获得更大的利润，就必须努力降低成本。

从本质来说，成本就是指为了实现利润应从销售额中扣除过去、现在、将来的所有的现金支出，这不仅仅是指材料、消耗品、人工和设备的费用，还应包括一切管理费用、销售费用以及财务费用等。对企业而言，材料、消耗品和设备的价格是由市场决定的，要想通过降低成本来获取利润，就必须从企业内部如人工、设备的使用等管理成本作为改善的对象，彻底消除其存在的各种浪费，达到提高盈利空间的目的。

因此，精益生产采用利润主义的经营思想，通过彻底消除浪费和提高效率来实现降低成本的基本目标，从而实现利润最大化的最终目标。

二、浪费概念与类型

1. 消除浪费重要性

大野耐一认为"减少一成的浪费相当于增加一倍的销售额",这句话真可谓至理名言。试想一下,假设在商品售价中成本占 90%,利润为 10%,如果一切生产维持现状,想把利润提高一倍,那就必须把销售额增加一倍,这是很困难的事情。然而从占商品售价 90% 的总成本当中消除 10% 的浪费因素,就相对容易得多了。因此消除浪费对增加企业效益就有非常大的意义。

2. 企业基本活动

企业的基本活动可分为增值活动和不增值活动。

(1)增值活动。增值活动是指改变形状、改变质量以及组装等能够产生附加价值的活动。站在客户的立场上,只有四种增值的工作:使物料变形、组装、改变性能、部分包装。据相关资料介绍,物料从进厂到出厂,只有不到 5% 的时间是增值的。因此,即使是增值作业,也需要进一步改善。

(2)不增值活动。不增值活动是指不产生附加价值的活动,即不增加产品功能、不增加产品品质的活动,对最终产品及顾客没有意义的行为。不增值活动约占企业生产和经营活动 95%。不增值活动可以分为可以不做的作业和不得不做的作业。

1)可以不做的作业,即只使成本增加而不产生附加价值的作业。可以不做的作业约占企业生产和经营活动 35%,是最先需要改善的活动。例如,等待、寻找、返修等。

2)不得不做的作业,即到目前为止还不得不做的作业,必须伴随着纯作业一起实施而不产生附加价值的作业。不得不做的作业约占企业生产和经营活动 60%。例如,更换作业程序、为取工件走动、打开零件的包装等。

3. 浪费概念

精益生产中的浪费是指超出增加产品价值所必需的绝对最少的物料、机器和人力资源、场地和时间等各种资源的部分。这里包含两层含义:

(1)一切不增加价值的活动都是浪费。不增值活动是指对最终产品及顾客没有意义的行为。例如,检验、等待、搬运等活动属于不增加价值的活动,属于浪费。

(2)尽管是增加价值的活动,但所用的资源超过了"绝对最少"的界限,也是浪费。例如,过量使用设备或使用的设备精度过高,过量使用人力,过量使用材料,等等。

4. 浪费类型

以精益生产的浪费观点来审视企业,就会发现到处存在各种不同的浪费。丰田公司总结出生产现场通常存在的七大浪费,不仅针对生产线,包括产品开发流程、接受订单流程以及办公室管理流程等都可以找出这七类浪费情形,如表 1-1 所示。

表 1-1 七大浪费类型

序 号	浪费类型	主 要 内 容
1	制造过剩	制造过早、过多而产生库存——最大的浪费
2	库存	原材料库存、产成品库存、生产过程的在制品
3	搬运	耗费时间、人力,占用搬运设备与工具,可能碰坏物料
4	加工	超过需要的工作:多余的流程或加工、精度过高的作业
5	动作	不创造价值的动作、不合理的操作、效率不高的姿势和动作
6	等待	人员的等待、设备的等待
7	不良品	返工产生设备与人员工时的损失、废品的损失等

（1）制造过剩浪费。制造过剩浪费是指制造过多或过早造成库存而产生浪费。制造过多是指生产量超过需要量,制造过早是指比预定的需求时间提前完成生产。

制造过剩的浪费被视为最大的浪费。精益生产强调准时生产,就是在必要的时间,生产必要数量的必要产品。由于其他理由而生产出来的产品,都是浪费。而所谓的必要产品和必要的时间,就是指顾客已经决定要购买的产品与时间。假设客户预定要购买 10 辆汽车,而每辆汽车是 10 万元,如果企业为此生产了 12 辆汽车,多余的 2 辆汽车并没有卖出,只能变成库存,长期如此,企业累计库存会成倍增长,利润也就无从产生。即使按照客户要求的生产量进行生产,假如每分钟制造一台就足够了,但是为了防止变故,就改为 50s 生产一台。由于提前完成了产量,过快制造出的产品需要暂时搁置,就造成了库存,从而产生存储成本及管理浪费。因此,精益生产绝不允许制造过剩。原因如下:

1）制造过剩只是提早消耗了材料费、人工费和管理等费用。

2）制造过剩的浪费会把"等待的浪费"隐性化,因为在本来必须等待的时间里,做了"多余"的工作。

3）制造过剩会造成在制品的积压,使生产周期变长、质量衰减。

4）制造过剩会迫使作业空间变大,使机器间的距离加大,进而产生搬运和走动等其他浪费,使得先进先出变得困难,并因此而带来安全隐患。

5）制造过剩会积压大量的资金,企业还要因此而多付利息。

6）制造过剩会使信息传递不畅,导致管理者无法判断生产线正常或异常状态。

7）制造过剩还会导致现场难以改善。

（2）库存浪费。库存是企业经济活动中的重要组成部分。它具有双重性:库存一方面占用资金,减少企业利润,甚至导致企业亏损;另一方面能防止短缺,有效缓解供需矛盾,使生产尽可能均衡进行。因此大批量生产方式认为库存是必要的。但是精益生产强调库存是万恶之源,这是丰田公司对浪费的见解与传统见解最大不同的地方。精益生产中几乎所有的

改善行动皆会直接或间接地与消除库存有关。因为库存会造成下列的浪费:

1)产生不必要的搬运、堆放、保管、寻找等浪费。当库存增加时,需要增加搬运量和搬运工具,需要增加堆放场所和防护措施,需要增加保管、领用和盘点等日常管理的额外时间等,这些都是不增加价值活动所产生的浪费。

2)为保证先进先出需要的额外搬运的浪费。当库存增加时,新入厂的材料会堆在原来的材料上,要保证先入库的先使用,就必须进行额外的搬运。

3)资金占用、利息损失及管理费用产生的浪费。当库存增加时,用于生产经营活动的资金会大量沉淀在库存上,不仅造成资金总额增大,还会增加利息和库房的管理费用。而这些常常是隐含在公司的管理费用中,只有专门列出,才能发现存在问题的严重性。

4)物品变成呆滞品的浪费。当库存增加时,库存量会大于使用量,甚至会造成长期的积压,使物品变成呆滞品。特别当产品换型时,这种问题可能会显得更加严重。首先,为了盘活这些积压物资,需要进行额外的投入。其次,由于放置的时间较长,库存产品的质量会出现衰减。如果将出售的是产品,则要削价处理,导致企业的盈利下降;如果是原材料,市场价格可能会下降,从而造成库存的实际价值的减低,导致产品成本升高,企业利润减少。

5)占用厂房空间,造成投资建设仓库的浪费。当库存增加时,就需要额外增加放置场所,占用厂房空间,造成投资建设仓库的浪费。

6)设备能力及人员需求的误判。由于库存量的存在,设备能力不平衡时也看不出(库存越多,越不容易看出来)。人员是否过剩也无法了解。由于有较多的库存,库存管理部门需要增加人员对库存进行管理,制造部门需要更多的人员来生产产品用于补充库存,需要增添设备来保证生产库存所需的设备能力,从而形成新一轮的浪费。

7)掩盖问题,失去改善机会。由于有了充足的库存,出现机械故障、不良产品、设备能力不平衡等问题时,可以用库存先顶上,问题就可以慢慢解决甚至不用解决,即问题被掩盖住了,进而也不会产生改进对策,因此失去了进一步的改善机会。

精益生产正是依靠不断地减少库存量(包括在制品),使各种问题不断地被暴露出来,并设法解决,以此来不断提高管理水平。

经常有比喻"库存之海"的说法。企业依靠库存维持生产好比在大海里的船在一定水平面下能正常运行一样。企业、库存与企业潜在问题的关系就如同大船、水平面高度与海底凹凸不平的礁石的关系一样,如图 1-2a 所示。从水面上来看风平浪静,大船畅通无阻,似乎没有任何问题,殊不知水底危机重重,隐藏着无数暗礁,随时可能使船触礁沉底。而当水面下降时礁石便显露出来,如图 1-2b 所示。这时就可以设法将这些礁石一一去除,避免触礁惨剧的发生。也就是说当库存量减少,隐藏的问题便显现出来。采取措施解决这些问题后,再次降低库存量,继续暴露问题,再予以解决。如此循环下去,保证企业的生产正常运行。因此降低库存,可以暴露问题,得到改善的机会。

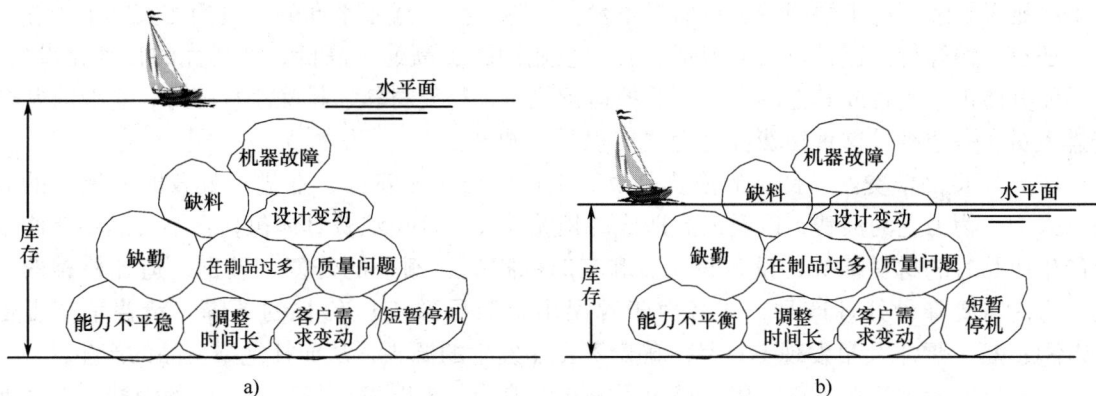

图 1-2　库存隐藏问题

a）库存掩盖问题　b）减少库存暴露问题

（3）搬运浪费。生产中搬运是一种常见的现象。因为不管如何搬运，也不会产生附加价值，因此把搬运定为一种浪费。有研究表明，工业品在全部生产过程中平均只有 5%~10% 的时间是处于直接加工制造过程，其余 90%~95% 都处于搬运、储存状态。在我国，一般企业的搬运费用占生产成本的 20%~30%，可见消除搬运的浪费将会产生较大的经济效益。

之所以会产生搬运浪费，主要是因为搬运会增加物料在空间的移动时间，多耗费人力，占用搬运设备与工具，在搬运过程中因碰坏等原因造成不良品等浪费。

国内目前有不少企业管理者认为搬运是必要的，不是浪费。因此，很多人对搬运浪费视而不见，更谈不上去消灭它。也有一些企业利用传送带或机器搬运的方式来减少人工搬运，这种做法只是改进了搬运工具，实际上并没有排除搬运本身的浪费。

（4）加工浪费。超过需要的作业称为加工的浪费。加工的浪费分两种：一种是质量标准过高的浪费，即过分精确的加工浪费；一种是作业程序过多的浪费，即多余的加工浪费。加工浪费将导致产品成本增加。在产品的制造过程中，有很多加工工序是可以通过取消、合并、重排和简化改善四原则方法进行改善的。

（5）动作浪费。不产生附加价值的动作、不合理的操作、效率不高的姿势和动作均是动作的浪费。常见动作浪费可以划分为 12 种：两手空闲、单手空闲、作业中途停顿、动作太大、左右手交换、步行过多、转身动作、移动中变换方向、不明作业技巧、伸背动作、弯腰动作、重复动作等。设计好的作业，可以省掉很多多余的动作，既节约了时间，又可以减轻工人劳动负荷。在动作设计时需要符合动作经济原则，详见第九章第四节。

（6）等待浪费。由于某种原因造成的机器或人员的等待称为等待的浪费。造成等待浪费的原因通常有：生产线的品种切换、计划安排不当导致的忙闲不均、缺料使机器闲置、上游工序延误导致下游工序闲置、机器设备发生故障、生产线不平衡、人机操作安排不当等。

还有一种等待是监视机器的浪费。有的企业购买了高速、高价、性能优的自动化设备，为了使其能正常运转或其他原因，如监控运行状态、补充材料、排除小故障等，企业通常会安排人员在旁监视，这种浪费称之为"闲视"的浪费。

（7）不良品浪费。不良品的浪费是由于工厂内出现不良品，在进行处置时所造成的时间、人力、物力上的浪费，以及由此造成的相关损失。这类浪费具体包括：不良品不能修复而产生废品时的材料损失；设备、人员和工时的损失；额外的修复、鉴别、追加检查的损失；有时需要降价处理产品，或者由于耽误出货而导致工厂信誉的下降。精益生产提倡"零不良率"，要求及早发现不良品，确定不良品发生的源头，从而杜绝不良品的产生。

除了以上七大浪费外，丰田又提出了第八大浪费：未能发挥员工积极性的浪费。在企业中人是最主要、最活跃的要素，员工效率不高，再好的生产要素也无法创造出价值。

5. 浪费层次

以上各种浪费并非各自独立，而是具有一定的关联关系。可以把浪费分为四个层次，各层具有递推关系，如图1-3所示。

（1）第一层次浪费。过剩的生产能力称为第一层次浪费。在现场导致浪费的根本原因是存在过剩的生产能力，也就是存在多余的生产要素：人员、设备、材料和场地，这些超出必要的生产要素构成了第一层次的浪费——生产要素的浪费。

第一层次的浪费不仅要付出多余的劳务费、折旧费和利息，而且会产生第二层次的浪费。

（2）第二层次浪费。制造过剩的浪费称为第二层次的浪费。制造过剩的浪费也即制造现场的工作进度过度。

第一层次浪费是产生第二层次浪费的直接原因。基本生产要素多余的情况下，会产生等待。为避免等待现象，尤其是人员等待，各工序便会提前制造出认为客户需要的产品，即制造过剩的浪费。

这里所说的制造过剩有两种：一是产销不适应，在所规定的时间内产生了数量过剩的产品；另一种是比规定的时间提前完成了生产任务。从市场经济的角度考虑，就是在一定的时间内产品的生产速度超过了产品的销售速度。按照传统的生产经营观念分析，这可能是求之不得的好事，但是精益生产认为这才是最基本的浪费。

（3）第三层次浪费。过剩库存的浪费称为第三层次的浪费。第二层次的浪费直接导致第三层次浪费的产生。生产过剩的浪费必然会产生过剩的库存。如果进行搬运重新摆放这些库存，制造过剩的浪费就会更难以发现。实际上，正是因为存在产品过剩，反过来才需要过多的人员。

（4）第四层次浪费。过剩库存的浪费，除了直接增加利息支出加大成本之外，还需要

```
┌─────────────────────────────┐              ┌─────────────────────────────────┐
│        产品成本降低          │              │           产品成本增加          │
└─────────────────────────────┘              └─────────────────────────────────┘
        ↑              ↑                                    ↑
┌──────────────┐ ┌──────────────┐              ┌─────────────────────────┐
│  劳务费降低   │ │ 间接制造费降低 │              │  设备折旧费和间          │
└──────────────┘ └──────────────┘              │  接劳务费等的增加        │
        ↑              ↑                         └─────────────────────────┘
┌──────────────┐ ┌──────────────┐                          ↑
│ 以作业的再    │ │ 消除第三、     │              ┌─────────────────────────┐
│ 分配减少人员  │ │ 四层次的浪费   │              │      第四层次的浪费       │
└──────────────┘ └──────────────┘              │ (1) 多余的仓库           │
        ↑              ↑                         │ (2) 多余的搬运工         │
                                                 │ (3) 多余的搬运设备       │
                                                 │ (4) 多余的库存管理、质量维护人员 │
                                                 │ (5) 使用多余的计算机     │
                                                 └─────────────────────────┘
┌──────────────┐ ┌──────────────┐                          ↑
│ 等待时        │ │ 消除制造       │   ┌──────────────────┐  ┌──────────┐
│ 间显现化      │ │ 过剩的浪费     │   │ 第三层次的浪费    │→ │ 利息支    │
└──────────────┘ └──────────────┘   │ 过剩库存的浪费    │  │ 出的增加  │
        ↑              ↑              └──────────────────┘  └──────────┘
                                               ↑
┌────────────────────────────┐  ┌────────────────────────────────┐
│    用能销售的速度制造        │  │ 第二层的浪费（最大的浪费）      │
└────────────────────────────┘  │ 制造过剩的浪费（工作进度过度）  │
        ↑                        └────────────────────────────────┘
     好途径                              ↑  坏途径
┌──────────────────────────────────────────────┐  ┌──────────────────┐
│ 第一层的浪费（过剩的生产能力的存在）            │→ │ 多余的劳务费      │
│ (1) 过多的人员                                 │  │ 多余的折旧费      │
│ (2) 过剩的设备                                 │  │ 多余的利息支出    │
│ (3) 过剩的库存                                 │  └──────────────────┘
└──────────────────────────────────────────────┘
```

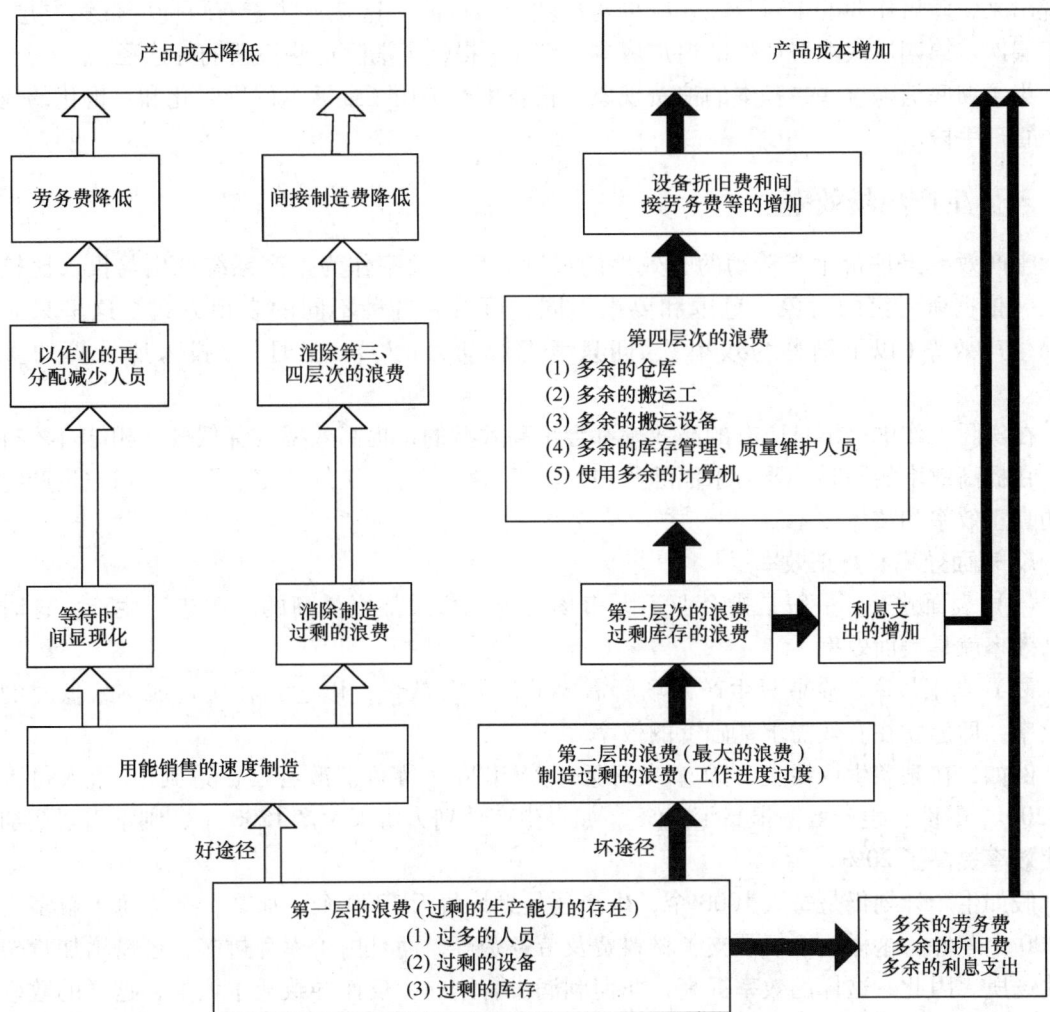

图 1-3　浪费的四个递推层次

更大容量的仓库，更多的搬运人员、更多的运输设备、更多的品管人员等，这样就产生了第四层次的浪费。

　　以上四个层次的浪费会增加直接材料费、直接劳务费、间接劳务费、固定资产的折旧费和一般管理费，结果是层层加大了产品的成本。

　　根据浪费层次的递推关系，要消除浪费，首先考虑如何消除产生浪费的基础——多余的生产要素，这样才能实现企业降低成本的目的。消除第一层次浪费的重点是消除过多的人员。因此，首先要解决作业人员的等待的问题。如果过多人员的浪费作为等待浪费能清楚地显现出来，此后作业的重新分配、减少冗员就成为可能。这就意味着有可能降低第二层次、第三层次、第四层次浪费产生的追加成本。图 1-3 提供了消除这些浪费的好途径。

为了彻底消除这些最基本的浪费现象，精益生产采用了最著名的准时化和自働化的先进生产管理手段。

三、生产现场效率

生产效率是评价生产活动的有效性的尺度。生产效率作为生产系统产出与投入比较的结果，依据所考察的对象、范围和要素不同，可具有各种不同的表现方式。这里只讨论劳动生产效率（以下简称为效率），即只考虑劳动力（人数、工时等）投入所计算的生产效率。

在实际工作中，不是所有的高效率都会出高效益的，提高效率与降低成本相结合才有意义。在提高效率的同时，要力求消除其中的浪费，以实现真正的效率。因此，精益生产特别强调真正效率和整体效率。

1. 表面效率和真正效率

（1）表面效率。一般是指企业不顾市场需求，每天都以最高的效率进行生产，这时的最高效率就是表面效率。

（2）真正效率。企业只生产市场所需要的产品及数量，以达到在实现成本最低时的最大效率，即建立在有效需求基础上的效率。

例如，在某条生产线上，10 个人每天生产 1000 个零件。改善后，达到 10 个人每天生产 1200 个零件，生产效率提高了 20%。如果生产计划为每天生产 1200 个，则不需要增加人就使效率提高了 20%。

假如生产计划仍是每天 1000 个，生产还是平均每天 1200 个，那么，平均每天就多生产出 200 个零件。这样，不仅预支了材料费及劳务费等，而且由于库存过多，还需增加货架或存放场所。因此，这样的效率提高，非但利润没有增加，反而导致成本增加，这样的效率称为表面效率。

如果在产量需求不变的情况下，将人员减少到 8 人，同样使得效率提高了 20%，还能够降低成本，这才是真正效率。

提高生产效率有两种办法，一是扩大产量，二是降低人数。当实际需求量一定时，提高效率重点应放在降低人数。具体来说，在生产实际需求量的基础上，通过消除浪费，让作业者尽可能多地创造附加价值或将一部分人工作业赋予自働化，将剩余的人力投入到别的工作（如改善），用更少的人员进行生产活动。

可见，增产时要增大产量，减产时应减少工人。通过增加产量来提高效率较容易，通过减少工人来提高效率则较困难。

2. 个体效率和整体效率

（1）个体效率。当某个工序或设备效率提高时，生产线或车间、工厂等整体效率没有提高，这个效率称为个体效率。

（2）整体效率。当个体效率提高时，生产线或车间、工厂等整体效率也提高，这个效率称为整体效率。

例 1-1　某生产线由四道工序组成，表 1-2 为生产线各项指标。其中工序 2 效率最高，生产能力为 120 件/h，工序 3 效率最低，为 80 件/h。现生产线能力需求为 100 件/h，此时整条生产线不会因为工序 2 的个别效率最高，产出变为 120 件/h，相反，以瓶颈工序 3 的产量为准，即为 80 件/h。可见个体效率高并不代表整体效率高。

表 1-2　某生产线各项指标

项　　目	工　序　1	工　序　2	工　序　3	工　序　4
能力/(件/h)	100	120	80	100
达成率	100%	120%	80%	80%
评价	个体效率合格	个体效率最高	个体效率最低	个体效率低

例 1-2　表 1-3 为某条生产线进行改善前后的对比。从表中可以看出，改善前的生产线作业时间最长的是工序 5，作业时间为 170s，是瓶颈工序。改善后的这条生产线的瓶颈还是工序 5，工序 5 作业时间为 165s，生产周期只缩短了 5s。因此这条生产线的整体改善结果为生产周期只缩短了 5s。虽然工序 1、工序 2 和工序 3 也有更大程度的改进，但对生产线整体没有起到改进作用，因此仅仅是个体效率，不是整体效率。

表 1-3　某生产线改善前后对比

项　　目	工　序　1	工　序　2	工　序　3	工　序　4	工　序　5
改善前/s	120	135	115	125	170
改善后/s	90	120	90	125	165
下降幅度/s	30	15	25	0	5

个体效率不等同于整体效率。精益生产在追求个体效率时，强调整体效率提高，集体协作高于一切。必须注重每一个操作人员以及由他们组织起来的生产线，并以生产线为中心的整个工厂的效率，每个环节效率都要提高，以达到整体效果。

3. 可动率和稼动率

（1）可动率。可动率是指机械设备无论何时都处于可正常运转状态所占的比例。可动率要追求 100%，并且必须以此为目标。为此要加强设备的保全维修工作。

（2）稼动率。稼动率是指相对于某台设备满负荷作业时的能力，即设备制造产品的时间与固定作业时间的比率。如果上班时间为 8h，某设备只使用了 4h，那么，该设备的稼动率就是 50%。稼动率随每日的销售情况、生产数量而变化。若减产，则稼动率下降；若增产，则稼动率上升。

第三节　精益生产体系

一、丰田屋

丰田汽车公司原社长、现丰田公司副会长张富士夫先生把丰田生产方式概括为"丰田屋"，如图 1-4 所示。为何要以丰田屋来表示？因为丰田屋代表了丰田生产方式的结构体系。因为房子的屋顶、梁柱和地基若不稳固，这间房子也不会稳固，只要其中任何一个环节脆弱，就会使整体变得脆弱。屋顶是追求最佳品质、最低成本、最佳安全、最高员工士气等目标；房屋的两大支柱是准时生产和自働化；房屋的里面是人员与团队，进行持续的改进以消除浪费；房屋的基础是丰田模式理念、目视管理、标准作业和生产均衡化等。此丰田屋中的每一个要素本身都很重要，但更重要的是这些要素彼此之间相互强化。

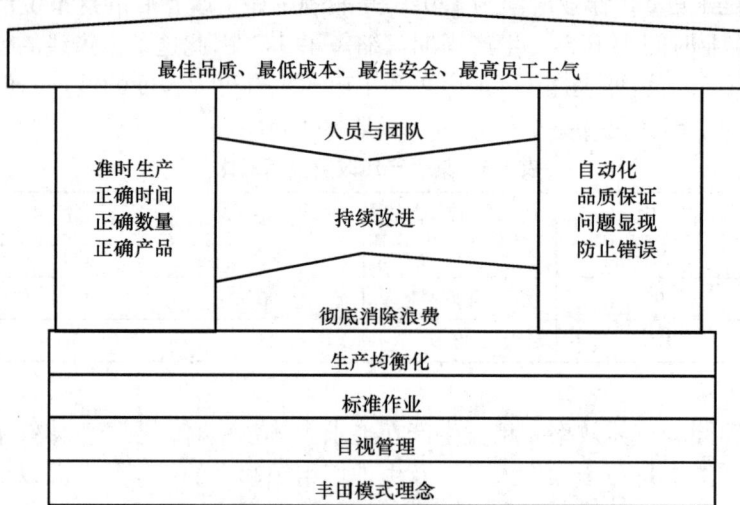

图 1-4　丰田生产方式——丰田屋

精益生产要求充分发挥人的主观能动性，通过持续改进，采用自働化和准时化等方法，消除制造中的各种浪费，降低成本，实现利润最大化。

二、精益生产技术支撑体系

图 1-5 为精益生产的技术支撑体系，反映了实现精益生产的各种方法，以及它们之间的相互关系。核心技术包括品质保证、准时生产和充分发挥员工创造力等。

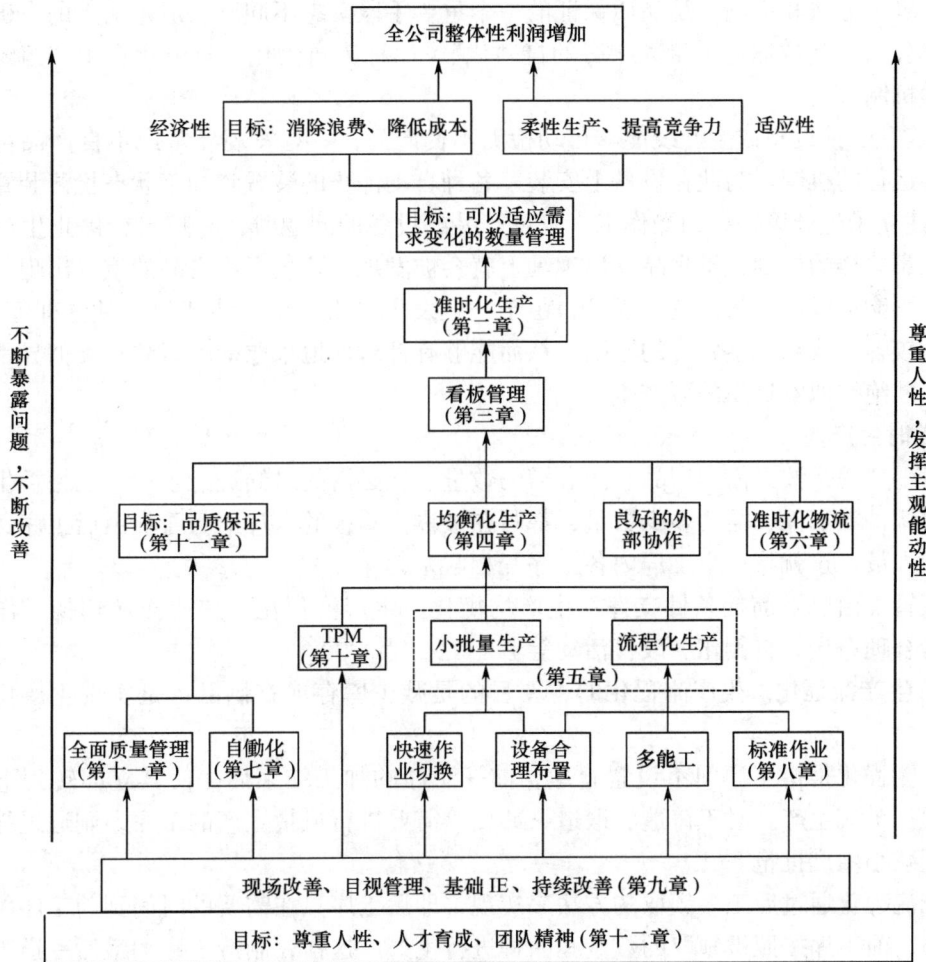

图 1-5 精益生产技术支撑体系

1. 品质保证

（1）全面质量管理。全面质量管理是以质量为中心、以全员参与为基础，使顾客和所有相关方受益而达到长期成功的一种管理途径。精益生产以"零不良"为目标，强调质量是生产出来的而不是检验出来的，因此在生产过程中对每一道工序进行质量的检验与控制。

同时，重点培养每位员工的质量意识，保证及时发现质量问题。对于出现的质量问题，一般是组织相关的技术与生产人员作为一个小组，一起尽快协作解决。对于发现的质量问题，可以根据情况立即停止生产，直至解决问题。

（2）自働化。自働化是指具有自动监视和管理异常状况的方法，可以是防止产生不合格品的装置、方法和机制，是品质保证的一个重要手段。它不同于一般意义上的自働化。在丰田汽车公司，其被称为"带人字旁的自动化"，简称为自働化。自働化在生产组织中融入这样两种机制：

1）建立了使设备或生产线能够自动检测不良产品，一旦发现异常或不良产品可以自动停止设备运行的机制。为此在设备上安装了各种自动停止的装置和加工状态检测装置。

2）建立了生产第一线的操作工人发现产品或设备的问题时，有权自行停止生产的管理机制。依靠这样的机制，不良品一出现马上就会被发现，防止了不良品的重复出现，从而避免了由此可能造成的大量浪费。而且，由于一旦发生异常，生产线或设备就立即停止运行。这样就比较容易找到发生异常的原因，从而能够有针对性地采取措施，防止类似异常情况的再发生，杜绝类似不良品的再产生。

2. 准时生产

准时生产就是按必需的产品、按必需的数量、在必需的时候进行生产。在精益生产方式中，需要哪种零部件、需要多少数量，都写在被称为看板的卡片上。看板由后工序送到前工序的作业人员，这就将一个工厂内各工序互相联系起来。

看板管理由以下前提条件支撑：生产均衡化、生产流程化、快速作业切换、作业标准化、设置合理布局、自働化、改善活动等。

（1）生产流程化。生产流程化的主要目的是减少库存或在制品，是实现生产均衡化的前提。

生产流程化是指工序间不设置仓库，前一工序的加工结束后，使其立即转到下一工序去，实现一个流生产。对于铸造、锻造、冲压等需要进行成批生产的工序，则通过缩短作业更换时间减小生产批量。

生产流程化通过后工序领取的方法来实现，即后工序只在需要的时间到前工序领取所需的加工品，前工序按照被领取的数量和品种进行生产。这样，制造工序的最后一道工序成为生产的出发点。例如，最后工序为总装配线，生产计划只下达给总装配线，以装配为起点，在需要的时候，向前工序领取必要的加工品，而前工序提供该加工品后，为了补充生产被领走的量，必须向更前道工序领取物料，这样把各个工序都连接起来，实现流程化生产。

为实现生产流程化，设备需要按照产品加工顺序进行布置。

（2）生产均衡化。采用均衡化就是与各种产品的平均销售速度同步进行生产。生产均衡化是实现看板管理的前提条件。

按准时化生产要求，后工序在必需的时候，只按照必需的数量到前工序去领取所必需的物品。在这种拉动方式的生产规则下，如果后工序以参差不齐的数量领取零部件的话，则前工序就必须预先准备好能够应对变化的需求数量峰值的库存、设备和劳动力，这样需要配置的资源很多。为了减少资源配置，就需要避免全部生产工序领取数量的不均衡，因此必须努力减小最终装配线上每天生产数量的波动。

（3）看板管理。看板管理在精益生产中具有极为重要的意义，可以说是精益生产中最独特的方法。看板的主要机能是传递生产和运送的指令。在精益生产中，生产的月度计划是集中制定的，同时传达到各个工厂以及协作企业。而与此相应的日生产指令只下达到最后一道工序或总装配线，对其他工序的生产指令通过看板来传递信息。由于生产是不可能100%地完全照计划进行的，月生产量的不均衡以及日生产计划的修改都要通过看板来进行微调。看板就相当于工序之间、部门之间以及物流之间的联络神经，发挥着信息传递的作用。

看板除了以上的生产管理机能以外，还有改善机能。通过看板可以暴露生产中存在的问题，从而采取改善对策。

3. 充分发挥员工智慧和创造力

精益生产的中心是员工，企业把员工的智慧和创造力视为宝贵财富和未来发展的原动力。通过发挥员工及其团队的创造力，达到持续改善，消除一切浪费的目的。具体特点表现为：

（1）以人为本。企业把每一位员工放在平等的地位，并将员工看作企业的合伙人，而不是可以随意替换的零件；鼓励员工参加管理和决策，并尊重员工的建议和意见。例如，合理化建议制度；注重上下级的交流和沟通；领导人员和操作人员彼此尊重、信任。员工在这样的企业中能充分发挥自己的智慧和能力，并能以主人翁的态度完成和改善工作。

（2）重视培训。企业的经营能力依赖于组织体的活力，而这种活力来自于员工的努力。只有不断提高员工的素质，并为他们提供良好的工作环境和富于挑战性的工作，才能充分发挥他们各自的能力。精益生产的成功同样依赖于高素质的技术人才和管理人才。它要求员工不仅掌握操作技能，而且具备分析问题和解决问题的能力，从而使生产过程中的问题得到及时的发现和解决。因此，精益生产重视对职工的培训，以挖掘他们的潜力，如多能工的培养、在岗培训（OJT）和人才育成等活动。

（3）团队工作。精益生产认为要在企业生产经营活动所有环节中彻底杜绝浪费，仅仅依靠少数的管理人员和技术人员是不可能的，关键还要依靠全体人员的努力。因此它特别重视团队工作法。精益生产之所以能够做到尽善尽美，关键在于最大限度地把权力与责任下放到组织的基层，并通过基层不断改善来解决企业中存在的各种问题。

三、现代生产管理体系

把精益生产技术支撑体系应用到生产管理中，可形成现代生产管理体系。一汽轿车公司利用精益生产技术建立了八个方面的现代生产管理体系，具体包括以下子系统：

（1）运用准时化方法，建立拉动式生产体系。

（2）运用自働化方法，建立工序质量保证体系。

（3）运用标准作业方法，建立作业效率改善体系。

（4）运用准时化物流理念，建立多频次小批量的内物流管理体系。

（5）运用5S方法，建立现场管理体系。

（6）运用TPM方法，建立全员设备保全体系。

（7）运用以人为本理念，建立全员改善体系。

（8）运用人才培育方法，建立5个能级培训体系。

第四节　背景资料

一、汽车大王亨利·福特与大量生产方式产生

1976年，在美国建国200周年庆典之际，在评选"美国独立百年20件大事"的民意测验中，汽车大王亨利·福特及其创办的汽车公司被评为第10件大事，与"阿波罗"飞船宇航员登上月球、原子弹爆炸成功等相提并论，为世人所瞩目。

福特汽车公司成立于1903年。当时美国的汽车制造业普遍采用的是手工单件生产方式，即产品完全根据顾客的要求，主要靠具有高超和熟练的手工技艺的工人逐件装配制造完成，所以几乎没有完全相同的两件产品，生产效率低。福特认识到要解决这种生产方式的问题必须实现零件互换性。1908年，经过5年多近20次的改进设计，福特公司终于推出了所有零件都可以完全互换的T型车，如图1-6所示。于是福特决定每个装配工人只承担一项单一的工作，在装配车间内来回走动，挨个对每辆汽车进行组装。1913年8月，在移动装配线推出之前，福特公司的一个装配工的平均工作周期已经由手工生产时的514min减少

图1-6　福特T型轿车

为 2.3min。

随后福特又发现了工人从一个装配工位到另一个工位存在走动的问题，即使只走一两米，也要浪费时间。而且常常由于有的工人操作较快，需要超过他前面操作较慢的工人，然而却被挡住了。1913 年春天，福特在底特律海兰公园的新厂房里又有了一个新的创举，就是装设了移动的总装线。工人们站在一个地方，不必走动，总装线将汽车直接送到他们的面前。这一革新使工作周期又从 2.3min 缩短为 1.9min。1914 年福特把生产线调整到与工人腰一样高，减少了弯腰的动作，使工作周期又进一步降到 1.19min。装配节拍的缩短使得生产率大幅度地提高，而且生产的汽车越多，每辆汽车的成本降低得越多。

福特的大量生产方式使劳动生产率大大提高，美国因此成为世界上经济最发达的国家，同时也开创了世界生产方式的新纪元。

在亨利·福特的《今日与明日》一书中，他倡导整个生产流程的无间断流动，强调流程标准化及杜绝浪费的重要性。但由于他过度倚重泰勒的管理理论和对权力的热衷，老福特没有能实现自己人生的第二次突破，而把这一继续创新的机会拱手让给后来的丰田公司。

二、丰田公司与丰田生产模式创建

提起"丰田"，人们都自然而然会联想到丰田佐吉。丰田佐吉是丰田公司的奠基者，在丰田公司创业的发展历史上，丰田佐吉的地位和作用堪称开天辟地。

1887 年，日本正处于明治时代中期，当时日本的纺织技术还相当落后，只是各家各户的农妇们使用木制手工织布机织一些条格布。正值 20 岁的丰田佐吉面对这种原始的织布机和繁重的劳动，立志要造出轻便、先进的织布机。凭着强烈的革新意识和顽强的创业精神，丰田佐吉于 1896 年发明了日本有史以来第一台不依靠人力的蒸汽动力织机，与以往织机不同的是，这种织机可以由一名挡车工同时照看 3 ~ 4 台机器，极大地提高了生产能力。这台凝聚着丰田佐吉半生心血的织机，为日本的现代化进程抹上了浓浓的一笔。

此后，丰田佐吉的发明热情丝毫没有减弱，经过长达 20 余年的不断改进，1924 年，丰田佐吉发明了"G 型织布机"。这种织布机在高速运转时可以准确无误地交换经纬纱的梭子，这在当时世界上还是首创。它给机器设备赋予类似人的"智能"，给它装上判断设备运行状态是否正常的装置，从而提高劳动效率且杜绝了不合格品的发生。正是这种"一旦发现次品，机器立即停止运转，以确保百分之百品质"的思考方式，形成了后来丰田生产方式的思想根基——自働化。

1926 年 11 月，丰田佐吉在东京创办了丰田东京自动织机制作所（株），1929 年，丰田佐吉的长子丰田喜一郎代表公司到英国与普拉特兄弟谈判技术转让交易，获得 100 万日元的专利费，作为日后丰田汽车工业公司的研发经费。

1933 年，丰田喜一郎在丰田纺织株式会社设立汽车部，同年 4 月，购回一台美国"雪佛莱"汽车发动机进行反复拆装、测绘和分析。在研究这台发动机的过程中，他产生了指导丰田汽车公司发展战略的思想："贫穷的日本需要一种能为全家所用的汽车，生产廉价汽车是我的责任"。

1933 年 9 月，丰田喜一郎着手试制汽车发动机，由此拉开了丰田汽车生产的序幕，丰田喜一郎于 1933 年 11 月购置了福特和雪佛兰等美国车，并对其进行分解、研究和试制。1934 年，丰田喜一郎又购回一辆德国产的 DKW 前轮驱动汽车，经过连续两年的研究，于 1935 年 8 月造出了丰田汽车公司的第一辆"GI 型"试制轿车。之后以"GI 型"试制轿车为母本，试制—改进—再试制，在一年后的 1936 年 9 月，丰田喜一郎终于制造出丰田汽车公司自己设计的有市场推广价值的汽车——AA 型轿车，如图 1-7 所示。

图 1-7　AA 型轿车

1937 年 8 月 27 日汽车部从丰田株式会社独立出来，成立了"丰田自动车工业株式会社"，正式步入汽车王国。在当时，日本的汽车制造业还处于幼稚工业的阶段。以丰田喜一郎为首的汽车制造商和汽车技术人员们，虽然致力于扩大国产汽车的产量，但却远远没有如愿以偿。1945 年，第二次世界大战结束，日本战败，日本经济处于一片混乱之中。面对原本就相当落后的日本汽车工业，公司员工无不对其发展前景感到担忧。当时，日本工业的劳动生产率是美国的 1/8 ~ 1/9，其中汽车工业的劳动生产率比例还要低。在如此严峻的现实面前，当时担任举母工厂第二机械车间主任的大野耐一认为，不是美国人付出了日本人 10 倍的体力，一定是日本人在生产中存在着严重的浪费和不合理现象。只要消除了这些浪费和不合理现象，劳动生产率就应该成为现在的 10 倍。从此，丰田公司以三年赶上美国为目标，向旧的体制发起挑战，励精图治，顽强拼搏，战胜了重重挫折与困难，使劳动生产率直线上升。

1949 年 4 月，由于劳资纠纷丰田爆发了工会组织的罢工。双方僵持不下，经过反复彻底的讨论后，最终达成协议，工会同意从职工中招募自愿退职者，将原有的 7500 名员工裁减到 5500 名。1950 年 6 月，历时一年三个月的劳资纠纷终于结束，同时丰田喜一郎承担了公司经营失败的责任，辞去了总裁职务。这次罢工风波后，留下的工人得到了双倍的保证，一个是终身雇佣，另一个是工资随着工人在公司的工作年限同步增长而与工种不挂钩。在这种情况下，工人将自己的利益与公司的利益联系在一起，开始有了主人翁的感觉，他们毕生为公司拼命工作。而公司亦将工人看作自己的资本，不断对工人进行培训以提高其技能，并充分发挥他们的主观能动性。

同时，1950 年春，丰田公司新一代领导人丰田英二对当时世界上最大的而且效率最高的汽车制造厂——福特公司的鲁奇工厂进行了为期 3 个月"朝圣"般的考察。回国后，与当时主管生产的大野耐一一起商量，很快得出结论：大量生产方式不适用于日本，因为战后的日本资金和材料严重短缺，且丰田公司又面临技术落后、没有完整的供应体系等困难，国内市场空间狭小，所以必须根据自身的特点，需要创立一种多品种、小批量、低成本的并能够适应日本市场需求的独特的生产方式。于是，丰田英二责成大野耐一负责新生产方式的研究工作。

大野耐一根据丰田喜一郎提出的"准时生产"的构想，根据从超级市场得到的启示，认为如果生产线上作为"顾客"的后工序只在需要的时候，仅按所需要的数量，到相当于"超级市场"的前工序去"购买"（领取）所需数量的"商品"（零部件），准时生产就可以实现。为了使这种拉动式的生产方式可以有效实行，大野耐一创造出看板这一传递信息的管理工具，使之成为了丰田生产方式的一个特色。他还创造了"多工序操作法"和"U 型线"等等，有效地提高了劳动生产率。

丰田英二到美国福特还学回了"合理化建议"活动。1965 年以后，丰田公司参照我国《鞍钢宪法》"两参一改三结合"⊖的管理方法，建立了由管理者、技术人员和工人参加的"三结合"质量管理小组，从而使产品的返工率成倍地下降。

从推行这些措施开始，丰田公司逐步创造了新的生产方式，初期被称为大野式管理，在 1962 年才被正式命名为丰田生产方式（Toyota Production System）。但直到 1973 年的石油危机以后，丰田生产方式才真正引起制造业的关注。1973 年，随着第四次中东战争的爆发，世界经济遇到了第一次石油危机。对于石油资源几乎百分之百依赖进口的日本来说，整个经济活动全都受到巨大影响，马上陷入了极大的混乱之中，所有的企业都挣扎着谋求生存，日本经济下降到负增长的状态，但丰田公司不仅获得高于其他公司的盈利，而且利润与年俱增，

⊖ 最早来源于《鞍钢宪法》，主要内容就是：干部参加劳动，工人参加管理；改革不合理的规章制度；管理者、工程技术人员和工人在生产实践和技术革新中相结合。

拉大了同其他公司的距离。日本政府注意到丰田汽车公司发生亏损的时间比其他企业短，并且能够快速恢复生产力。于是，在国内主动举办各种丰田生产方式研讨会，向全国推广。1974 年丰田汽车公司向外正式公布了丰田生产方式。

三、美国对精益生产方式研究

石油危机以后，丰田生产方式在日本汽车工业企业中得到迅速普及，并体现了巨大的优越性。此时，整个日本的汽车工业生产水平已迈上了一个新台阶，并在 1980 年以其 1100 万辆的产量全面超过美国，成为世界汽车制造第一大国。不仅是在汽车行业，在家用电器、数控机床等市场竞争中遭受了惨重失败的美国，终于意识到致使市场竞争失败的关键，是美国制造业的生产水平已落后于日本，而落后的关键又在于日本采用了全新的生产方式——丰田生产方式。

为此，1985 年美国麻省理工学院筹资 500 万美元，确定了"国际汽车计划"（IMVP）的研究项目。在丹尼尔·鲁斯教授的领导下，组织了 53 名专家、学者，从 1984 年到 1989 年，用了 5 年时间对 14 个国家的近 90 个汽车装配厂进行实地考察，查阅了几百份公开的简报和资料，并对西方的大量生产方式与日本的丰田生产方式进行对比分析，最后于 1990 年出版了《改变世界的机器》（The Machine that changed the World）一书，第一次把丰田生产方式定名为精益生产（Lean Production）。研究结果表明，精益生产综合了大量生产方式和单件生产方式的优点，力求在大量生产的同时实现多品种、高质量、低成本生产。这个研究成果引起了汽车业内的轰动，掀起了一股学习精益生产的狂潮。在世界范围内，精益生产的影响很大，德国、瑞典、英国等汽车大国纷纷响应。从此，世界制造业从大量生产方式开始向精益生产方式转化。

1996 年丹尼尔·鲁斯出版了他的续篇《精益思想》，根据实地考察美国、德国、日本若干具有代表性的大小企业推行精益的实际情况，进一步高度概括了精益生产包含的新的管理思想，为读者提供了精益的核心原则，使所有的管理人员从"精益思想"的角度，重新思考自己的企业怎样才能真正生产出用户需要的产品，消灭浪费，创造价值，真正提高经济效益；同时将精益方式应用扩大到制造业以外的所有领域，尤其是第三产业。精益思想认为改革没有尽头，精益思想追求的是尽善尽美。精益思想作为一种人们生活的指导思想，远远超出了工业生产范畴。

第二章 准时化生产

第一节 准时化生产概述

一、准时化生产概念

准时化生产(Just In Time,JIT)就是在必需的时刻按必需的数量生产必需的产品。例如，在汽车部件的组装生产线上，各组装工序所需要的物料要从其前工序领取，仅需在必需的时候按必需的数量到达该生产线。如果准时生产在全企业得以实现，就可以完全消除工厂里的库存，仓库就没有必要了。

表2-1为准时化生产与传统生产观念的比较。对于传统生产，一个优秀的员工往往是干得最多，并且能够提前甚至超额完成生产任务的工人；而企业的领导在传统观念的指导下也在不断鼓励工人尽量多干，最好提前甚至超额完成生产任务。而准时化生产要求是将需要的零件在需要的时间按需要的数量供给每一道工序，保证要什么就及时给什么，需要时就及时送到，要多少给多少，即所说的"三及时"。这就要求进行思想观念的大转变。

表2-1 准时化生产与传统生产比较

JIT 要求		JIT 观念	传统生产观念
时间	必需的时刻	接到生产指示板的时候	提前完成任务
数量	必需的数量	能够销售出去的数量	超额完成任务
产品	必需的产品	只生产销售出去的产品	先生产，可能明天就要

二、准时化生产具体目标

准时化强调适时适量生产，消除非增值的等待时间、搬运时间或其他原因的延误时间，缩短产品生产周期，因此可以彻底消除浪费，降低生产成本。准时化生产的具体目标为：库存量最低、准备时间最短、生产提前期最短、零件搬运量最小、批量小(多频次)、废品量最低、机器故障率最低。

JIT 的理念将问题视为机会，重点在于揭露问题而非掩盖问题。

第二节 准时化生产实现方法

一、准时化生产实现分析

在丰田公司采用准时化生产之前，世界上的汽车公司大都采取福特式的大批量生产方式。在大批量生产方式下，有时企业的人员、设备和流水线在停工待料；一旦在零件到达后，全体人员总动员，突击进行产品生产。这种生产方式下，当生产线不运行时，会造成库存的短缺；如果生产线运行后就大量生产，会产生库存的积压。无论哪一种情况，都导致了资源的严重浪费。丰田公司认为，在汽车生产过程中，如果能做到准时化生产，就可以使生产过程中产品的库存和财务方面的负担接近于零。事实上，在环环相扣的汽车生产线上，要实现准时化生产是一件相当不容易的事情。

首先，影响各环节生产计划的因素有很多，要考虑这些因素，做到各工序都按照"准时化生产"要求进行生产，有很大难度。通常，造成生产计划出现变化的因素主要有预测误差、管理失误、次品返工、设备故障、出勤波动等。

其次，各生产环节环环相扣，一环出错，就有可能造成整个生产线的连锁反应。如果上述某一些因素导致某一道工序发生问题，那么由于连锁反应，必然会引起下一道工序出现停工待料。这时，不管主观上是否愿意，这种连锁反应势必造成生产线的停工或生产计划的改变。如果对这种状况置之不理，各道工序仍按照生产计划进行，必然会造成生产线上各道工序之间的脱节。其结果是，一方面会发生某些零件短缺，另一方面仓库中却堆放着成堆的用不着或不急用的零件。这样一来，生产效率就会降低，最终导致企业效益下降。

第三，在生产现场，无法区别生产情况是处于正常状态还是处于异常状态。这就常常会出现对异常状态处理不及时，或某一生产线因人手太多而生产过量，造成无法及时改进的局面。

二、准时化生产技术手段

支撑准时化生产的主要技术手段是拉动式生产，通过拉动式生产杜绝一切形式的浪费、尊重人性、调动人的积极性以及良好的外部协作关系等。

拉动式生产即首先由供应链最终端的需求"拉动"产品进入市场，然后由这些产品的需求决定零部件的需求和生产流程。这是采用了一种超越常规的生产顺序——以最后组装线为起点，由后向前推进。即在丰田公司的生产过程中，以生产工序的最后组装线为起点，后一道工序的人员按照必需的数量，在必需的时刻，去前一道工序领取所必需的零部件，则前一道工序只生产被领取数量的零部件。这种方式被称为拉动式生产。这就是实现准时化所依据的"拉动"原理。

三、缩短生产过程时间分析

图 2-1 描述了如何缩短制造过程时间以实现准时生产。从图中可知,产品和零部件的制造过程时间包括产品的加工时间和停滞时间。

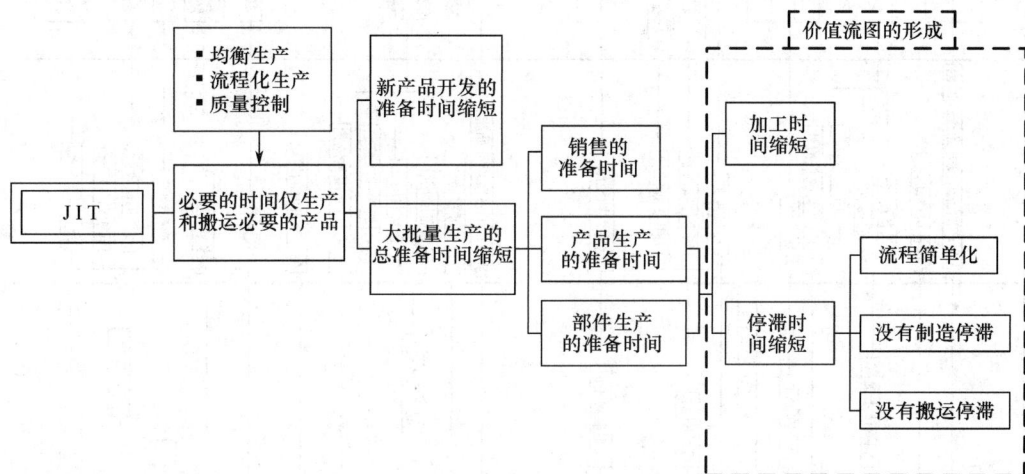

图 2-1 缩短生产过程时间分析

根据有关资料显示,一般停滞时间要占整个生产时间的 80%~90%,因此,要缩短生产过程时间主要应设法缩短停滞时间。可以通过对整个生产过程的价值流图(详见第十三章),找出问题点加以改善,从而缩短生产过程时间。

造成停滞时间一般包括流程复杂、制造停滞和搬运停滞,因此停滞时间的缩短可以从简化流程、减少制造停滞、减少搬运停滞三个途径来解决。图 2-2 为流程复杂的产生原因与解决办法,图 2-3 为制造停滞的产生原因与解决办法,图 2-4 为搬运停滞的产生原因与解决办法。

通过以上分析可知,产生停滞的原因主要有流程复杂、生产批量大、以销定产差和物流水平低等四个方面,如表 2-2 所示。

表 2-2 产生停滞原因与解决方法

产生停滞因素	解 决 方 法	备 注
流程复杂	整流化	整流化与一个流统称为流程化
生产批量大	一个流	
以销定产差	按生产节拍来组织生产	
物流水平低	提高物流效率	

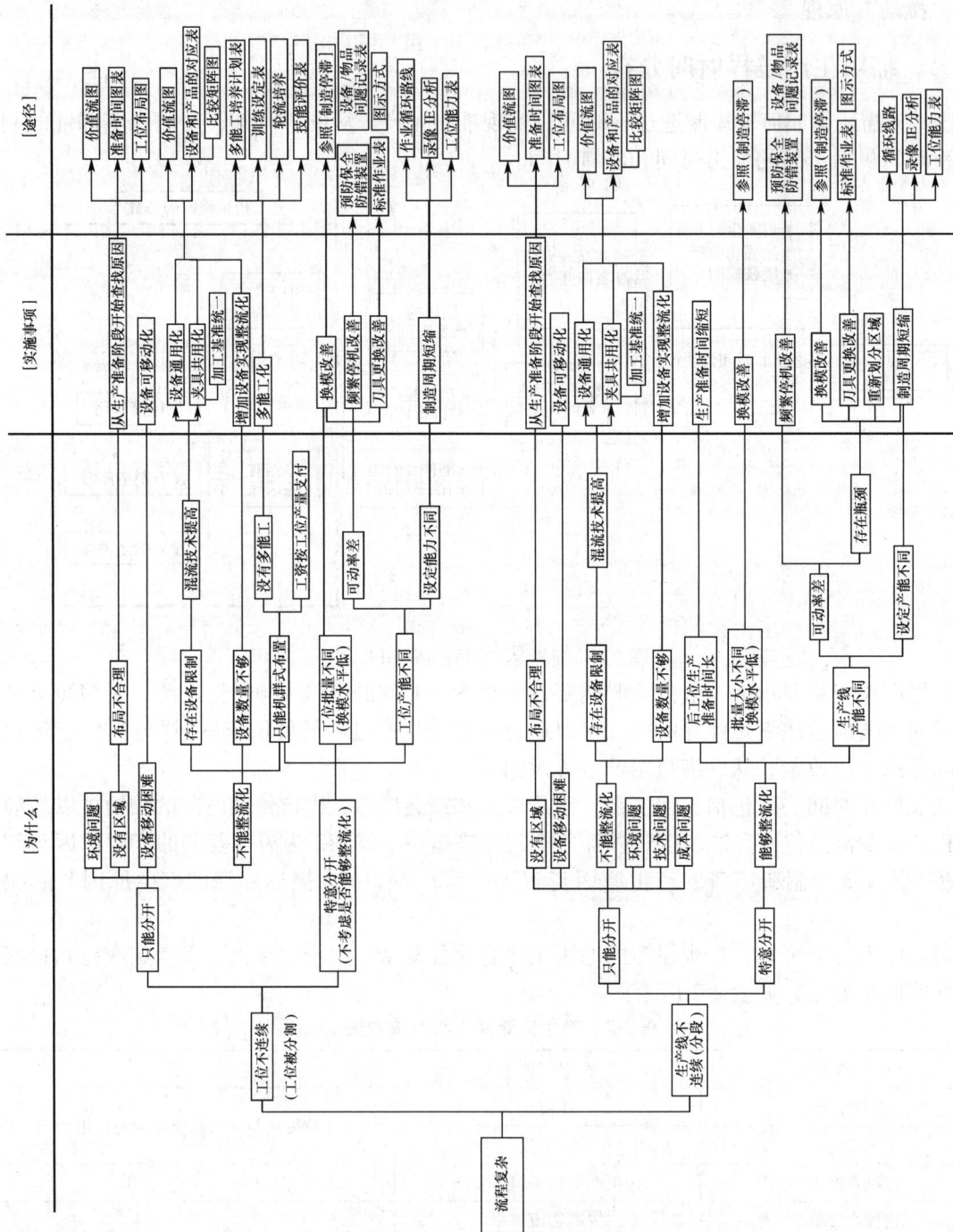

图 2-2 流程复杂的原因与解决方法

[途径]　[实施事项]　[为什么]

制造的停滞

- 制造速度快于卖销速度
- 制造时间过早
- 制造量过多

为什么：
- 没有卖销速度多快的概念 — 实际制造速度快于卖销速度
- 制造速度与销售速度不同步 — 生产效率评价的错误
- 指令波动 — 平准化生产（拉式生产）
- 有意多制造 / 无意多制造 — 批量生产（例：冲压）、生产效率评价的错误

实施事项：
- 按能够卖销出去时间生产 — 预测一定期间销售量
- 拉式生产
- 小批量生产 — 尽量采用一个流方法
- 按照销售需求的瞬时容量 — 合适的装箱容量
- 换模改善 / 通用化 / 不换模 / 种类减少 / 加工能力改进
- 信息正确度高 — 生产准备时间缩短 / 后工序领取
- 提高可动率 — 建立设备用方法
- 提高流流技术

途径：
- 采用生产节拍控制生产
- 领取看板 / 预备品
- 准备化计划箱 / 平准化看板 / 进行零件物流编号 / 采用加工看板
- 换次准标化 / 顺流换模 / 空流换模 / 同时换模
- 设备和制品的对应表 / 外部作业对应表 / 内部作业对应表
- 加工的各种方法
- 样件加工 / 均衡化生产 / 一个流 / PQ线图 / 现行文件
- 采用领取看板 / 看板灵活应用 / 超量异常控制 / 一个流控制
- 人员配置板 / 动作改善 / 作业计划表 / 多能工培训计划表 / 技能评价作业表
- 价值流程
- 领取看板 / 平准化计划箱 / 进行零件物流编号 / 采用加工看板

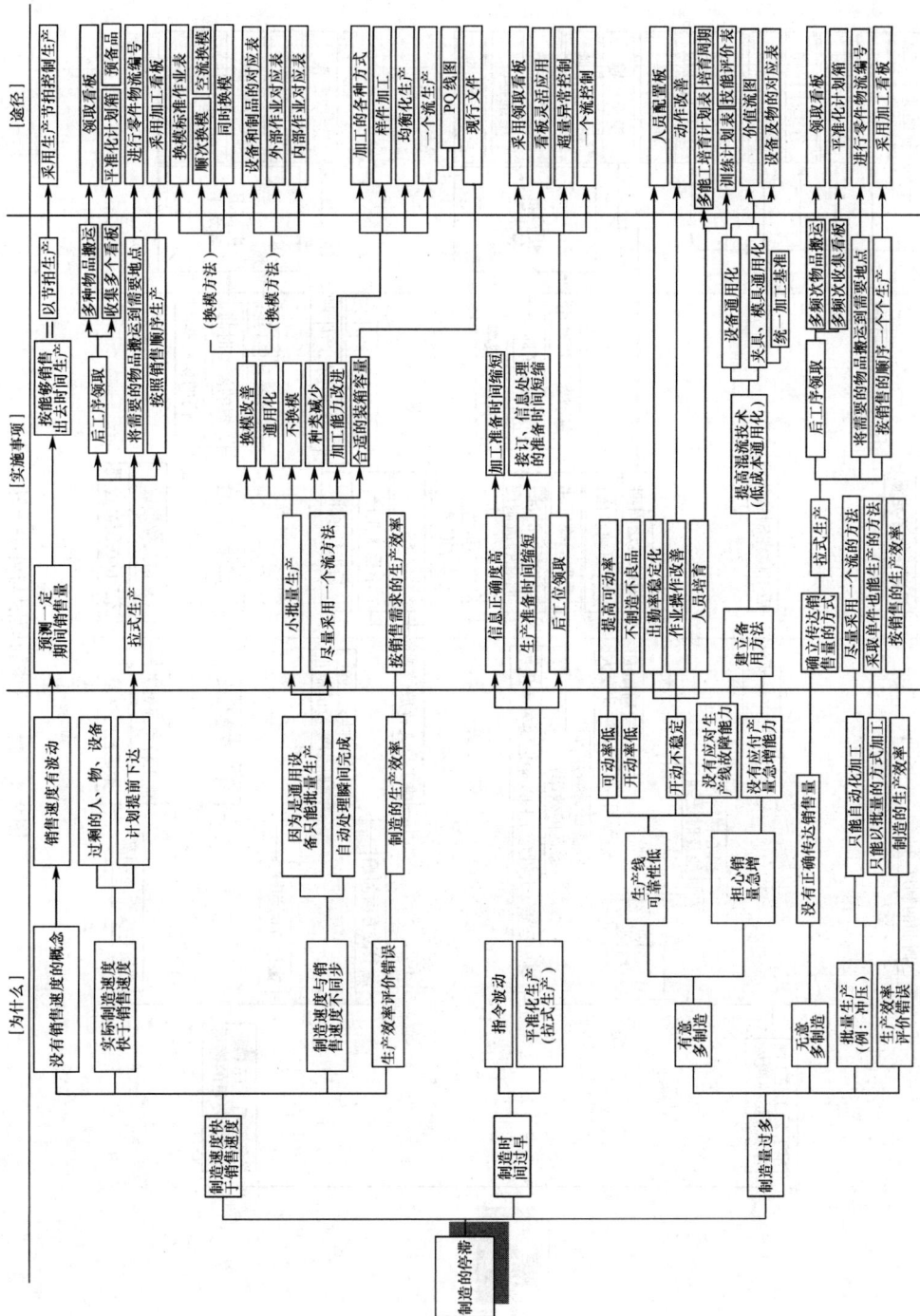

图2-3　制造停滞的原因与解决方法

[途径]　[实施事项]　[为什么]

搬运时间表
运输的原单位表
物流图
物流线路图
各工序程序
物流时刻表
运行管理板
进度管理板
中继物流
换车运输
出发地混载
目的地混载
中继物流
换车搬运
领料看板
出发地混载
目的地混载
中继物流
换车搬运

时间的概念
设定正确的周期
采用定量不定期
采用定期不定量
后工位在制品管理
缩短运送周期
运行规则具体化
领取的稳定化
效率好的准时化物流效率
包装器具再利用
短的停留时间
高的积载率
提高混载水平
改变工位布局
5S
小批量生产
后工位领取
领取长期生产计划
领取短期生产计划
JIT物流制度
从前工位领取
后工位在制品管理
包装器具再利用
短的停留时间
高的积载率
提高混载水平

没有规定搬运
运时间的制度
搬运可靠性差
运送周期太
长波动变大
担心物料不
能及时送到
运输量表波动以
搬运的效率优先
运输量(大批量)
搬运的效率优先
有定时制度
但没有遵守
集中运输
以搬运批的效率优先
前工位无存放位置
没有反映后工位
实际需要量的制度
搬运方面问题
搬运效率优先
前工位可靠性差
搬运及时性差
前工位方面问题
必须有安全在制品

早于后工位(顾
客)需要的搬运
多于后工序(顾
客)需要量的搬运

搬运
的停滞

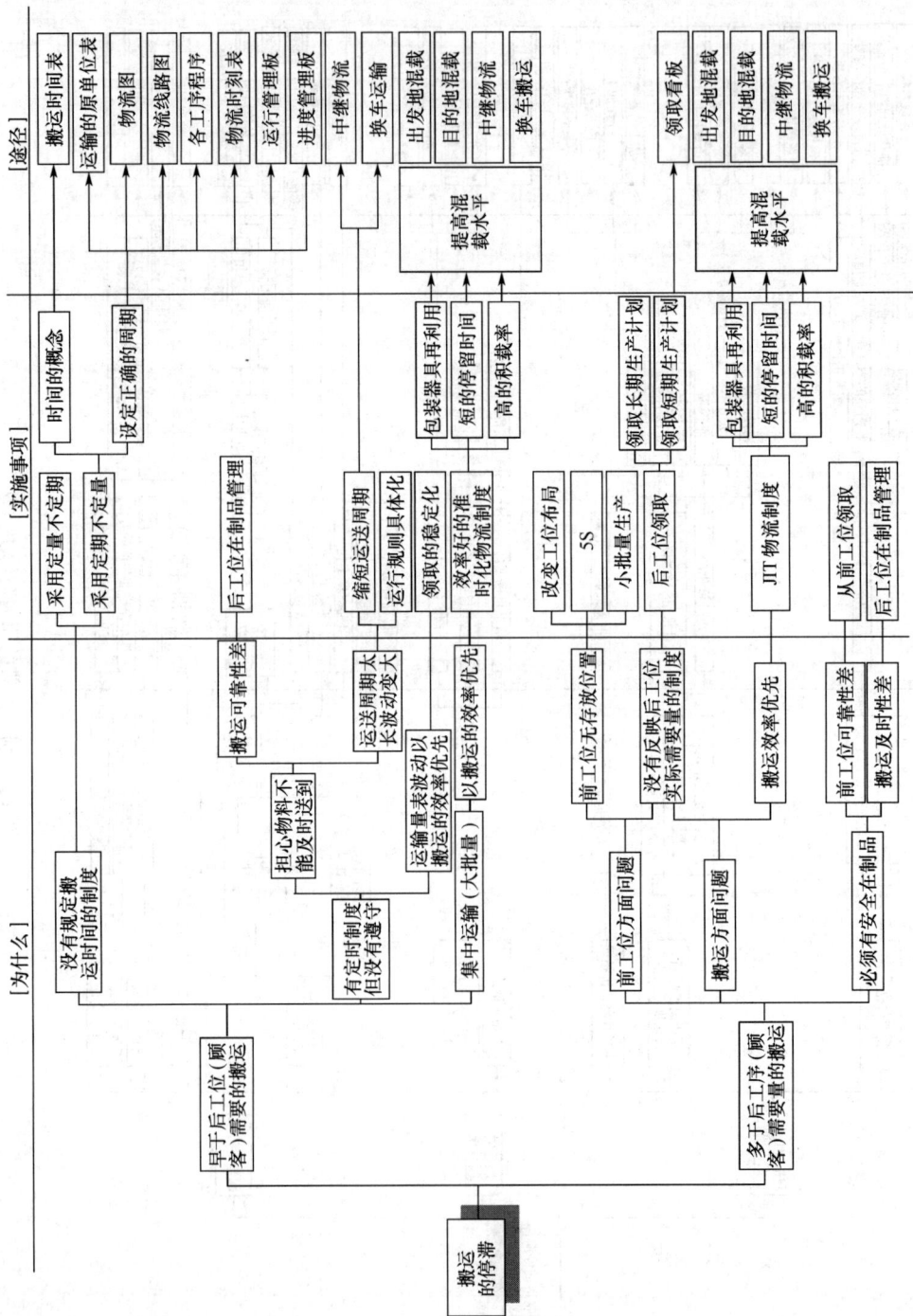

图2-4　搬运停滞的原因与解决方法

对于流程复杂和生产批量大，可以分别通过整流化和一个流生产，即流程化来解决；对以销定产的意识薄弱，可以严格按照生产节拍来组织生产；对于物流水平低，可以通过加强准时化物流来解决（详见第六章准时化物流）。

四、准时化生产技术体系

表2-3为准时化生产的技术体系，包括实现准时化生产的前提、方法、基础和工具。实现准时化生产的前提要实施均衡化生产、同步化生产和质量稳定，通过生产计划层面来控制；实现准时化生产的方法是生产流程化，包括整流化和一个流，需要生产组织来保证；实现准时化生产的基础按节拍进行生产，涉及标准作业和少人化，这也需要生产组织来保证；实现准时化生产的工具是看板的运行，需要依靠工厂现场进行控制。这些内容将分别在第三章至第十一章中进行介绍。

表2-3　准时化生产的技术体系

实现准时化	内　　容	保 障 层 面
前提	均衡化(总量均衡、品种与数量均衡)	生产计划
方法	流程化(一个流、整流化)	生产组织
基础	生产节拍、标准化、少人化	
工具	看板	生产现场控制

第三章 看板管理

第一节 典型生产方式

一、推式生产

根据生产指令下达方式不同，生产方式可以分为推式生产和拉式生产两大类型。

1. 推式生产原理

计划部门根据市场需求，按照产品物料清单计算出每种零部件的需求量和各生产阶段的提前期，确定每个零部件的投入产出计划，按照计划发出生产指令和采购订货指令。各车间或各工序均按计划生产零部件，将实际完成情况反馈到生产计划部门，并将加工完的零部件送到下一道工序或下游生产车间，整个过程相当于从前工序向后工序推动，故这种生产方式被称为推式生产。

图 3-1 为推式生产的物流与信息流程图。在推式生产方式下，各车间或各工序工人接到计划人员的生产指令之后就开始生产，直至完成生产任务，不受前后工序或车间的影响。它的理念是：在时间上追求提前完成任务，在数量上追求超额完成任务。这种生产方式也是在传统生产观念指导下所形成的。

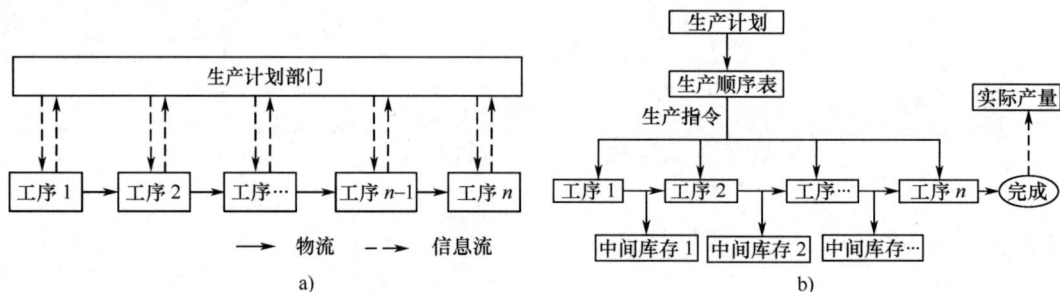

图 3-1 推式生产物流与信息流程图

a）物流与信息流示意图 b）生产指令传递示意图

2. 推式生产分析

推式生产作为一种传统的生产方式已经无法满足准时化生产的要求，它的问题主要表现如下两个方面：

（1）推式生产的物流和信息流基本上是分离的，也就是说工人总是在各干各的，所以当后工位操作者因某种原因不能正常生产时，其他工位不会受影响而继续生产。对后工位来讲，前工位只是提前使用了人力和材料而已，从而造成了中间库存，进而产生搬运和堆积的浪费，并使得先入先出变得困难，生产周期变长，如图3-2所示。

（2）中间库存的增加将会导致存放器具增加，而不管是库存还是器具都会占用资金，进而增加利息支付。更为重要的是，由于信息不畅，生产线出现异

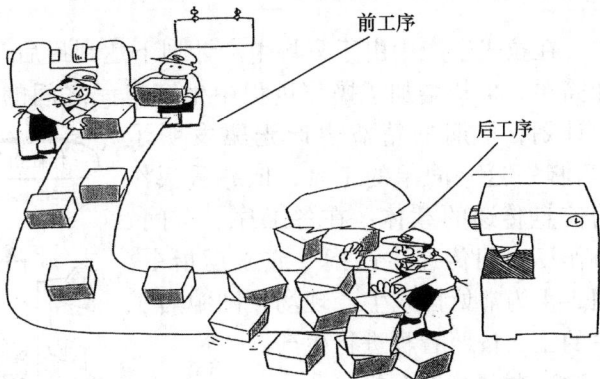

图3-2 推式生产常见现象

常时也不停线，所以无法区分生产线异常和正常，从而失去了不断改善的机会，隐藏了各种浪费现象。

在推式生产中上述现象比较常见。由于在生产中难免受到多方面因素的困扰，如设备故障、品质不良、缺料等，经常不能做到每道工序都按时完成，且一般产品通常都是由许多零部件组成，同时零部件的精确提前期又很难确定，最终导致计划产量和实际产量不符。

二、拉式生产

1. 拉式生产原理

与推式生产相反，拉式生产是从市场需求出发，由市场需求信息决定产品组装，再由产品组装拉动零部件加工。每道工序或每个车间都按照当时的需要向前一道工序或上游车间提出需求，发出工作指令，上游工序或车间完全按照这些指令进行生产。这时物流和信息流是结合在一起的，整个过程相当于从后工序向前工序拉动，故这种生产方式被称为拉式生产。

图3-3为拉式生产的物流与信息流程图。从图中可知，生产计划部门只制定最终产品计

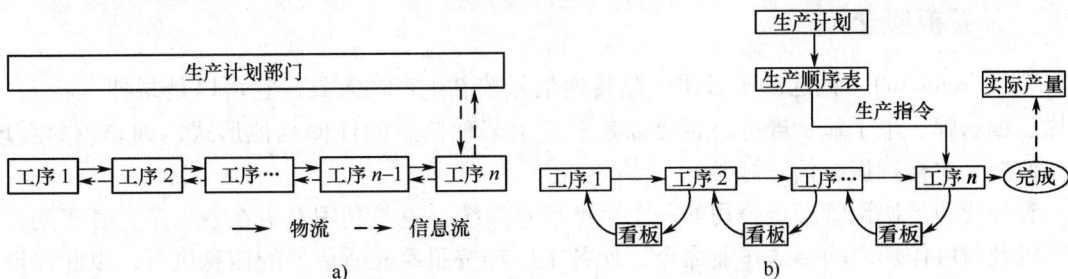

图3-3 拉式生产物流与信息流程图

a）物流与信息流示意图 b）生产指令传递图

划，计划下达到最后车间或工序，其他车间或工序按照下游车间或后工序的指令来确定生产。

在拉式生产中由于只将生产计划下达到最后一道工序，使得计划的制定与控制变得更加简单，但却增加了操作过程中生产单元之间的协调难度。为了能更有效地实施拉式生产计划，早期的精益生产先驱发明了"看板"这一简单的工具，依靠看板作为信息传递的载体，在各工序、车间、协作厂之间传递生产指令或搬运指令。图3-4为常见拉式生产现场，图中后工序的工人按照看板进行生产。

2. 拉式生产分析

按照拉式生产的原则，每道工序都按下道工序的要求，在适当的时间，按需要的品种与数量进行生产，就不会出现计划产量和实际产量不符的现象了，也就不用出现中间库存。拉式生产系统可以真正实现按需生产。因

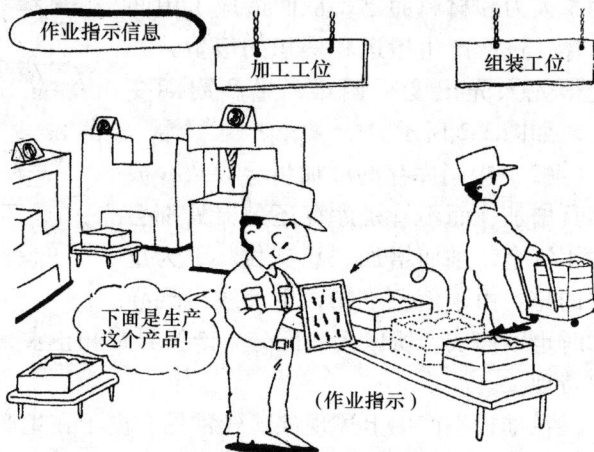

图3-4 拉式生产现场

此精益生产采用拉式生产系统，生产指令由最后一道工序开始，在需要的时候依次向前传递，这就使得准时化生产成为可能。特别是在采用看板这种管理工具之后，看板就成为精益生产方式中最为显著的管理工具，在保证适时适量生产中起着至关重要的连接作用。

第二节 看板概念、类型和功能

一、看板概念

看板(Kanban)一词起源于日语，是传递信号控制生产的工具，它可以是某种"板"，如卡片、揭示牌、电子显示屏等，也可以是能表示某种信息的任何其他形式，如彩色乒乓球、容器位置、方格标识、信号灯等。

看板管理是协调管理全公司的一个生产信息系统，就是利用看板在各工序、各车间、各工厂以及与协作厂之间传送作业命令，使各工序都按照看板所传递的信息执行，以此保证在必需时间制造必需数量的必需产品，最终达到准时化生产的目的。看板管理是精益生产中的重要子系统。

二、看板类型

表3-1为看板的分类表。看板按用途可以划分为生产指示看板、领取看板、特殊用途看板，其中，生产指示看板可分为工序内看板和三角看板，领取看板可分为工序间领取看板、材料领取看板和外协领取看板；按形式可以划分为一般形式看板和特殊形式看板。一般形式看板为卡片；特殊形式看板为彩色乒乓球、容器、方格标识、信号灯等只要能表示生产和搬运信息的任何形式。特殊用途看板和特殊形式看板统称为特殊看板。

表3-1 看板类型

序 号	分类方法	大 类	子 类
1	按用途	生产指示看板	工序内看板、三角看板
		领取看板	工序间领取看板、材料领取看板、外协领取看板
		特殊用途看板	特急看板、临时看板、接受订货生产看板、连续看板、共用看板、标签
2	按形式	一般形式	卡片
		特殊形式看板	彩色乒乓球、容器、方格标识、信号灯、电子看板等

三、看板功能

看板是实现准时化生产的工具。具有指示生产与搬运的功能、目视管理的功能和现场改善的功能。

1. 指示的功能

只按照看板指示的数量进行生产与搬运，这是看板的最基本功能。看板具有作业指导的功能。作业现场的管理人员对生产的优先顺序能够一目了然。在拉式生产系统中，一般生产管理部根据市场预测以及订货而制定的生产指令，下达到总装配线，各个前工序的生产均根据看板来进行。看板中记载着生产量、时间、方法、顺序以及运送量、运送时间、运送目的地、放置场所、搬运工具等信息，从最后的装配工序逐次向前工序追溯。装配线操作员将已使用的零部件箱中的看板取下，据此看板再去前工序领取，如图3-5所示。"后工序领取"以及"适时适量生产"就是通过看板实现的。

2. 目视管理的功能

（1）起到物料标识的作用。零件或产品的货架上若附有看板，则可以明确地判断库存量、产品编号、产品名称，也易于搬运，如图3-6所示。另一方面，到位的工序内看板挂在该生产线的最初工位。这样，很容易判断现在正在生产的产品、将要生产的产品和各生产线的负荷状况。

图 3-5　凭看板向前工序领取　　　　　图 3-6　目视管理的工具

（2）自动控制生产过量、搬运过量的作用。通过看板管理者容易发现生产与搬运是否过量。各工序如果没有看板，就既不进行生产，也不进行运送；看板数量减少，则在制品也相应减少。因此通过看板的运用能够做到自动防止过量生产以及过量运送，达到控制制造过剩的目的。

（3）反映生产线进度的作用，操作者在看板发放时按看板所示的数量进行生产，即按必要的物品、必要的时间、必要的量进行生产。例如，在制品看板箱里看板变少，表示后工序的生产发生了延迟；反之则表示后工序的生产进度加快。

3. 现场改善的功能

看板作为目视化管理的工具，如果能正确理解、正确应用看板，就会发现它还可作为改善的工具而发挥着重要作用。通过看板管理者容易发现异常，并及时采取措施来减少事故发生及对异常问题的改善。

看板数量过多，表明库存（或在制品）量多，有必要减少看板数量。看板数量波动时，同样需要调查原因，采取必要的改善对策。另外，从后工序领取数量的增减也可判断出紧迫程度（优先顺序），必要时需修订标准作业程序。

第三节　工序内看板和工序间领取看板

一、看板定义

1. 工序内看板定义

工序内看板是指示工序必须生产的产品种类和数量信息的看板，只在工作地和它的出口存放处来回循环。工序内看板也常常被称为生产看板。图 3-7 为典型的工序内看板。

工序内看板			
零件号	SX507866		
前工序	成型	后工序	组装
收容数	4	看板发行张数	5
看板编号	3086	安全库存	3
车型	31—59SY	储位	M102

图 3-7 典型的工序内看板

2. 工序间领取看板定义

工序间领取看板是指示后工序到前工序领取所需的产品种类和数量信息的搬运看板。图 3-8 为典型的工序间领取看板，图 3-9 是条码化的工序间领取看板。

工序间领取看板	发行数	15	看板代号	2015
品名	20—2411SASY		前工序	
			储位	
箱容数	V20	交货周期	1:1:1	后工序	
备注			储位	M150

图 3-8 典型的工序间领取看板

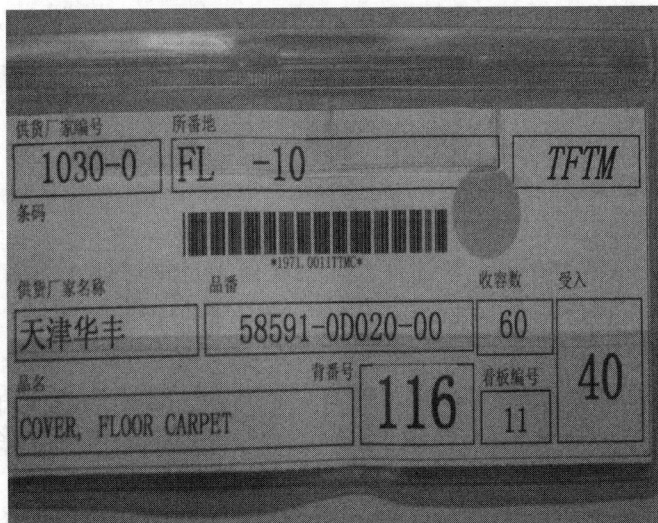

图 3-9 典型条码化的工序间领取看板

二、双看板系统工作原理

图 3-10 为双看板系统工作原理。依靠工序内看板和工序间领取看板分别来传递生产指令和搬运指令的生产信息系统称为双看板系统。

双看板系统运行循环按照以下七个步骤进行：

（1）当后工序摘下的工序间领取看板积存在领取看板接收箱到规定数量（或到规定好的时间）时，物料配送人员把看板接收箱中的工序间领取看板和空容器装到搬运车上，走向前工序的零部件存放区。

（2）如果物料配送人员在物料存放地 A 领取零部件的话，就取下附在容器内零部件上的工序内看板，并将这些看板放入生产看板接收箱。配送人员还要把空容器放到前工序指定的区域。

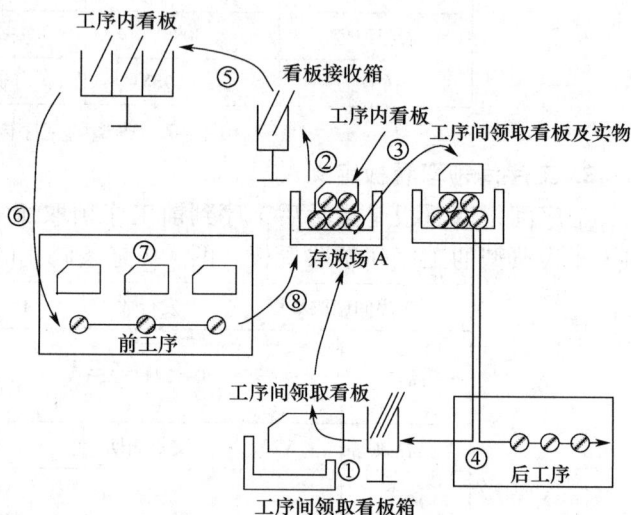

图 3-10　双看板使用循环图

（3）配送人员在取下每一张工序内看板时，需换取一张工序间领取看板附到容器上。在交换两种看板的时候，要注意仔细核对工序间领取看板和同种物品的工序内看板是否相符。

（4）在后工序，作业人员每开始使用一箱物料时，就必须把附在容器上的工序间领取看板摘下并放入领取看板接收箱中。

每箱用前还是用完后摘下看板与所需要的看板数量有关。

例如图 3-11 中，每箱中有 8 个零部件，如果在使用每箱部件之前摘下看板，箱中还留着 7 个部件，若搬运工在这几个部件没用完之前，拿着被摘下的看板到上一工序去运部件的话，1 张看板就可以维持运转。

若在用完每箱零部件后再摘下看板，则箱中是空的，这样就必须用下一箱的零部件。若搬运工到上一工序运回部件时，下一箱部件还没用完的话，需要 2 张看板来维持运转，如图 3-12 所示。

（5）在前工序，生产了一定数量的零部件时，必须从看板接收箱中收集工序内看板，按照在存放处 A 摘下的顺序，放入工序内看板箱。

（6）前工序按放入工序内看板箱的顺序进行生产。

图3-11 在使用部件之前摘下看板　　　　　　图3-12 在使用完部件之后摘下看板

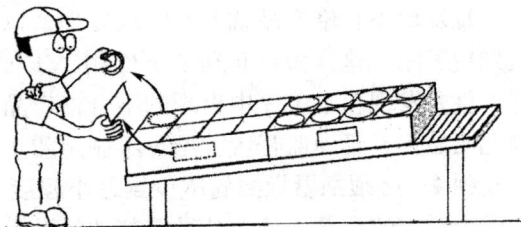

（7）在前工序零部件加工完成装满一箱后，附上工序内看板，一起放到物料存放地，以便后配送人员随时领取。

工序内看板和工序间领取看板这两种类型看板的连锁运作，必须不间断地存在于各工序中。结果各工序在必需的时候、仅按必需的数量、领取必需的物品，全部工序自然就实现了准时生产。

三、实施看板管理规则

为了实现看板管理，在使用看板时必须遵守以下五条规则：

规则1：后工序必须在必需的时候，只按必需的数量，从前工序领取必需的物品

要改变传统"供给后工序"的观点，而要求后工序在必要的时候仅以需要的数量到前工序来领取，简单地说就是"由后工序领取"。从最终的成品装配到最初材料出库的所有工序，如果都能在需要的时间，获取需要的数量的话，任何一个工序也就没有必要从其他渠道得到向后工序供给物品的时间和数量的信息。

将"供给"这一观点转换为"领取"，就可以有效地消除各种浪费，实现准时生产。因此，在使用看板中，后工序必须在必需的时候，只按必需的数量，从前工序领取必需的物品。同时，为了防止后工序任意地领取，有必要将原则具体化，附加3个规则：①如果没有看板，领取一概不能进行；②超过看板数量的领取一概不能进行；③看板必须附在实物上。

规则2：前工序仅按被后工序领取的物品和数量进行生产

前工序仅补充被后工序领走的物品。为了做到这一条，需附加2个规则：

① 生产数量不能超过看板规定的数量，没有看板不进行生产。

② 当前工序生产多种零部件时，必须按各看板送达的顺序进行生产。

遵守了这样的附加规则，规则2才能发挥它的效力。更重要的是，通过严格遵守规则1和规则2，所有的生产工序如同被一条传送带联结，形成了一种流水作业的形式，如果某个工序出现了问题的话，虽然所有的工序都有可能停止生产，但是至少保持了各工序之间的平衡，即实现了同步生产，将各个前工序的库存控制在最小限度。

规则3：不合格品绝对不能送到后工序

一旦发现不合格产品就要及时地处理，以防止对不合格品再继续制造，更不能把不合格品送到后工序。这样做可起到如下作用：①如果遵守"不合格品绝对不能送到后工序"的原则，就要发现在本工序中出现的不合格产品；②不合格产品积压在本工序中，使工序的问题马上明显化，管理监督者就不得不制定防止再发生的对策。

规则4：必须把看板数量减少到最小程度

因为看板的数量表示着某种零部件的最大库存量，所以有必要把它控制到最小程度。通过有计划地主动减少看板，可及时发现问题，并找出原因。当需要找出某工序生产存在的问题时，则减少发出的工序内看板；当需要找出搬运方面或后工序工作点存在的问题时，则减少发出的工序间领取看板数。如此，通过不断地减少看板数量，使得现场的改善活动不断进行。

规则5：通过看板对生产进行的微调

看板的主要功能之一是作为生产和搬运的指令。因此，在采用看板的时候，不需要另外提供如工作计划表、搬运计划表这样的信息，仅用看板作为生产和搬运指示的信息，作业者只依赖于看板进行作业。

由于市场上的需求和生产上的紧急事态都是不确定的，计划部门不会把生产计划的变更通知到所有工序，而关键是控制最终装配线工序上摘下来的看板数量的情况。

例如，计划每天生产100台某产品，一个批次5台，共领取20次看板，现在要求减少10台，则每天共领取18次看板，提前终止，可进行改善活动；若要求增产10台，则每天共领取22次看板，采用加班方法，如图3-13所示。通过对看板微调以应对市场的需求变化。

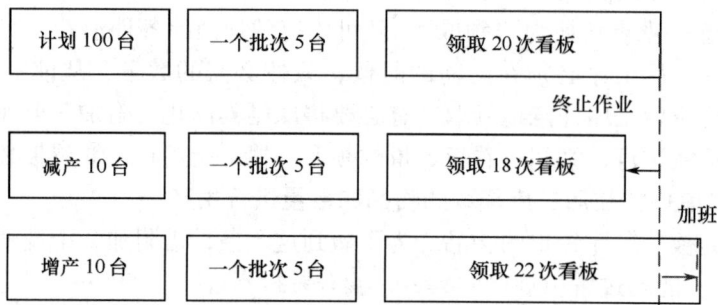

图3-13　生产波动通过看板微调的示例

这样，通过看板对生产进行微调，仅在小幅度需求变化的情况下是可以应用的。如果产量变化在10%左右的话，不变更看板的总数量，只通过改变看板送达的次数就可以应对。但是如果产量变化很大的话，就必须重新计算节拍时间或者增减各看板的数量。

可见，通过看板可对实际生产数量进行微调，以应对需求的波动，这样才能发挥看板的强大功能。

要遵守以上五个规则，必须要做大量持续的改进工作。可是，如果不遵守这样的规则，即使引入看板，也决不会发挥它的效果，也不能够推进降低成本的活动。注意在遵循上述规则的同时，还必须将生产的均衡化、合理的设备布置以及标准作业三个条件贯穿到看板方式中。

四、看板数量计算

看板数量就是在生产现场实施拉动生产所必需的看板数量。在拉动生产中，可以用物料包装单位"箱"数表示物料数量，一箱物料对应一张看板卡片。因此，卡片数量确定了物料数量，卡片数量就是物料数量。因此计算合理的看板数量就是计算合理的物料箱数。

1. 理论基础——订货点理论

看板管理是"拉动"方式。也就是说，某一制造工序从它的前工序领取零部件，接着前工序只按被领走的数量开始生产零部件。在某种意义上，是后工序到前工序在适当的时候按适当的数量"订购"必需的零部件。因此，看板管理可以从库存管理方式的观点来观察。

在库存管理中，物品订货点的确定方式有定量订货方式和定期订货方式。

图 3-14 为定量订货方式。当库存水平下降到订货点 B（也就是从订货到交货这段时间的期望需要量）时，就按预定的固定数量（一般以经济订货批量为标准）订货。这时，虽然订货量是一定的，但是订货的间隔周期 T 不确定。

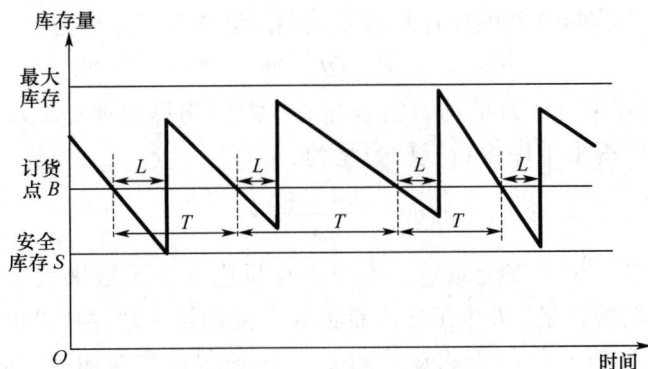

图 3-14 定量订货方式

图 3-15 为在定期订货方式。在定期订货方式下，订货的时间间隔 T 是固定的，按照预

先确定的订货间隔周期 T 进行订货补充，因此每次的订货量是不同的。

2. 工序内看板数量

在双看板循环系统中，为了便于领取看板回收，后工序一般采用定期领取的方式，定期去物料存放处领取所需零部件并将工序内看板放入看板接收箱，而前工序则是定量生产方式，也就是相当于定量订货方式，如图 3-16 所示。前工序看板接收箱不断收集工序内看板，当某一型号物料的工序内看板累积到规定量时，放入工序内看板箱进行排序生产。

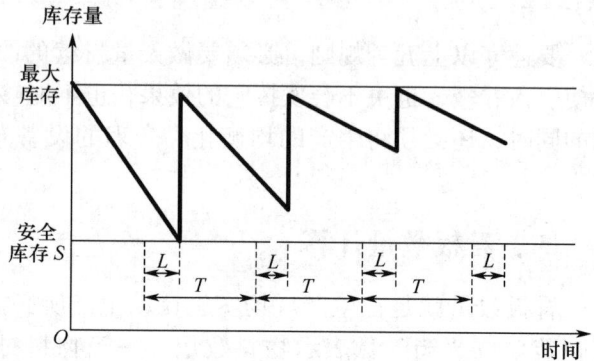

图 3-15　定期订货方式

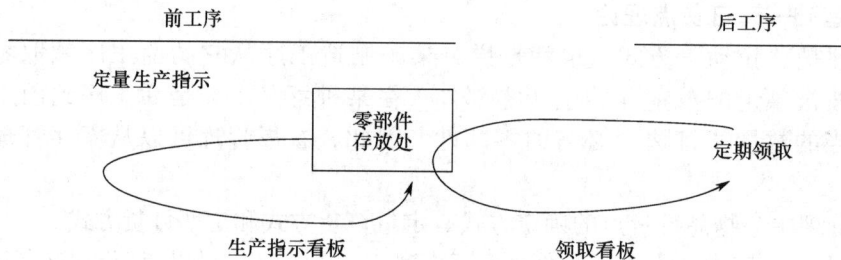

图 3-16　双看板循环系统定期领取和定量生产指示方式

在这种方式下，必须的最大库存量应为订货点库存量，所以，看板总数量应满足必须的最大库存量的需要。在定量订货的库存管理模式中，订货点库存量为：

$$B = \overline{D}L + S \qquad (3-1)$$

式中，B 为订货点库存量；$\overline{D}$ 为平均日需求量；L 为采购提前期；S 为安全库存量。根据式（3-1）的原理，可以得出工序内看板的数量为：

$$N = \frac{\overline{D}L(1+\alpha)}{C} \qquad (3-2)$$

式中，N 为看板的数量；α 为安全系数，安全库存量用安全系数来表示，即需求量的百分数；C 为盛放物料容器的容量。L 为工序内看板摘下至物料到达存放处的过程时间，简称为生产过程时间［相当于式（3-1）的采购提前期 L］，一般包括物料加工时间、物料搬运时间、看板回收时间和等待时间等。

例 3-1　某汽车零部件公司生产四轮传动车的转向器及暂停系统中的游戏杆手臂组合。一般 1 箱零件在制造周期中需要 0.02 天的加工时间及 0.08 天的物料处理、等待时间和看板回收时间，每箱有 22 个零件，零件每日的需求为 2000 个。考虑到游戏杆手臂组合的需求不确定性，其安全库存量定为需求量的 10%。试计算需要的工序内看板数量。

解 根据式(3-2)，$\overline{D} = 2000$，$L = 0.02 + 0.08$，$\alpha = 10\%$，$C = 22$，则应授权的看板数量为：

$$N = \frac{2000 \times (0.02 + 0.08) \times (1 + 10\%)}{22} \text{张} = 10 \text{ 张}$$

3. 工序间领取看板数量

后工序采用定期领取方式，相当于库存管理中的定期订货方式。在这种方式下，订货量是不确定的，需要根据一个订货周期需求量、采购提前期需求量、当前实际库存量、已订货未到量进行确定，即：

订货量 = 订货间隔期需求量 + 采购提前期需求量 − 现有库存量 − 订货未到量

采购提前期和订货间隔期的合计时间内的需求量称为基准量，也常称为补充过程时间。基准量为：

$$M = \overline{D}(L + T) + S \tag{3-3}$$

式中，M 为基准量；$\overline{D}$ 为平均日需求量；L 为采购提前期，即从订货至到货的时间；T 为订货间隔期，即相邻两次订货之间的时间间隔；S 为安全库存量。

根据式(3-3)的原理，可以得出工序间领取看板数量为：

$$N = \frac{\overline{D} \times (L + T + T_S)}{C} \tag{3-4}$$

式中，L 为生产过程时间，由加工时间、等待时间、搬运时间、看板回收时间组成(其中：①加工时间是从发出生产指示开始到生产结束的时间间隔，这个间隔相当于在生产线内部存放的、在加工中的在制品库存的看板数量；②看板回收时间是把在后工序摘下来的看板从接收箱中取出的时间与前工序发出生产指示的时间之间的时间间隔，与图 3-10 中领取看板箱、看板接收箱、生产指示看板箱中各自看板拥有量的总数相等)；T 为订货周期，即两次领取之间的时间间隔(以天计算)，也叫作看板周期；T_S 为安全库存时间，相当于零部件在存放处的停留时间。这些库存是为了应对不合格品和设备故障等准备的。为了确定安全库存的水准，必须分别预测各种不正常因素发生的概率。

五、看板运行案例

一汽轿车公司总装车间看板运行流程由看板回收操作人员工作流程、物流配货操作人员工作流程、物流发件操作人员工作流程、生产线操作人员工作流程等四个流程组成。图 3-17 为总装车间使用的一种领取看板实例。

1. 看板回收操作人员工作流程

图 3-18 为看板回收操作人员工作流程。它的工作内容包括：①收到生产线播报发件信息；②将工序内领取看板发放至物流零件货架的看板回收盒内；③到生产线零件货架的回收

工序内领取看板；④按看板回收路线回收看板后，回到起始位置等待下次生产线播报信息。

看板编号	14–01	车型
零件名称	ABS 控制单元	
零件号	GJ6E–437Z0–G	
盛装数量	5	零件代码
送货位置	Y–29R	Y–9043

班组代码　　　送货位置　　　零件种类　　　零件编号

图 3-17　看板实例

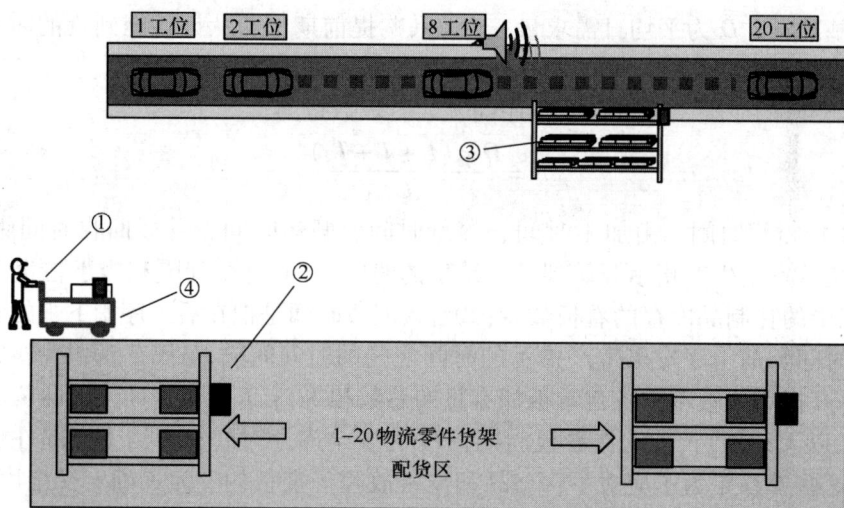

图 3-18　看板回收操作人员工作流程

2. 物流配货操作人员工作流程

图 3-19 为物流配货操作人员工作流程。它的工作内容包括：①从看板回收盒内领取看板；②根据工序内领取看板上的零件代码和盛装数量、平板车号配货，并对零件箱单上的零件号和看板上的零件号进行确认；③再次确认实物和看板是否相符后，把看板放入零件箱看板箱内；④将配完零件的平板车放至待发区。

3. 物流发件操作人员工作流程

图 3-20 为物流发件操作人员工作流程。它的工作内容包括：①收到生产线播报发件信

息；②在待发区将配好货的平板车牵引上生产线；③将零件箱有看板一侧对着操作者方向投货；④回收生产垃圾；⑤按零件发放路线发件后，将生产垃圾放置在零件货架上部；⑥回到待发区等待下次生产线播报信息。

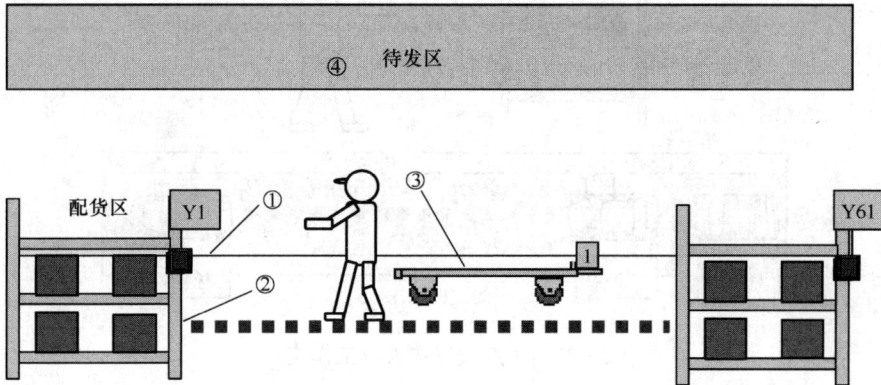

图 3-19　物流配货操作人员工作流程

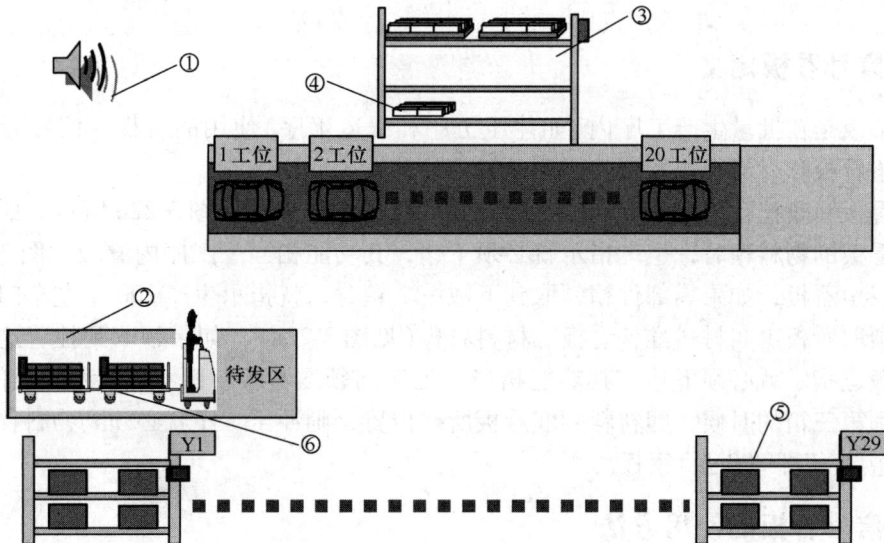

图 3-20　物流发件操作人员工作流程

4. 生产线操作人员工作流程

图 3-21 为生产线操作人员工作流程。它的工作内容包括：①在拿取零件箱内第一个零件时，将工序内看板取下；②确认零件与看板是否相符；③将工序内领取看板放置在看板回收盒内。

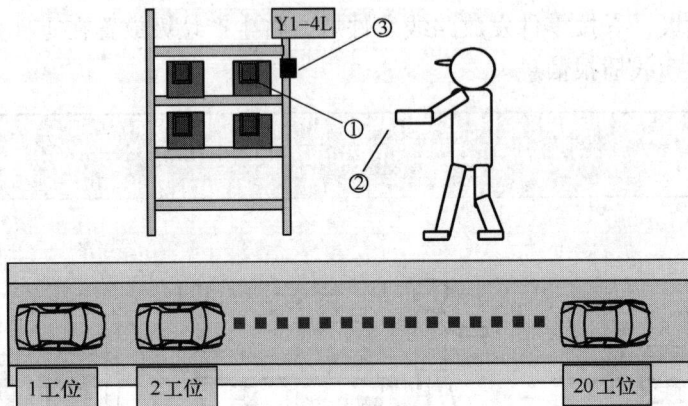

图 3-21   生产线操作人员工作流程

第四节   信 号 看 板

一、信号看板定义

信号看板是在批量生产工序内(如冲压工序和锻造工序)使用的看板。信号看板有两种类型：三角看板和材料领取看板，如图 3-22 所示。

三角看板一般挂在一个批量(若干箱)的某个物料箱子上，如图 3-22c 所示。如果领取到挂着这张看板的物料箱时，生产指示就必须下达，其功能相当于工序内看板。图 3-22b 为冲压工序的三角看板，如果零部件箱领取到下数第 2 箱时，就指示生产 200 个左车门。

材料领取看板也叫材料准备看板、材料看板(见图 3-22a)，如果领取到挂着这张看板的地方时，搬运指示就必须下达，其功能相当于工序间领取看板。图 3-22c 为看板使用方法，如果领取到第三箱的时候，即材料领取看板所挂位置，则冲压工序就必须到物料存放处去领取一个批量(5 箱即 200 张)钢板。

二、信号看板的使用方法

以冲压工序为例，介绍信号看板的运行方法。

在冲压工厂，有卷材剪切和冲压两条生产线，如图 3-23 所示。在卷材剪切生产线的右侧有卷材存放区域，供原材料卷材存放。在卷材剪切生产线的左面，有剪切后的钢板半成品存放区域。冲压生产线的左侧有完成加工的钣金半成品存放区域。托盘上装着各种各样的冲压零部件，在信号看板的位置挂着三角看板和材料领取看板。

前工序	存放处 ➡		冲压	后工序
编号	IU–4		品名	钢板
材料规格	50cm×3cm×5cm		托盘容量	40
批量规格	200		托盘编号	6

a)

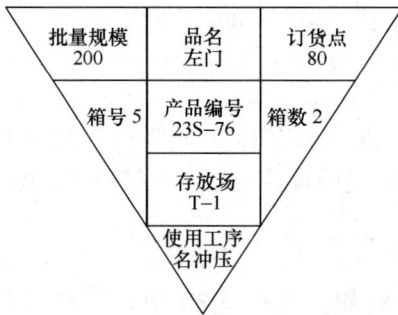

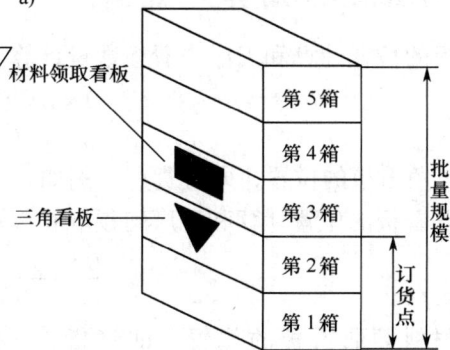

b)　　　　　　　　　　　　　c)

图 3-22　信号看板

a）材料领取看板　b）三角看板　c）看板使用方法

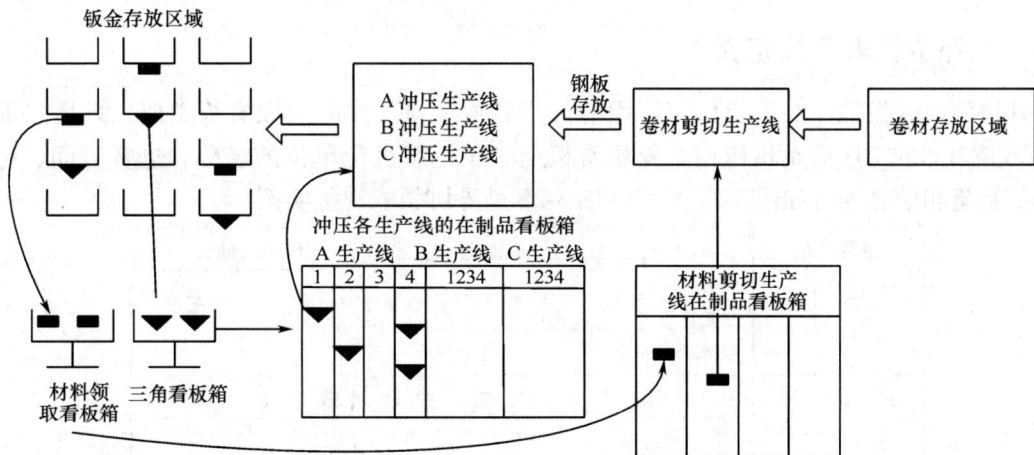

图 3-23　冲压工序信号看板的传递方法

如果物料使用到材料领取看板的位置,就摘下这张材料领取看板,并放入材料领取看板箱内。当箱内材料领取看板积攒到一定数量时,被回收到材料剪切生产线加工指示看板箱内,这时卷材剪切生产线开始安排生产。

如果物料使用到三角看板的位置(订货点),就摘下三角看板,同时三角看板被放入三角看板箱内。然后,看板回收人员定期从看板箱里回收三角看板,按顺序挂在冲压生产线开始端的在制品看板箱上,指示冲压生产线按顺序进行加工。在制品看板箱也称生产指示管理板。

三、信号看板位置计算

三角看板的位置计算和工序内看板数量计算[式(3-2)]相同,即

$$N = \frac{\overline{D} \times L \times (1 + \alpha)}{C} \qquad (3-5)$$

式中,N 为三角看板的位置,即订货点。例如,在图 3-20 中,三角看板位置为 2。

材料领取看板的位置计算和工序间领取看板数量的计算[式(3-4)]相同,即

$$N = \frac{\overline{D} \times (L + T + S)}{C} \qquad (3-6)$$

式中,N 为材料领取看板的位置,即订货点。例如,在图 3-20 中,材料领取看板位置为 3。

第五节 外协领取看板

一、外协领取看板定义

外协领取看板是针对供货厂家使用的订货看板。与工序间领取看板类似,只是"前工序"不是内部的工序而是供应商。外协看板上必须记载进货单位的名称和进货时间、每次进货的数量和信息等,如图 3-24 所示。图 3-25 是外协领取看板实例。

进货时间	品名 _____		储位
09:30	供货厂 _____		
	交入场所 _____		
15:30	车种类别 _____		
进货循环	容　器	收容数	看板张数	后　工　序
1-8-3		20		

图 3-24 外协领取看板

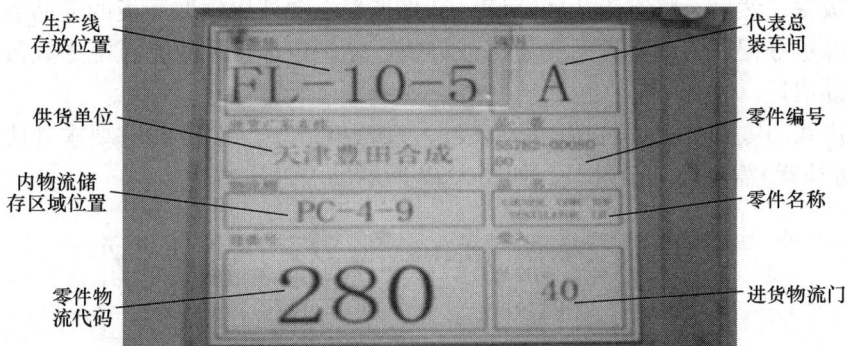

图 3-25　外协领取看板实例

二、外协领取看板的使用方法

图 3-26 为外协领取看板的使用步骤。具体步骤为：①卡车司机把外协领取看板送到供

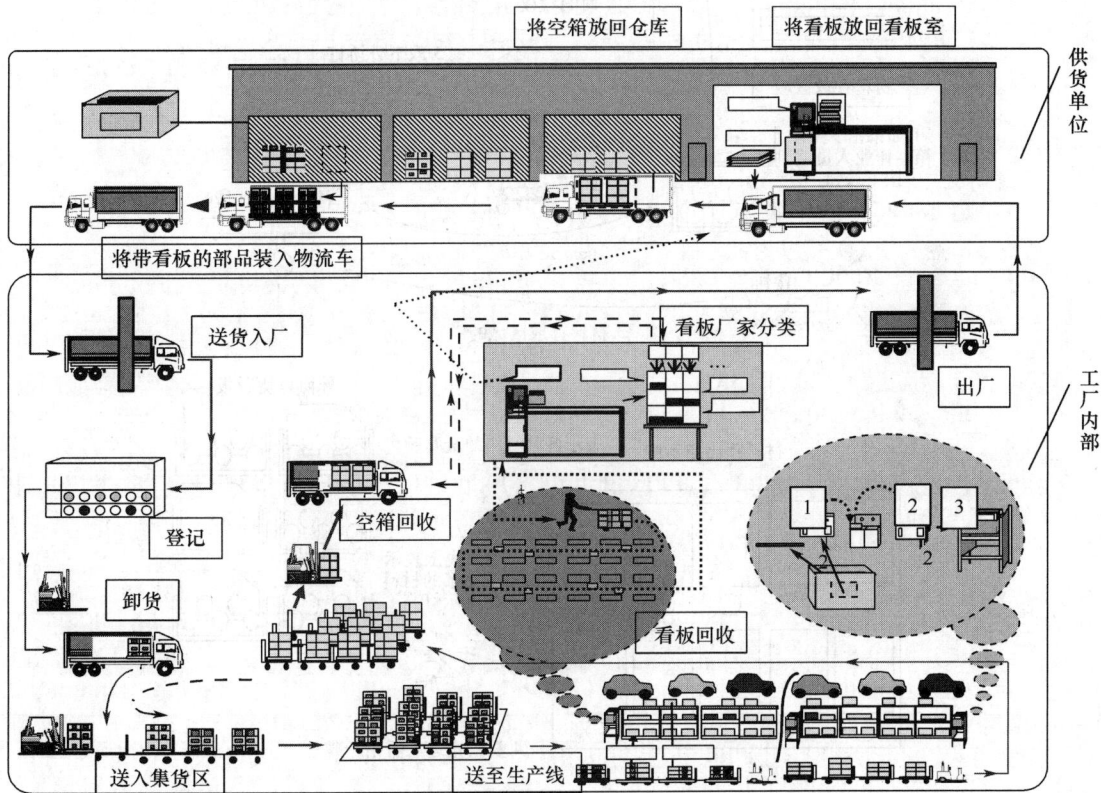

图 3-26　外协领取看板的使用步骤

货厂家的看板室，然后，将空箱放回仓库；②将带着上次外协领取看板的部品装入卡车，送货入厂；③经过登记后，卸货送入集货区或订货厂家指定地点；④物流配送人员把零部件送入生产线；⑤出厂。

一般生产线与零部件存放区域的距离较远，从零部件送入生产线并要求外协厂家供应原材料（即外协补货）需经历 7 个阶段，如图 3-27 所示。

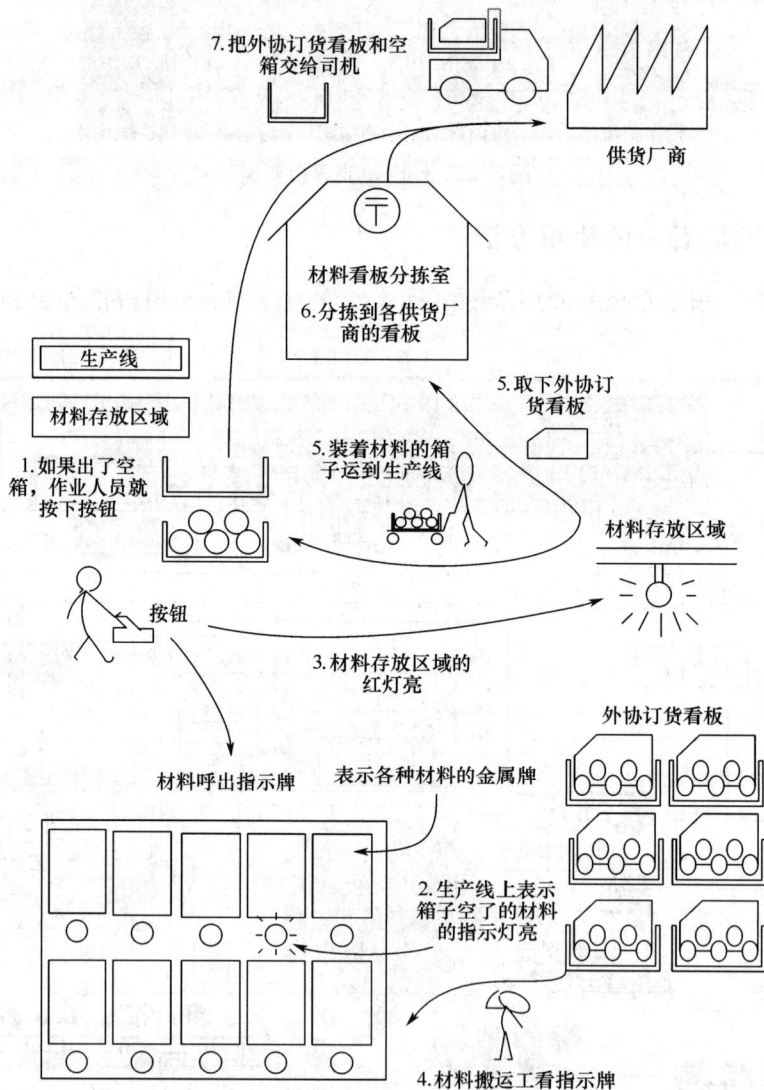

图 3-27　供货厂家供应原材料的 7 个阶段

（1）生产线上的作业人员如果发现材料箱空了，就按生产线旁的按钮。

（2）设置在材料存放区域旁边的材料呼叫指示灯牌动作，指示这种材料的指示牌下面的灯点亮。

（3）材料存放区域的红灯同时点亮。

（4）存放区域中的物料配送人员看到材料呼出指示灯牌，确认是哪个指示牌下面的呼叫灯亮了。

（5）配送人员把装满这种材料的箱子运到生产线上。虽然这个材料箱还放着外协订货看板，但是配送人员在把箱子运往生产线之前，必须摘下这张看板。

（6）把这张外协领取看板送到看板分拣室，按供货商单位进行分拣，如图3-28所示。该分拣室设在材料存放区域旁边或内部。

≡	≡	≡	−		≡	≡
65	66	67	68	69	70	71
−			≡			
72	73	74	75	76	77	78
			≡	≡		
79	80	81	82	83	84	85
			≡			
86	87	88	89	90	91	92
			≡			
93	94	95	96	97	98	99
≡		≡		=		
100	101	102	103	104	105	106

图3-28　看板邮局构造

（7）经过这样处理分类的外协订货看板，为了发送到供货厂家，要交给卡车司机。这时，卡车已经装好了空箱子。

三、外协看板数量计算

因为供货厂家离订货公司有一定距离，所以整个供货过程时间就变长，使用定量领取方式可能会发生零部件缺货的情况。如果订货厂家对这些供货厂家采取定量领取方式的话，对各供货厂家的订货时点就不一样，而要从远处的各个供货厂家非常频繁地领取少量的零部件，搬运成本也会较高。因此，外协领取看板只使用定期不定量的领取方式，通常订货厂家从各个协作企业采用定期混载的形式（详见第六章准时化物流）同时领取各种零部件。

因此，各种外协订货看板的总数量，可根据定期订货原理[式(3-3)]得出

$$N = \frac{\overline{D}(T + P + T_s)}{C} \qquad (3-7)$$

式中，N 为看板数量；$\overline{D}$ 为平均日需求量；T 为订货周期，也叫看板周期，是给协作厂发出二次领取看板的时间间隔；P 为供货厂家的生产过程时间，从给该供货厂家发出领取看板开始到这批生产完成可以领取为止的时间间隔；T_s 为安全库存天数；C 为盛放物料容器的容量。

在式(3-7)中，订货周期 T 为

$$T = \frac{a}{b} \qquad (3-8)$$

式中，a 为一次领取搬运所需的时间(天)，搬运时间不足 1 天，按 1 天计算；b 为一天的搬运次数。

在式(3-7)中，生产过程时间 P 可通过下式计算

$$P = T \times d \qquad (3-9)$$

式中，d 为一次订货时间内的看板搬运次数，即向协作厂发出订货后直到交货时间内发出的订货次数，简称搬运间隔，主要根据该协作厂同订货厂家之间的距离决定。

把式(3-8)、式(3-9)代入式(3-7)可以得出外协领取看板数量

$$N = \frac{\overline{D}}{C} \times \left\{ \frac{a(1 + d)}{b} + T_s \right\} \qquad (3-10)$$

例3-2　在图 3-24 外协领取看板中，看板循环为"1-8-3"，假设使用量为 200 个/日，安全在库为 4h，1 天工作 16h，每箱盛装零件数量为 20 个，要求计算外协领取看板数量。

解　看板循环为"1-8-3"，意味着这种零件 1 天需要发送 8 次，搬运间隔为 3。在采用外协领取看板方式中，订货周期和搬运间隔通常都写在外协订货看板上。

根据题意可知，$D = 200$，$C = 20$，$a = 1$，$b = 8$，$d = 3$，$T_s = 4/16 = 0.25$ 天。则外协领取看板数量为

$$N = \frac{200}{20} \times \left\{ \frac{1 \times (1 + 3)}{8} + 0.25 \right\} \text{张} = 7.5 \text{张，取整后为 8 张。}$$

第六节　特殊看板

一、特殊用途看板

1. 特急看板

在零部件发生不足时发行特急看板。特急看板只在出现异常事态的情况下发出，使用后

必须马上收回。特急看板的样式如图 3-29 所示。

自　　至	领取看板		
第三工厂	存放场　3D315	编号	A3-14
	产品编号	S780E04	
	品名	曲轴	
	型式	收容数	1/20
	P×406BC-10	10	

图 3-29　特急看板

2. 临时看板

为了处理出现不合格品和设备故障、插单生产等情况，或需要增加某些库存时，发行临时看板。临时看板由高阶主管授权，其张数有限。

这种看板仍采取领取看板或生产指示看板的形式，使用后必须马上收回。临时看板的样式如图 3-30 所示。

生产指示看板		工序
存放场		
产品编号		
品种		
型号	发行时间	

图 3-30　临时看板

3. 接受订货生产看板

接受订货生产看板是为生产专用件的生产线而准备的，在每次订货时发出。接受订货生产看板的样式如图 3-31 所示。接受订货生产看板不同于前面介绍的生产指示看板，前者用于单次专用件的生产，而后者用于多次相同物品的生产。

生产指示看板			工序
存放场			
产品编号			
品种			
车种	收容数	发行编号	

图 3-31　接受订货生产看板

图 3-32 为汽车装配线专用件顺序配货的工作流程。分 5 个步骤：①保管员从生产计划和物料管理系统中领取上线产品顺序的打印信息，交给配货人员；②操作者按此信息进行配货；③将打印的信息放到配好货的首件上面，用于生产线的操作者的确认；④发件人员按生产播报信息发放至生产线；⑤产线操作者根据打印的信息进行首件确认。

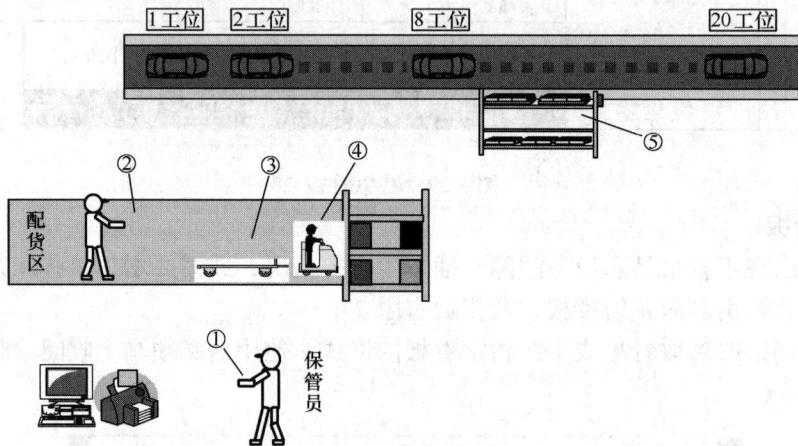

图 3-32　汽车装配线专用件顺序配货的工作流程

4. 连续看板

如果两个或者两个以上的工序紧密相连，例如产品在某个工序生产以后，马上就用溜槽送到下一个工序，或者在电镀、清洗、涂装等生产线上，多个工序可以看成一个工序，在这些相邻的工序之间就没有必要交换看板。因此，在多个工序中使用一张通用的看板，这样的看板叫做连续看板。

5. 共用看板

两个工序之间的距离非常近，在一名操作人员操作两个工序的情况下，领取看板也作为生产指示看板使用，称为共用看板，也称单看板方式。单看板方式的运行过程与规则类似双看板方式系统。图 3-33 为共用看板的运行流程。具体内容为：①后工序搬运工带空箱子和共用看板到前工序零部件存放地；②将该看板带到看板接收箱，按看板指示的数量领取零部件箱数。这时在物料存放地不需要交换看板；③在前工序，当看板箱内积攒到一定数量或一定时期时，便开始按照看板顺序生产；④前工序把生产好的零部件和看板一同运至物料存放地。

6. 标签

在输送线上贴有标明需要运送的零件、数量、时间的卡片称为标签。标签常常贴在输送线悬挂零件的悬挂架上。

在这种情况下，虽然标签实际上不叫看板，但是它指示作业人员往悬挂架上悬挂存放地

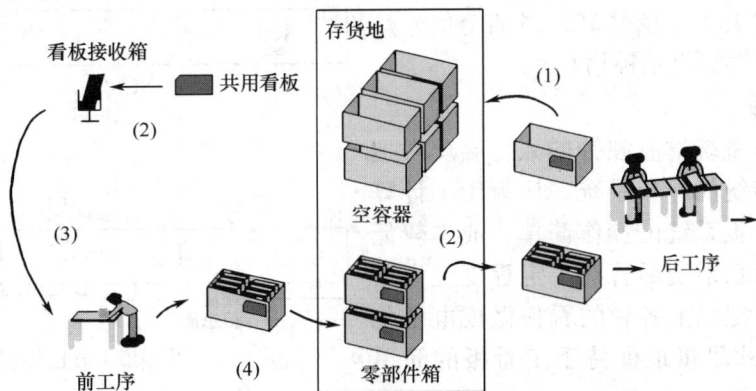

图 3-33 共用看板运行流程

的各种零部件，指使在装配线上组装这些零部件，也被当作一种看板使用。结果是，零部件组装工序可以只生产所必需的零部件。

标签也作为指示最终装配线按顺序依次组装产品的手段使用。图 3-34 是一汽总装线上的标签应用实例。

二、特殊形式看板

1. 彩色乒乓球

应用彩色乒乓球作为信息传递手段，效果良好。例如，当位于二楼的一条组装线上的零部件数量降到规定数量，作业人员就将相应的彩色乒乓球通过专用管道传送到位于一楼的前生产车间，以此作为"领取看板"，通知前工序应该提供和生产的品种与数量，在乒乓球上也可予以文字说明。

图 3-34 标签使用实例

2. 容器

容器本身也可以作为发出信号的工具。例如，在指定的位置上，如果出现空容器，就意味着需补充这种容器所装的品种及数量。

3. 方格标识

在地面或作业台面上画出有标记方格来明确应该存放什么零部件，当方格为空时，就表示发出了生产的指令，如图 3-35 所示。

4. 信号灯

在墙上设置若干个信号灯，当某个信号灯开启后即表示需要提供某种物料。

5. 电子看板

很多对看板系统情有独钟的人，会反对把信息系统引入传统的看板系统，认为用了计算机反而会降低看板系统的操作简单、成本较低等优势。引入信息系统尽管在一定程度上会增加投资，但可以把以上各种的看板做成电子化看板(其表现形式尽量地保持手工看板的简单和直观)，有许多潜在的优势。例如，不需要对看板运行和维护投入太多，不会丢失看板，看板自动产生、回收，可以进行看板数据汇总分析，可与 ERP、MES 等其他系统集成等。

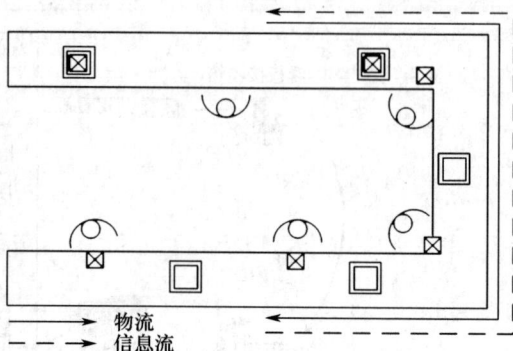

图 3-35　方格标识

第七节　看板使用问题

一、看板使用的常见错误

在看板运行过程中，难免发生各种各样的错误操作，如早摘、迟摘或丢失看板，如表 3-2 所示。

表3-2　看板运用中常犯的错误

序　号	问　题　点	责　任　人
1	没有在拿取第一个部件之前摘掉看板	生产作业人员
2	摘掉的看板没有放到看板回收袋中，造成看板丢失	生产作业人员
3	忘记摘看板，造成看板和空箱一起被返回厂家	生产作业人员
4	看板回收不及时，造成看板晚发出	看板回收人员
5	大零件(无看板袋)被运送上线时看板跌落，造成看板丢失	送货人员

针对看板迟摘的情况，如果零部件已经使用完，但是领取看板没摘或者晚摘，当物流人员去零件暂存区取货时发现所需部品已经没有了，容易造成产线缺料停线，影响正常的生产。如果看板早摘，则造成前工序制造过多或过早，造成在库量增大。如果看板丢失，其影响与看板迟摘一样，将会导致停线，产生不必要的损失。因此，在看板运行过程中，要重视如表 3-3 所示的 5 条注意事项。

表3-3 运行看板的注意事项

序 号	注 意 事 项	责 任 人
1	将零件运送上线时，小心不要把看板弄丢	物流人员
2	摘看板一定要在拿取整箱部件的第一个部件之前	生产作业人员
3	摘掉的看板要及时放到看板回收箱内	生产作业人员
4	发现零件箱上没有插看板或看板与部件不符，要及时通知班长	生产作业人员
5	一旦发生晚摘看板情况不要自行处理，要及时通知班长或物流员	生产作业人员

二、看板使用的局限性

看板管理必须以均衡生产为前提，避免各生产工序领取物料数量的不均衡。如果没有以均衡计划为依据，前工序必须按最高峰需求配置设备、人员和在制品，而造成资源配置的浪费；同时外协厂家供货将会造成忙闲不均，可能难以保证供货。有关均衡化生产详见第四章。

看板管理有一定的局限性，主要体现在：

（1）看板以持有基准库存为前提，从初始就没打算实现零库存。

（2）由于看板必须附在物品上，随物品移动，还要用手回收，所以看板的搬运花费时间。如果使用现代的通信系统，看板的信息瞬间就可以电传过来，避免搬运的人工浪费。

（3）若生产线上混流品种过多，看板方式容易导致现场的大量库存，这种情况下看板生产方式就没有优势。

第四章 均衡化生产

第一节 均衡化生产概念

杜绝浪费是精益生产方式的重心。在日语中浪费用"Muda"表示，在精益生产方式中，"Muri"和"Mura"也与Muda同等重要，这3个"M"结合起来成为一个制度，如图4-1所示。

浪费(Muda)：未能创造价值，不增值的活动。这是最为人们所熟知的"M"，它包括第一章里介绍的7种浪费。这些浪费的活动使前置期变长，成本增加。

负荷过重(Muri)：员工或设备的负荷过重。就某些层面而言，Muri正好与Muda相反。Muri是人员或机器的超负荷使用，而Muda的一种现象正是人员或机器的闲置。

不均衡(Mura)：可以视为上述两种"M"的波动结果。在生产中经常出现有时工作量超出人员或机器设备负荷的情况(Muri)，有时工作量不足的情况(Muda)。不

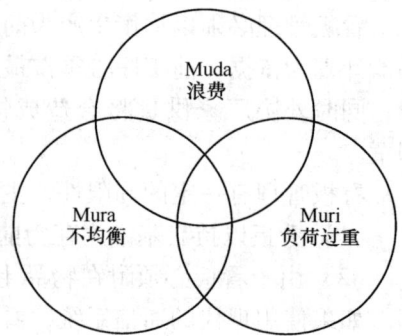

图4-1 Muda、Muri和Mura

均衡的问题来自不合理的生产日程，或是因为内部问题(如停工、零部件遗失、出现次品等)而导致的产量波动。可见去除不均衡是杜绝浪费和消除负荷过重问题的基础。

工厂中生产线各工位和设备的生产能力不平衡，造成能力不匹配现象的不均衡。在图4-2中，生产线各工位的生产能力不均衡，工位③能力最低易造成生产瓶颈，工作④能力最大易产生库存，这种能力不均衡会引起浪费。因此，要尽可能地减少这种不平均的产生，即消除不平均现象的均衡化(见图4-2)。

可把这种思考方式用在多品种

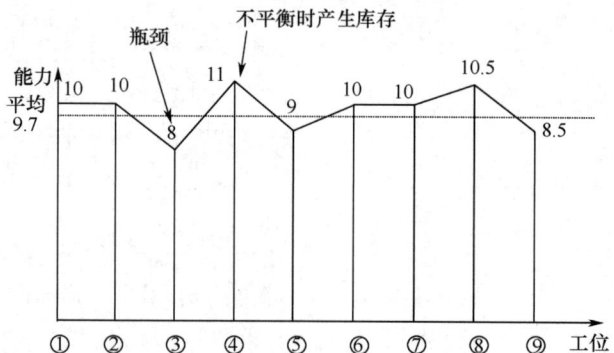

图4-2 消除不平均现象的均衡化

少批量生产上来分析,图 4-3 为批量生产均衡化的案例。在图 4-3a 中,如果后道工序(组装工序)的生产不均衡,那么后道工序在组装 A 产品时,生产 A 零件的前道工序比较繁忙,但在后道工序转移到生产 B 产品时,则生产 A 零件的前道工序又变得空闲了,可见生产 A 零件的前道工序忙闲不均。在繁忙的时候,前道工序为了满足后道工序负荷的要求,要多准备一些设备和人力、库存来应付,这样很容易造成资源上的浪费。为了避免这种浪费,后道工序不应采用集中连续的顺序装配同一产品,而应采用在某一单位时间内各品种出现的比率均等的顺序进行装配(采用混流生产),即均衡化生产,如图 4-3b 所示。这样前道工序的负荷就会减少,每日平均生产成为可能。

要实现平均生产,不仅要求数量的平均化,而且要求种类的平均化,在丰田公司就把这

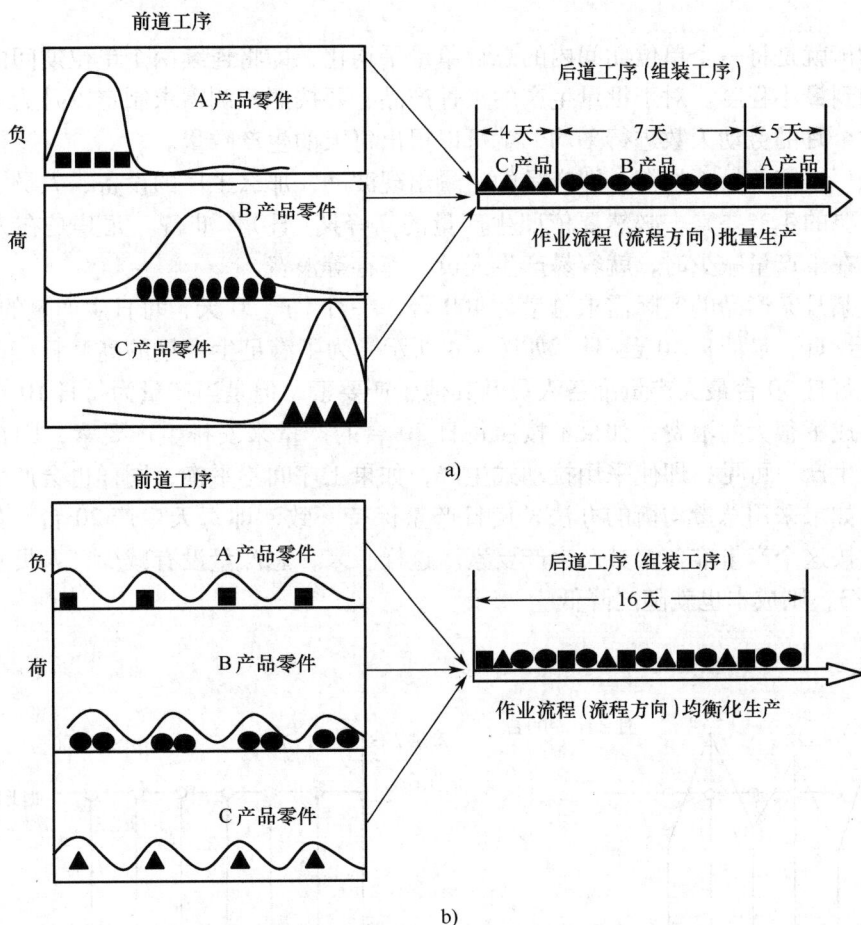

图 4-3 批量生产的均衡化

a) 批量生产的不均衡 b) 混流生产的均衡化

样的数量和种类的平均化叫做均衡化。

　　均衡化生产也称平准化生产，各种产品的生产节拍与对应产品的平均销售节拍一致。例如：2min 能卖一辆车，则 2min 生产一辆车。均衡化生产是使产品稳定地平均流动，避免在作业过程中产生不均衡的状态。均衡化生产是实现准时化的前提条件，是实现看板管理的基础。均衡化是一种理想状态，必须采取混流生产、缩短作业转换时间、一个流生产、准时采购、全面品质管理等管理手段和方法来实现。均衡化生产包括总量均衡和品种均衡两方面内容。

第二节　总　量　均　衡

　　总量均衡就是将一个单位期间内的总订单量平均化，即将连续两个单位期间的总生产量的波动控制到最小程度。对于批量生产的某种产品，要按照预测需求制定以月为单位的生产总数，按这个月的劳动天数进行平均，就可以得出每天的生产数量。

　　如果工厂生产总量不均衡，即产品的产量出现波动，那么工厂的设备、人员、库存以及其他各种必要的生产要素，必然要依照生产量的高峰期（日）作准备。尤其是在人和设备方面。因此，在生产量减少时，就容易产生人员、库存等浪费。

　　例如，某月某产品的实际需求总量为 400 台，一月生产 20 天，每日生产量的需求不同，最高日 30 台／日，最低日 10 台／日，如图 4-4 所示。为了满足生产量的高峰日（30 台／日）的需要，需按每日 30 台最大产量准备人员及其他生产要素，但是当产量为每日 10 台时，人员和设备却造成了很大的浪费；如果不按照每日 30 台的产量来安排生产要素，则在产量增加时不能满足生产。可见，即使采用拉动式生产，如果工序间不平衡，同样也会产生浪费。

　　反之，如果采用总量均衡的办法，使日产量保持一致，即每天生产 20 台，如图 4-5 所示，则可以按这个产量准备人员及生产要素。这样一来，总产量没有减少，人员及生产要素可以减少 1/3，则成本也就随之降低。

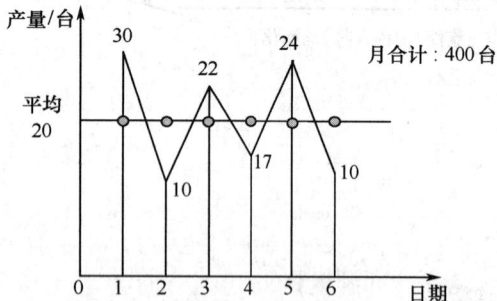

图 4-4　实行总量均衡前

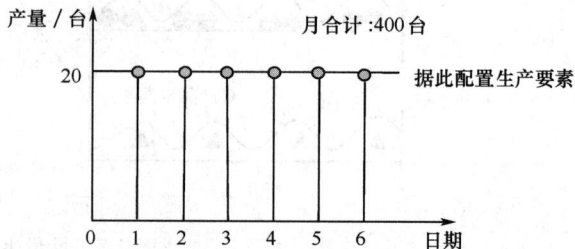

图 4-5　实行总量均衡

理论上，最精益的方法是按订单生产，即只生产顾客需要的数量与产品，但是如果完全按照订单生产，则会产生资源配置的浪费。因为顾客的需求总是不断变化的，当顾客需求增加时，生产设备的产能不足；当顾客需求减少时，生产设备的产能便会过剩。通常，资源的需求量会设定得比较高，以应付较高的顾客需求量，因此，当顾客需求减少时，便会出现产能与资源过剩的情形。

而且，顾客需求的变化造成"牛鞭效应"[一]，下游顾客的少量需求变动将通过整个价值流产生涟漪效应，对每个生产作业步骤造成的影响将依序扩大。这种扩大的效应需要更多的资源，方能应付显著的变化。同时，这种效应使得标准作业的实行、品质的控制、人员的安排等都变得更加困难。

因此，在精益生产方式中为了配置人员、设备等生产要素，采用总量均衡，而实际每天的生产是通过生产指示看板按需求量进行控制。

实施总量均衡后，虽然每天按照相同的数量准备人员及生产要素，但需求仍有可能产生波动，可分为短期波动和长期波动两种情况。

1. 短期波动

对于短期内需求有小幅度波动，当需求量增大时可以采取加班方式，需求量减小时则提早结束生产。仍以某月生产400台产品为例，如在当天需求量稍大于20台时，靠加班就可以解决了；当需求量稍小于20台时，则提前结束生产，如图4-6所示。

2. 长期波动

对于周期性的大幅波动，则需要重新进行总量均衡配置生产要素，而进行产品

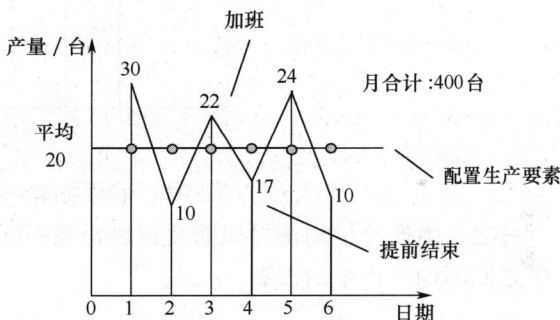

图4-6 短期波动

总量均衡的周期由产品特点及工厂管理能力而定：产品需求量波动频繁则调整也应频繁进行，工厂管理能力强则可在需要的时候及时调整，如果不强则只能允许浪费的存在或供不应求，如图4-7所示。

综上所述，如果完全按照准时化生产，则会产生生产要素配置的浪费；如果不按准时化生产，则会产生库存浪费，因而要权衡产能损失与库存浪费的最佳平衡点。根据经验，日产

[一] "牛鞭效应"是指供应链上的一种需求变异放大现象，当信息流从最终客户向原始供应商传递时，由于无法有效地实现信息共享，使得信息扭曲而逐级放大，导致了需求信息出现越来越大的波动，此信息扭曲的放大作用在图形上很像一根甩起牛鞭，因此被形象地称为牛鞭效应。

量允许存在着一定的变化幅度，但为保持人员和设备的稳定性，应把振幅控制在20%之内，如图4-8所示。

生产不均衡不仅导致工厂在不同时期产生浪费，还会导致工序之间不均衡产生的浪费。前工序为了准备后工序在高峰期的领取量，需将设备、人员、库存等按高峰期配置，最终装配工序的总量波动也会使零部件供货厂家人员、设备和库存按高峰期配置，因此造成不同工序间的浪费。

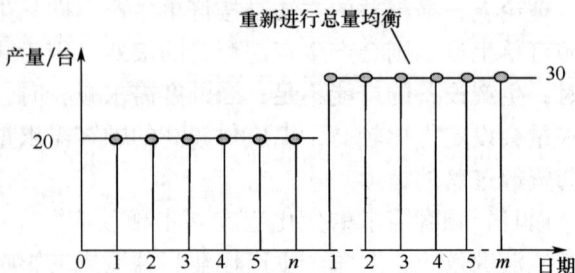

图 4-7　长期波动

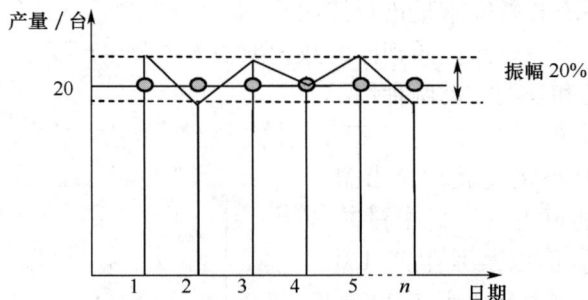

图 4-8　总量均衡允许的产量波动幅度

总之，生产总量均衡可以防止两种浪费：①工厂在不同时期不均衡造成的浪费；②不同工序之间不均衡产生的浪费。

第三节　品　种　均　衡

一、品种均衡的概念

品种均衡就是在一个单位期间内生产的产品组合平均化，使各种产品在不同单位期间不产生波动，在生产各种产品时所需前工序的零部件数量不产生波动。

在传统大批量的生产排程中，较常见的是以月为单位来安排生产。例如，某工厂某月有三种产品 X、Y、Z 需要生产。X 产品的需求数为 1000 件，Y 产品为 600 件，Z 产品为 400 件。假若每月工作日 20 天，则传统生产计划安排为前 10 个工作日先将 X 产品生产完毕，然后 6 天生产 Y 产品，最后 4 天生产 Z 产品，如表4-1所示。这是一种常见的型态，也称为分段生产。虽然这种传统的大批量生产的方法可以节省作业转换时间，但是，与市场需求会出现很大的差异。因为一个企业的产品一般都有多个用户，每个用户对品种、型号、式样的要求不同，要求交货的具体时间也不相同。企业应该在尽可能短的时间内(如1天)提供尽可能多的品种。而传统大批量的生产排程方法在某时势必使一部分产品供大于求，销售不出去，造成积压。同时，另一部分产品生产不出来，供不应求，发生缺货。无论是哪种情况都会造成损失和浪费。从表4-1可以看出，X产品通常会导致较长时间的库存，而Z产品却大半个月无货可供。

表4-1 传统的生产排程 （单位:个）

品种	总量	\multicolumn{20}{c}{某月生产计划}
		1	2	3	4	5	6	7	8	9	10	11	12	13	14	15	16	17	18	19	20
X	1000	⟸				1000			⟹												
Y	600								⟸			600			⟹						
Z	400																⟸	400	⟹		

为了满足需求的多样性，可以进行如下改进:

可以减少生产批量，每天生产X产品50件，Y产品30件，Z产品20件，如表4-2所示。一个月20天每天重复1次，共20次，这样每天都可以生产出X产品、Y产品和Z产品，产品积压与短缺的情况将大大减少，企业内部生产资源利用率也大大提高。但是，此时(每天重复1次)作业切换次数为原生产安排(每月重复1次)的20倍，作业转换的辅助时间大大增加。为避免这种损失，就要设法减少每次作业转换时间。如果将作业转换时间降为传统方式的1/20，就可以弥补这种损失。

表4-2 改进后的月生产排程 （单位:个）

产品	总量	\multicolumn{20}{c}{某月生产计划}
		1	2	3	4	5	6	7	8	9	10	11	12	13	14	15	16	17	18	19	20
X	1000	⟸								50个/日								⟹			
Y	600	⟸								30个/日								⟹			
Z	400	⟸								20个/日								⟹			

这种安排以天为单位，与传统的以月为单位的生产安排相比，其库存与满足市场需求方面都有较大改善。但是在每天的生产安排中，依然按照批量生产的方式，即先生产50件X产品，其次是30件Y产品，最后是20件Z产品，如表4-3所示。

表 4-3 改进后的日生产排程 （单位:个）

某日生产计划

产品	总量	8:00	9:00	10:00	11:00	12:00	13:00	14:00	15:00	16:00
X	50	⟵		50		⟶				
Y	30						⟵	30	⟶	
Z	20								⟵ 20 ⟶	

如果进一步细化生产单位，1 天内产品 X、Y、Z 按照 5∶3∶2 的比例进行轮番生产，1/10 个工作日重复 1 次，1 天重复 10 次，1 个月重复 200 次。这样，对顾客的服务与对企业资源的利用情况就会更好，不仅使得在更短的周期内产品种类出现的比率是均衡的，而且使在这些产品的生产中消耗的前工序的零部件数量尽量小地波动。

例如，X、Y、Z 三种产品各由 A、B、C 三种零件组成，如表 4-4 所示。表 4-5 为 X、Y、Z 批量分别为 50 件、30 件、20 件时需要的各种零件数量。从表中可知，每日按照 X、Y、Z 各自批量生产，则各个零件波动较大。例如，当生产 X 产品时需要 A 零件为 10 个，当生产 Y 产品时需要 A 零件为 2 个，这样容易产生库存和人员的浪费。

表 4-4 各产品零件构成 （单位:个/件）

产品名称	A 零件	B 零件	C 零件	产品名称	A 零件	B 零件	C 零件
X 产品	10	2	3	Z 产品	3	8	5
Y 产品	2	5	2				

表 4-5 改进前每天各产品零件消耗数量 （单位:个）

产品	批量	A 零件	B 零件	C 零件	产品	批量	A 零件	B 零件	C 零件
X 产品	50	500	100	150	Z 产品	20	60	160	100
Y 产品	30	60	150	60					

如果 1 天内产品 X、Y、Z 按照 5∶3∶2 的比例进行轮番生产，1/10 个工作日重复 1 次，则 1/10 个工作日内各个零部件的消耗速率就相同，如表 4-6 所示。

表 4-6 改进后的零部件消耗数量 （单位:个）

产品	批量	A 零件	B 零件	C 零件	产品	批量	A 零件	B 零件	C 零件
X	5				X	5			
Y	3	62	41	31	Y	3	62	41	31
Z	2				Z	2			
X	5				X	5			
Y	3	62	41	31	Y	3	62	41	31
Z	2				Z	2			

以这样的思路改进下去，不断细化生产单位，直到可以按照"X—Y—X—Z—X—Y—X—Z—X—Y"的顺序重复生产，达到最小的观察时间单位，满足精益生产倡导的以小时、分钟为单位进行安排的要求，实现均衡化生产。

因此，按品种均衡就是要在一定的周期内各品种出现的比率是均等的，并且时间周期尽量缩短，尽量细化观察标准，如图4-9所示。这样使产品瞬时生产数量波动尽可能控制到最小程度。图4-10为按不同时间单位均衡的实例。

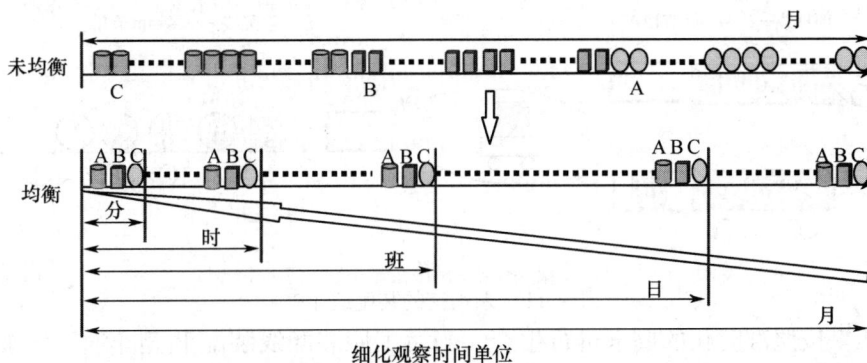

图4-9　品种均衡细化观察时间单位

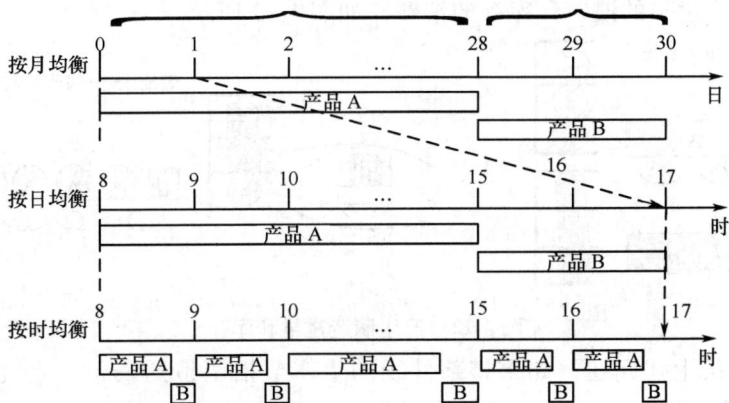

图4-10　按不同时间单位均衡的实例

二、品种均衡的作用

从企业内部组织来看，由于面临多品种生产，企业必须配备多种设备和多种技能工，准备多种原材料。如果生产不均衡在一段时间内只生产一种产品，就会造成忙闲不均，在生产某一种产品时，可能一部分车间和设备超负荷运行，部分工人加班加点，某些原材料和外购件一时供应不上；相反，另一部分车间和设备负荷不足，甚至空闲，工人无事可做，某些原材料和外购件出现积压。其结果导致了库存的浪费和等待的浪费。

案例一：某汽车装配线装配 A、B 两种车型，装配顺序是 4 个 A 型车和 4 个 B 型车循环。装配线和部件线的生产节拍都是 4min，生产部件 A 和 B 的工序都需要两名操作工。由于车型的不同而需要不同的部件，即装配 A 型车需要用到 A 部件，装配 B 型车需要用到 B 部件，如图 4-11 所示。

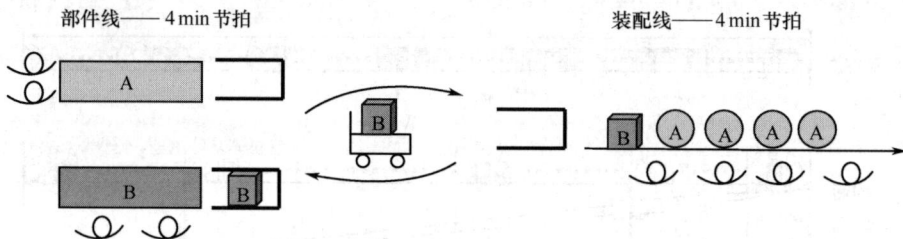

图 4-11　未均衡的装配线生产

（1）如果按照准时化的要求进行生产，当后工序装配线装配 B 型车时，需要使用 B 部件，则生产 A 部件的生产线等待，反之亦然，这样就造成了等待的浪费。

（2）部件线的生产节拍仍为 4min，如果为了使各工序不等待，就会出现生产过剩而库存增加，造成生产过早的浪费和库存的浪费，如图 4-12 所示。

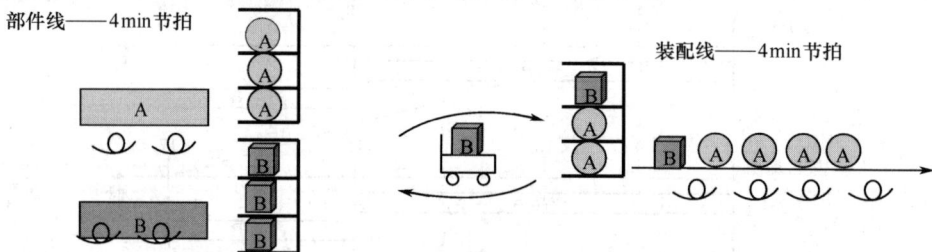

图 4-12　产生制造过早和库存

（3）为了解决上述问题，如果将部件线的生产节拍调整到 8min，各工位无等待现象，并且生产能力配置可减少 50%（如部件线操作人员只需 1 人）。但是后工序的装配线在使用其中一种部件时，另一种部件会有中间库存。例如，后工序的装配线在使用部件 B 时，A 部件线还在生产，但 A 部件未被领取，因此出现中间库存，最多时会出现 2 个 A 部件，如图 4-13 所示。

（4）若对后工序进行品种均衡，按照"A—B—A—B—A—…"的循环顺序进行生产，如图 4-14 所示。这样可消除库存和等待，同时生产能力配置可以减少 50%。

案例二：图 4-15 为生产 a、b、c 三种车型装配线。a 车型作业时间是 4.2min，b 车型

部件线——8min节拍

装配线——4min节拍

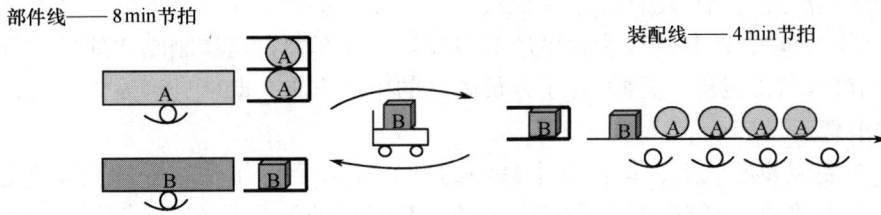

图4-13 产生中间库存

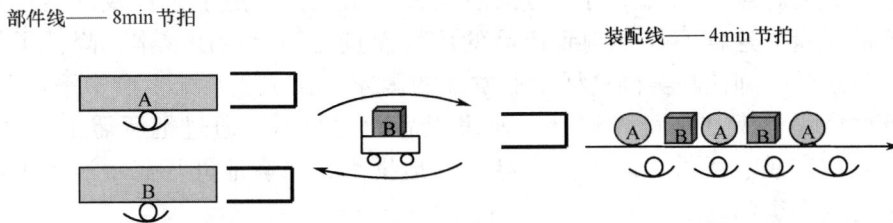

部件线——8min节拍

装配线——4min节拍

图4-14 实行品种均衡的混流生产

3.8min，c车型4.0min，根据生产需求，装配线的平均节拍是4min，如果采取连续生产方式，如图4-15a所示。整个装配线需要按最大节拍4.2min(生产a车型)配置人员，但当最小节拍3.8min(生产b车型)时则会产生等待，从而造成人员的浪费。

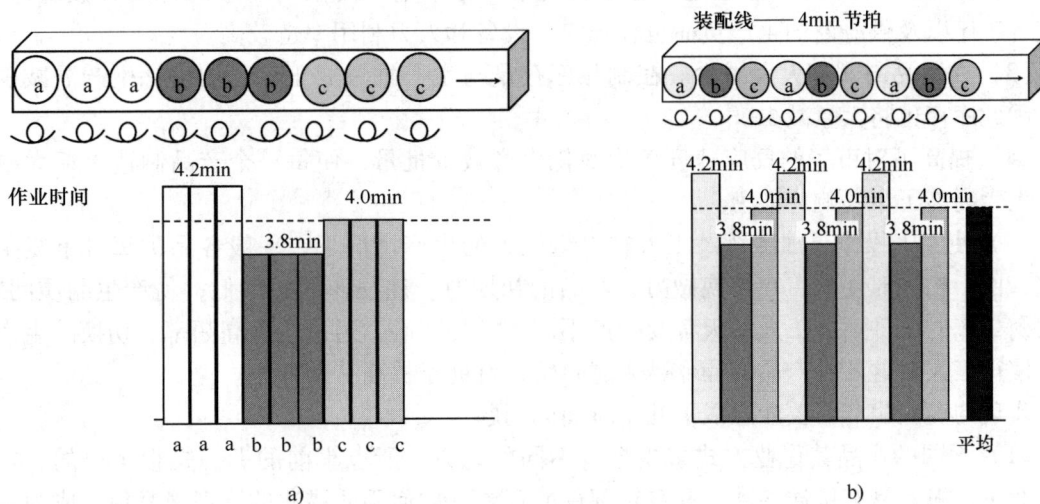

装配线——4min节拍

作业时间

4.2min

3.8min

4.0min

a a a b b b c c c

a)

4.2min 4.2min 4.2min

4.0min 4.0min 4.0min

3.8min 3.8min 3.8min

平均

b)

图4-15 品种和数量均衡减少人员配置

a) 均衡前 b) 均衡后

对装配线生产进行品种均衡即采用混流生产，如图 4-15b 所示。操作者尽管在生产节拍较长的 a 车型时压位，但是紧接着就生产节拍较短的 b 车型，这样刚刚达到平均节拍，因此可以按平均节拍配置人员。这种适合于人员配置的生产方式，既能合理配置人员，又能满足生产，消除浪费。

总之，在混流装配线上，即使各个品种的产品在每个工作站的平均负荷都达到均衡，但是对每个品种来讲，随着投产顺序的不同，不同品种的产品在不同工作站中负荷各不相同，工作站中闲置与超载现象时常发生。而工作站的闲置与超载均会造成装配流水线效率低下，尤其是超载现象发生时，劳动强度大的工人为了赶上生产线的运行节拍，常常忽视了产品质量。这样不仅影响到产品的质量而且增加了生产成本，降低了效率。据美国有关资料统计，即使在美国这样工业发达的国家，在工业装配生产中平均要有 5%~10% 的生产时间是浪费在平衡延迟上。而采用品种均衡后，通过把所需工时多的产品、所需工时一般的产品、所需工时少的产品合理地搭配，均衡地进行流水混流生产，可有效地解决装配线平衡问题。

综上所述，实施均衡化是实现准时化生产的基础，它有五个方面的优点：

（1）零部件使用量稳定。因为在每个循环内生产的种类及数量都一样，所以向前工序领取或向零部件仓库领取的零部件类别和数量也较稳定，向供应商订货的类别及数量也较稳定。

（2）设备和人力负荷稳定化，提高利用率。各个生产阶段所需求的种类及数量稳定，会使各工序以及供应商的生产负荷也较稳定，设备和人力利用率也较高。

（3）在制品与库存大大减少。在制品库存量与生产批量成正比，均衡化生产需减少批量，因此库存也将大量减少。

（4）提高了对市场的反应速度。均衡化生产减少批量，使每一个产品制造周期大幅缩短，大大提高了市场响应能力。

（5）使工人操作更加熟练。工人在批量较大的生产情况下，一般各品种每月重复生产一次，由于相隔时间长，在切换做另一产品的初期时，往往作业效率低，易产生品质问题。在均衡生产的条件下，工人每天都要生产不同种类的产品，通过这种高频率、切换的生产方法，使得工人对这几种产品的操作越来越熟练，有助于提高劳动效率。

实现均衡化生产需要注意以下几个方面的问题：

（1）不同的产品其作业方式多少会有不同的地方，所以事前的训练是很重要的。在实际作业中，很容易有错误的动作和拿错部件的现象。如何用防错法的原理来避免，成为一个必须研究的课题。

（2）与前工序相对，小批量生产中的频繁的物品取用是必要的，为了让库存和出品时间缩短，所在前工序中有必要进行小批量的生产，缩短程序的运行时间，因此增加了生产品种的切换次数，从而切换总时间大幅度地增加。企业必须努力采用快速转换技术补偿这部分的时间损失。

（3）不同的零部件生产除了作业不同外，有时使用的设备、夹具、模具或工具也会有不同的地方。因此，除了要导入快速转换技术外，也可以考虑设计通用的工装、夹具来整合不同的产品，以配合适当的机器设备，一般以引入应用柔性生产系统（Flexible Manufacturing System，FMS）和成组技术（Group Technology，GT）的生产机器配置技术为宜。为了实现这些手段，需要一定技术和资金，这有时会超越一般中小企业的能力。

（4）在市场需求量大幅度变动的时候，生产量的适应也会变得很困难。例如以月安排的生产计划，供应商也是据此安排生产供货。但是实际的需求量与原先的计划量差异太大时，供应商的生产就会受到很大影响，而无法正常供货。针对这个问题，可以采取两种办法：①设法将变动的幅度控制在10%以内。每天必须从市场上的销售点收集市场需求的信息，随时更新市场需求量的预测。一般的以一个月预测一次的方式无法及时反应市场的变化，最好做到每10天一次的"旬预测"。根据旬预测的生产计划与实际的需求量差异量通常可以维持在10%以内。②如果要结束某种特定类型产品的生产，必须事先通知供应商，并对相关损失进行补偿。

第四节　均衡生产实施

一、均衡生产实施阶段

图4-16为实施均衡生产的两个阶段。第一阶段是适应每个月的需求变化，即每月适应；第二个阶段是适应每天的需求变化，即每日适应。

第一阶段是每月适应。按照每个月的需求预测制定月度生产计划，即按照总量均衡的目标，制定生产计划，确定并指示该厂各工序每天的平均生产量。

第二阶段是每日适应。因为每天的生产指示是由顺序计划和看板来实行的，所以使得每日适应成为可能。而最终装配生产线上的投入顺序计划则是进行看板管理的出发点，这个投入顺序计划以品种均衡为目标，根据它可以均衡地从零部件供货商和零部件生产线领取各种零部件。

二、均衡生产排产计划

在实施均衡生产的过程中，首先要制定的就是排产计划，以下介绍常见的排产方法和技巧。

1. 制定生产节拍

生产节拍对实现均衡化生产很重要。确定生产节拍就可以保证各工序按照统一的节拍进行生产。生产节拍是指连续生产出 2 个产品所需要的时间间隔，即

$$生产节拍 = \frac{一天正常生产时间}{一天生产数量}$$

一天生产数量是根据生产计划决定的，而生产计划是基于市场预测和订货情况而制定出来的，因此，每天的生产数量并不一定是固定的，每天的生产节拍也不是固定不变的，它总是随着生产任务量的变化而变化。

均衡生产是指每天要以一定的节拍循环地生产多个品种。仍以 X、Y、Z 三种产品为例。假设一天工作时间 8h，则产品 X、Y、Z 节拍分别为 9.6min、16min、24min，各产品平均节拍为 4.8min。可以看出，均衡生产可以理解为在当月里，用与各种产品的平均销售速度（X 产品 9.6min 能卖出一件，Y 产品 16min 能卖出一件，Z 产品 24min 能卖出一件）同步的速度进行生产，如图 4-7 所示。

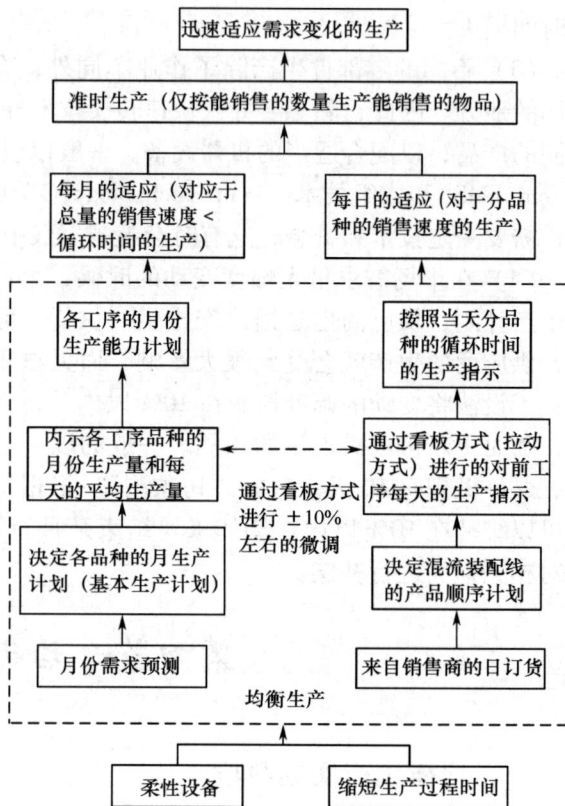

图 4-16　均衡生产的实施阶段

表 4-7　均衡化生产的生产节拍

产　品	月产量/件	日产量/件	工作时间/min	生产节拍/min
X	1000	50	480	9.6
Y	600	30	480	16.0
Z	400	20	480	24.0
合计或平均	2000	100		4.8

2. 轮排图

制定生产节拍后，就可以按照平均节拍来安排不同产品的生产顺序。常用工具有轮排图。所谓轮排图就是生产中各品种及生产数的排列图，它形象地描述了各品种的生产

排列。

仍以生产 X、Y、Z 产品为例。假设每天需要生产 100 件产品，其中产品 X 需要 50 个，产品 Y 需要 30 个，产品 Z 需要 20 个，依照均衡化生产计划的方式，X、Y、Z 的生产比率为 5:3:2，最小生产批量可以按照每个循环生产 10 个产品，一天共 10 次循环，生产节拍为 480min/100 = 4.8min。在同一条生产线生产，就可以做成一个圆盘形的轮排图，划分成 10 个等份，其中，产品 X 以每 2 个等份安排一个，产品 Z 约每 4 个等份安排一个，产品 Y 则安排在其余的空格内，如图 4-17a 所示。

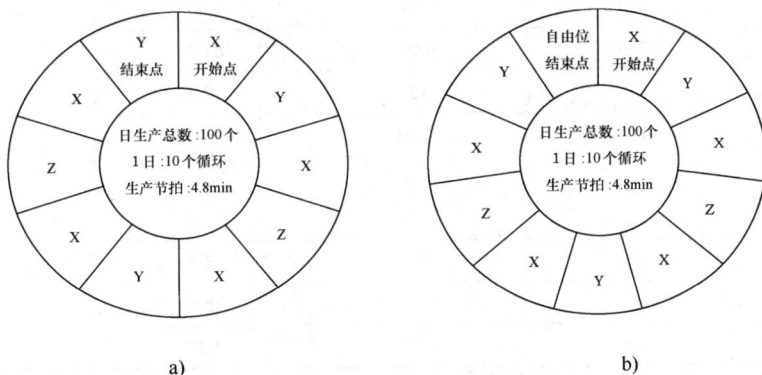

图 4-17 轮排图

a) 无自由位　b) 有自由位

这样的安排是很理论化的，因为需要每一个产品都很准确地在 4.8min 内完成。在实际生产时，可能会发生延迟的情况，如再按照这样的方式生产，就有可能无法按时完成。为了增加生产安排的灵活性，可以增设一个自由位。自由位就是不指定具体产品的调整位，用自由位的时间来应对生产过程时间的调整，增加生产安排的灵活性。例如，可以将圆盘划分为 11 格，将最后一格规定为自由位格，当这一个循环的时间不能如期完成时，就利用自由位的时间来补救，如图 4-17b 所示。自由位所占用的时间可以比正常的产品节拍时间少。因为有自由位的时间占用，有效的工作时间也跟着减少，当然节拍时间也变短了。

3. ABC 分类法

在产品品种较少的情况下，可以运用轮排图按照节拍和品种比例进行排产，但是在品种较多的情况下，就比较繁琐，这时可采用 ABC 分类法进行排产。

例 某条生产线生产 10 种规格的产品，如表 4-8 所示。可运用 ABC 分类法，具体排程步骤如下：

（1）进行 ABC 分析。首先，对各规格产品的产量进行 ABC 分析，设定 A 为 50% 以上的生产量，B 为 20%~50% 的生产量，C 为未满 20% 的生产量。由表 4-8 可知，产品 a 和 b

占总生产量的 53%，属于 A 类产品；产品 c、d、e 占总产量的 30%，属于 B 类产品；其余产品占总产量的 17%，属于 C 类产品。

（2）决定生产批量。以 10、100 的倍数等容易辨识的单位，构成生产批量。因为管理数字小而简单的话，可使管理单纯化。

表 4-8　产量信息与 ABC 分析

产　品	日产量/件	生产量累计/件	比　率	生产总量/件
a	500	500	33%	合计 800
b	300	800	53%	平均 400
c	200	1000	67%	合计 450
d	150	1150	77%	平均 150
e	100	1250	83%	
f	70	1320	88%	
g	60	1380	92%	合计 250
h	50	1430	95%	平均 50
i	40	1470	98%	
j	30	1500	100%	

（3）制作均衡化计划周期表。先确定 A、B、C 三类产品的每天平均生产量，然后再具体安排各产品。对于 A 类产品，尽可能安排每天生产；对于 B 类产品尽量以周为单位安排生产（每个循环 3 日~1 周）；而 C 类产品就可以按实际情况统筹安排生产。表 4-9 是最终均衡化计划周期表。从表中可以看出，A 类产品每天生产量为 800 件，以 400 件作为最小批量安排生产；B 类产品为 450 件，以 150 件作为最小批量安排生产；C 类产品为 250 件，以 50 件作为最小批量安排生产。这样既保持了每天 1500 件的生产量，又使得各个品种得到较好的搭配。

表 4-9　均衡化计划周期表　　　　（单位：件）

产品	1	2	3	4	5	6	7	8	9	10	11	12	13	14	15	16	17	18	19	20
a	800	400	400	400	800	400	400	400	800	400	400	400	800	400	400	400	800	400	400	400
b		400	400	400		400	400	400		400	400	400		400	400	400		400	400	400
A	800	800	800	800	800	800	800	800	800	800	800	800	800	800	800	800	800	800	800	800
c	300	150	150	300	150	150	300	150	150	300	150	150	300	150	150	300	150	150	300	150
d	150	150	150	150	150	150	150	150	150	150	150	150	150	150	150	150	150	150	150	150
e		150	150		150	150			150	150		150	150		150	150		150		150

（续）

产品	1	2	3	4	5	6	7	8	9	10	11	12	13	14	15	16	17	18	19	20
B	450	450	450	450	450	450	450	450	450	450	450	450	450	450	450	450	450	450	450	450
f	100	100	50	50	50	100	100	50	50	50	100	100	50	50	50	100	100	50	50	50
g	100	50	50	50	100	50	50	50	100	50	50	50	100	50	50	100	50	50	50	50
h	50			50			50			50			50			50				
i		50					50	50	50	50			50	50	50			50	50	50
j		50	50	50			50	50	50			50	50	50				50	50	50
C	250	250	250	250	250	250	250	250	250	250	250	250	250	250	250	250	250	250	250	250
总计	1500	1500	1500	1500	1500	1500	1500	1500	1500	1500	1500	1500	1500	1500	1500	1500	1500	1500	1500	1500

（4）安排每天产品投入顺序计划。在均衡化计划周期表的基础上，可以进一步均衡化，安排每日产品投入生产线的顺序计划，此时，可以参照轮排图的做法。例如，第一个工作日生产 a、c、d、f、g、h 6 种产品，可以按照 16∶6∶3∶2∶2∶1（800∶300∶150∶100∶100∶50）的比例作出轮排图。

三、其他技巧

1. 装载均衡箱

实现小批量生产工作有很多方法。有些公司使用一种帮助均衡生产品种和生产量的工具，叫做装载均衡箱。这种箱子有一列看板插口供每个批量使用，还有一行看板插口供每种产品使用，如图 4-18 所示。在这种系统中，看板不仅表示生产的量，而且表示生产这种量的时间（基于节拍时间）。看板以产品类型所需的混合序列放入均衡箱中。随后物料搬运员取走这些看板并将它们带到定拍工序，每次一个批量。图 4-19 为使用装载均衡箱的看板循环过程。

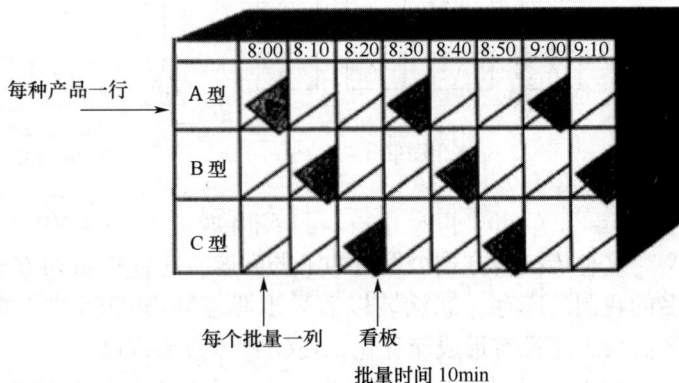

图 4-18　装载均衡箱

2. 指定座

对于像涂装、电镀等采用批量生产的工序，可采用指定座的方法进行生产均衡化。所谓的指定座就是对号入座的意思。

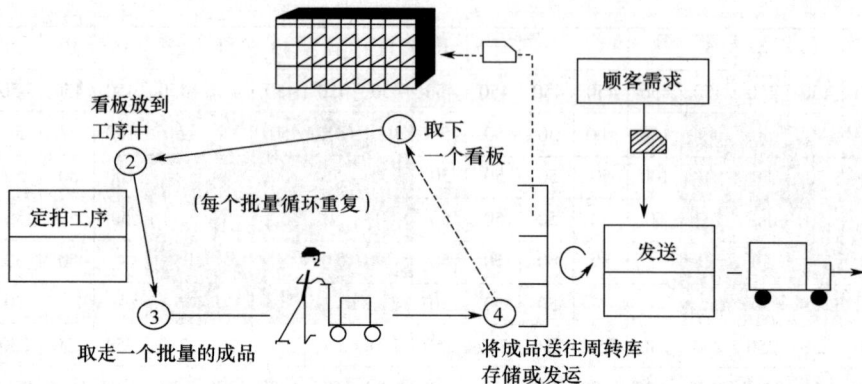

图 4-19　使用装载均衡箱的看板循环过程

例如，图 4-20 为传统生产排程使用的指定座实例（改善前），是用于挂 A、B、C 三种产品的挂架。产品 A 的挂架每个架子可挂 8 个，共有 3 个架子；产品 B 的挂架每个架子可挂 6 个，共有 2 个架子；产品 C 的挂架每个架子可挂 9 个，共有 2 个架子。这样 A、B、C 三种产品批量分别为 24 个、12 个、18 个。

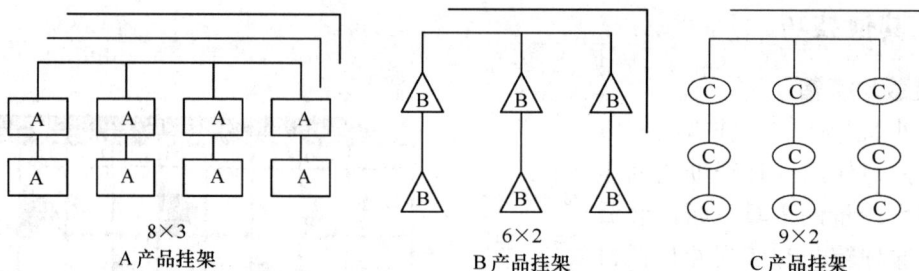

图 4-20　改善前指定座实例

这种传统的方式会发生如下的问题：①以批量的方式到前工序领取零部件，从而形成较多的在制品库存；②涂装以后采取批量堆积搬运的方式，容易造成擦伤，使不良品增多；③涂装工序没有形成流程化，妨碍整体效率提高。

图 4-21 为改进后的指定座。每一个挂架指定可挂 4 个 A 产品、2 个 B 产品和 3 个 C 产品，共 6 个挂架的数量，这就是均衡化的指定座方法，这样可以削减在制品库存量，减少空间需求，对生产变动也能很快地响应。

3. 接棒区方式

对于组装生产线各工位作业平衡是非常重要的，而多品种少批量的混合生产线要保持平衡是有一定难度的。为了保持各工位的均衡性，可以采用"接棒区"的方式。这与接力比赛时采用的接棒区类同，即以相邻的两个工序之间划出一个"接棒区"，如图4-22所示。当前工序的作业人员发现其产品已经流动到接棒区的时候，就请求下工序的作业员支援，帮助完成工作。用此种方式可以确保每一个工作站都能在周期时间内完成工作。所以，作业人员必须训练成多能工，并建立相互支援的机制。

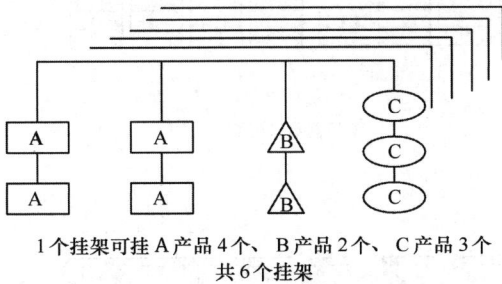

1个挂架可挂A产品4个、B产品2个、C产品3个
共6个挂架

图4-21　改善后指定座实例

图4-22　接棒区方式

4. 分支方式

当产品工时差别较大时，依靠接棒区方式就不能有效地解决。这时，可采用分支方式，即在正常的生产线中再设立一条分支生产线，将超出主生产线作业量的部分在分支生产线上加工生产，直到进行到正常作业量的工作站时再返回正常的生产线内，如图4-23所示。

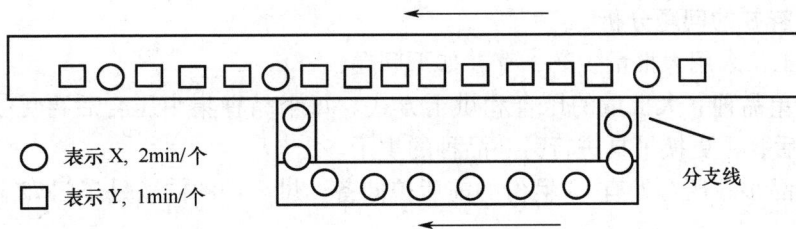

○ 表示 X, 2min/个
□ 表示 Y, 1min/个

分支线

图4-23　分支方式

分支式生产线只是为了克服混流生产线上各产品工时相差较大时一种解决方法，只能是其他改善做不到时采用的一种应变手段，而不是最佳的方法。必须朝着努力减少不同产品的作业量差异的方向努力，这才是理想的改善。

四、均衡化生产改善案例

一汽红旗轿车焊装车间通过学习准时化生产管理，推行均衡化生产，将四门两盖工段的大批量生产改善为小批量混流生产。图4-24为改善前焊装车间的布置图。

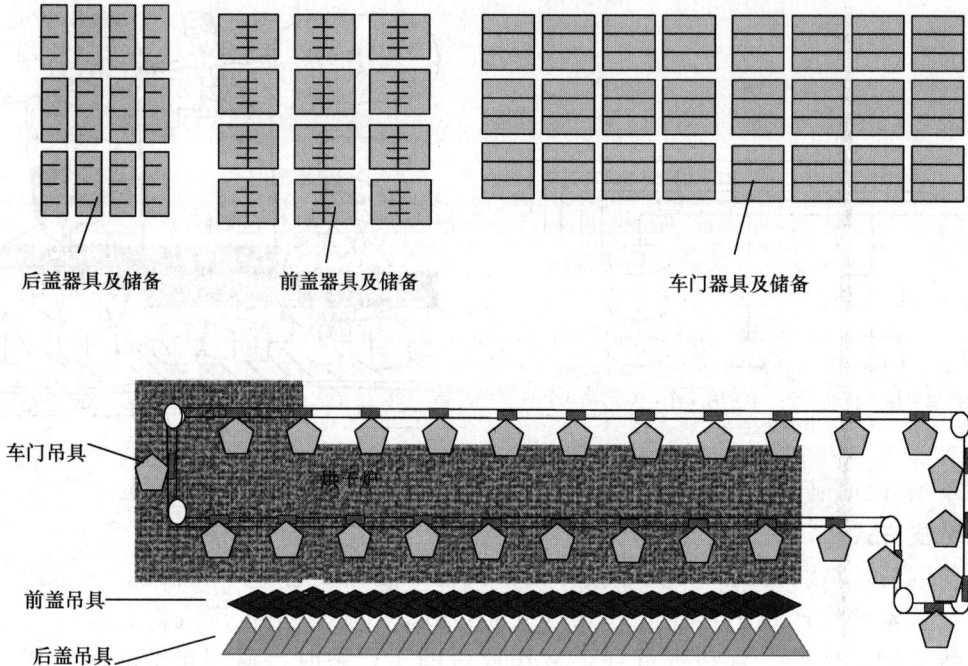

后盖器具及储备　　　　前盖器具及储备　　　　　　车门器具及储备

车门吊具

烘干炉

前盖吊具

后盖吊具

图 4-24　改善前焊装车间布置图

1. 改善前存在的问题分析

四门两盖工位采用大批量生产，存在如下问题：

（1）采用单品种、大批量的压合和烘干方式。每个品种集中压合后再更换模具；每个品种烘干完成后，再更换吊具进行另一品种的烘干。

（2）在制品多，压合处有12辆份的前后盖储备，烘干炉的储备是车门72辆份、前盖和后盖各36辆份。

（3）占用工位器具多，四门两盖占用的工位器具共64个。

（4）占地面积大，共占用面积126m²。

（5）生产操作人员多达16人。

（6）过量生产导致大量的资金被积压。

（7）工件质量不好控制，质量问题源的追溯受到阻碍。

（8）现场摆放器具过多造成秩序混乱，工位器具不足。

（9）制造过剩掩盖了生产过程存在的计划、人员和设备的管理问题。

2. 改善方案

根据均衡化生产的方法，对四门两盖烘干工位进行改善，具体改善如下：

（1）变单品种、大批量的生产方式为多品种、小批量的生产方式。

（2）根据月度生产计划，制定基本生产计划，确定每种产品每天的平均生产量。冲压按小时的生产数量进行生产。

（3）重新制定四门两盖的生产节拍，保证各种产品能及时满足需求。

（4）根据每天的生产节拍确定四门两盖每个节拍的需求量来改良吊具，设计合适的指定座。烘干炉只设 12 辆份的专用吊具和 1 份备用吊具。

图 4-25 为改善后焊装车间的布置图。

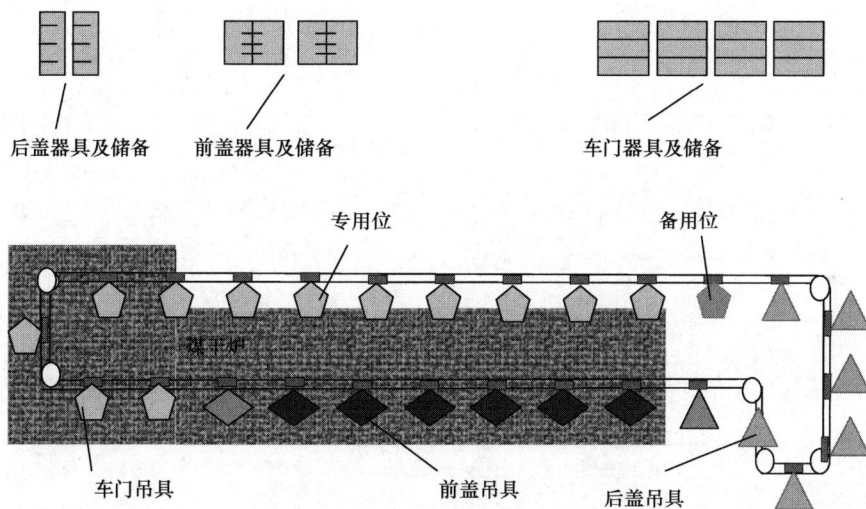

图 4-25 改善后焊装车间的布置图

3. 改善后效果

实行均衡化生产后，各项指标明显改进，如表 4-10 所示。改善后达到的效果为：①只按节拍生产下道工序需要的产品，体现准时化生产；②不会出现零件滞留，保证零件先进先出；③小批量生产，很容易保证质量；④在制品少，使问题源的追溯性成为可能；⑤减少工位器具，使工作现场整洁有序；⑥能及时暴露出设备停止、生产不均衡等问题。

表 4-10　四门两盖工段各项指标改善前后对比

产　品	储备/辆	工位器具/个	人员/人	吊具/个	更换吊具/个
改善前	72	64	16	81	54
改善后	12	26	9	27	0

第五章　流程化生产

第一节　流程化生产概述

精益生产方式的核心思想之一就是要尽量使工序间在制品数量接近甚至等于零，也就是说，前工序加工一结束就立即转到下一个工序进行加工，建立一种无间断的流程，此种流程化生产是实现精益生产的一个基本原则。

在传统的大批量生产方式中会引起以下的浪费：

1. 在制品多

因工序(如冲压、注塑等)需要有换模辅助时间，批量生产可以使分摊到每一件的辅助时间比较少，因此在大量制造一种产品时生产效率很高。但在制造不同的混合产品时会产生大量在制品或库存。

2. 生产周期长

生产周期就是产品从开始生产到完成加工的时间。由于在大批量生产中，按批量组织生产，即一批中第一个生产出来的产品，要待整个批量产品加工完成后，才能流到下道工序进行加工，从而导致生产周期长。例如，在图 5-1 中，共有 A、B、C、D 四道工序，每道工序的加工时间都为 1min/件，批量为 5 件，则每 20min 生产出一批零件(5 件)。具体各件完成时间为：第一件产品从 $t=0$ 时刻开始，$t=16$ 时刻完成，经过生产线的时间是 16min；第二件产品 $t=17$ 时刻完成，依次类推，第五件产品要待 $t=20$ 时刻完成。而每件在四台设备上加工总时间为 4min，不难发现，延迟的时间都浪费在批量等待上。

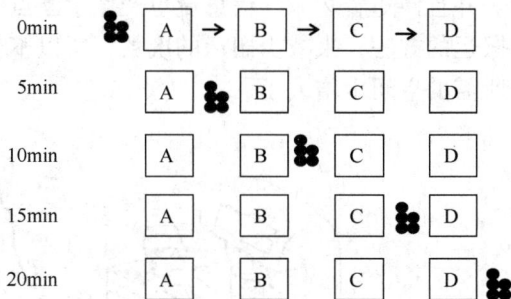

图 5-1　批量生产的物料移动

生产周期长除了直接影响交货期，不能及时对市场需求作出反应外，还会引起其他形式的浪费，如在制品增多，等待的浪费、搬运的浪费等。

3. 质量问题多

在大量生产方式中，尤其是机械加工行业，设备多采取机群式布置，即依设备的功能集中布置在一起。由于批量生产是以一个批量为单位，由前一工序流向下一工序，只要下一工序某台设备有空的话，就可安排生产，因此，每一批都有可能在每一台机器进行加工，造成物流路线不唯一，如图 5-2 所示。这种流动方式称为"乱流方式"，工序越多，则乱流的程度也越高。一旦有不良品发生时，则难以追溯。

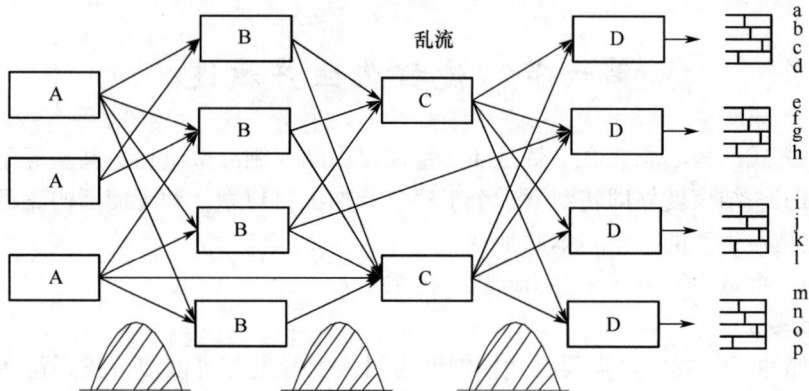

图 5-2　乱流方式

4. 搬运多

在传统的机械加工行业中，机器设备多采用机群式布置方式，为了完成产品的加工，需要对生产过程中的半成品在各工序之间进行搬运，这就是工序间搬运的浪费，如图 5-3 所示。并且伴随着物流、信息流也产生了断点。为了减少这种浪费，工厂普遍采取集中生产集中搬运的方法，来减少搬运的次数，所以不仅产品的加工周期变长，同时在制品的数量和生产所需的空间也增大了。

图 5-3　搬运浪费现象

上述种种浪费，追本溯源，都是因为采用机群式的批量生产方式所造成的。而精益生产则大为不同，它根据产品的类别将机器设备依工序加工顺序依次排列，即按产品原则进行布置，每个工序被紧密地衔接在一起，可以形成一个不间断的流程，也就是流程化生产。

流程化生产强调生产应该是一个迅速流动的过程，当顾客下订单时，便会指示流程取得完成顾客订单所需要的原材料，而且只提供这个订单所需要的原材料。接着，这些原材料将立即被输送到工厂，在工厂内物料无间断地流经每个工序，其间的等候时间减至最少，流程距离最短，迅速而顺畅的流程能减少总生产时间。流程化生产使得零部件的运动就像是水流过一根管子一样顺畅而无间断。

总之，流程化生产要改变按工序单位进行生产的传统思维，采用流水线方式来生产产品，把生产流程看作是"河流"，消除各道工序内部、各道工序之间的物料停滞，改善混乱的流程，从而毫无阻碍地进行流动生产。

因此，为了做到流程化生产，应尽量缩小产品加工批量，使所有相关流程彼此更靠近，使材料和信息在各流程之间的输送更加顺畅，理想的状态是加工一件，移动一件，即一个流生产。同时，流程化生产对计划提出新的要求，要求车间要与主生产计划同步，不留库存，不要入库、保管、出库的过程，除主生产计划以外，其他车间不要调度员，管理扁平化，消除中间层。流程化示例如图5-4所示。

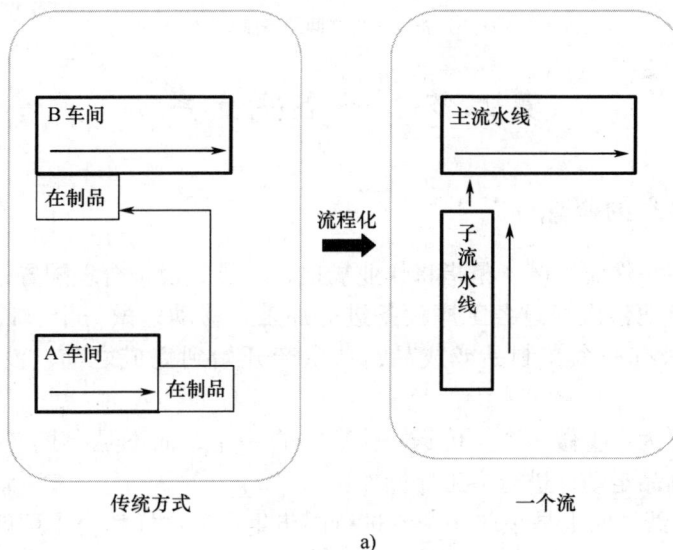

图 5-4 流程化

a）消除车间之间的停滞

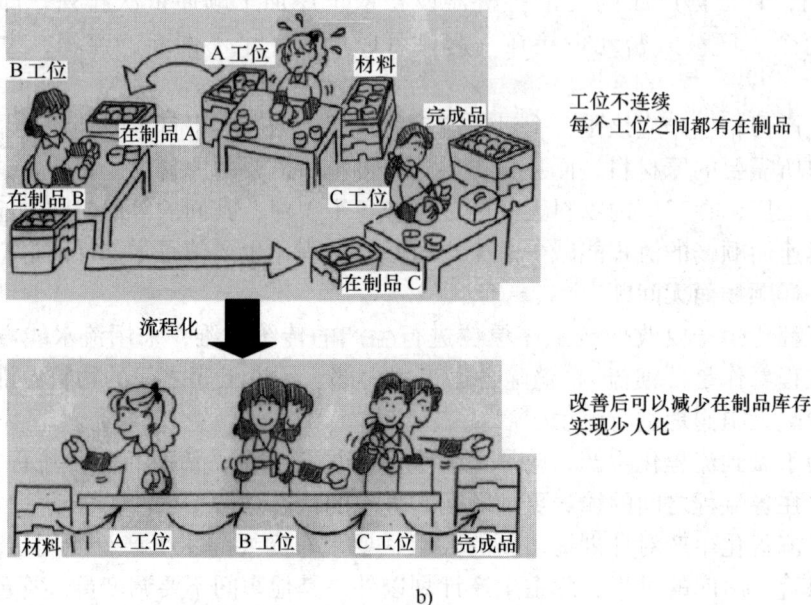

图 5-4　流程化(续)

b) 消除工位之间的停滞

第二节　一个流生产

一、一个流生产的概念

一个流生产又称一件流生产，是指将作业场地、人员、设备合理配置，按照一定的作业顺序，零件一个一个地依次经过各工序设备进行加工、移动，做一个、传送一个、检查一个，每个工序最多只有一个在制品或成品，从生产开始到完成之前，没有在制品周转的作业。

一个流生产特征为：①做一个、传送一个、检查一个，而不是一批一批地加工、移动；②作业人员跟着在制品走动，进行多工序操作。

工厂内各个生产线之间也是采取一个流进行同步生产，这样整个工厂就像是用一条"看不见的传送带"把各个工序、生产线衔接起来，形成了整个工厂一体化的"一个流生产"。

二、一个流生产的优点

实施一个流生产，前工序加工完一个在制品，就可以立即"流"到下一道工序继续加工。与大批量生产方式相比，一个流生产具有如下优点：

1. 最短生产周期

在一个流生产方式中，每次只加工1件，与批量生产方式相比，减少了批量等待的时间，因此生产周期也大为缩短。针对图 5-1 的例子，若采用一个流生产方式后，第一件产品只需 4min 就可加工完成，而且全部加工完成只需 8min，比批量生产方式生产周期缩短了 12min，如图 5-5 所示。

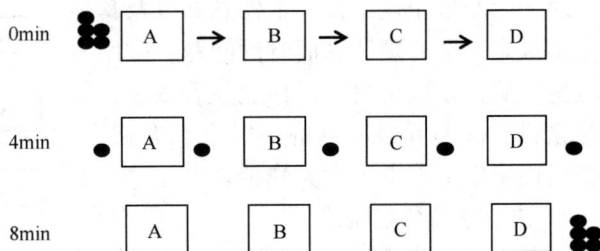

图 5-5 一个流生产缩短生产周期

生产周期的缩短有可能把原有的紧急订单变为常规订单，便于生产组织。同时资金周转加快，获利能力大大提高。

2. 发现问题及时，品质成本低

高品质是精益生产所追求的一个重要目标，它依托的就是一个流的作业原理，以此形成有效的品质管理体系。在一个流生产中，每一个作业员都是品质监控者，不让问题进入到下一道工序。若未能发现某件产品存在瑕疵，而让其流入到下一工序时，则下一工序操作员会非常迅速地检测到此问题，并立刻反馈诊断，予以矫正。因为一旦质量存在问题对后续工序就会产生影响，所以发现问题必须立刻解决。图 5-6 为实施一个流前后的品质对比。

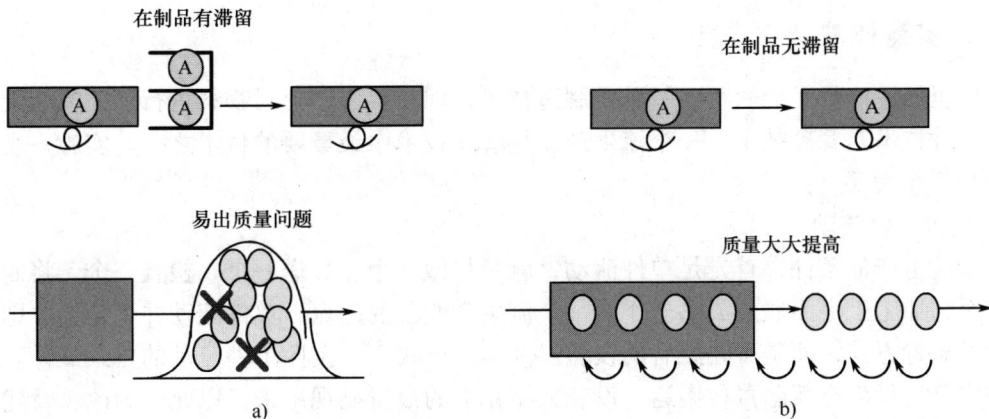

图 5-6 一个流的品质改善

a）批量生产 b）一个流生产

此外，与大批量生产方式的"乱流方式"不同，在一个流生产中，每个产品都是很清楚地在某一条生产线上流动，称之为整流方式，如图 5-7 所示。这样，即使出现异常，也能及时发现，并能追溯到发生异常的工位。

3. 搬送最小化，创造安全的生产条件

对于生产型企业来说，工伤意外以及其他安全事故是一个必须认真面对的问题，采用一个流生产后，在厂房内搬运作业显著减少，使用起重机、行车等搬运设备一般也大大减少，因搬运而发生工伤事也大大减少。

4. 减少存货和在制品

精益生产认为库存是"万恶之源"，因此精益生产以实现"零库存"作为努力的目标。

图 5-7 整流方式

采用一个流生产，每个工序最多只有一个在制品或成品，因此在制品数量大幅度降低。

在制品的降低不仅大幅减低了存货成本，节省了生产空间，而且还直接或间接地杜绝了其他形式的浪费现象，如等待的浪费、搬运的浪费等。

总之，一个流的生产促使生产效率与品质显著提升，以及存货、空间、生产周期显著缩减，可以说，一个流生产是精益生产的根本，它可以最大限度的杜绝各种浪费现象。实际上，精益生产的最终目标是把一个流的模式应用到从产品设计到推出产品、接受订单、实际生产等所有作业上，使所有的相关作业形成不间断的流程，从而缩短从原材料投入到最终产品产出的时间消耗，促成最佳品质、最低成本以及最短的交货时间。

三、实施技术

工厂里的生产技术分两种：一种是制造技术，即在各工序上对物料进行加工或装配的技术；另一种技术是管理技术，一个流生产就是管理技术中最重要的技术之一。实施一个流生产具有如下 6 大要点：

1. 实行单件流动

一个流生产的条件，首先是单件流动，就是仅做一个、传送一个、检查一个，将制品经过一个个的加工工序而做成成品。作为一个流生产改善的起点，单件流动并不是要立即改变生产线的布置方式，而是可在原有的设备以及布置方式下，按照单件流动的方式试做。这样就能将由于批量生产而隐藏在搬运、设备大型化上的浪费显现出来，以此作为改善及建立一个流的起点。

2. 按加工顺序布置设备

彻底进行单件流动生产之后，搬运上的浪费就显现出来。图 5-8 为机群式布置方式，原来以 100 件为一个批量在各个工序之间搬运的工作，现在由于采用单件流动的生产方式，每做完一个就必须搬运到下一个工序，所以搬运的浪费就增加了 100 倍。为此，要将这些机

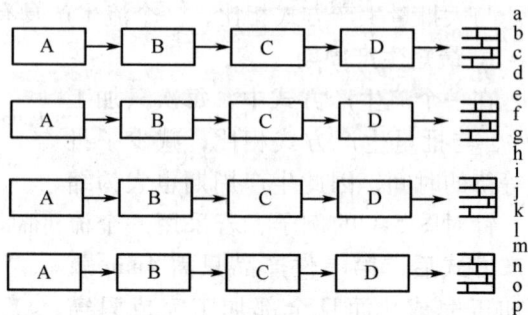

器设备靠近，依照产品加工需使用到的设备及其加工顺序排列布置，即产品原则布置，如图 5-9 所示。

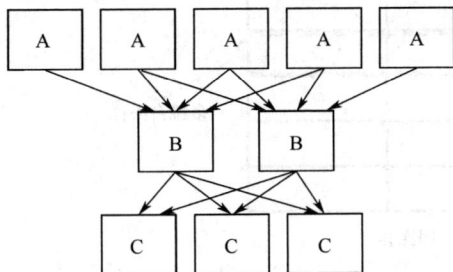

图 5-8　工艺原则布置

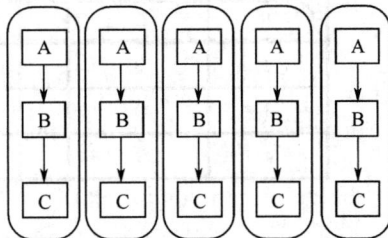

图 5-9　产品原则布置

3. 生产同步化

按照加工顺序布置好设备后，产品经过不同的工序设备而流动下去，如果各个工序的生产速度不一致，就会在各个工序形成在制品的堆积，从而破坏了一个流的顺畅性，就好像河流在流速不一样的交接点会产生积水混浊的现象，称之为浊流的生产现象。为了保证产品流动的顺畅性，消除浊流现象，必须将各个工序的生产速度严格按照生产节拍进行生产，即所谓的生产同步化，如图 5-10 所示。生产同步化也就是在第一章所谈到的，要追求整体效率，而不是个别效率。

图 5-10　按节拍生产

4. 员工的多能工化

一个流生产方式应尽可能朝操作多工序的作业方式来安排，这种操作方式与操作同一功能机器设备的"多机台作业"是不同的，如图 5-11 所示。能操作多工序的作业员称为多能工。在一个流生产中，作业员的多能工化是极为重要的，只有实现了多能工化，才能达到少人化。

5. 站立式走动作业

在一些行业，如汽车制造或食品包装行业，站立作业已成为惯例，但在其他的一些行业，如航空制造业或电子设备加工行业并非如此。

如果在站与坐之间作一选择，多数人倾向于坐，如图 5-12 所示。然而，通过对在同一操作台坐着工作的装配工人数年观察发现，坐着工作的短期舒适并不能转换成长时期的健康，它很容易导致颈椎或背部的疾病。事实上，从人因工程学观点来看，长时间的坐姿势操作比长时间的站姿势操作为佳，人因工程学最优的工作是坐和站的交替。然而，实际工作却

工序＼产品	A	B	C	D
1	○	○	○	○
2	○	○	○	○
3	○	○	○	○
4	○	○	○	○

多机台操作

多工序操作

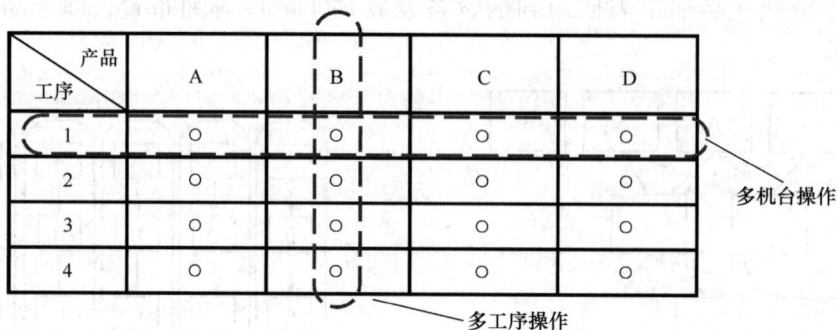

图 5-11　多工序操作

很少能够这样，因为为了按照一定的顺序操作或管理多台设备，作业员必须是站着工作而非坐着工作，而且站着工作也会使得作业员在设备出现故障时能够快速地作出反应。

实施一个流生产，作业员的姿态必须符合一人多工序的作业方式的要求，一面走动，一面进行加工动作，即所谓"走动作业"方式，而非仅是站在原地不动的站立作业方式。

这样行动方便！

坐着工作　　站着工作　JIT

图 5-12　站立作业

6. 设备合理布置和设计

在一个流生产中，如果是采取多工序操作，将原材料经过一次次的加工而制成成品，作业人员必须沿着加工顺序走动下去。如果设备按照直线型进行排布，由一端投入生产，再由另一端生产出来，那么作业人员就会有空手走回原点的动作浪费和时间浪费，如图 5-13 所示。

为此，必须将生产的投入点（Input），即材料的放置点与完成品的取出点（Output）的位置尽可能靠近，这叫做"IO 一致"的原则。为了达到"IO 一致"的原则，生产线应该合理布置，一般排成像英文字母的 U 字型或 C 字型，一般称为"U"型线。

此外，设备的设计和选用也应符合一个流生产的要求。当进

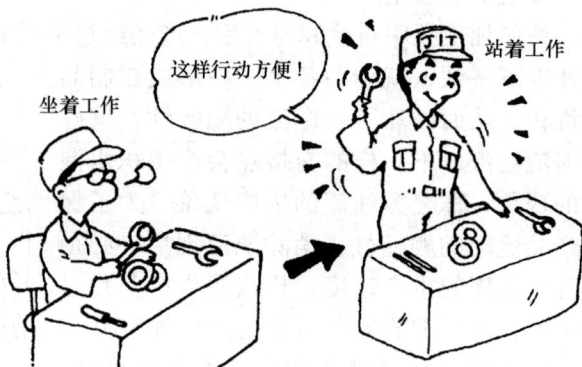

图 5-13　空手浪费

行大批量生产时，大型设备或许仍是合适的，可是什么都能做的泛用型大设备，常积压了一大堆的在制品，使生产的流动不顺畅。当今，市场的趋势已经走向多品种少批量，生产线也必须转向细流而快的复数生产线化（即多段短线），才能更有弹性地响应市场需求的快速变化。所以，机器设备应改为具有小型化、速度快、品质稳定和故障率低等特点（有关设备合理布置和设计的内容可见本章第三节）。

以上介绍了实施一个流生产的6大要点，需要注意的是，将传统的大批量生产方式改为一个流生产方式只是实施流程化改善的起点，由于机器设备按产品原则方式布置，一旦机器设备出现故障或者产生次品，整条生产线必然跟着全部停下来，因此一个流的成功实施离不开其他的精益工具和方法，如 TPM、自働化、标准作业等，这些内容见后续的相关章节。

四、应用案例

案例一：某汽车零配件厂一个流改善实例

某汽车零配件厂主要生产汽车零配件。图 5-14 为实施一个流之前采用的按机群式布置方式，主要有成型区、单品检查区、组装区、成品检查区、出货区等。

在实施流程化时，先选组装段作为改善示范生产线。图 5-15 为实施一个流生产前的组装段生产线，表 5-1 为组装段生产线的基本情况，有弹簧插入、滑块插入、垫圈插入、插板插入等四道工序。各工序的作业时间不一样，瓶颈节拍为5s，共4位操作工，平均每人每小时产出 167［3600/(5.4 × 4)］件。工

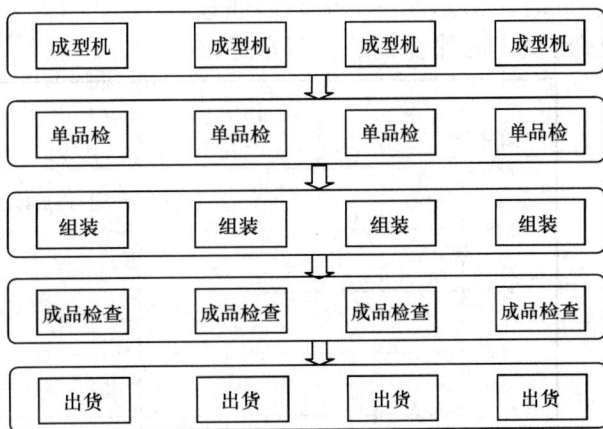

图 5-14　某汽车配件厂机群式布置方式

序中的半成品和等待现象比较多，工序间半成品按托盘计算，平均每托盘半成品为 60 件。

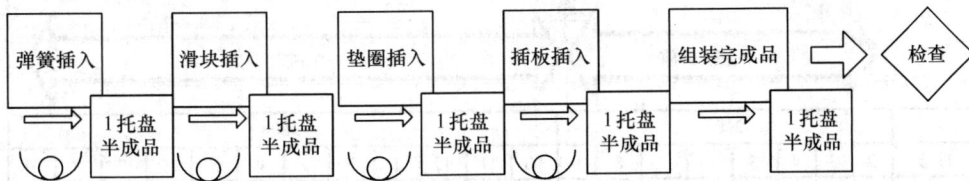

图 5-15　实施一个流生产前的组装段生产线

表 5-1 组装段生产线工序

工 序 名 称	作业时间/s	操作工/人	半成品/件	吊具/个	更换吊具/个
弹簧插入	3.5	1	60	81	54
滑块插入	5.4	1	60		
垫圈插入	4.5	1	60		
插板插入	4.3	1	60	27	0

采取实施一个流的改善，由一名操作工完成所有工序，布置成 U 形线，如图 5-16 所示。

实施一个流生产后，虽然增加了相关工装夹具，但产品加工时间明显缩短，平均每个加工时间为 14.3s，平均每人每小时产出 251 个。同时，在推行一个流时，通过加强对员工的作业训练，制定标准

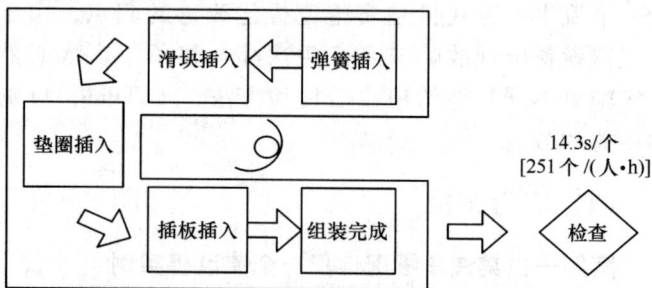

图 5-16 组装段生产线 U 型布置

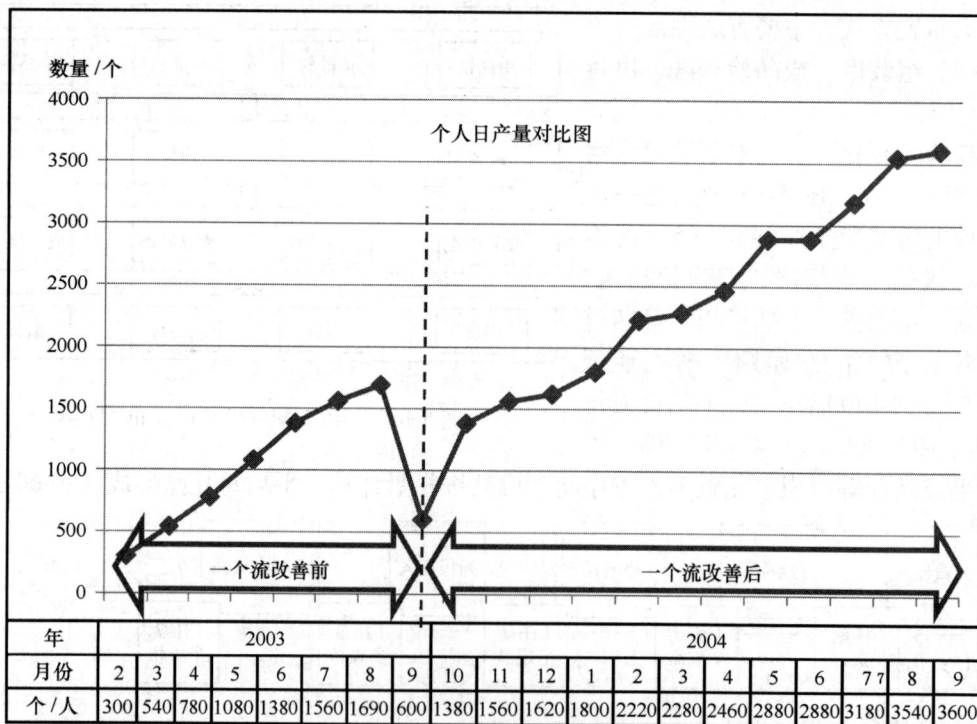

图 5-17 改善前后个人日产量对比图

作业，产量稳步提升。图 5-17 为改善前后个人日产量对比图。

组装段实施一个流生产后，进一步作整体的流程化。因原布置为机群式布置（见图 5-14），各工序之间有暂存处，有出入库过程，时间间隔较长，因此要对工厂布置进行调整，改为按产品原则进行布置，如图5-18 所示。

图 5-19 为分步流程化。

（1）把单品检查与组装作业流程化，生产提前期由以前的 6 天缩短为 2.7 天。

把组装作业成功实施一个流后，再把成形作业完成后直接进行组装，去除单品检查入库过程，同时成品检验与出货检查合并，生产提前期由以前的 6 天缩短为 2.7 天。

成型机	成型机	成型机	成型机
单品检查	单品检查	单品检查	单品检查
组装	组装	组装	组装
成品检查	成品检查	成品检查	成品检查
出货	出货	出货	出货

图 5-18　整体的流程化布置方式

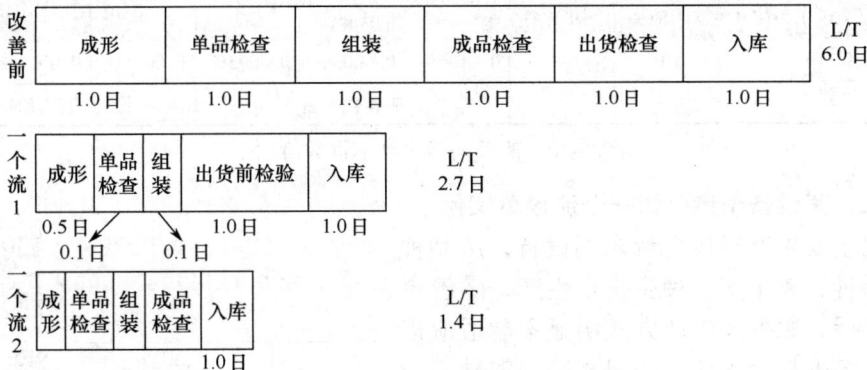

（2）把成形作业、单品检查、组装作业、成品检验等各工序流程化，使得生产提前期由 2.7 天缩短为 1.4 天。

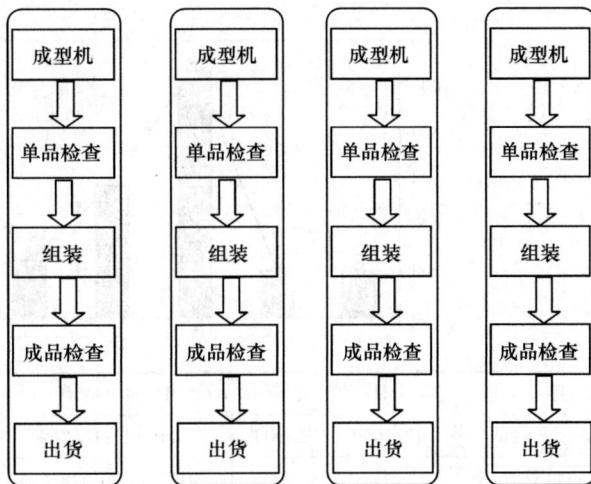

改善前	成形	单品检查	组装	成品检查	出货检查	入库	L/T 6.0日
	1.0日	1.0日	1.0日	1.0日	1.0日	1.0日	

一个流1	成形	单品检查	组装	出货前检验	入库	L/T 2.7日
	0.5日	0.1日	0.1日	1.0日	1.0日	

一个流2	成形	单品检查	组装	成品检查	入库	L/T 1.4日
					1.0日	

图 5-19　分步流程化

实施生产流程化，成形作业完成后直接进行单品检查、组装作业、成品检查，去除了各暂存处，使得生产提前期缩短为 1.4 日。提前期的缩短，增强了应对市场变化的能力，同时产品不良率明显降低，品质得到显著提升。图 5-20 为改善前后某产品的不良率对比。

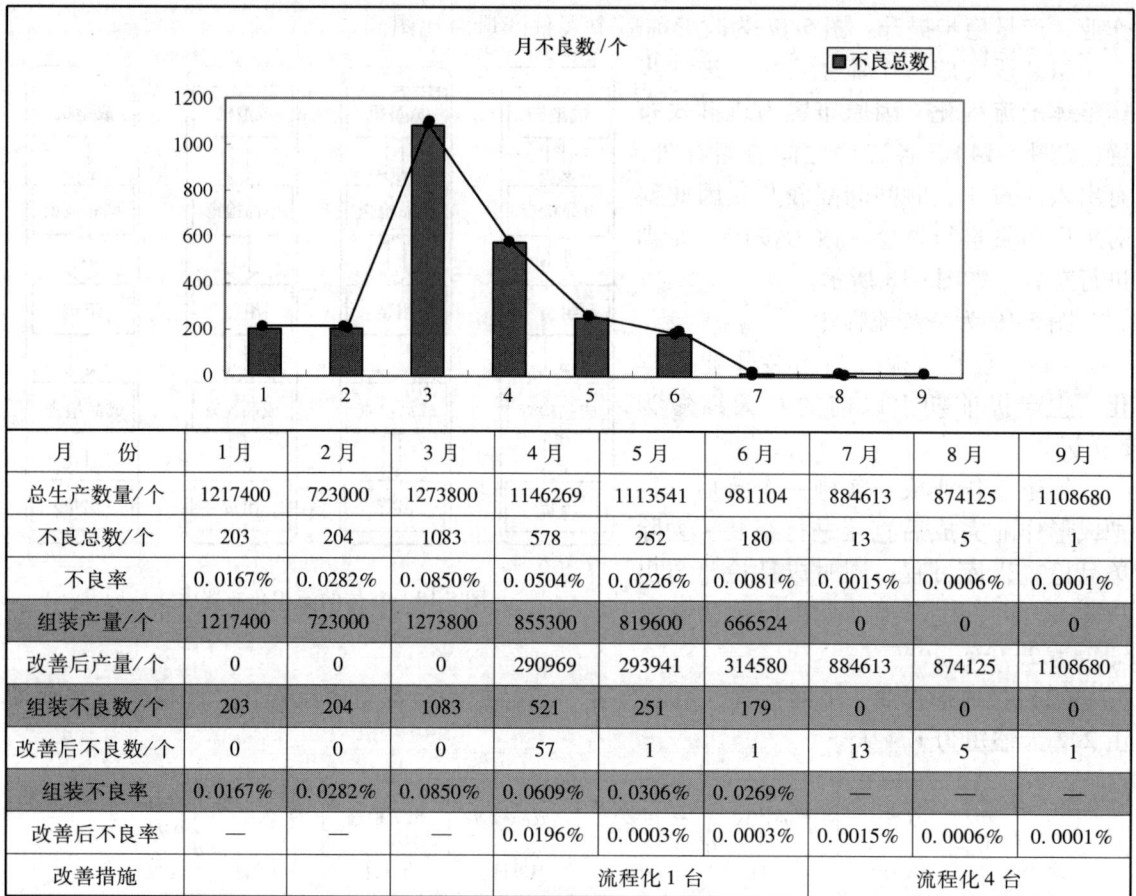

月　　份	1月	2月	3月	4月	5月	6月	7月	8月	9月
总生产数量/个	1217400	723000	1273800	1146269	1113541	981104	884613	874125	1108680
不良总数/个	203	204	1083	578	252	180	13	5	1
不良率	0.0167%	0.0282%	0.0850%	0.0504%	0.0226%	0.0081%	0.0015%	0.0006%	0.0001%
组装产量/个	1217400	723000	1273800	855300	819600	666524	0	0	0
改善后产量/个	0	0	0	290969	293941	314580	884613	874125	1108680
组装不良数/个	203	204	1083	521	251	179	0	0	0
改善后不良数/个	0	0	0	57	1	1	13	5	1
组装不良率	0.0167%	0.0282%	0.0850%	0.0609%	0.0306%	0.0269%	—	—	—
改善后不良率	—	—	—	0.0196%	0.0003%	0.0003%	0.0015%	0.0006%	0.0001%
改善措施				流程化1台			流程化4台		

图5-20　改善前后产品不良数对比

案例二：某设备制造公司一个流改善实例

某公司主要生产通风空调末端设备，产品种类多达上千种，属于多品种少批量生产，随着市场业务的扩展，原批量生产方式明显不能适应市场多样性和多变性。为此，公司高层决定导入一个流生产方式。以风量调节阀生产线为例，介绍实施一个流过程。图5-21为改善前布局图，为按机群式布置，不能实现一个流生产。

1. 基本情况与问题分析

（1）占地面积：33m²，由于地方狭窄，装配工作在通道完成。

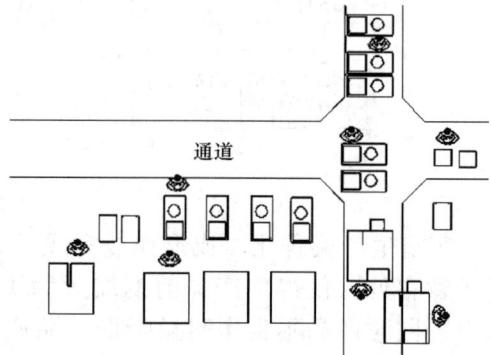

图5-21　改善前布局图

（2）在制品数量：取决于订单，最少时 50 台，最多时 100 台。

（3）产能：日产量 4 台，人均 0.5 台（一天工作时间为 7.5h），生产效率过低，经常不能按时完成订单任务。

（4）操作工 8 名，分工不明确，生产组织形式混乱。

（5）生产过程中搬运动作过多，堆放场物料放置过多，且混乱。

2. 改善过程

图 5-22 为改善总流程图。

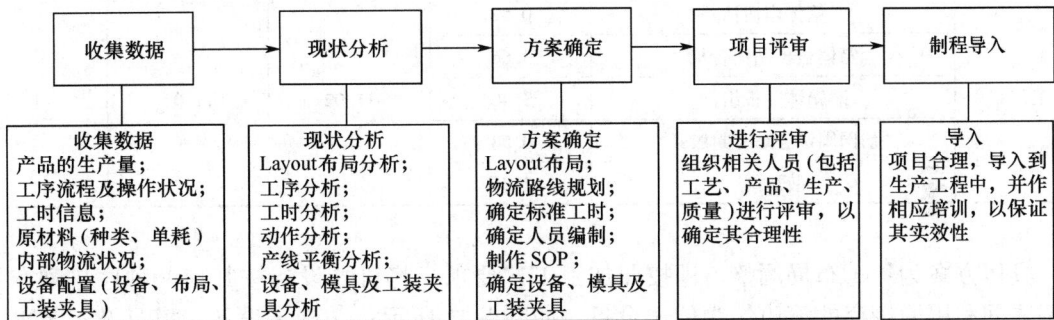

图 5-22 改善总流程图

（1）收集数据：产品的生产量、工序流程及操作状况、工时信息、原材料（种类、单耗）、内部物流状况、设备配置（设备、布局、工装夹具）。

（2）现状分析：布局分析，工序分析，工时分析，动作分析，产线平衡分析，设备、模具及工装夹具分析。

（3）方案确定：根据工艺分析，确定 6 个工位组成流水线，如表 5-2 所示。

表 5-2 工位标准工时和人员编制

NO.	工 序 名 称	标准工时/s	工位总工时/s	工位工时/s	人员数/个
工位1	箱体与吊装角、吊装加强片铆接	8.58	21.42	10.71	2
	贴箱体消音棉	12.84			
工位2	粘贴风机侧板消音棉	5.80	10.58	10.58	1
	装风机	4.78			
工位3	接管侧板组件与箱体铆接	7.88	20.46	10.23	2
	风机侧板组件与箱体铆接	7.58			
	隔板贴消音棉	1.40			
	装隔板组件	2.08			
	滤网固定座贴密封胶条	1.52			

（续）

NO.	工 序 名 称	标准工时/s	工位总工时/s	工位工时/s	人员数/个
工位4	装轴盖	0.64	10.44	10.44	1
	装气管	7.04			
	电器盒座贴密封胶条	1.18			
	装电器盒组件	1.58			
工位5	接线	10.78	10.78	10.78	1
工位6	箱体内清洁	0.52	11.02	11.02	1
	箱体盖板贴消音棉	3.66			
	装箱体盖板组件	3.40			
	滤网固定盖贴密封胶条	0.58			
	装滤网	2.86			

　　具体方案为：①布局调整，即按照加工工艺要求，将机器设备按其加工顺序排列布置，各工序间利用原废弃的滚筒作为传送设备，如图5-23所示；②确定设备、模具及工装夹具；③确定标准工时和人员编制；④制作标准作业指导书；⑤组织相关人员（包括工艺、产品、生产、质量）进行评审，确定其合理性；⑥导入到生产工程中，并作相应培训，以保证其实效性。

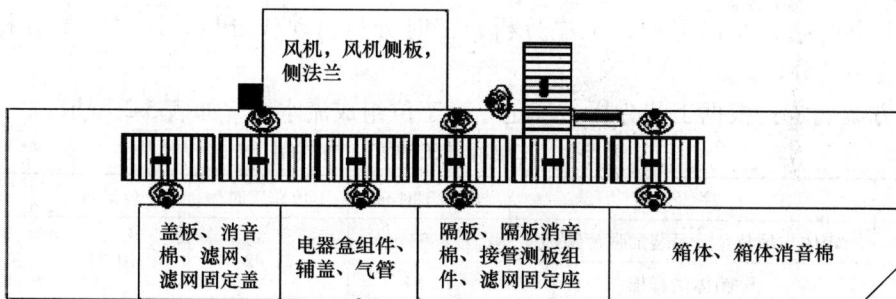

图5-23　一个流后的布局图

3. 改善效果

（1）生产节拍为11.02min，生产线平衡率为96.43%，如图5-24所示。

（2）改善后增加为12人，组内8人，从别组借调4人做辅料，产能由以前的4台提升为40台，人均3.3台（1天工作时间7.5h）。

（3）占地面积减少为8m²，物流顺畅，腾出了通道空间。

（4）在制品数量减少为6台。

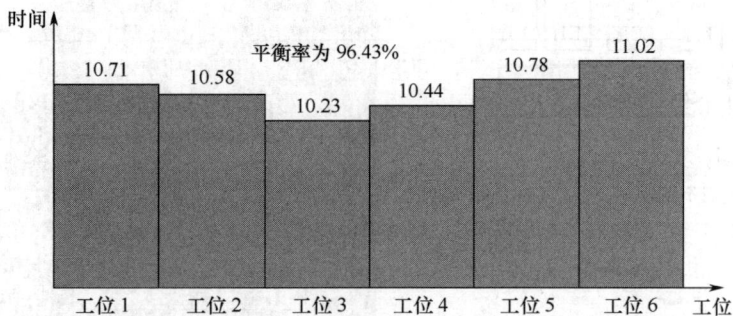

图 5-24 工位时间柱状图

案例三：一个流案例——红旗轿车长齿 016 合装车间后壳线改善

图 5-25 为后壳生产线改善前情况。改善前在制品堆积，零件重叠堆放，易发生磕碰，容易出现不良品，出现不良品时很难及时解决；生产线共 6 人，人多负荷不满。

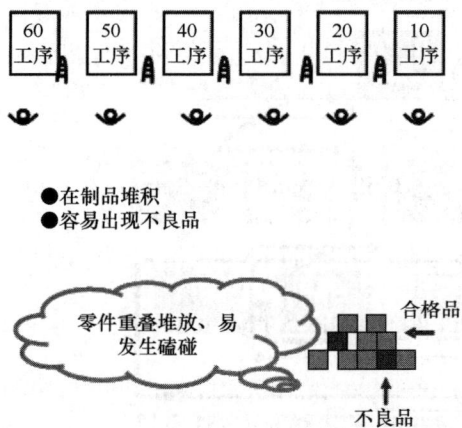

a)   b)

图 5-25 后壳线改善前

a）改善前生产线安排 b）改善前现场

图 5-26 为后壳生产线一个流改善后的情况。后壳生产线一人多机，实现一个流生产。因为一个流生产绝对不将零件重叠堆放，所以很容易发现不良品，也很容易确保产品质量；生产线共 3 人，一个流生产，实现了 1 人多机。

案例四：一个流案例——长齿热前机加车间 016 差速器壳体线整流

图 5-27 为差速器壳体线布置与线路图。存在的问题点为：

（1）设备布局不当，工序流程像大型迷宫，工艺流程不顺畅，大量转运无效劳动的浪

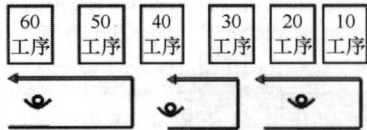

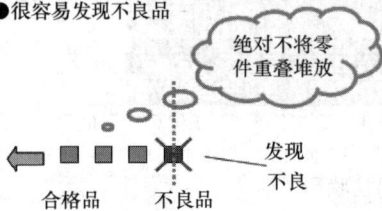

● 一个流生产
● 很容易发现不良品

绝对不将零件重叠堆放

发现不良

合格品　不良品

a)

b)

图 5-26　后壳线改善后

a) 改善后生产线安排　b) 改善后现场

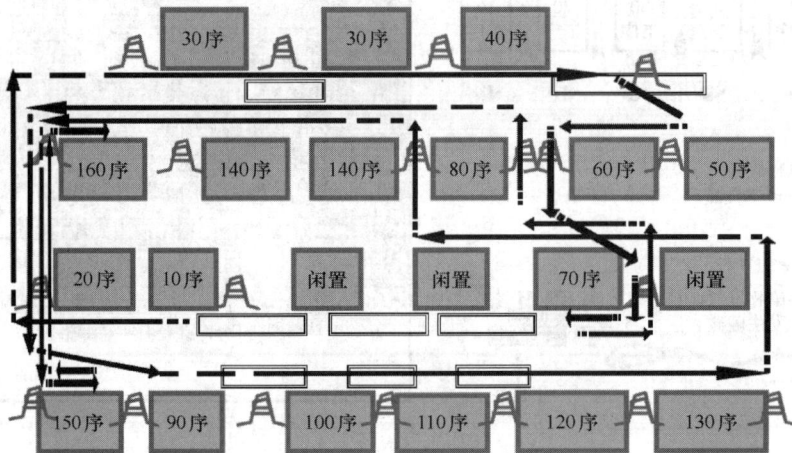

图 5-27　改善前差速器壳体线布置与线路图

费（物流路线长达 148m），严重影响生产效率。

（2）大量在制品到处滞留（多达 294 件），容易出现不良品，追溯困难，工位器具过多造成生产现场异常混乱，生产过程中存在的问题不易暴露。

（3）操作者工作负荷不满（11 人）、操作过程中有一些不必要的动作，等待时间长，作业效率低。图 5-28 为改善前人员负荷率。

通过现地现物调查，制定如下改善方案：

（1）立式加工中心加工工序利用率低，现场工程师提出工序合并，经工艺验证完全能

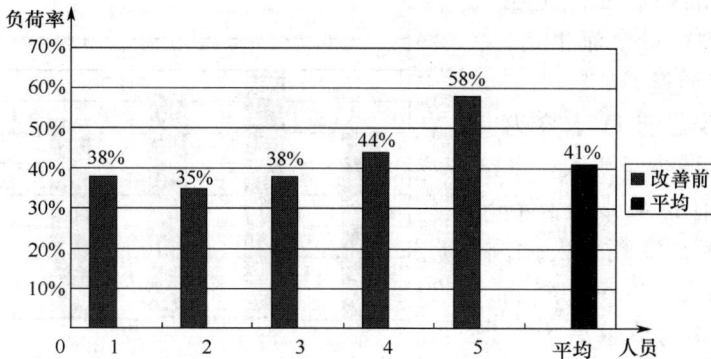

图 5-28 改善前人员负荷率

够保证产品质量要求及工艺节拍,节约了设备。

（2）一个流的生产方法,结合实际情况重新设计流程化设备布局,实现一个流生产。图 5-29 为改善后差速器壳体线布置与线路图。

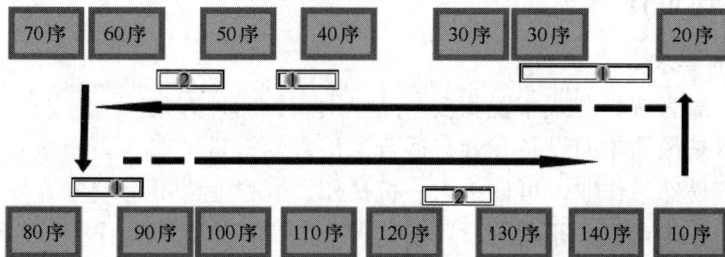

图 5-29 改善后差速器壳体线布置与线路图

（3）搬出闲置设备,有效地利用作业面积。

（4）取消多余转运车,制作滑道,减少在制品。

（5）制定工序能力表,通过对工序能力的分析与论证,制定标准作业组合表及改善后标准作业票,并张贴在生产现场,明确生产节拍,优化人员,实行标准作业。

改善后效果:

（1）调整设备布局,实现工序流程化。

（2）搬出闲置设备 3 台,有效利用作业面积。

（3）按工序配置设备,简化生产流程,对设备布局进行调整,调整设备 21 台,设计并制作滑道。

（4）节约了设备 3 台,节省作业面积 $72m^2$,简化了生产流程,消除转运环节的浪费,缩短物流路线 112m,提高生产效率,优化搬运作业人员 5 人。

（5）确定标准在制品，使在制品减少了 276 件；一个流生产，有效地保证了产品质量。

（6）人员由改善前 11 人变为 8 人（双班生产），减少了 3 人，平均负荷率由改善前的 41% 提高到 74%，提高了 33%，实现少人化，一人多机。提高劳动生产率，降低产品成本。图 5-30 为改善后人员负荷率。

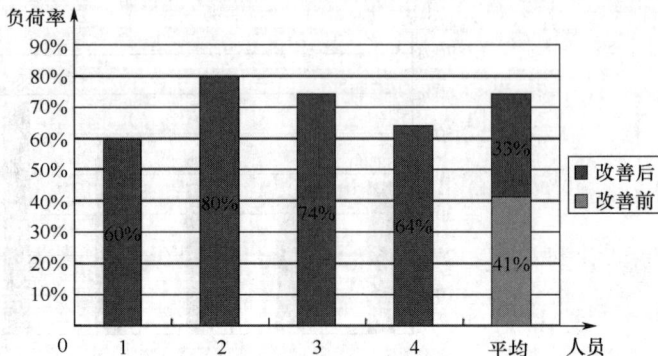

图 5-30　改善后人员负荷率

第三节　设备布置和设计

一、设备合理布置

1. 设备布置的要求

设备的布置一般有按机群式布置和按产品原则布置两种方式。

按机群式布置是最简单的设备布置，适合于传统的批量生产。一个作业员操作一种类型的设备，作业员容易熟悉作业，可以一人一机操作，当作业人员有较多等待时，可以考虑一人多机操作，即操作 2 台以上相同的设备，这种称为一人多机台操作。

按产品原则布置，即设备按产品加工工艺顺序进行布置，这是适合精益生产的布置方式。可以一人一机操作，当作业人员有较多等待时，可以考虑一人多机操作，即操作相近的不同工序的设备，这种称为一人多工序操作。

精益生产的基本出发点，是针对多样少量的市场需求，并以最低的成本及时生产来满足客户的需要。因此，精益生产特别强调，在生产的基本观念上必须摒弃传统的固定观念，要以有弹性的生产形态来适应市场上的变化。

所谓有弹性，主要是指人员配置的弹性化以及生产的品种及数量的弹性化。合适的设备布置是实现流程化生产的基础。设备布置要实现物流、人流和信息流顺畅，减少作业人员走动距离，方便一人多工序操作，同时要适应产量变化，以便人员作业再分配，实现弹性作业人员制，实现少人化。

为了要使人员及生产弹性化，生产必须将传统的定员定量生产线布置方式，改变成非定员非定量的布置方式。图 5-31 为有弹性的生产线布置，可以实现非定员制的弹性生产。当需求量（1000 件/天）较高时，安排 3 人作业；当需求量（600 件/天）较低时，安排 2 人作业。

需求 1000 件/天
3 人作业

需求 600 件/天
2 人作业

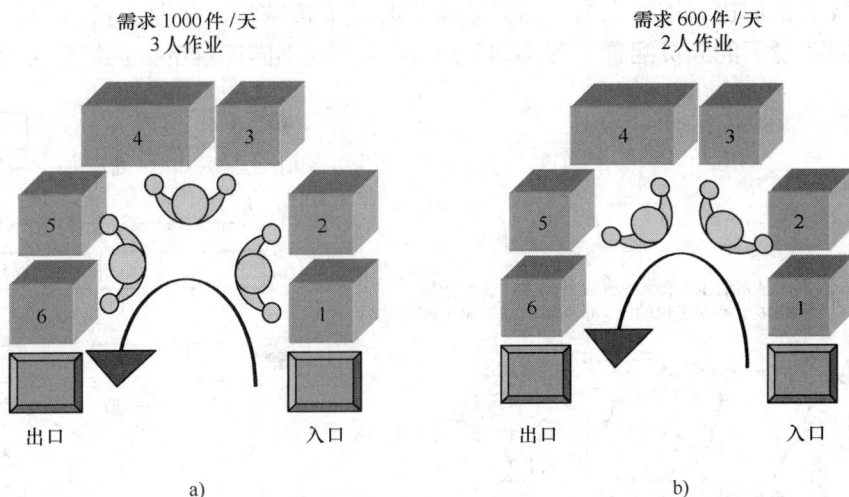

4	3	
5	2	
6	1	

出口　入口

a)

出口　入口

b)

图 5-31　有弹性的生产线布置

a）需求量高人员多　b）需求量低人员少

要做到生产弹性化，应注意布置的"三不"原则：①设备不永久固定布置，即设备要便于移动，适应需求变化的调整；②设备不依附其他设施布置，即避免设备一定要依附其他设施才能运转；③设备不单独隔离布置，即设备、生产线单独隔离，就不能与整个生产流程衔接，影响生产的流畅性。

2. U 形生产线布置

图 5-32 是典型 U 形线布置。U 形布置就是依逆时针方向按照加工顺序来排列生产线，使得生产流程的出口和入口尽可能靠近，因类似英文字母"U"，所以称之为 U 形生产线，它有凹形、圆形、M 型等变化形式。

图 5-33 为 U 形生产线特征。U 形线是有弹性生产线布置，一般有以下特征：

（1）能够按需求量变化增减作业人员，但要求员工多能工化。当产量增加时，增作业人员增加；当产量减少时，作业人员减少。作业人员要能操作多种工序。

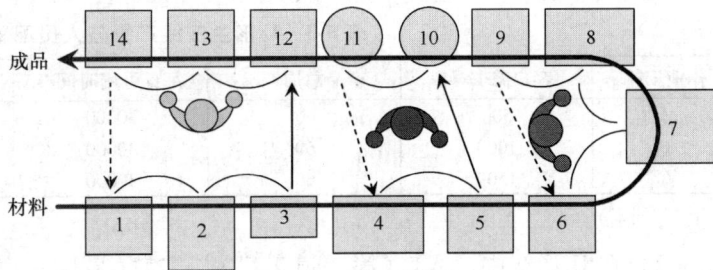

图 5-32　典型 U 形线

例如，该生产线的布置每日产能范围为 500 ~ 3000 台，人员配置为 1 ~ 6 人，当订单增加时，流水线节拍加快，增加人员；当订单减少时，节拍减慢，作业人员减少。表5-3 为 U 形生产线不同产量下的人员配置，图5-34 为 U 形生产线不同产量下人员操作工序的安排。

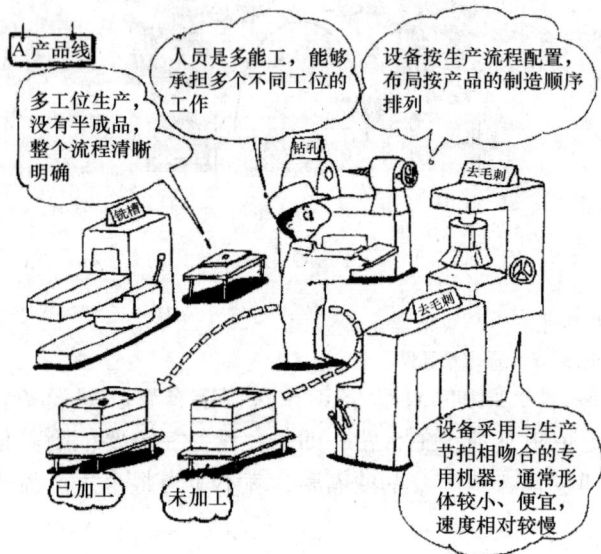

图 5-33　U 形生产线特征

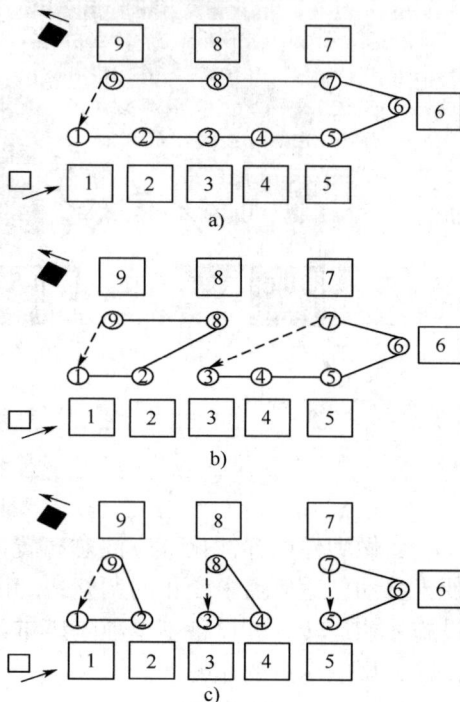

图 5-34　U 形生产线不同产量下人员
操作工序的安排

a）需要量 500 件　b）需要量 1000 件

c）需要量 1500 件

表 5-3　U 形生产线产量与人员配置

作业安排	客户需求/件	产品总周期/s	每日可用时间/s	生产节拍/s	操作员配置/个
A	500	60	30000	60	1
B	1000	60	30000	30	2
C	1500	60	30000	20	3

（2）在 U 形线中，入口（第一道工序）与出口（最后一道工序）由同一个作业员来操作，便于控制生产线节奏，控制生产的标准数量。进料与出货都由一名员工操作，便于质量检验与控制。

（3）便于相互协作，易于提高整条生产线的效率。

（4）步行距离最短，每位作业员操作的多工序成圆形，每一道工序与最后一道工序相邻。

（5）U形线按照逆时针布置，以方便作业员在生产线内移动部件时使用右手做各项活动。

在实际生产中，可根据生产场地、设备以及资源的可利用情况，将生产线设计成C形、L形、S形、M形或V形等结构。需要注意的是，为了使U形布置能够有效实施，前提条件是员工的多能工化。为此，对员工的作业训练以及标准化作业是非常重要的。

3. 一笔画的整体工厂布置

一笔画的布置也即实现工厂整体流程化。工厂流程像一笔画下去一样，连续不中断。对一个工厂来说，生产线不会只有一条，并且具有前后流程上的关联，所以整体工厂生产线该如何布置也不容忽视。工厂的布置要考虑整体流程化，即朝向一笔画的方向努力，不要将个别的生产线布置在个别的房间里。工厂布置的基本做法是打破各个隔离的生产线的界限，进行集中布置。具体可以按下列步骤进行：

步骤1：将机群式布置改为流程式布置。

将原来依据不同工艺形成的离岛式或鸟笼式的水平布置生产线，改为依不同产品的加工顺序所需要的机器设备的垂直布置。同时，尽可能设立更多的生产线。每一条生产线的产量虽然较少，但是每一个产品在每一条生产线上都能很快地加工完，使得流程时间缩短，此即"细流而快"的原理，也更能满足多样少量、交货期短的市场需求。相反地，生产线少的话，每一条线的量就多了，流速就慢下来，就如"粗流而慢"，不但无法满足市场的需求，同时也隐藏了许多问题。

步骤2：采用U形生产线。

流程式的布置只是强调将设备依据制程加工顺序布置。其方式有许多种，一般都以一字排开的方式布置，缺乏对U形生产线布置的认识。为了实现弹性生产，尽量采用U形生产线。

步骤3：将长屋形变为大通铺形。

为了有效利用空间，及时发现问题，便于相互合作，必须将长屋形生产线（即单独隔离生产线）改为大通铺式生产线（生产线集中布置）。图5-35为大通铺式生产线。

为了将生产线大通铺化，就必须减少各个生产线的在制品数量，减少堆积的空间，这样才能在一个有限的空间内容纳更多的生产线。所以，物料的供应方式也要改成一组或一套的方式，采用逐组逐套的供料方式，以避免由于物料过多供应造成空间狭小、作业员行动不便的不良后果。

把几条加工不同零部件的U形生产线合并成一条生产线，称为组合U形生产线。这样，不仅能依据各个生产线的产距时间作适当的作业分配，又可将各个生产线需要的零头人员

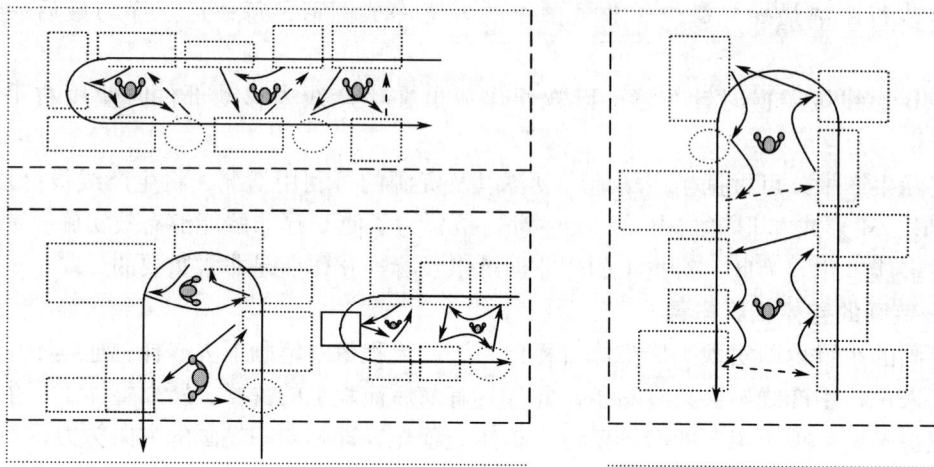

图 5-35　大通铺式生产线

数，再整合成一个人员的作业量，而达到少人化的目的。详见本章第四节少人化。

步骤 4：整体上呈一笔画布置。

在形成大通铺化之后，就可以朝整件流程化努力。整个工厂内仅有一人有零头数作业，各个不同产距时间的生产线将连成一体，形成一个总体的 U 形生产线，整个工厂将形成一笔画的布置，如图 5-36 所示。

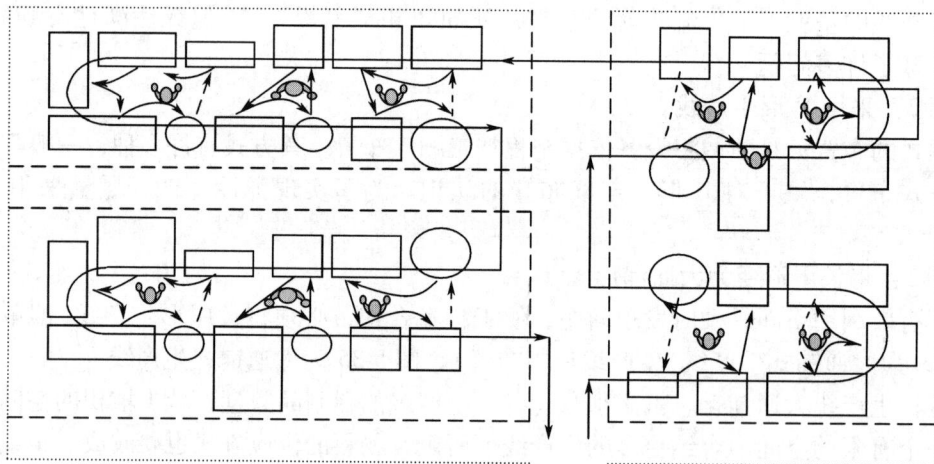

图 5-36　一笔画的整体工厂布置

二、设备不合理布置

为了便于实施流程化生产，在设备布置时要避免鸟笼形、孤岛形和直线形这几种不合理的布置方式。

1. 鸟笼形布置

图 5-37 为鸟笼形布置，一般成三角形和四角形布局。作业人员可以操作多台同类设备，每个作业人员的步行路线也较短路，但人员被设备包围。这种布置不利于物流和人流顺畅，并且不便调整作业员操作台数，柔性较差。

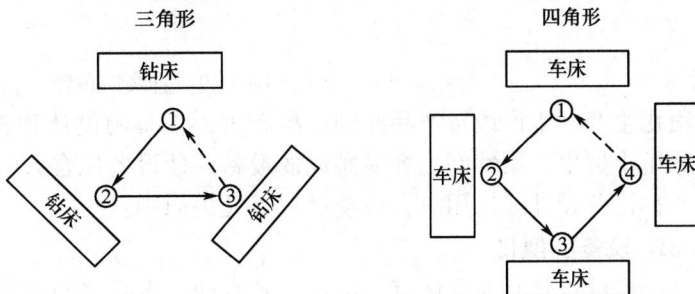

图 5-37　鸟笼形布置

2. 孤岛形布置

图 5-38 为孤岛形布置。作业人员可以操作多台不同类设备，即一人多工序操作。这种设备布置以多能工的存在为前提，产品也能够在各设备之间顺畅、连续地流转，每个作业人员的步行路线也较短路，但是单元与单元之间会被相互隔离，当产量变化时不便调整作业员操作台数，作业人员进行作业再分配也困难，作业员之间也不便相互帮忙，很难做到少人化，柔性较差。这种布置同样不利于物流和人流顺畅。

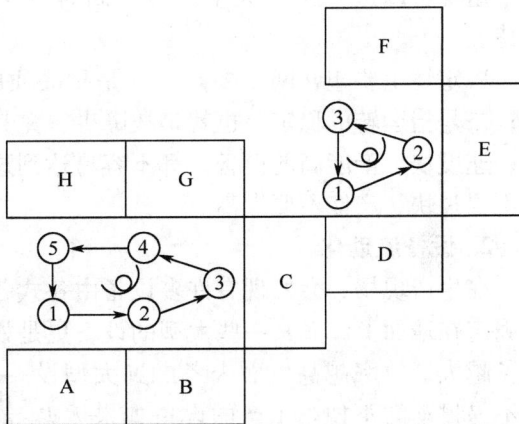

图 5-38　孤岛形布置

3. 直线形布置

图 5-39 为直线形布置。把不同类型的设备按工序依次排列成直线型。在这种布置之下，作业人员在最后一台设备返回到第一台设备时距离远，因此设备与设备之间走动总距离较长。

三、设备合理设计

在大批量生产方式下，机器设备的设计多是采用高速度、高产量、多功能的所谓的大型专用设备，这种以设备为本的设计观念，经常使得作业人员必须迁就设备，必须适应设备的要求。然而在精益生产中，为了满足多品种少批量、交货期短、市场多变的生产要求，实施

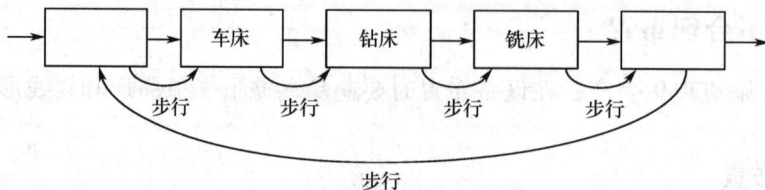

图 5-39　直线形布置

流程化生产，生产线按产品原则进行布置，设备的设计和选用也应适应流程化生产的要求，而采用小型化、柔性好、容易搬动的设备，使设备配合人的需要。

在设备设计或选用时，应遵循以下几条原则：

1. 设备小型化

小型设备具有如下优点：可以节省空间；设备之间距靠近，可以减少作业人员走动的距离，也会减少在制品摆放的空间。小型化增强了设备的可移动性，也就意味着当流程变化或者试验新的产品时，把它们移动到另外的地方更容易。设备一旦小型化了，价钱也就便宜了，这样可以进一步扩大生产线，同时由于小型设备的稳定性高，可以消除经常维修的等待。

稳定性主要包含两个要点：一是指品质的稳定，生产出的每一个成品的品质应基本相同；二是指运转的稳定，也就是故障少，尤其是要消除一些造成瞬间停机的小毛病。一般而言，速度快、产能高的设备，都不容易达到这两点。因此，要达到此两点就必须使设备的速度不要过快、产能不要太高。

2. 设备流动化

在生产现场，会发现有许多设备由各式各样的螺栓固定在一个地点上，有的甚至用混凝土固定在地面上，尤其一些大型的设备更是如此。其根本原因是仍受传统观念的束缚，认为设备越大，效率越高，而未考虑到大型设备不易挪动的不便。生产的设备如果无办法移动的话，也就没有弹性可言，自然也就失去了改进布置的可能以及应对市场变化的能力。因此，设备的流动化重点就是要先做到小型化。小型设备便于移动，生产线上的小型设备也能随着市场需求量的变动而随时增减、组合变动。此外，还应考虑尽量使用滑轮，以便于设备的移动，如图 5-40 所示。

另外，有些工厂的水、电、气等线路

图 5-40　带轮子的设备

是通过预埋在地下管线引到地面某一位置，也造成设备的安装位置受到限制，无法任意变动。要消除这种限制，首先要摒弃中央式的设施，而改用能随设备一起移动的个别分离式的设施。此外，设备管线的接头也要像家庭中的电器一样，只需将插头拔下即可搬到别的地方，又可插上电源后立即使用。

3. 设备柔性化

设备的柔性是指当被加工对象或加工数量变化时，设备不用更换，仍可满足加工要求。产品有一定的寿命周期，品种规格也很多，因此，使设备满足不同产品的加工要求就成为设备设计的关键。当产品变化时，只要改变设备的附属机构就可以满足要求。另外，在产能上要保留适当的余地以应对数量的增加。为增加弹性化可以采用以下方法：

（1）"包子"形的设备。包子种类繁多，但其外表大同小异，只需改变里面的馅料，就可以做成不同的口味，来满足不同人的需求。设备也可以设计成这个样子，基本结构都一样，产品一有变化时，仅需更换某一部分机构或部件，就可以为生产新产品所用。

也可以用这种观念来设计模具。一般的情况是产品的种类越多，模具便越多。丰田汽车公司一年就要用 4000 多套不同的模具，其中约有一半是模具的"模穴"部分，而外体相同，因此仅须更换内部的"模穴"之后，就可以满足不同要求。而且因为每套模具的外形都一样，因此换模时间也减少。

（2）通用设备的专用化。传统的通用设备是指一部机器可以做各式各样的工作，这种设备在功能上来说是不错的，但是价格昂贵。如果只为了充分利用这种昂贵的设备，就容易走向批量生产，进而影响流程化的实施。

精益生产强调利用泛用机将一些具备基本功能的机器设备配上专用模具、刀具等，而使之达到专用的目的。当产品更换时，仅需将模具、刀具等专用部分更换下来，再换上新产品所需的专用模具、刀具等，即可成为新产品的专用机。这种仅具有基本功能的通用式专用机，价格相对便宜，每条生产线上就可以多配置一些，使得生产线能以单件流动的理想方式进行，从而满足多样少量、交付快、成本低的目标。

（3）设备容易起动。有些设备使用时起动时间长，较适应大批量生产。例如，干燥炉使用前为了使炉子的温度上升到工作的温度，需要一定时间（如 20min）升温；同时，为了将整个炉子装满，又必须等待前工序做完一定的批量（如需要 1h）才能装料。像这种炉子，虽然生产线工人每天上午 8∶00 上班，但却必须等到 9∶00 才能开始运作生产，这就是所谓的不容易起动的设备。这种不容易起动的设备，不但造成产能的损失，而且使物流停滞，阻碍了生产的流畅性。

因此，生产设备要容易起动，当需要生产的时候，仅需打开开关即能生产，当不需要的时候，能够立即关掉。只有这种能随开随用、随关随停的设备，才能使生产活动随心所欲、变化自如。

（4）可以扩充生产能力。要使设备的产能可以真正地适应市场的需求，在设计设备或在设备选型时，就应考虑到将来有进一步扩充生产的能力，因此产能要留有余地，这样才能适应市场需求的变化。

（5）使用柔性的辅助设备。对于装配线、工作台、货架等生产设施可采用柔性设备。图5-41为用于工作台和工序间的物料架的线棒柔性系统的例子。线棒柔性系统是由标准的材料（精益管、精益接头、精益附件）设计组建的一种模块化系统，它可以将任何创造性的想法转换成一种个性化的切合实际的结构，迅速实现操作人员对工作环境的构思和创意，并根据人因工程学的原理，组合成各种类型、规格、尺寸的工位器具和料架，广泛应用于家电、汽车、轻工、电子等行业的车间、仓库，尤其用于装配、机床等工位，作为各种零部件和原材料的暂存料架。因为其具有简易性、可扩展性、柔性化、成本低、可重复使用，所以经常作为布置柔性生产线的首选设备。

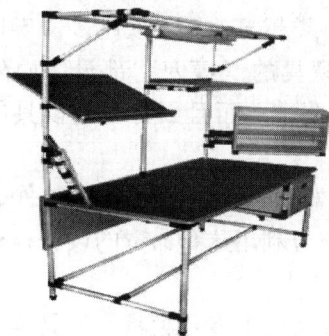
a)

b)

图5-41　线棒柔性系统

a）工作台　b）工序间物料架

4. 设备作业切换快

产品种类很多时，不可能为每一种产品都购买一台专用的机器设备。在许多情况下，一台机器设备只需要更换模具、刀具等就可以应付不同类别产品的生产。所以，设备的刀具、模具应便于更换，并采用快速换模方法，以减少生产停顿的时间，详见本章第五节——缩短作业切换时间。

5. 设备自働化

在精益生产中使用的设备的一个显著特点是自働化。自働化意味着给予设备更多的"智力"，使其具有自动判断异常状况的机能，这样人就不需要经常监控设备以发现问题，也就有更多的时间用在有附加值的工作或者改善中。有关自働化的内容见第七章——自傲化。

6. 设备入口与出口一致

传统设备物料的出入口通常设计成由一端入由另一端出，这样的设备容易造成人员和空间使用的浪费，对不良品的来源反应迟钝和不易追查。

因此，设备的入口与出口应当设计成在同一个位置上或尽量靠近，称 IO 一致，这样作业员就不必跑到机器设备的另一端去取加工好的产品。这样可以在同一地点将加工好的产品取出来，同时放入待加工的物品，然后，立即又可将加工完的物品送往相邻的下一道工序设备继续加工，可以减少对人员的需求。图 5-42 为加热炉 IO 一致的案例。

此外，为了便于物料在各个工序之间流动，上道工序的出口应和下道工序的入口连接起来，以避免搬运及走动的浪费。

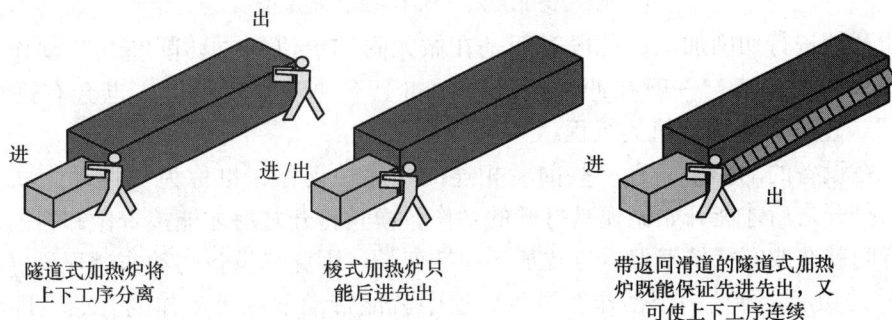

图 5-42　加热炉入口与出口一致

7. 设备的操作界面有利于人体操作

为了减少浪费，作业的动作要避免有肩膀前后晃动、手肘上下晃动等幅度过大的动作。所以，要使作业员能尽量靠近作业点的位置，站立时的工作高度以肚脐的高度为准，深度以双手能触及到的范围为准。

传统的设备常设计成横长纵短的形式，如果这种类型的设备布置成流水线，就会使作业员在做多工序操作时，走路距离太长，形成浪费，并使生产的周期时间变长。因此机械设备应当设计成横短纵长的形式，设备如果设计成这种样式，设备布置成流水线时，操作人员作业点会很集中，可以减少走动的浪费，并缩短周期时间，进而能增加生产能力，减少作业人员，如图 5-43 所示。

8. 设备的无附加价值动作或行程尽量减少

在设备设计或调整时应尽量减少设备各部件（或运动机构）的辅助动作或行程。对于设备运行，理想状态就是一按下起动按钮之后，就能立即产生有附加价值的加工动作。然而，许多设备（如车床的车刀）当按下起动按钮之后，还要再花费几秒钟时间空行程到工件的切

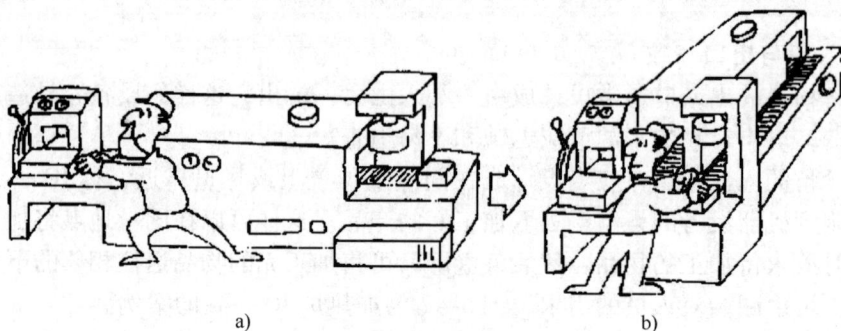

图 5-43　设备的操作界面设计

a）横长纵短的形式　b）横短纵长的形式

削面，才能开始进行切削加工，此段时间是在做无附加价值的"切削空气"动作，是无附加价值行程。又如冲床，一般在冲压产品时，如上下冲模距离太远，也会有许多时间在"冲压空气"，也是无附加价值的行程。

此外，在设备的动作中，有一些前后相连的顺序性动作，也称为"连动"式动作。例如，安全门打开之后才能开始做模具打开的动作，模具打开之后才能接着做卸料的动作。这种动作无意间就造成等待的浪费并导致加工周期变长，因此，设备的动作过程最好设计成具有"联结"的功能，即前一个动作在进行的途中就能带动下一个动作的开始，即前后相连的动作有一部分是在同一时间内重合进行的。

第四节　少　人　化

一、少人化的含义

工厂在人员配置上一般采用定员制，即对于某组设备，即使生产量减少了，也仍然需要相同数量的作业人员操作这些设备进行正常生产。但是在多品种、少批量、短交货期的买方市场中，生产量的变化是很频繁的，因此，无论是生产量的增加或者减少，根据生产量的变化而合理地调配人力都是十分重要的。精益生产方式就是基于这种思想，打破以往的定员制，当生产量减少时可以减少人员，当生产量增加时增加人员，这种在不降低生产效率前提下，根据必要生产数量，对作业人员作弹性调整，使作业人员满负荷工作，以节省人员，称为少人化。可见，少人化的目标是：①根据生产数量的变化增减人员；②进一步把改善与效果相联系，使人员处于没有等待的作业状态，以实现准时化。

实施少人化具有如下优点：

1. 降低成本

如今的大多数市场是买方市场，产品的价格是由市场行情所决定的，工厂自身并不能左右它。因此，为了获取利润，管理人员面临的提高劳动生产率、降低人事成本的压力比以往任何时候都要大。

降低人事费用有两条途径：一条是直接削减员工工资、奖金与福利；另一条是用更少的人去完成市场需求量，即少人化制造。很明显，后者是最佳的选择。例如，某条生产线日生产任务 1000 个，需要 8 名作业人员，如果这条生产线的生产任务降至 500 个，则作业人数应相应地减少到 4 人。由于用更少的人员完成了市场需求的生产量，节省了人员工资、奖金与福利的支出，而且，节省部分的金额所占人事费用总额的比例相当大，降低成本的效果非常显著。

2. 提高劳动生产率

劳动生产率是指每个工人平均一天的生产量，即总生产量除以总人数。一说到提高劳动生产率，就很容易让人想到提高生产量。靠增加机器的台数、人数来增加生产量比较容易，在卖方市场大批量生产方式下，提高生产量是提高生产率的最佳方法。但是在买方市场多品种少批量的生产方式下，生产量是由市场来决定的，生产率的提高只能靠减少人数即实施少人化来获得。即使生产量没有发生变化，通过作业改善减少作业人员，也可以提高劳动生产率，从而降低成本。

二、少人化的发展历史

图 5-44 为少人化的发展历史。在自働化发展过程中，传统生产和精益生产追求的目标不同。

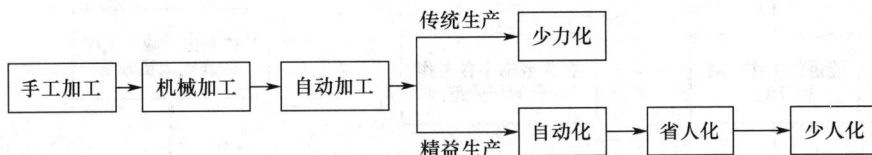

图 5-44　少人化的历史

（1）对于传统生产，是一种普通意义上的自动化，即通过自动化设备达到省力化，节省作业时间。这里省力化只是强调减少了人的体力，但是大多数情况人数仍然没有减少。例如，钻床原先要手动进给钻孔，现在改为机器自动进给钻孔，作业人员仅需上下料。这就减少了人的体力，但是作业员仍然没有被省掉。

（2）对于精益生产，是进一步追求自働化，是一种带"人"字旁的自働化。这种自働化不需人工监视作业，发生异常自动停止，这样可以进行一人多机操作，以减少人员。例如，上述的钻床有自働化功能后，可以改为一个人操作两台机器，就是利用第一台机器在自动加工时，人员去第二台机器做上下料工作，这样就可以减少一个人。实质上，这种自働化可以通过半人工半自动化的方式进行作业，达到减少人员。

因此，自働化进一步向省人化发展。一个工人操作机器的台数由标准作业决定，标准作业改善可进一步节省人员。在改善过程中，努力以一个人整数为单位减少人员，实现少人化。有关标准作业详见第八章。

为了适应需求的变化，使作业现场的作业人员人数具有灵活性，当产量有变动时，在不降低效率的情况下，产量减少人员也能减少，这就是少人化。

省人化和少人化的区别：省人化就是指十个人做的工作减少到八个人来做，即节省两个人；而少人化则是根据产量而定，不固定人数，当产量减少时，人员也可以减少。

三、少人化的体系

为了实现少人化，必须满足以下3个前提条件：

（1）采用一个流生产方式，不固定的设备、工具、人员，对设备合理地布置和设计。

（2）要有具备能操作多种工序能力的训练有素的作业人员，也就是多能工。

（3）要经常审核、修改作业标准和作业标准组合。

图5-45为少人化的体系。从图中可以看出，省人化的体系包括省人化、缩放各作业人员的作业范围、能进行工作中的相互配合等3方面的内容。

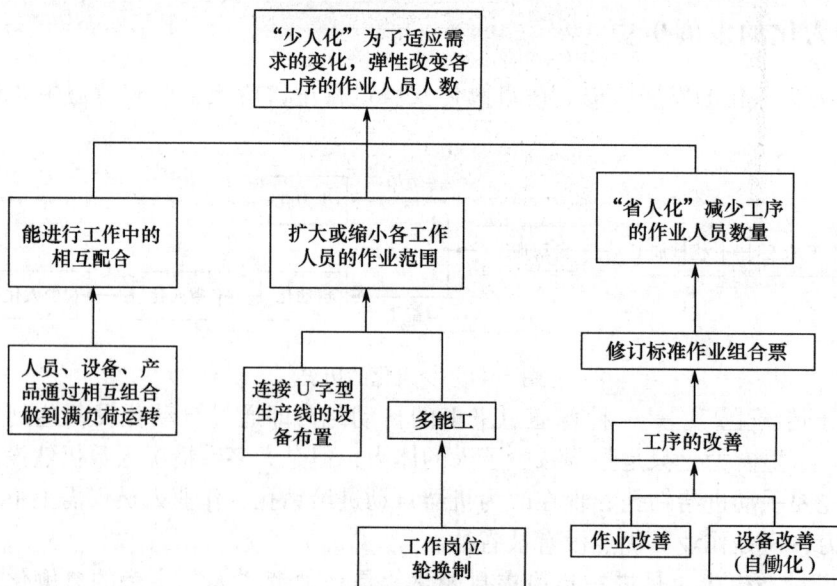

图 5-45　少人化的体系

1. 省人化

作业的改善就是决定作业规则、重新分配作业量、标明物品的放置场所等，而设备的改善往往要引进装置，使装备自动化。具体实施的时候，必须从作业改善开始，其后再进行设备改善。具体原因在于：

（1）因设备改善需要较大投入，如果用作业改善能做到，那么就没有必要进行设备的改善。

（2）设备改善风险大。作业的变更如果有必要的话还能够恢复过来，但是设备的变更就不能恢复回来。

（3）设备改善如果在作业改善之前进行，失败的可能性非常大。在还没有形成作业的程序化、标准化的地方，如果安装不灵活的机器，设备的改善很容易失败。例如，在材料管理不是很好的工厂，引入自动化锻压机后，常会因为异质材料的混入，使模型和自动装置损坏。这种情况其实很难处理，因为如果采用一台需人看管的自働化机器，也就不能降低工时数了。

基于以上原因，在实施省人化改善时，首先要进行彻底的作业改善，其后再转移到设备改善。有的工厂因作业改善不充分，使得花高价购得的自动装置运转不良，大批量出现故障，或者运作效率非常低，或者是没人看守就不能运转等。

在改善时一般要计算人工数，如计算结果为0.1人工，但是现实操作中即使是0.1人工的工作同样也需要一个人。因此，即使把一个人的工作减少0.9人工，结果还是没有降低成本。真正的降低成本是通过减少人数来实现的。因此，改善人工数必须要以减少人数为目标。特别是引进自働化装备之后，假如能节省0.9人工，但是还剩下0.1人工，结果很可能是多投入了资金却没有减少人数，也就是前面所提到的省力化。所以，为了真正地减少人数，在对设备进行改善时应进行自働化的改造，以使"人的工作"和"机器的工作"分离开来，这样作业人员在机器运作时就能够离开机器设备，达到省人化的目的。

2. 能缩放各作业人员的作业范围

缩放各作业人员的作业范围就是根据不同的市场需求量来合理安排作业人员的工作范围（可以操作的工序数量），来达到少人化的目的。当市场需求量减少时，可以扩大作业人员的工作范围，从而降低作业人数，当市场需求量增加时，则可以缩小作业人员的工作范围，增加作业员人数。在实际生产中，灵活缩放作业员的工作范围是通过合理的设施布置和多能工来实现的。如U型生产线或U型生产线组合的布置方式，在多能工的前提下，就可以在生产量变化时，自由地增减作业人员的人数。例如，在图5-34中，当产量从1500件减小到500件时，作业人员操作的工序数量从3个增加到9个，人数从3人减少到1人。

3. 能进行工作中的相互配合

如果生产线上的人员、设备、产品可以通过相互组合或者配合做到满负荷运转，即能进行工作中的相互配合，则可以通过对生产线的重组和调整来消除零头人工数，达到少人化的目的。图 5-46 为能进行工作中相互配合的体系。

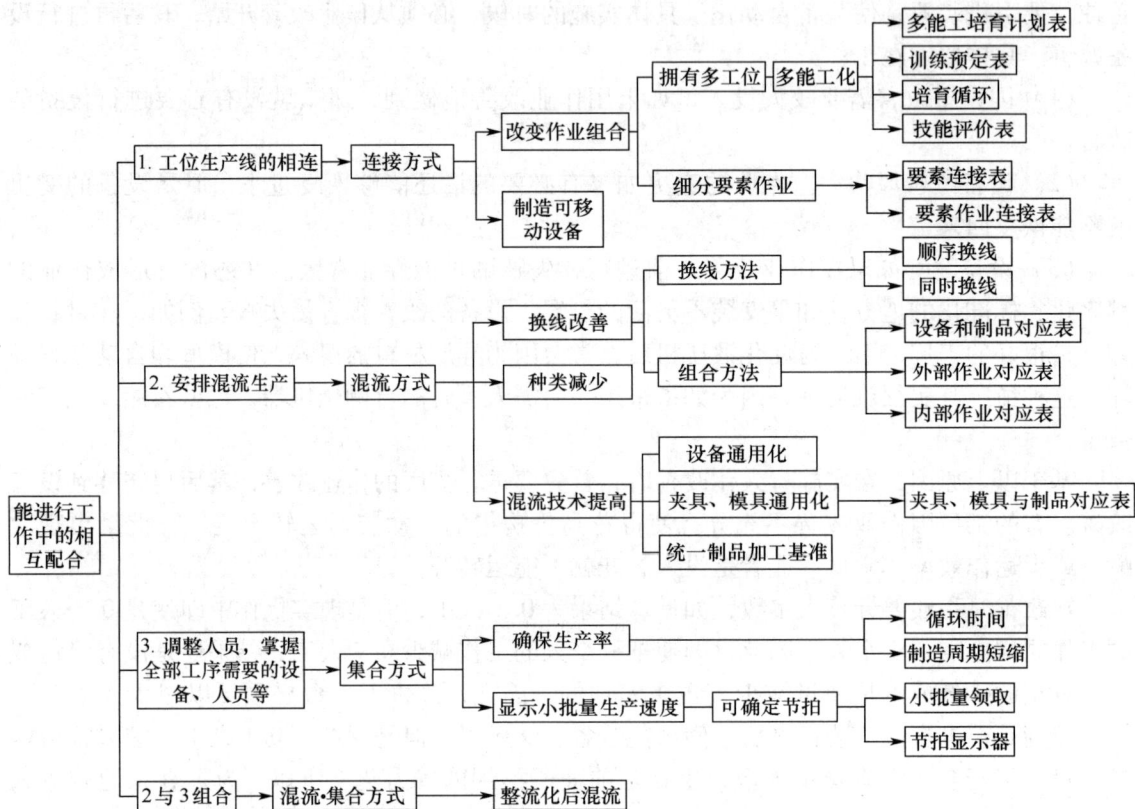

图 5-46　工作中相互配合的体系

四、少人化方法

通过以上分析，得出实现少人化的三种方法，即设备移动、产品移动和人员移动，如图 5-47 所示。

1. 同一节拍的连接方式

（1）原理。改变生产线布置，使同一节拍的两条生产线相连，重新分配作业人员工作范围，从而追求一人工。

例如，在图 5-48a 中，A 产品

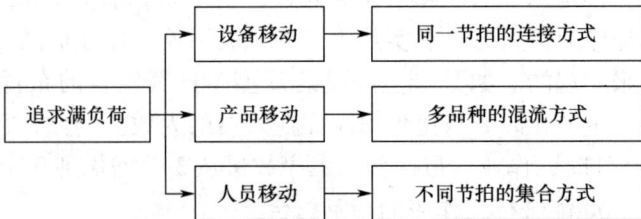

图 5-47　实现少人化的三种方法

的加工线与 A 产品组装线节拍均为 60s，二者相互独立。加工生产线理论计算需要 4.5 人工，因此实际需要配置 5 名人员；组装线理论计算需要 4.6 人工，因此实际需要配置 5 名人员。这两条生产线合计理论需要 9.1 人工，实际配置了 10 人，存在 0.9 人工的等待。

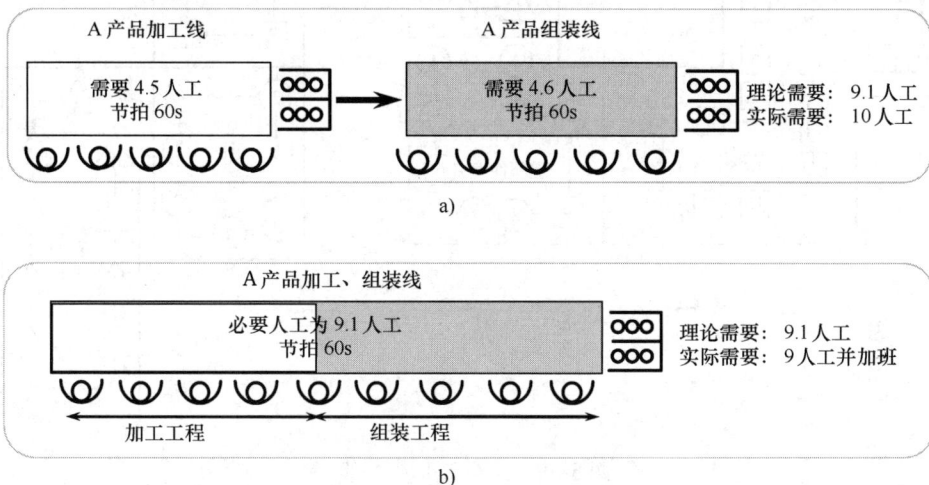

图 5-48 同一节拍的连接方式

a）加工线与组装线分离 b）加工线与组装线连接

这两条生产线节拍相同，通过布置调整，可把这两条生产线相连接，重新安排员工工作。因理论上需要 9.1 人工，则可配置 9 名员工，对于尾数较小的 0.1 人工可采用短时的加班解决，这样可以节省一个人，如图 5-48b 所示。

（2）组合 U 形生产线。按同一节拍的连接方式原理可应用于组合 U 形生产线。组合 U 形生产线就是把几条加工不同零部件的 U 形生产线合并成一条组合生产线。使用这种连接起来的设备布置时，如果遵循标准作业组合的顺序，就可以根据生产量的变化，整体统一分配每个作业人员适当的任务，而达到少人化的目的。

例如，图 5-49 为组合 U 形生产线，它由 6 条 U 形线组合而成，分别生产 6 种不同的加工零部件 A、B、C、D、E 和 F。

根据市场需求量确定其组合生产线的生产节拍是 1min，需要 8 名操作人员来完成，其作业分配和作业顺序如图 5-50 所示。

当市场需求量减少时，生产节拍增加为 1.2min，这时可以对组合工序的全部作业进行重新分配，使每个作业人员增加操作工序数，人员减少到 6 名，其作业分配和作业顺序如图 5-51 所示。这样可以节省 2 名作业员，达到了少人化的目的。

由上例可以看出，U 形组合生产线可以实现作业人员的柔性安排，另外还可以解决"零头数"的问题。在生产线上要完成规定作业需要的理论人工数多数情况下不为整体，其小

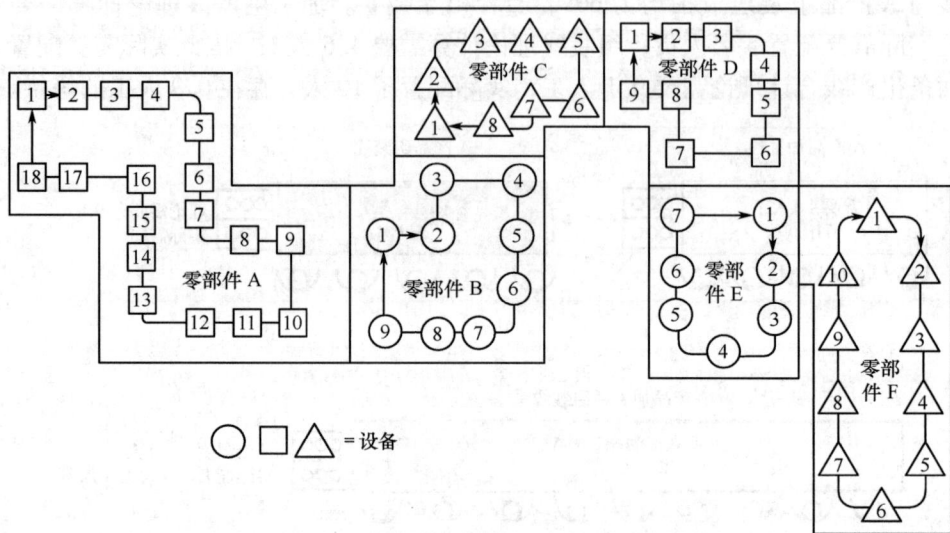

图5-49　组合U形生产线

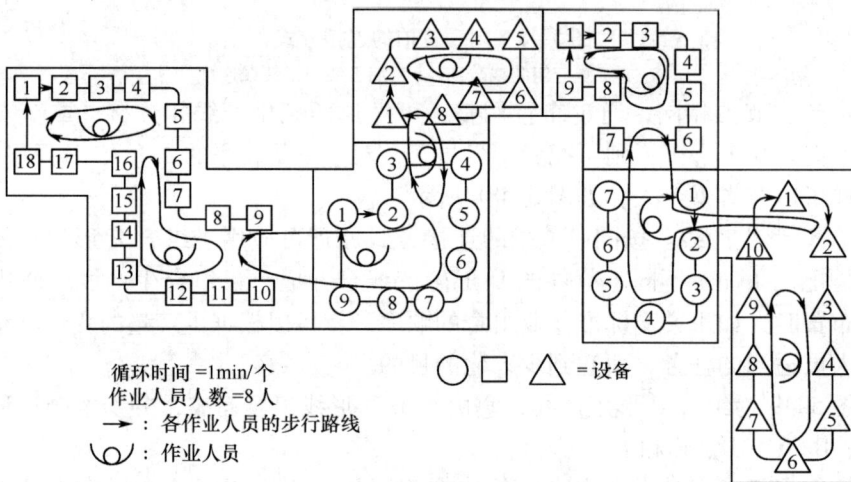

图5-50　作业人数8人的作业分配

数部分为"零头数"，如理论人工数8.4人工，则零头数为0.4。在有多条生产线组成的组合U形生产线中，这个零头数可以被多条生产线逐步消化，最终将零头数降到最小，直至为零。

2. 多品种混流方式

　　多品种混流方式是指多条专用生产线间的通用化和混流化，追求1整数人工数。

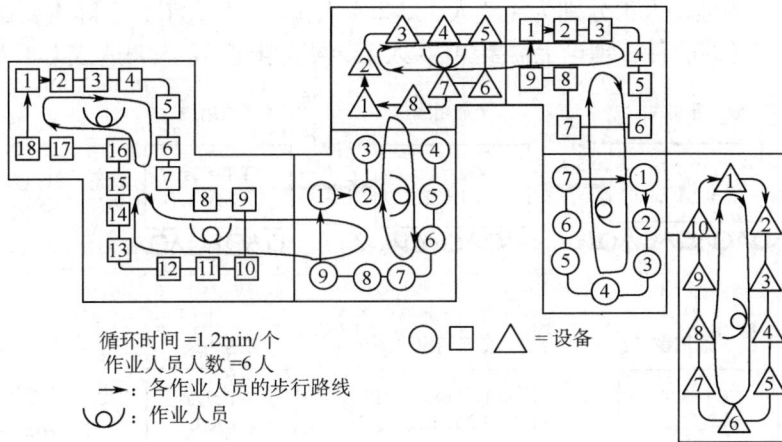

循环时间 =1.2min/个
作业人员人数 =6 人
→ ：各作业人员的步行路线
○ □ △ =设备

：作业人员

图 5-51　作业人数 6 人的作业分配

方法一：专用生产线进行通用化。这种方法是对多条专用生产线进行通用化，多种产品在同一通用生产线上进行混流化生产，以达到省人化。

图 5-52a 为 3 条专用生产线分别用于加工 A、B、C 3 种产品，实际节拍（T/T）分别为 60s、100s、60s。理论人数分别需要 1.6 人工、2.5 人工、0.6 人工，实际分别需要 2 人、3 人、1 人，3 条线合计：理论需要的总人工为 4.7 人工，而实际配置总人数 6 人，浪费了 1.3 人工。

这时如果对 B 生产线进行通用化的改造，将 A、C 合理编排，使闲置的设备活用和空间活用相联系起来，就会使 5 人生产成为可能，如图 5-52b 所示。

方法二：通用生产线间的负荷调整。图 5-53 为通用生产线之间进行负荷的调整。X、Y、

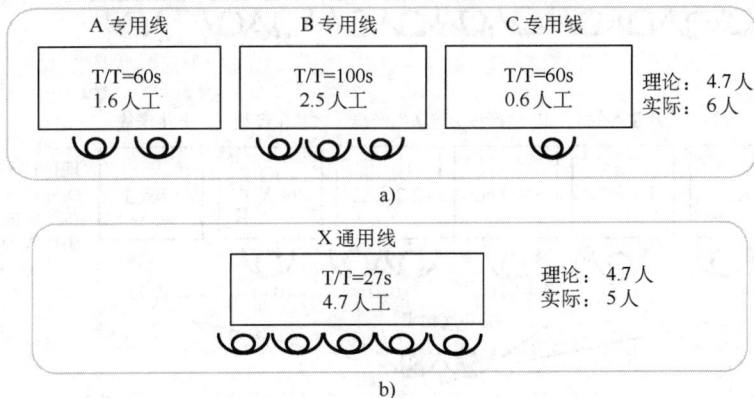

图 5-52　多品种混流方式
a）专用线生产　b）通用线混流生产

Z 三条通用生产线的理论人工分别为 4.7 人工、2.4 人工、3.5 人工，实际需要配置 5 人工、3 人工、4 人工。三条线合计：理论上需要 10.6 人工，实际配置 12 人，造成 1.4 人工的浪费。

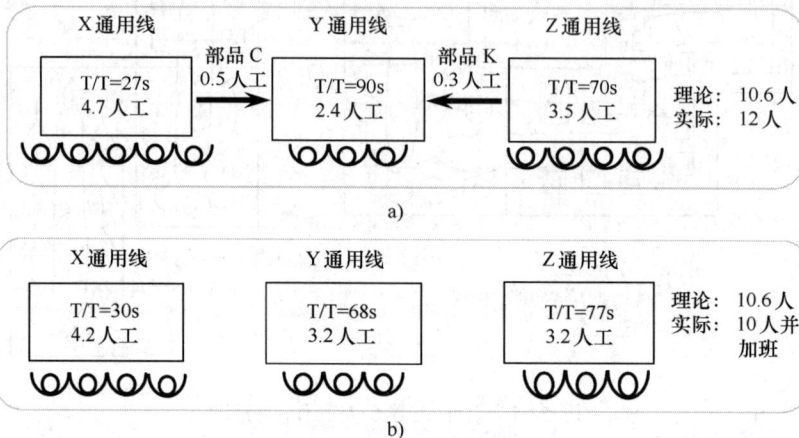

图 5-53 生产线负荷调整

a) 负荷调整前　b) 负荷调整后

如果从 X 生产线向 Y 生产线转移 0.5 人工的工作量，从 Z 生产线向 Y 生产线转移 0.3 人工的工作量，这时理论人工分别为 4.2 人工、3.2 人工、3.2 人工，因为需要人工的尾数

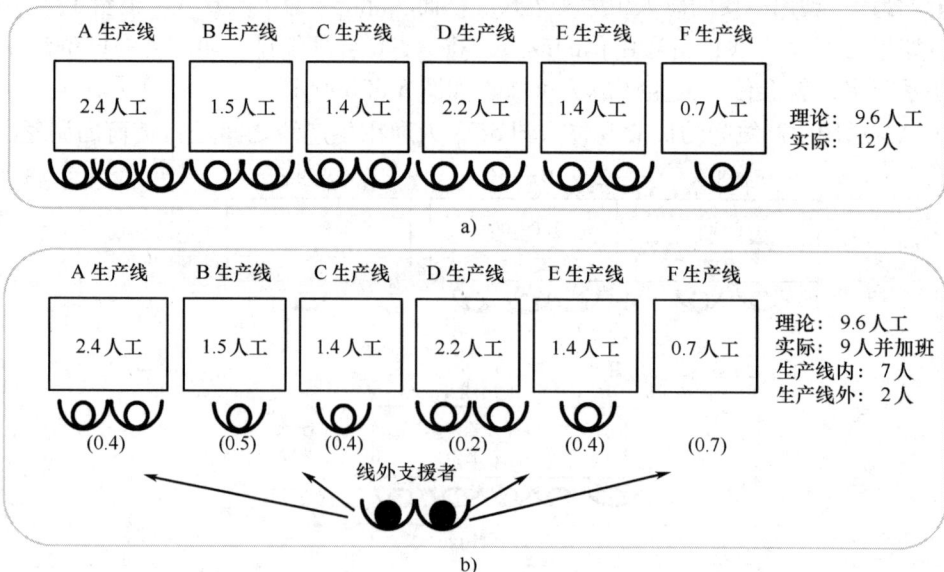

图 5-54 不同节拍下的集合方式

a) 无线外支援　b) 有线外支援

均为 0.2 人工，尾数较小，可以通过短时加班解决。这时实际需要配置人员可分别为 4 人、3 人、3 人，在加班范围内就可以满足生产，节省了 2 名员工。

3. 不同节拍下的集合方式

在图 5-54a 中，因为各条生产线的节拍不同，工作对象不可以转移，因此，相对于必要的 9.6 人工，需配置 12 人，造成等待的浪费。如果按整数人工进行配置，在线外安排 2 名支援者，就可以满足生产，节省 3 人，达到少人化的目的，如图 5-54b 所示。

第五节 缩短作业切换时间

一、概述

生产流程化的理想状态是工件在各工序上生产一个、传递一个，从第一道工序到最后一道工序形成不间断的流水生产，即一个流生产。在铸造、锻造、冲压等工序因制造特点需要进行批量生产，也有必要使批量缩小，尽量接近理想的一个流生产，但这样作业切换就会变得很频繁，作业转换总辅助时间就会很大。因此，为了减少作业切换总辅助时间，缩短每次作业切换时间就成了实现生产流程化的关键问题，也是实现生产均衡化的前提。

作业切换时间指从前一种产品加工结束转换到能生产出后一种产品的合格品时所需要的时间。在生产现场，从一种产品切换到另一种产品时，通常都要做许多切换的工作，例如，进行换模、换刀、更换物料和调试等作业切换辅助工作，此时往往要使生产活动停顿下来。生产线上加工的品种越多、生产批量越小，则切换的次数也越多。每次切换耗费的时间，对工厂而言是一种损失。为了减少这种损失，传统的做法就增加生产批量和减少产品种类以达到减少切换次数的目的。但是，这种做法仅考虑到减少切换本身的成本，却忽略了工厂的整体效率。例如，会引起制造过多或过早、等待、库存、搬运、生产周期过长等问题。而丰田公司的做法是减少作业切换时间，减少生产批量。尤其在目前多品种少批量、高品质、短交货期的新竞争时代，缩短切换时间可以明显缩小批量规模，以适应市场的需求。

例如，需要加工 A、B、C 3 种产品，每种产品的每个加工时间都是 1min，每种产品的批量规模是 600 个，更换零件加工时的一次作业切换时间是 1h，则分摊到单个产品切换时间为 0.1min。于是，加工完成这批的 3 种产品，需要总生产时间为 33h，如图 5-55 所示。

但是，如果把产品 A、B、C 的批量规模都缩小到 1/10，即 60 个，作业切换时间也缩短到 1/10，即 6min，则分摊到单个产品切换时间还是 0.1min。于是加工完成这批的 3 种产品，只需要总生产时间 3h18min，要完成 A、B、C 各 600 个需进行 10 个循环切换完成，共 33h，如图 5-56 所示。

批量规模减小，若能相应地缩短作业切换时间，则加工完成这个批量 3 种产品的时间大

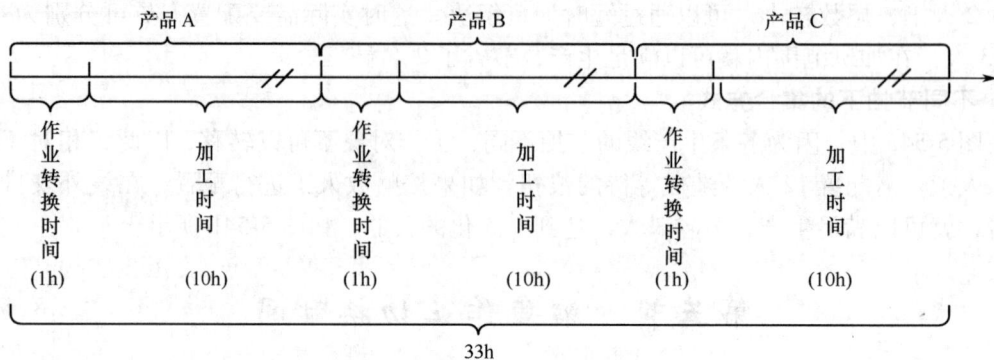

图5-55 批量规模大、作业切换时间长

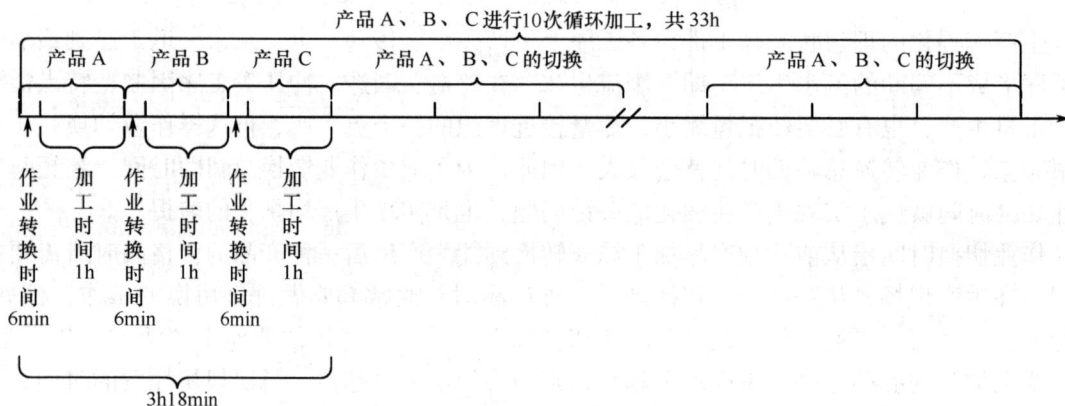

图5-56 批量规模小、作业切换时间短

大缩短。一般来说，如果作业切换时间缩短到$1/N$，在保持分摊到单个产品切换时间不变的情况下，批量规模就可以缩小到$1/N$，即作业切换时间与批量规模成正比。

在推行作业切换的过程中，很多企业不仅仅把缩短作业切换时间当作一种技术来应用，而且把它看作一种改变工厂全体员工态度的方法。在日本的公司，缩短作业切换时间不仅仅通过 IE 工程师，而且还通过 QC 小组和 ZD(零缺陷)小组的现场员工的小团队活动来推动快速切换，这样在缩短切换时间的同时，也大大增加了员工的士气。

二、生产切换类型

生产现场的切换作业可以分为换模作业、变更标准作业、换线作业和准备作业等四种类型。

1. 换模作业

这种类型的切换作业一般是指模具、刀具、工装夹具等的切换，在机械加工厂及注塑厂比较常见，如冲床、锻床、注塑机等模具的更换，车床、钻床和铣床等刀具和夹具的更换等。

2. 更换标准作业

具有数控系统的机床、化学装置、测试仪器工作时，一旦产品变更，就必须重新设定条件更换相应的工作标准。例如，调整加工参数、工作温度、测试程序等。其实，在整个切换的过程中，调整是最耗费时间的，也是较难克服的部分。

3. 换线作业

在加工或组装生产线上，当切换产品加工时，所使用的材料或零部件等就必须跟着更换。这种切换作业一般称为换线作业。换线作业有两种方法：①同时换线：生产线上正在加工的最后一个产品加工完成，整条生产线停下来，各工序同时进行换线。这是传统的换线作业，若有很多工位的生产线，采用这种换法造成的停线时间就会很长，有效工作时间的损失也就会相应地增大。②顺序换线：生产线上正在加工的某类最后一个产品每做完一个工位，就马上对该工位进行切换，依次对各个工位切换完成。如果采用顺序换线的做法，那么不管装配线有多少工位，换线时间仅为一个工位的切换时间。

4. 准备作业

准备作业是指在制造开始前所必须要做的准备工作，如机械加工前的图样审阅、工作指派以及工作后的清洁整理等工作。

以上四类切换作业均会造成生产停顿的浪费。传统上只着重于对第一种类型的切换作业，即换模作业切换动作的改善，而忽视了其他三种类型的改善。其实后三者类型的改善不但很容易做到，而且节省的切换时间也很可观。

三、快速切换发展阶段

1. 传统切换

切换工作往往不被人们重视，切换作业没有标准，工人仅凭习惯和经验进行工作。传统切换时间也较长，通常需要数十分钟到数小时，甚至一天或几天的时间。管理者也没有把切换作业列入改善工作范围之内。

2. 单一作业切换

单一作业切换是指在10min之内完成作业切换。单一作业切换应用在换模上称为快速换模(Single Minute Exchange of Dies,SMED)，因换模时间可以用一位数的分钟表示，所以也称为单分换模。

快速换模是丰田公司的顾问IE工程师新乡重夫创造的。1969年在日本丰田汽车公司，新乡重夫经过6个月的改善成功将800t的机罩用冲压机的作业切换时间由以前的4h降低为

1.5h，再经 3 个月的时间，降为 3min。单一作业切换是日本在 IE 领域中的革新性方法之一，它给世界 IE 领域的理论和实践带来了思路上的转变。

当然，切换时间要从目前的数十分钟或数小时一下子缩短到个位分钟，不可能一蹴而就，所以可以先将原来数十分钟或数小时降为原来的一半，再朝着单一作业切换努力。

3. 瞬间切换

瞬间切换是指在 1min 之内完成作业切换，也就是"快餐式"作业切换。现在许多世界一流的生产企业已进入到的瞬间切换阶段。

四、快速换模实施步骤

1. 作业切换类型

按照切换的作业类型不同，可以将切换过程分为两大类：内部作业和外部作业。

内部作业是操作时机器必须停止运转才能进行的作业，它包括：模具、刀具、夹具和导轨等的拆装、更换和调整、试车生产等。内部作业时间决定了作业切换时间。

外部作业是指在机器运行的时候也能进行的操作，可在停机前或停机后进行切换的作业，它包括：工具和材料的准备、夹具与模具准备、工作区域的整理与清洁等，外部作业时间不影响作业切换时间。

而据统计表明，目前可以将换模行为的类型分为以下四类：

类型一：收集、准备和归还工具、夹具等（占切换过程的 30%）。

类型二：在机器上移除前道模具，装上下个要用的模具（占切换过程的 5%）。

类型三：测量、校准、调整（占切换过程的 15%）。

类型四：进行试车生产、调整，直到零件合格（占切换过程的 50%），这也是减少切换时间最明显的一步。

在工厂中由于没有正确地区分这些操作行为，导致了很多的切换过程都是在内部作业时间内完成的，也就是说是在机器停止中进行操作，这样大大增加作业切换时间。

因此快速换模的核心思想就是要把内部作业尽量转化为外部作业，内部作业时间尽量压缩。

2. 实施步骤

快速切换实施步骤为 4 个步骤，如图 5-57 所示。

步骤一：区分内部作业与外部作业

针对没有区分内外部作业的情况，仔细研究每一个内部作业，确定它能否成为外部作业。

在转换过程中存在很多浪费时间的实例。例如，停机以后才将部件或工具移至机器处；在装配时才发现工具或部件的缺陷；在部件安装好后才发现部件的缺陷；在装配过程中更换

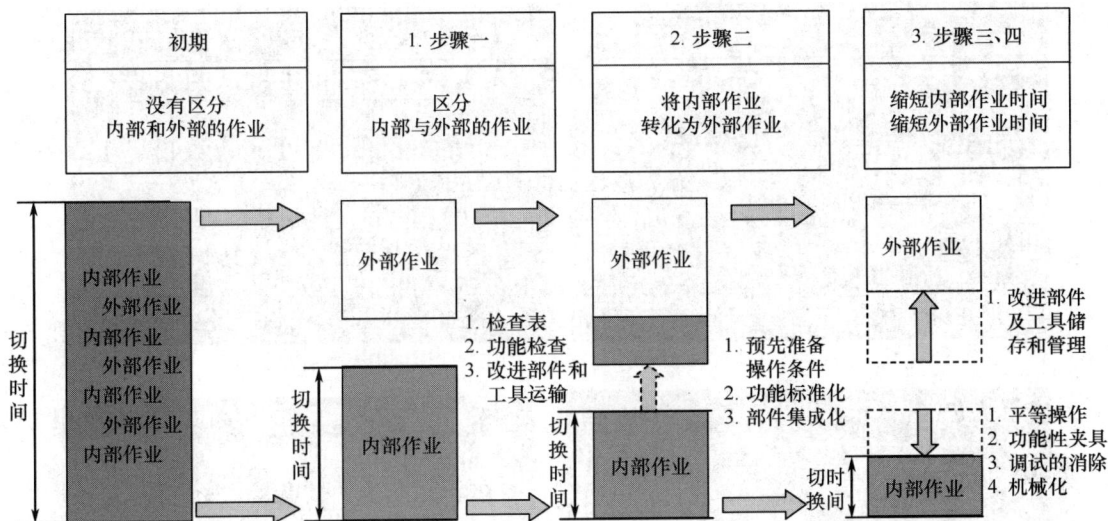

图 5-57   快速换模实施步骤

和维修部件；在装配过程中寻找部件、螺钉、材料等。

首先要区分哪些作业是内部作业，哪些是外部作业。这可以通过对切换的过程进行分析，将所有的切换过程写在表格上，然后按照上述对内、外部操作的定义进行归类。例如，表5-4为某冲床更换模具的操作过程，换模时间为13726s。因模具运输为外部作业，因此新模具要在冲床停机前先运输到冲床旁，换下来的模具可以待冲床新模具安装调试后再进行运输，这样换模时间可以减少到11988s。

表 5-4   某冲床换模的操作过程

序号	切换操作	时间/s	作业类型	序号	切换操作	时间/s	作业类型
1	模具的运输	869	外部作业	3	调整	5470	内部作业
2	固定模具	2940	内部作业	4	移出模具	1789	内部作业

步骤二：内部作业要尽可能转换成外部作业

检查为什么余下的内部作业不能转化为外部作业；重新检查每个步骤的真实作用。要将内部作业设法转移到外部作业去做，以减少内部作业的时间，也就等于减少切换时间。图5-58为一汽轿车冲床换模内部作业转换成外部作业的示例。

例如，有些作业必须调整模具行程，如调整冲孔压力机或者铸造机模具的高度，如果可以使用调整垫进行标准化的话，就可以免去行程调整的内部作业，而转移到设定高度标准化的外部作业，如图5-59所示。又如有些模具必须先从高温降到常温之后才能开始卸模，新模装上之后，又必须等待升温到工作温度时才能开始生产，这种降温、升温的动作经常要耗

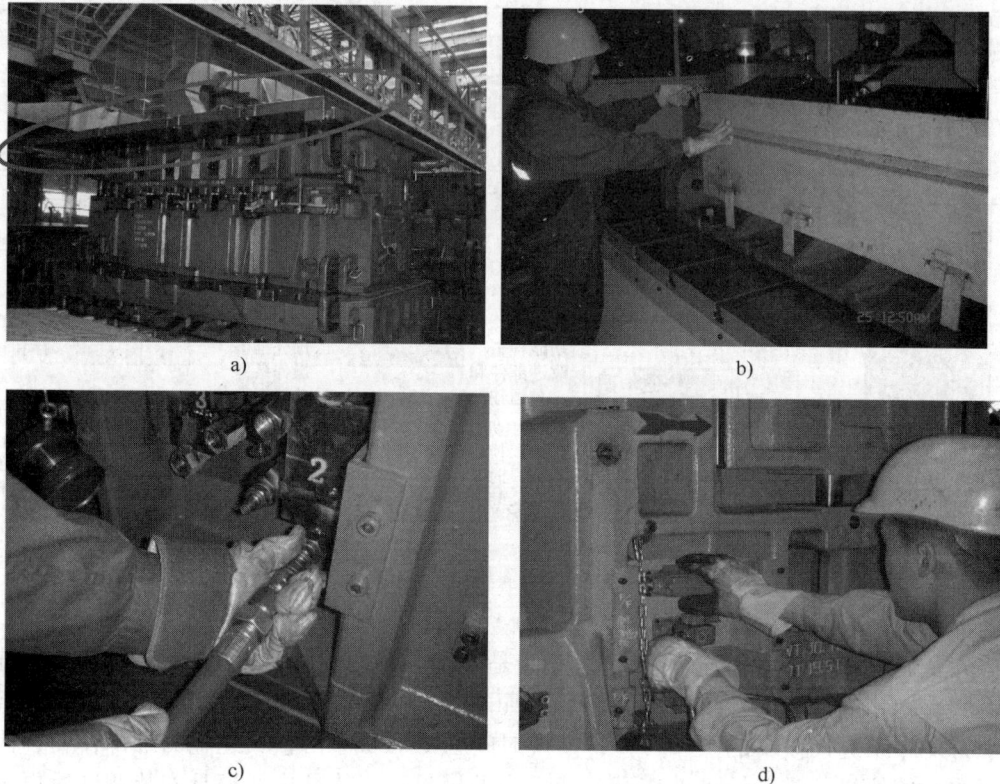

图 5-58　冲床换模内部作业转换成外部作业示例

a）提前预装上垫板　b）提前下放废料滑道

c）提前安装气管　d）提前安装编码器

费数小时之久。事实上，可以加装隔热装置使其在高温时也能卸下。新模装上之前，可在线外预先加热到工作温度，只要一装上模具，就可立即生产。

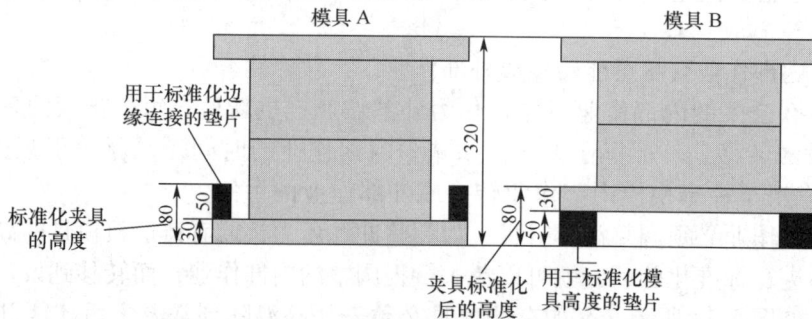

图 5-59　使用调整垫将模具高度标准化

步骤三：缩短内部作业时间

继续对内部作业更小的要素进行改进。应用 IE 手法对作业的改善和对设备的改善来缩短切换时间，可采用活用工装具、排除调整作业、实施并行作业、功能标准化等方法来实施。图 5-60 为工作台上安装滚动导轨，可以快速将模具放到规定位置。图 5-61 为模具快夹装置，设备的切换部分尽量不要使用螺栓联接方式。

步骤四：缩短外部作业时间

继续对外部作业更小的要素进行改进。可采取改善工夹具存储方法、提高运输速度、排除寻找物料、常用工具靠近设备、制定标准作业指导书等方法来实现。

图 5-60　工作台上安装滚动导轨

图 5-61　模具快夹装置

模具快夹装置结构图

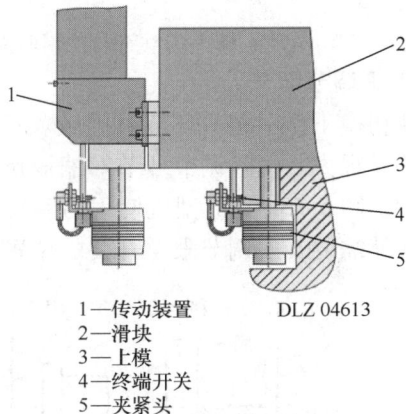

1—传动装置
2—滑块
3—上模
4—终端开关
5—夹紧头

DLZ 04613

缩短外部作业时间对整个切换时间的缩短没太大的影响，但是可以减少切换的人工时间耗费。

五、快速切换的技巧

快速切换取决于三个关键要素：设备和工具的技术方面、工作的组织（"谁做什么，什么时候"）和方法（"如何"）。这三个主要元素都需要优化。

1. 采用并行作业

并行作业是指两人或两人以上同时从事切换动作。并行作业最容易马上获得缩短内部作业时间的效果。

例如，大型的冲孔压力机和成型机前后左右有许多结合部位，如果这种设备的作业转换由一名操作员完成，需耗1h。如果由两名工作人员同时进行作业切换的话，在40min就能完成，那么整个切换时间减少了为20min。

图5-62为冲压换模时天车驾驶员与地面人员的并行作业。从事平行作业时，两人之间的配合动作必须演练纯熟，尤其要大声呼应、逐步确认，以策安全。

图5-62　冲压换模时天车驾驶员与地面人员的并行作业

2. 消除调节环节

作业切换工作中调节环节时间较长，一般占整个作业切换时间的50% ~ 70%，而且调整时间差异很大。消除调节环节对缩短作业切换时间是非常重要的。

例如，图5-63a为成型机使用的模具，用一个限位开关控制脱模行程，当脱模需要5种行程时，就需要5次调节限位开关的位置。

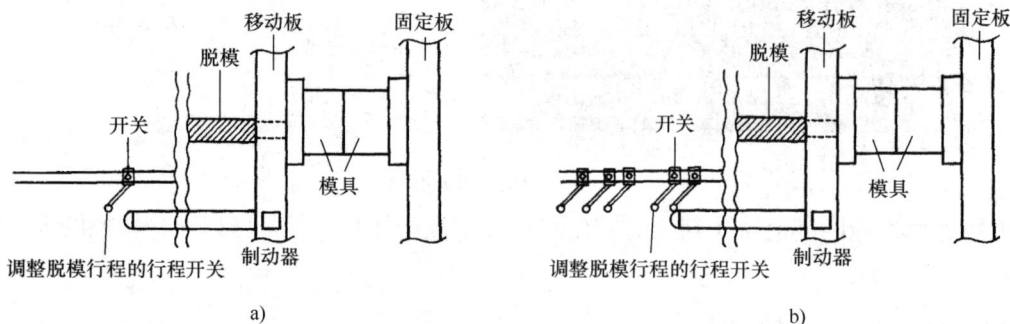

图5-63　排除调节过程
a）调整行程开关位置　b）采用5个行程开关消除调整

为了消除这种调整，在5个需要调整的位置上安装5个开关，如图5-63b所示。可以想办法通过手柄操作，让电流只准确地流向特定位置的限位开关，这样就不需要调整限位开关的位置。

要彻底消除调整的浪费，就要掌握标准不动的法则，即在机器上已经设定好的标准，不要因为更换模具而变动。这可以参照以下方法：

（1）把内部作业的调整动作移到外部作业，并事先作好设定的动作。

（2）勿拆卸整个模具，保留模座，只更换模穴的母子式构造方式来消除模具的调整工作。也可采用共同夹具的方式，以双组式的方式来作切换动作，即一组正在加工中，另外一组已设定好了，切换时只需旋转过来即可达到立即切换，如图5-64所示。

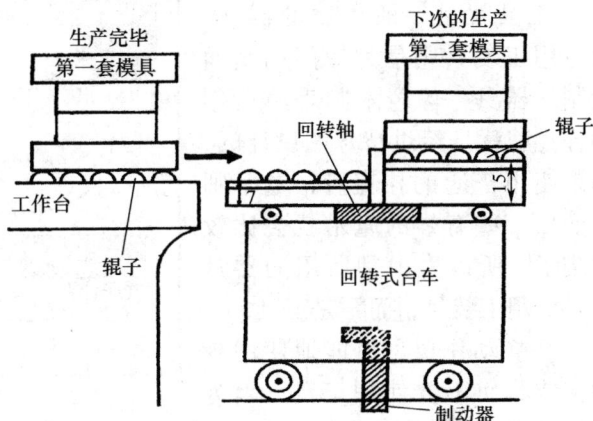

图5-64 使用外部回转台的双组式

（3）尽量使模座的高度标准化，则没有必要更换紧固件和调节装置，如图5-65所示。

（4）取消以刻度式或仪表式读取数值的方式来认定工作条件，尽量改以块规、限位块等容易取放设定的方式，以此来减少调整的时间，进而缩短切换时间。

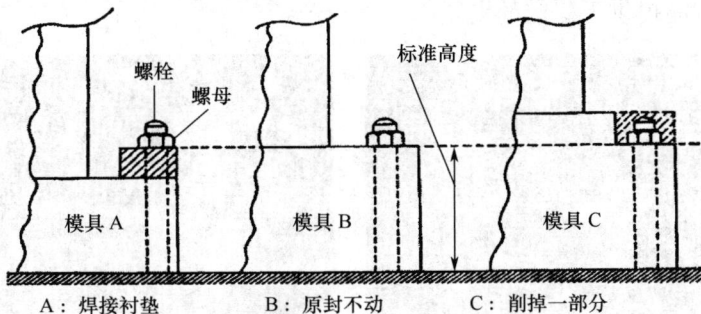

图5-65 模座的高度标准化

3. 减少人体走动

切换动作主要是依赖双手的动作来完成的，要尽可能地减少脚的移动或走动的机会。可用线路图协助分析换模走动的距离与原因，如图5-66所示。切换时必须使用到的工装夹具、模具、清洁器材等都必须放在专用的台车上，并且要有顺序地整理好，减少寻找的时间。模具或切换物品进出的线路也必须设计成很容易进出的方式，切换的动作顺序要合理化及标准化。

4. 使用专用工装具

工具就是一般用途的器具，而专用工装具则是为专门用途而特制的器具。像魔术师表演所用的扑克牌就是经过特殊的设计的，如果使用普通的扑克牌，魔术师要变出一些奇妙的魔术就会比较困难了。所以魔术师所用的器具就是专用工装具，而不是工具。

切换动作要尽可能地使用专用工装具而不要使用工具。因为专用工装具可提高切换的效率、

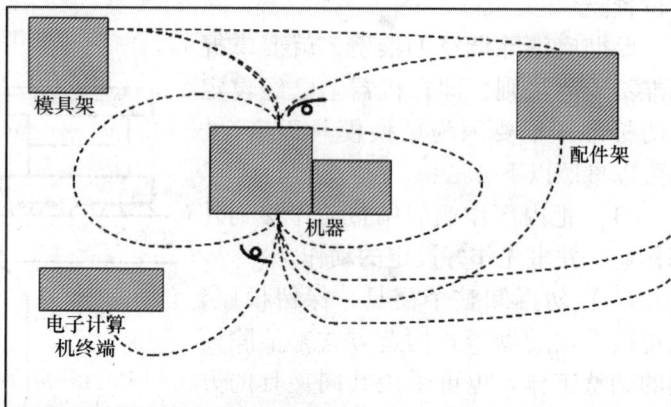

图5-66　线路图协助分析换模走动的距离

缩短切换的时间。此外，测定的器具也要专用化，用块规或格条来替代用量尺或仪表的读取数值测定。最重要的一点就是要设法减少专用工装具的种类，以减少寻找、取放的时间。

图5-67为使用标准压块改善案例。改善前垫块是由不同的钢板组合而成的，实际操作时，员工需要花费大量的时间去寻找钢板和匹配高度，浪费了大量的时间且容易松动。改进后采用图示的标准压块，节省了寻找钢板的时间，节省了不同钢板之间的匹配时间，只需调整压块的高度，就能提供更稳定的夹紧力。

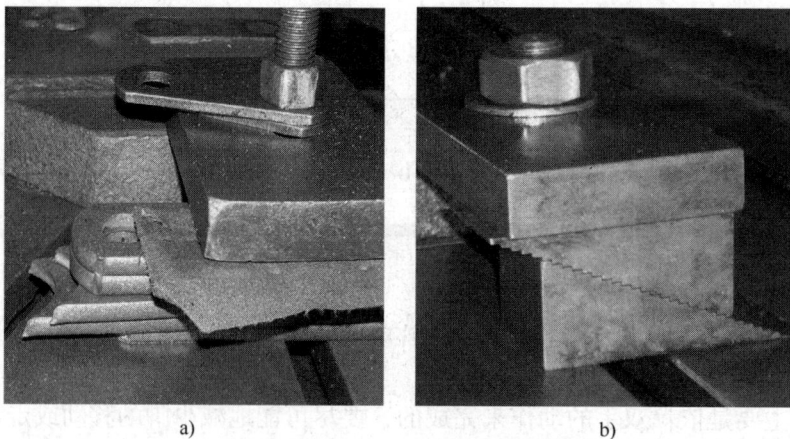

图5-67　使用标准压块
a）改善前——不同钢板组合而成的垫块　b）改善后——三角压块

5. 使用快速紧固件

在切换动作时，螺栓是最常用的紧固件。使用螺栓当然有其必要性，但是装卸螺栓的动

作通常占去了很多的切换时间，因此，减少使用螺母、螺栓数量，改善的最佳对策就是要消除使用螺母的固定方式，如可用插销、压杆、中介夹具、卡式插座、轴式凸轮锁定、定位板等方式，来取代使用螺母固定。图5-68为快速压板示例。

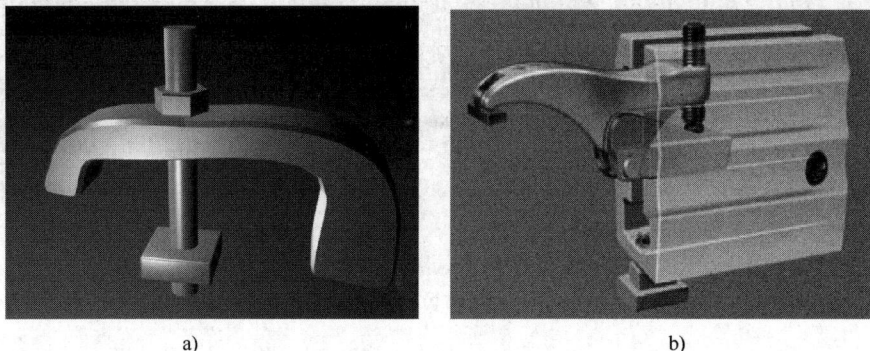

图 5-68　快速压板示例
a）快速压板 1　b）快速压板 2

限于某些状况，仍然必须使用螺栓、螺母时，也要努力设法减少上紧及取下螺母的时间。因为螺栓是在旋转螺母的最后一圈拧紧，在最初的一圈拧松，所以就有必要设计一种只拧一圈螺母就足以达到目的的紧固件。例如 U 型垫圈，可垫在螺帽下，只需将螺帽旋松一圈之后，U 型垫圈即可从开口处取下，达到完全放松的目的。上紧时反向行之，只需旋转一圈就可达到紧固的目的，如图 5-69a 所示。

此外，可把螺栓外侧的螺纹切去 3 处，与此相对应，把螺母内侧的螺纹也切去相同处，如果把这个螺母的螺纹部分对准螺栓被切削掉的部分按下去的话，拧一圈螺母就固定住了，如图 5-69b 所示。

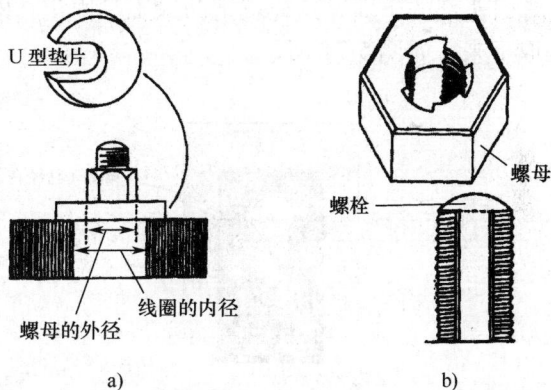

图 5-69　快速紧固件
a）U 型垫圈　b）凹槽螺纹

还有一种方法就是使锁紧的部位高度固定化。对过高的锁紧部位要削低至标准高度；对过低的锁紧部位可加上垫块以达到标准的高度。每个模具锁紧部位的高度都标准化之后，那么螺帽的上紧部位也不会改变，这样就可减少锁紧放松的旋转次数，当然也就减少了切换时间。图5-70为冲床工作台螺栓槽与标准螺栓紧固定位的方式，螺栓与模具锁紧部位高度固定化，更换模具时只旋转一次即可拧紧或放松，不用取下螺母。

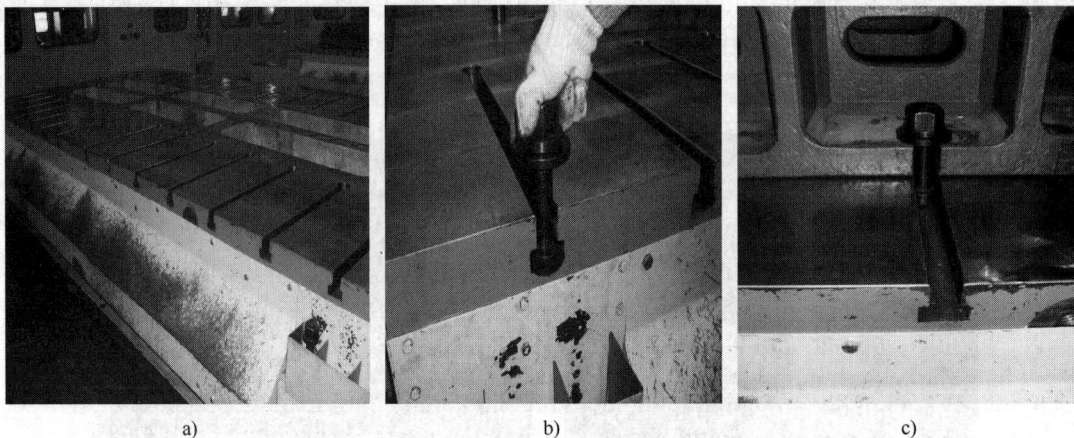

图 5-70　工作台螺栓槽与标准螺栓紧固定位方式
a）工作台螺栓槽　b）标准螺栓　c）螺栓与模具锁紧部位高度固定化

　　再如，在凸缘工具上打个梨形的洞，使其可以放在螺钉的下面，从而将其固定在一起。螺钉的头部穿过梨形洞开口较大的那一侧，然后按箭头方向移动，让梨形洞较窄的一部分移到螺钉头部的下面，这样就把凸缘工具固定在既定的位置上，同样，还可以轻松地把凸缘工具取下来，如图 5-71 所示。

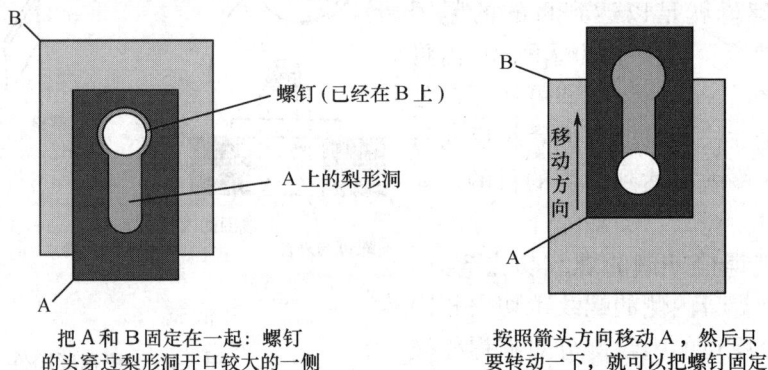

把 A 和 B 固定在一起：螺钉
的头部穿过梨形洞开口较大的一侧

按照箭头方向移动 A，然后只
要转动一下，就可以把螺钉固定

图 5-71　梨形洞紧固件

6. 做好事前准备作业

　　事前准备作业是属于外部作业的工作。外部作业如果做得不好，就会影响内部作业的顺利进行，使切换时间变长。例如，外部作业没有准备齐全，在内部作业的时候，找不到所需要的夹具或者是模具错误、不良等，就必须临时停顿下来找寻夹具或修整模具，造成内部作业时间变长。可以采用以下方法：

（1）只把设备必要的部分标准化。假如把所有的模具的大小和形状完全标准化的话，作业转换时间就会大大缩短，但需要很高的成本。因而，只把作业转换中需要的功能标准化。

（2）设置换模专用台车。将所需模具、道具、换模程序表及相关器材放在台车上，以减少寻找及搬运的时间。图5-72为搬运模具的小车。它带有滚动导轨或真空管，便于大型模具的移动。图5-73为垂直方向的双平台换模小车，上下平台分别用于放置将要换上去的新模具和换下来的旧模具。

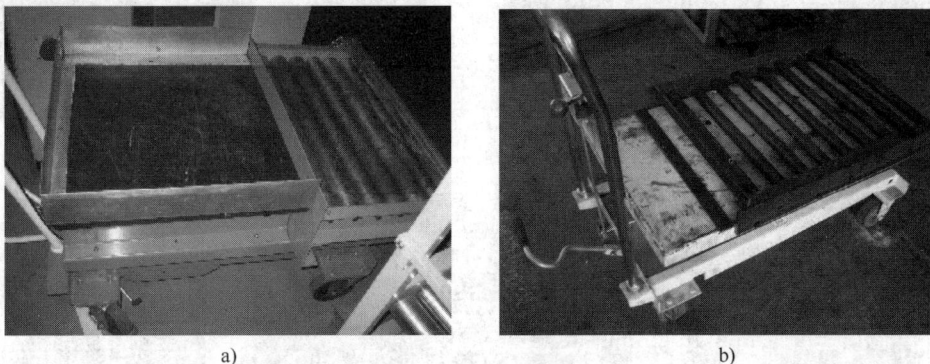

a)   b)

图 5-72　搬运模具的小车

a）带有滚动导轨的小车　b）带有真空管的小车

（3）要确定器具、仪器、模具的摆放位置。为了减少寻找时间，应逐渐减少工具箱和工具柜的使用，可以把工具挂在工具板上（见图5-74），或将工具安装在设备上（见图5-75），并将较少使用的工具移走。

专用工装具的储存不要依功能放置，而应区分不同的产品或模具并予以成套化。制订标准切换程序表，设立查验表，协助点检所需器材是否齐全。图5-76为一汽轿车冲压换模时放置机械手小车的循环过程。它提前将需更换的机械手放在移动小车上，更换完毕后，再将下一品种的机械手预装好放到小车上。

7. 换模标准化

换模标准化是指将准备模具、工具和材料的作业充分程序化而且达到标准化。对每一步的操作要领，以及在换模各个流程中需要使用到的工具、工具的使用方法和注意事项，绘制标准作业指导书。把作业指导书贴在墙上，以便作业人员随时都能看到。作业人员

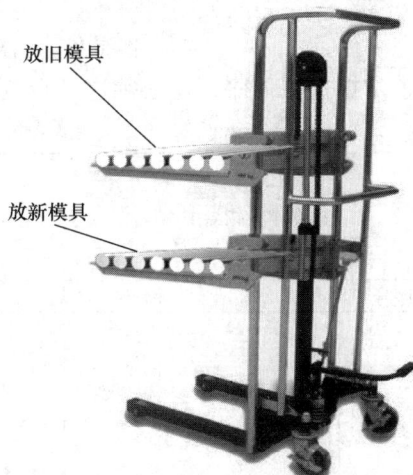

放旧模具

放新模具

图 5-73　双平台的换模小车

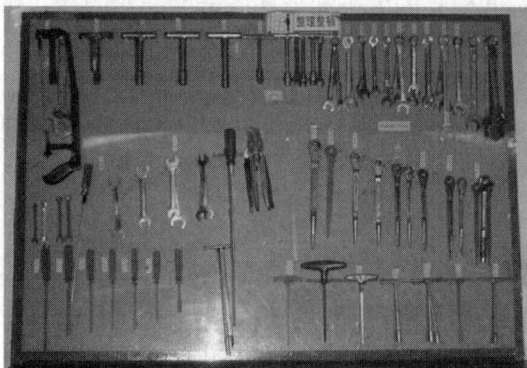

图 5-74　工具板

图 5-75　工具放置在工作台侧面

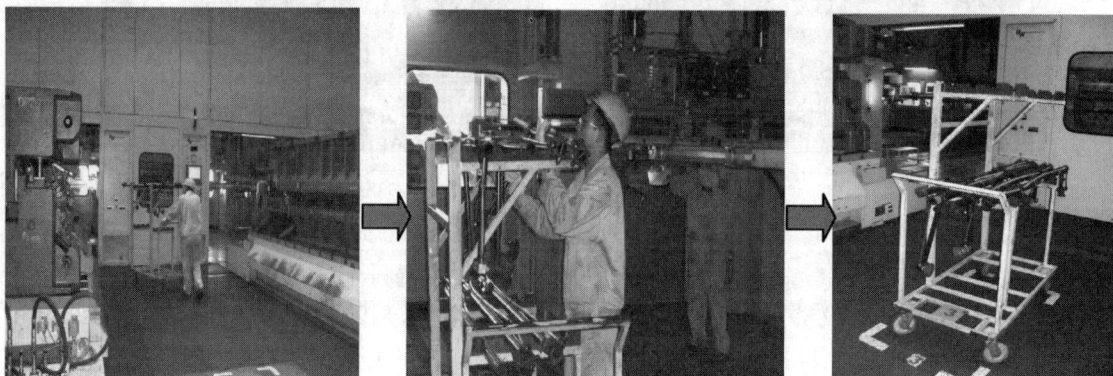

图 5-76　冲压换模时放置机械手小车的循环过程

为了掌握这些程序，也必须进行自我训练。表 5-5 为操作工换模作业指导书示例。

表 5-5　操作工换模作业指导书示例

标准作业指导书	工 序 名 称	快速换模
	设 备 型 号	JB21—160T
	责 任 人	冲工
	监 督 人	冲制班班长

序号	作 业 名 称	注意事项、使用工具	图 示
1	拆接料爪	双开扳手 14mm×17mm	

（续）

标准作业指导书		工 序 名 称	快速换模
		设 备 型 号	JB21—160T
		责 任 人	冲工
		监 督 人	冲制班班长
序号	作 业 名 称	注意事项、使用工具	图　　示
2	拆定位杆	双开扳手 14mm×17mm	
3	拆接料 连接板	连接板拆下 放到物料架上	
4	将上模下降	注意下降的高度	
5	松压板螺钉	专用六角扳手	
6	滑块上升， 与上模脱开	上升高度不用太高 （节省下降高度）	

（续）

标准作业指导书		工 序 名 称	快速换模
		设 备 型 号	JB21—160T
		责 任 人	冲工
		监 督 人	冲制班班长
序号	作 业 名 称	注意事项、使用工具	图 示
7	取换模小车 并调好高度	换模小车事先 停放在旁边， 停好换模小车 后，要记住刹车	
8	将旧模具 装上叉车	将整副模具横向 直接移入换模小车	
9	将模具卡 挂在冲床上	一个模具卡对用 一副模具，不要弄错	
10	调整换模 小车高度		
11	将新模具 移入冲床上	模具定位一定 要准确，不要 忘记放顶杆	

（续）

		工 序 名 称	快速换模
标准作业指导书		设 备 型 号	JB21—160T
		责 任 人	冲工
		监 督 人	冲制班班长
序号	作 业 名 称	注意事项、使用工具	图　　示
12	将滑块下行，将上模导入滑块	注意冲床下行高度	
13	紧固上下模	装用六角扳手和快速压板	
14	机床下行	注意下行高度，防止爆模	
15	调整打杆螺钉	先调整好横杆，一步调节到位	
16	装下模托料板	注意四个脚架的高度，保持受力平衡	

（续）

标准作业指导书		工 序 名 称	快速换模
		设 备 型 号	JB21—160T
		责 任 人	冲工
		监 督 人	冲制班班长
序号	作 业 名 称	注意事项、使用工具	图 示
17	试模	冲压时注意安全	
18	自检	查看链片是否平整，尺寸是否合格（需要时使用游标卡尺）	
标准要求		每道生产须严格按各工序操作要求生产	
编制	林海	审核	批准

　　以上介绍了缩短作业切换时间的相关方法和技巧。在日本自1975年在制造业开始普遍导入并应用快速切换技术，并取得了惊人的效益。应用快速切换技术，可以明显减少在制品库存，缩短生产过程时间，是企业引进精益生产最简单的方法之一。

第六章 准时化物流

第一节 准时化物流概述

一、物流定义

物流的概念最早是在美国形成的，当初被称为"Physical Distribution"，译成汉语是"实物分配"或"货物配送"。1935 年，美国销售协会阐述了"实物分配"的概念："实物分配是包含于销售之中的物质资料和服务在从生产场所的流动过程中所伴随的种种经济活动。"1963 年，物流的概念被引入日本，当时的物流被理解为"在连接生产和消费间对物资履行保管、运输、装卸、包装、加工等功能，以及作为控制这类功能后援的信息功能，它在物资销售中起了桥梁作用"。在 20 世纪 80 年代物流引入我国，此时的物流已被称为"Logistics"，已经不是过去货物配送的概念。

Logistics 的原意为"后勤"，来自于第二次世界大战期间美国的军事后勤保障。那时的 Logistics 是作为军事科学的一个分支，即从事采办、保障和运输军事物资、人员以及设备的活动。可以理解为：在准确的时间，将正确数量的人力、食品、武器、弹药，运送至精确的地点，在战斗中供应前线。这是第二次世界大战期间军队在运输武器、弹药和粮食等给养时使用的一个名词，它是维持战争需要的一种后勤保障系统。后来把 Logistics 一词转用于物资的流通中，这时，物流就不仅仅要考虑从生产者到消费者的货物配送问题，而且还要考虑从供应商到生产者对原材料的采购，以及生产者本身在产品制造过程中的运输、保管和信息等各个方面，全面综合地提高经济效益和效率的问题。因此，现代物流是以满足消费者的需求为目标，把制造、运输、销售等市场情况统一起来考虑的一种战略措施，这与传统物流的"后勤保障系统"和"销售活动中起桥梁作用"的概念相比，在深度和广度上又进了一步。

目前国内外组织或学者对物流作了较多的定义，代表性的定义有：

美国物流管理协会(Council of Logistics Management)2002 年对物流下的定义是："物流是供应链过程的一部分，是对货物、服务及相关信息从起源地到消费地的有效率、有效益的正向和反向流动及储存进行计划、执行和控制，以满足客户的需求。"

日本日通综合研究所 1981 年 2 月编写的《物流手册》对物流下了这样的定义："物流是

物质资料从供给者向需要者的物理性移动，是创造时间性、场所性价值的经济活动。从物流的范围来看，包括包装、装卸、保管、库存管理、流通加工、运输、配送等诸种活动。如果不经过这些过程，物就不能移动。"

欧洲物流协会（ELA，European Logistics Association）1994年公布的物流术语中，对物流下了这样的定义："物流是在一个系统内对人员或商品的运输、安排及与此相关的支持活动的计划、执行与控制，以达到特定的目的。"

我国国家标准GB/T 18354—2006《物流术语》中对物流下的定义是："物品从供应地向接收地的实体流动过程。根据实际需要，将运输、储存、装卸、搬运、包装、流通加工、配送、信息处理等基本功能实施有机结合。"

二、企业物流

现代物流有若干种不同的分类方法，这里按照物流系统性质进行分类，分为社会物流和企业物流。社会物流一般是指流通领域所发生的物流，是全社会物流的整体，所以又称之为大物流或者宏观物流。同一行业中的企业是市场上的竞争对手，但是在物流领域却常常互相协作，共同促进行业物流系统的合理化，以使参与其中的各个企业都得到相应的利益。企业物流是指在生产经营过程中，物品从原材料供应，经过生产加工到产成品的销售，以及伴随生产消费过程中所产生的废弃物的回收及再利用的完整循环活动，包括物料在仓库与车间之间每个环节的流转、移动和储存（含停滞、等待）及有关的咨询管理活动。根据物流系统的时间与顺序，可将企业物流系统分为四部分，即供应物流、生产物流、销售物流和回收废弃物流等四部分，形成物流系统构成的水平结构，如图6-1所示。

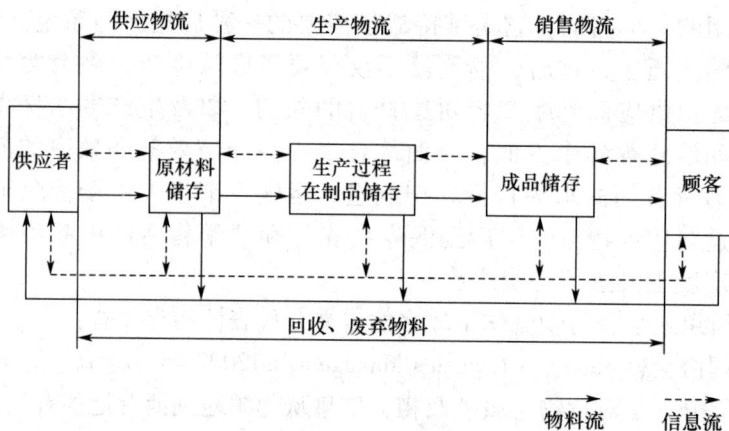

图6-1　企业物流的组成

三、准时化物流

1. 准时化物流的定义

准时化物流是指以最小的总费用，按用户要求，将物质资料（包括原材料、在制品、产成品等）从供给地向需要地转移的过程。它主要包括运输、储存、包装、装卸、配送、流通加工、信息处理等活动。它强调只在必要的时间，供应必要数量的必要产品。具体是指，上游产品在规定的时间内，准确及时地满足下游产品生产的需求，除了数量和质量之外，强调的是时间既不能超前或提前，也不能滞后或落后。无论是在上游生产之后还是在下游生产之前都不应存在超出规定的或者不合理的库存。

准时化物流是企业物流的较高水准，它通过准时供应，减少生产环节以外的库存，从而达到降低成本的目的。在本书第二章准时化生产中，讲到准时化可以通过缩短加工时间和停滞时间来实现，其中停滞时间缩短包括：没有生产停滞、流程简单化和没有搬运停滞，后两者是与物流相关的环节。由此可见，物流是实现准时化的一个重要手段，可以说准时化生产的基础是卓越的物流管理。丰田公司生产调查部部长中山清孝认为：丰田生产方式的形成和发展过程始终是物流系统的改善过程。

2. 准时化物流的特点

（1）以客户需求为中心。在准时化物流系统中，顾客需求是驱动生产的源动力，是价值流的出发点。价值流流动要靠下游顾客来拉动，当顾客没有发出需求指令时，上游任何部分不提供服务，而当顾客需求指令发出后，则快速提供服务。

（2）准时。准时化物流突出特点就是"准时"。物品在流通中顺畅、有节奏地流动是物流系统的目标。保证货品的顺畅流动最关键的是准时。准时的概念包括物品在流动中的各个环节按计划按时完成，包括交货、运输、中转、分拣、配送等各个环节。

（3）准确。准确包括准确的信息传递、准确的库存、准确的客户需求预测、准确的送货数量等等。准确是保证物流准时化的重要条件之一。

（4）快速。准时化物流系统的快速包括两方面含义：①物流系统对客户需求的反应速度；②物品在流通过程中的速度。准时化物流系统对客户个性需求的反应速度取决于系统的功能和流程。当客户提出需求时，系统应能对客户的需求进行快速识别和分类，并制定出与客户要求相适应的物流方案。

物品在物流中的快速性包括货物停留的节点最少、流通所经路径最短和仓储时间最合理，并达到物流整体的快速。

（5）降低成本、提高效率。准时化物流系统通过合理配置基本资源，以需定产，充分合理地运用优势和实力，进行快速反应、准时化生产，从而消除诸如设施设备空耗、人员冗余、操作延迟和资源浪费等，保证其物流系统的低成本运作。

3. 准时化物流的原则

（1）小批量、多频次。通过小批量、多频次的供应，可以有效地减少在制品的数量，提高生产变化应变能力，从而为准时化物流创造有利条件。

（2）等间隔时间供货。通过制定物流时刻表，做到每次供货间隔时间相同，便于准时

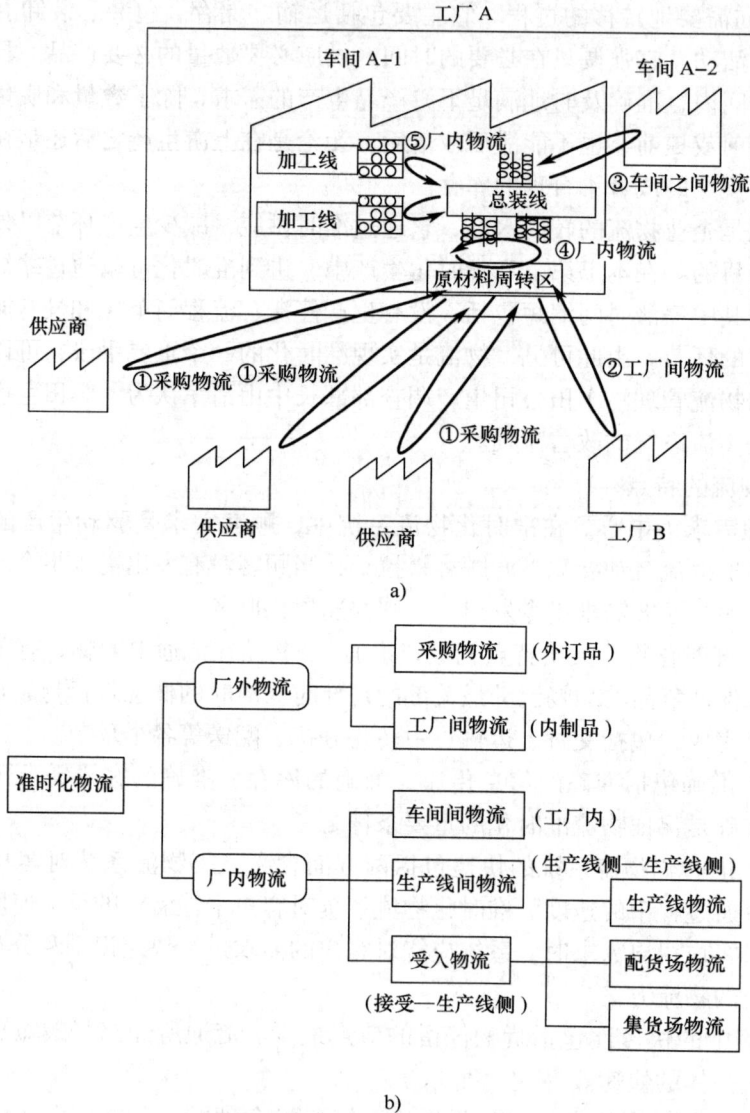

a)

b)

图 6-2　准时化物流组成

a）工厂物流分布示意图　b）物流组成树状图

化物流管理。

（3）运输车辆高积载率。由于采用小批量、多频次供货，若供货方单独供货的话，成本明显上升，因此有必要采用混载和中继物流形式提高运输车辆积载率。

（4）缩短作业循环时间。通过缩短作业循环时间进而缩短交货提前期，提高对用户订单的快速反应能力。

（5）车辆安全行驶。车辆行驶安全，为实现准时化物流提供运输保障。

（6）运输车辆规格标准化，包装箱规格统一化。

4. 准时化物流的组成

图6-2为准时化物流的组成。准时化物流包括厂外物流和厂内物流。其中，厂外物流是指供货商或工厂与工厂之间的物流，可分为采购物流（外制品）和工厂之间物流（内制品）；而厂内物流则包括车间之间物流、生产线之间物流和受入物流。

第二节　工厂间物流

工厂间物流是指在大型企业各专业厂间的运输物流或独立工厂与材料、配件供应厂之间的物流。工厂间物流经常采用的方法有混载、中继物流、物流时刻表三种形式。

一、混载

混载是指在一次配送中实现向多个供应商或者向多个工厂接收和配送不同货物的运载方式。

1. 积载率

在混载中，一个很重要的概念是积载率，它反映汽车一次运送的利用情况。积载率可分为三种：容积积载率、重量积载率和时间积载率。

$$容积积载率 = \frac{货的容积}{集载可能容积}$$

$$重量积载率 = \frac{货的重量}{集载可能重量}$$

$$时间积载率 = 容积（重量）积载率 \times \frac{A}{A+B}$$

式中，A 为从供应商到第一家工厂的运输时间；B 为第一家工厂到最后一家工厂的运输时间，如图6-3所示。例如，出发时的积载率为90%；$A = 2h$；$B = 4h$，则：时间积载率 = $90\% \times 2/6 = 30\%$。

通过上面的例子可以看出，混载可以有效提高积载率，但如果在工厂之间运行时间（即支线运输时间）超过一定值，也就是从供应商到第一家工厂的运输时间（即干线运输时间）占运输总时间的百分比过低时，时间积载率就不能得到有效提高。

2. 直送

直送是指运输车只在一家供应商与一家工厂之间运输，如图 6-4 所示。

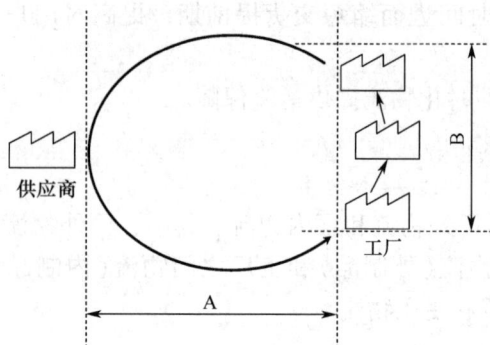

图 6-3　时间积载率

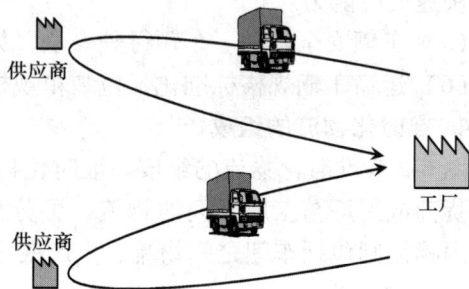

图 6-4　直送

对于每天每条路线上跑 10 辆左右的运输车时这种方式比较适合。其优点是：

（1）只在一家供应商与一家工厂之间运输，因此没有复杂的运输路线和信息系统，物流管理简单。

（2）责任清晰。供应商与厂家一对一核算，权责明晰。

（3）供应商不必考虑其他供应商对自己产生的影响。

但是，因为单个供应商的供货量有限，在准时化生产所要求的小批量、多频次的供货方式下，无法保证运输车辆的满负荷。因此一般很少采用此类运输方式，而多采用目的地混载和出发地混载的方式。

3. 目的地混载

目的地混载为运输车在一家供应商与多家工厂之间运输，如图 6-5 所示。

对于每天每条路线上跑 10 辆左右的运输车时这种方式比较适合，但是前提是目的地应彼此相邻，而且装运方应具有路线规划和模拟的能力。其优点是：

（1）责任清晰。一个循环就可以向所有厂家送完货，中间环节少，责任明确。

（2）积载率高。与直送相比，因为向多个厂家送货，运货量增加，所以积载率小的现象几乎没有，这样供应商就可以实现小批量、多频次的送货，有利于满足准时化生产的要求。

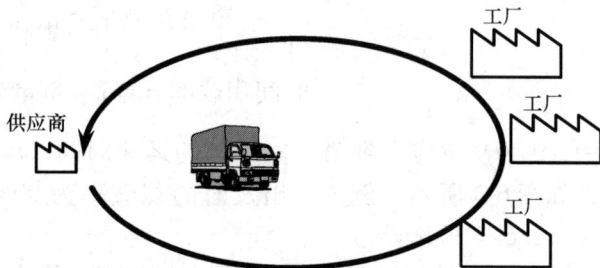

图 6-5　目的地混载

但是，因为供应商向多个厂家送货，对单个厂家而言，运输周期会变长，从而导致提前期变长。而且就时间积载率而言，尽管运输量大，但是支线运输时间比较长，所以时间积载率低。

4. 出发地混载

出发地混载为运输车在多家供应商与一家工厂之间运输，如图6-6所示。

对于每天每条路线上跑10辆左右的运输车时这种方式比较适合，但前提是出发地应彼此相邻，而且收货方应具有路线规划和模拟的能力。与直送相比，因为多个供应商向一个厂家供货，运货量增加，所以积载率小的现象几乎没有，供应商可以实现小批量、多频次的送货。其缺点是：

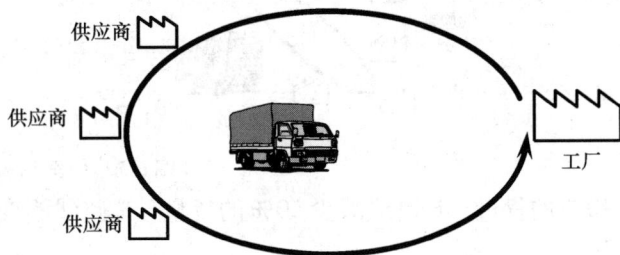

图6-6 出发地混载

（1）装运方多导致提前期长。因为发货前，供应商之间有个集货过程，所以对厂家而言，提前期变长。

（2）某些部件不再装载时会出现空位。当某个供应商停止供货时，对运输车辆而言，可能出现空位。

除了以上提到的目的地混载和出发地混载外，还有以下几种途径可以提高积载率：①尽量使卡车的容积最大化；②车厢中结合横竖尺寸；③提高工位器具与车厢的整合性；④合理设计工位器具，如使其高度规格化，有效利用上部空间，用可折叠工位器具或者工位器具合理分格；⑤同一路线尽量使用同一尺寸的卡车；⑥返回时尽量安排搭载别的货物；⑦重物和轻物搭配混载。

二、中继物流

当供应商距离厂家比较远，且供应商之间距离较近时，可采用中继物流的运送方式，其中中转站在供应商与厂家之间距离供应商较近的地方建立，供应商与中转站之间的运输属于支线运输，中转站与厂家之间的运输属于干线运输，如图6-7所示。

中继物流具有如下优点：①干线上易实现多频次。由于干线上货物运输量比较大，所以实现多频次、小批量较容易。②对负荷变化反应灵敏。厂家对单个供应商的订货量减少时，在中转站通过集货过程，总的批量也不小，运输车辆几乎不会出现积载率低的现象，所以能够对厂家的订货量变化作出迅速反应。

例如，某工厂有A、B、C三条运输路线，其中A路线有2辆卡车进行运输；B路线有4辆卡车进行运输；C路线有2辆卡车进行运输。当厂家对供应商订货进行调整，如A路线增

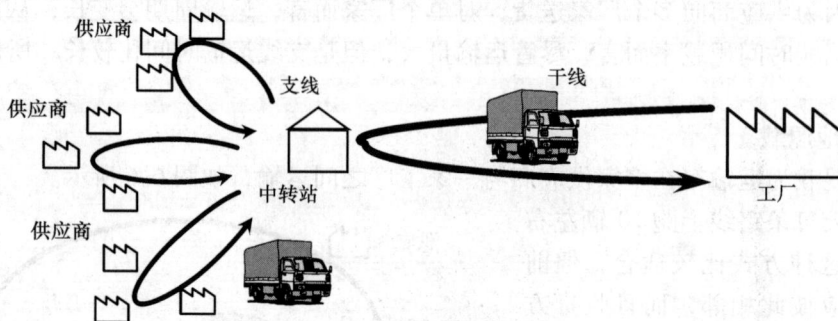

图 6-7　中继物流

加 20% 的货量，B 路线减少 20% 的货量，C 路线不变时，采用出发地混载和中继物流的效果如下：

（1）出发地混载。图 6-8 为出发地混载的运输方式。对于 A 路线，因为增加了 20% 的货量，所以需要增加一辆运输车，因为增加的这辆运输车只承载了增加的这部分货品，而没有达到满载，因此导致货车积载率降低；对于 B 路线，因为减少了 20% 的货量，而货车数却无变化，结果仍是货车积载率降低；C 路线则无变化。其结果是平均积载率降低。因此，当运量发生一定波动时，出发地混载总的积载率降低，导致运输成本增加。

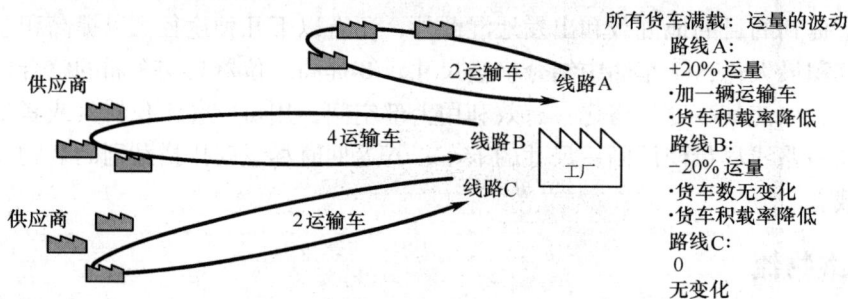

图 6-8　出发地混载方案

（2）中继物流。图 6-9 所示为中继物流的运输方式，支线仍是 A、B、C 三条运输路线，干线有 8 辆卡车进行运输。对于支线，当运量一定时，卡车数与积载率成反比。当运量发生变化时，可以通过重新安排支线运货路线，以运输成本最低数为目的，在运输车辆的积载率波动与频次变化之间取得平衡。而对于干线而言，因为在中转站通过集货过程，容量波动可以相互抵消了，从而能够保证运输的高积载率与多频次，使损失降到最小。

三、混载改善案例

一汽轿车公司生产部物流科混载改善案例。

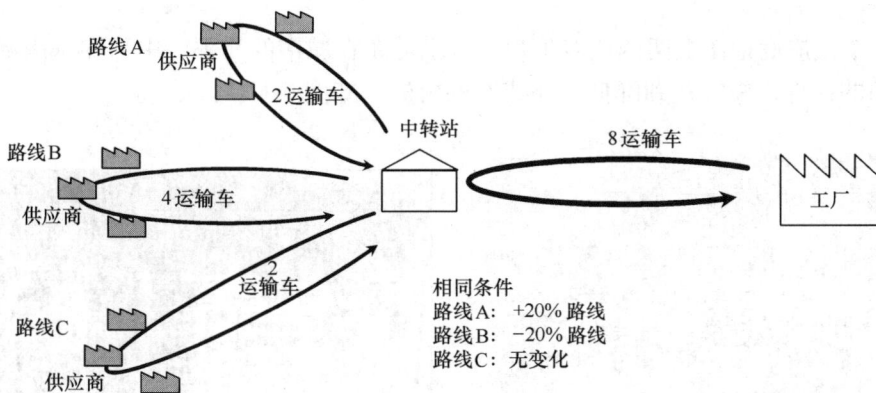

图 6-9 中继物流方案

1. 现状分析

从图 6-10a 中可见，由于实行准时化供货，各供应商独自向厂家运输，供应商车辆负荷不满，积载率低，产生浪费。从图 6-10b 可见，如果按车辆满负荷进行送货，那么就不能实现准时化供货的原则，造成仓库在制品的增加。初步统计（按两种车型）直送零件的供应商共有 83 家，按每个供应商平均每天送货两次，每天直送厂家的车辆将达到 160 余车次。

图 6-10 实施混载改善
a）实施混载改善前 b）实施混载改善后

2. 改善措施

（1）调查各供应商所处的地理位置，寻找位置相邻的供应商。

（2）根据各供应商所配送的零件（车型），进行联合配送，也就是说两到三家供应商用一辆车进行送货。

（3）加强送货车辆的集中管理。例如，集中对车辆扣篷进行集中管理，也对运回的工位器具进行统一管理。

（4）6个供应商地图上两两成对出现，分别分布在城市的北部、中部和东南部，它们具备联合运输的条件，能够达到降低运输成本的目的，如图6-11所示。

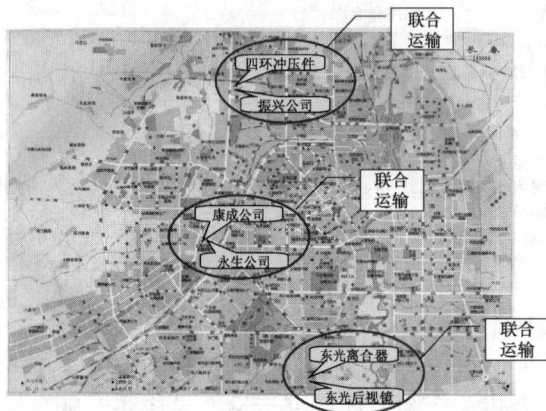

图6-11　供应商分布图

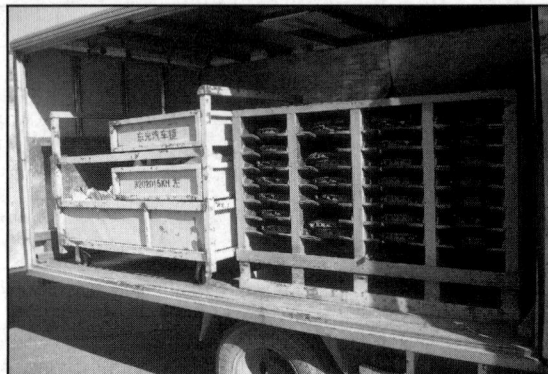

图6-12　两厂家搭载运输

3. 改善效果

通过混载改善后，采用两厂家搭载运输，如图6-12所示。对供应商实行混载试点，首批6个厂家，减少了运输成本，提高了运输效率。仅此6个供应商，平均每天减少送件车次6次，减少送件时间19.8min，全年节省费用75216元。

四、物流时刻表

1. 定义

物流时刻表就是对配套厂送货的时间、品种、数量和停车位置作出明确规定的计划表，如表6-1所示。通过对供应商送货时间、品种、数量、停车位置加以规定，不但便于管理，而且为实现准时化物流创造了条件。

表6-1　物流时刻表

M6 第 2 版物流时刻表						
零件（材料）	路　　线	物流时间	器具容量	器　具　数	停车位	物流通道
M6 保险杠 18	采（奥奇）	01：00—01：15	4	2 前杠/3 后杠	7	物流作业区
座椅 29	采（江森）	01：15—01：30	6	按看板	8	物流作业区
座椅 30	采（江森）	01：45—02：00	6	按看板	8	物流作业区
蓄电池 1	采（天津统一）	08：00—08：10	20	2	6	物流作业区
M6 保险杠 1	采（奥奇）	08：00—08：10	4	2 前杠/3 后杠	7	物流作业区

（续）

M6 第 2 版物流时刻表

零件(材料)	路　　线	物流时间	器具容量	器 具 数	停车位	物流通道
工位器具车 1	采(孟家库)	08:10—08:30	多品种	按看板	6	物流作业区
座椅 1	采(江森)	08:15—08:30	6	按看板	8	物流作业区
M6 门护板 1	采(全兴工业)	08:30—08:40	10	2 左门/2 右门	7	物流作业区
通体色件 1	采(车身附属)	08:30—08:40	多品种	按看板	8	物流作业区
工位器具车 2	采(孟家库)	08:30—08:50	多品种	按看板	6	物流作业区
空调系统 1	采[富(杰)]	08:40—08:50	多品种	按看板	5	物流作业区
M6 保险杠 2	采(奥奇)	08:40—08:50	4	3 前杠/2 后杠	7	物流作业区
座椅 2	采(江森)	08:40—08:55	6	按看板	8	物流作业区
轮胎 1	采[股(轮)]	08:55—09:10	32	3	5	物流作业区
配货散件 1	采(孟家库)	09:00—09:20	多品种	按看板	6	物流作业区

2. 编制物流时刻表需考虑因素

编制物流时刻表需考虑以下因素：①确定厂内行车路线和停车位；②运输基础设施选择的确定(如高速公路、火车、港口等)；③法规制定(如厂内行驶时间、速度限制)；④雨、雪、雾、异常天气对策。

3. 编制物流时刻表的必要资料

编制物流时刻表的必要资料：①零件号、零件名称、单台使用数量；②包装箱尺寸、包装体积计算；③厂家名、送货物流区。

4. 物流时刻表编制过程

物流时刻表编制过程为：①根据厂家厂址和车间位置制作出物流图；②根据年、月生产计划制作货量计算表；③通过物流图和货量表的确定，制定厂家运输路线；④确认运输车辆的积载率；⑤编制好厂家物流时刻表后，按物流时刻表试运行，并作及时调整，最终确定物流时刻表。应该注意的是，整个过程需要多次验证。下面以天津丰田为例，介绍物流时刻表的制作过程：

（1）物流图的作成：①确认所有本市供货厂家的厂址；②确认所有本市供货生产车间的具体位置；③在市区地图上标出厂家位置(大范围地区)；④详细地图通过局部图作成(小范围地区)。图 6-13 是完成后的物流图。

（2）制作货量计算表。图 6-14 是货量计算需要考虑的因素及其流程。货量计算所要考虑的因素有：零件清单，每月、日生产计划，零件收容数和包装外观规格。在确定各计算要素后，就可计算出每日需求量。

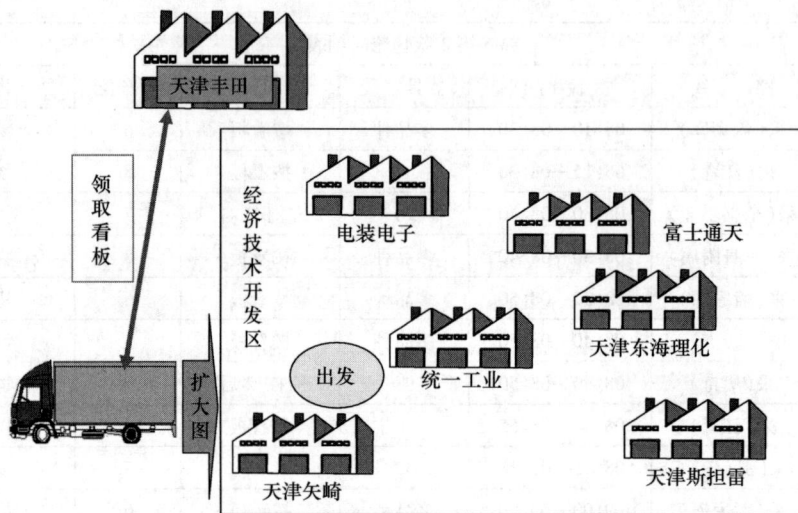

图 6-13　物流图

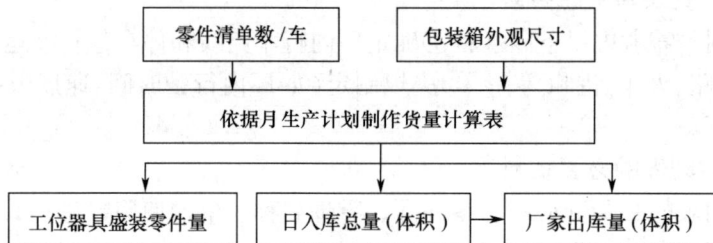

图 6-14　制作货量计算表

例如，在表6-2中每日用量＝三种车型使用零件数量总和/零件盛装数量，因此每日需求量为：（1×30＋1×60＋1×40）/10＝13 箱/日。

表 6-2　货量计算表

车　型	GV2A	GV2C	GV2K	收 容 数
日生产计划/（台/日）	30	60	40	
一种零件每车型数量/（个/台）	1	1	1	10 个/箱

（3）市内厂家运输线路的制定。通过物流图和货量表的确定，制定市内厂家运输路线，如图6-15所示。

（4）使用运输车辆确定方法

1）计算卡车积载体积。图6-16为卡车规格，计算车身体积：车身体积＝长×宽×高

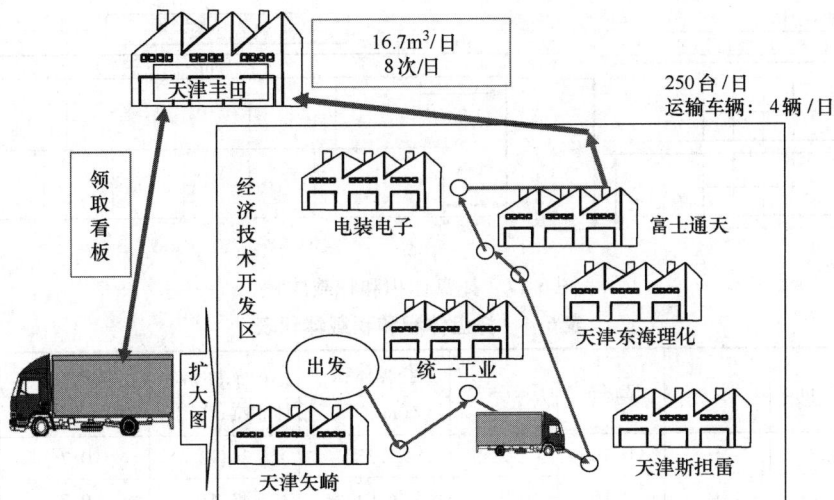

图 6-15　市内厂家运输路线图

（实际高），表 6-3 为计算结果。

其次，根据图 6-17 的数据计算托盘体积和积载体积。托盘体积 = 长 × 宽 × 高 × 个数 × 层数，积载体积 = （车身体积 - 托盘体积）× 积载率，表 6-4 为计算结果。

2）次数决定及卡车选定。通过第一步的计算结果可知：5t、8t、10t 的卡车积载体积分别为：$24.4 m^3/$个、$30.4 m^3/$个 和 $38.2 m^3/$个，

图 6-16　卡车规格

因此如若总荷量为 $160 m^3/$日，通过计算，用 5t 卡车每天运送 8 次时，积载率最大，为 $20/24.4 = 82\%$，如图 6-18 所示。

（5）物流时刻表试运行。根据以上计算步骤编制物流时刻表，并进行试运行。试运行目的主要有两点：①根据车间反馈意见，对到货时刻进行调整；②根据厂家特殊状况、道路状况和作业时间调整等异常情况进行调整。最后，通过试运行合理地修改物流时刻表。

表 6-3　卡车积载体积表

吨　数	车身长/m	宽/m	高/m	叉车作业空间/m	实际高度/m	车身体积（m³/个）
5t	8	2.29	2.4	0.2	2.2	40.3
8t	10	2.29	2.4	0.2	2.2	50.38
10t	12.5	2.29	2.4	0.2	2.2	62.98

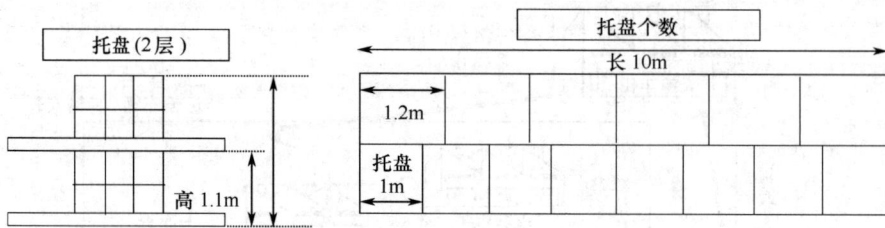

图 6-17　托盘体积和积载体积

表 6-4　托盘体积和积载体积表

托盘个数	长/m	宽/m	高/m	层　数	托盘体积 /(m³/个)	实际 体积/(m³/个)	积载率 (0.6—0.7)	积载体积 /(m³/个)
14 个	1.2	1	0.16	2	5.38	34.92	0.7	24.4
18 个	1.2	1	0.16	2	6.91	43.47	0.7	30.4
22 个	1.2	1	0.16	2	8.45	54.53	0.7	38.2

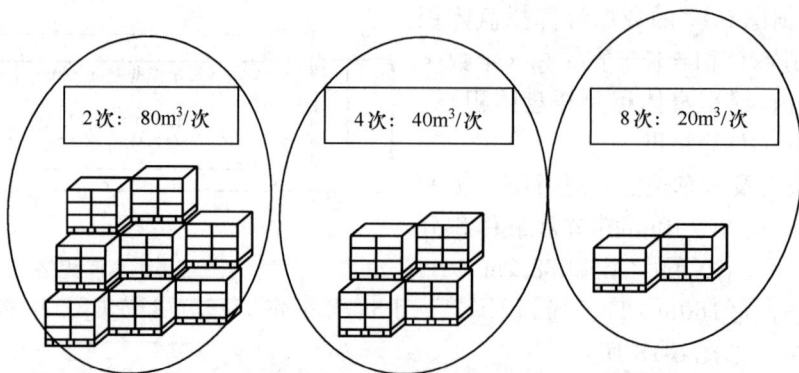

图 6-18　次数决定及卡车选定

5. 物流时刻表案例——汽轿车原西区总装物流改善

（1）改善前现状与问题分析。图 6-19 所示为改善前送货频次直方图，可见外物流的频次为每天 114 次，因送货车辆没有时间控制，导致车辆集中来送货，非常拥挤。主要问题分析：①无时间控制，造成供货不及时，责任很难界定，一旦造成停产，责任无可追溯性；②来货时间集中，物流区车辆多，装卸拥挤，容易发生事故；③来货数量难以控制，容易造成库存积压，增加库存资金占用。

（2）改进措施。采取改进措施：①制定物流时刻表；②制定零件的最高最低储备标准，

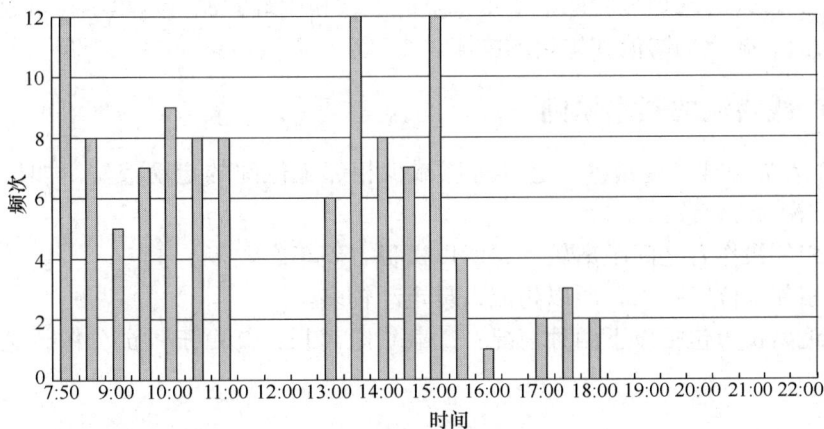

图6-19　改善前送货频次直方图

控制资金占用；③编制物料筹措供货厂家物流信息一览表；④设立固定车位，并在车位处设立醒目的供货单位物流时刻标牌，使送货车辆有序停放；⑤设立专门的管理人员。

（3）改善后效果。图6-20为改善后的送货频次直方图。可见外物流频次降为每天314次，通过制定物流时刻表，送货车的流量虽然增多了，但车辆的到货时间趋于均衡，从而杜绝了拥挤现象。

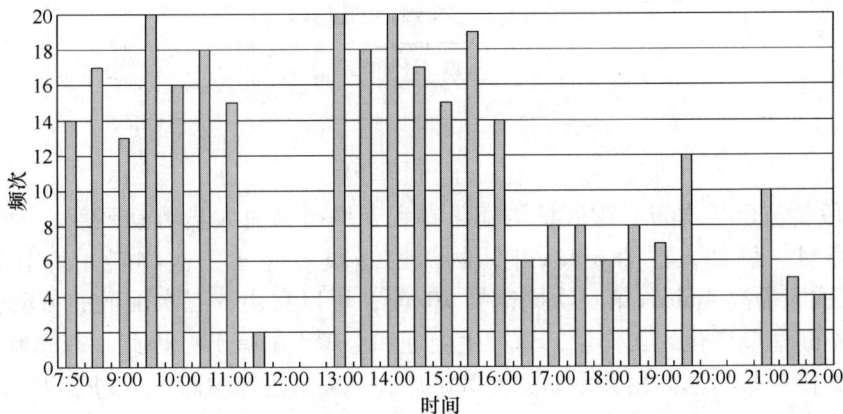

图6-20　外物流改善后送货频次直方图

第三节　厂内物流

厂内物流包括车间之物流、生产线间物流和受入物流，如图6-21所示。除了受入物流以外，其他物流形式的规划可参照本章第二节的混载和中继物流，这里不再讲述。受入物流包括生产线物流、配货场物流和集货场物流。

一、生产线物流的基本原则

（1）操作人员安排尽量紧凑，这样可以减少相邻工位间的走动浪费。如果生产线上操作人员比较分散，会导致：

1）因为相邻操作者之间距离较大，所以送货者停车次数多。

2）因为相邻工位间距大，所以物流人员走动较多。

3）运输距离长，包括以下两种情况：①载货距离长；②由于人员分散，送货者必须行走的路线长。

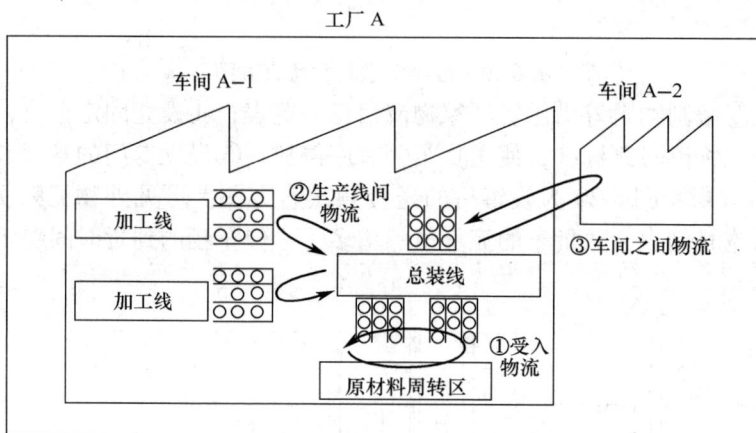

图 6-21　厂内物流

（2）每段物流量要均衡，物流量均衡化有利于均衡物流人员劳动强度，为实现准时化物流创造了条件。例如，在图 6-22a 中，物流配送员要配送三次物料，其中第一次需要 16min，第二次只需要 4min，第三次则需要 10min，可以看出，三次配送的劳动强度相差很大，员工要不断适应变化的工作量，易产生生理和心理上的疲劳。因此，首先要使物流配送人员在每段的作业时间基本相等，如图 6-22b 所示，从而达到均衡人员的劳动强度的目的。

（3）利用物流山积表均衡每位物流配送人员的作业时间，并使其满负荷，在节拍内满负荷就可以达到少人化的目的，如图 6-23 所示。

（4）如果体积大的零件聚集在某一个工位，则占地面积大，导致该工位操作者走动浪费，而且路线长，容易越位。因此，体积大的零件部件要尽量分散，这样可以尽可能多地将同一工位的零件尽量集中放置，减少操作人员的走动浪费。

（5）重量大的零件放在货架底部，降低整个货架重心，提高操作人员的安全性；另一

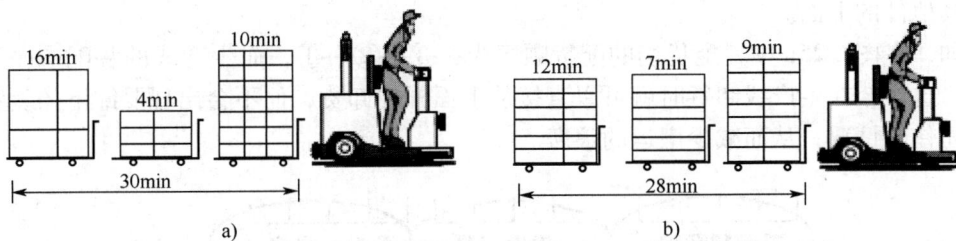

图 6-22　物流配送员的配送形式

a）作业时间差异大　b）作业时间接近

方面，可以延长器具使用寿命。

二、配送场物流的基本原则

（1）配货场实际就是中转站，应离需求方即生产线近。因为配货场零件包装比较分散，而且往生产线送货频次多，故中转站与需求方的物流量要比中转站与供货方的物流量大，配货场离生产线尽可能近，可以减少走动等浪费。

（2）运输车的行走方向应与生产线的运行方向一致，因为从离生产线最近端开始配货可以减少载货时间，如图 6-24 所示。

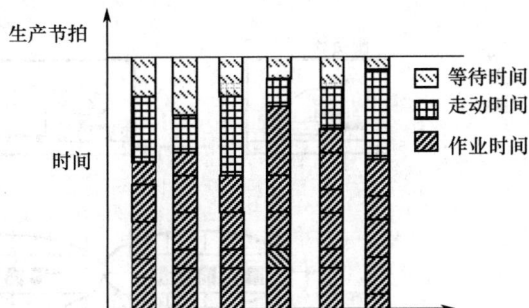

图 6-23　物流山积表

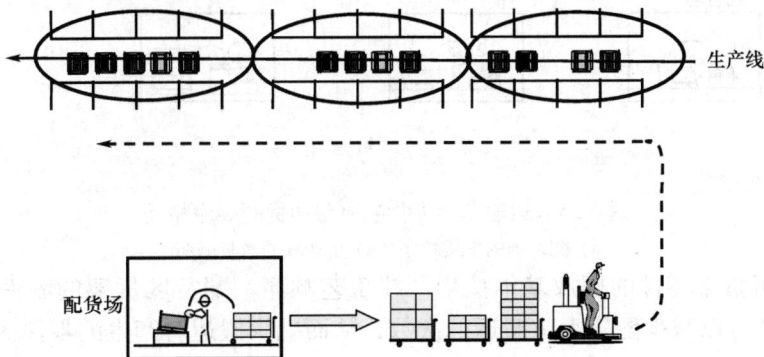

图 6-24　运输车的行走方向应与生产线的运行方向一致

（3）运输车上配货顺序与卸货的顺序相反。配货顺序与生产线上装配顺序相反可以减少送货时搬运的浪费。不过同时要注意，重量大的零件应尽量放在运输车底部，易损件应尽量放在其他件的上面。

例如，在图6-25a中，配货场的配货顺序为：③→②→①，而生产线的装配顺序为①→②→③，这样，在生产线卸货时就可以直接从上面开始卸货，而不会出现要卸下的货物被其他货物压住的情况，从而减少搬运的浪费。

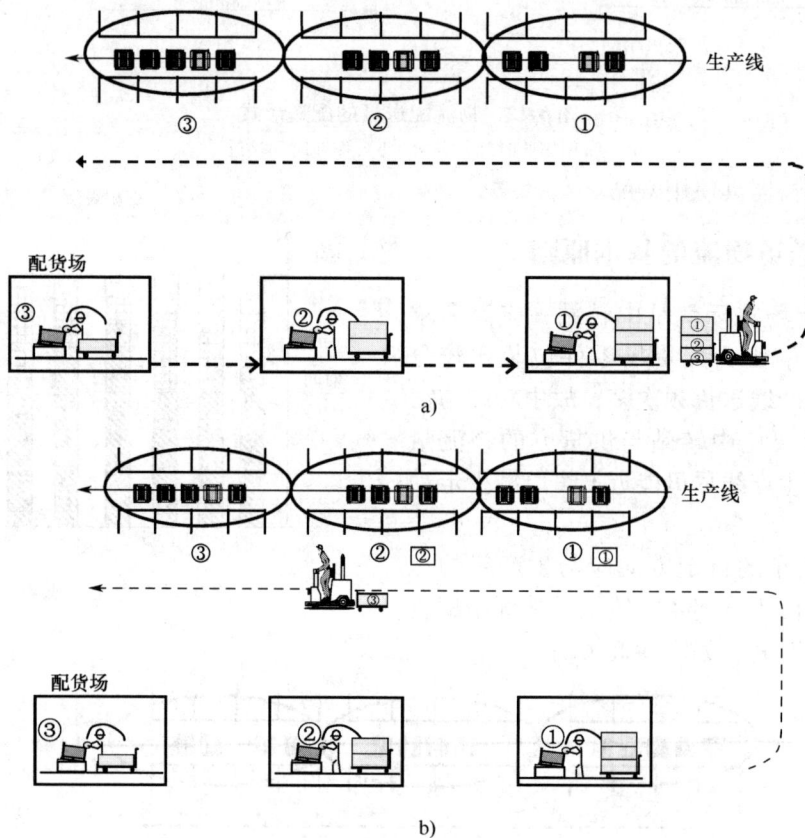

图 6-25 运输车上配货顺序与卸货的顺序相反

a）配货场的配货顺序 b）生产线的送货顺序

（4）配货区货架零件的摆放基本按生产线工艺顺序。配货区货架的零件按生产线工艺顺序摆放，这样可以减少配货人员搬运的次数，从而减少搬运时产生的零件擦碰现象，保证零件的质量。

（5）重量大的零件放在运输车的底层，可调节器具车的重心，便于运输，减少对其他零件的积压变形。

三、集货场物流的基本原则

（1）集货场实际也是中转站，应离配货场近。集货场距离配货场越近，走动浪费就越少，如图 6-26 所示。

图 6-26 集货场

（2）集货场的面积与混流品种、包装数量以及每日生产的车型数有关，混流越多、包装数量越多，集货场的面积就越大。

第七章　自　働　化

第一节　自働化概述

一、自働化发展

"自働化"一词起源于丰田公司，与一般意义上的自动化有不同含义。自动化（Automation）表示从手工作业加工转向机器自动加工，而丰田公司所说的"自働化"（Jidoka）则是在"动"字左边加上人字旁的"自働化"，其意义是给机器赋予类似人的智能，使之能够自律地控制各种异常情况。

自働化的思想是丰田公司创始人——丰田佐吉在发明自动织布机的过程中逐渐形成的。在改进织布机的过程中，丰田佐吉萌发了"一有异常马上停机，绝对不生产次品"、"人不做机器的看守奴"的思想。1926 年，丰田佐吉就

图 7-1　丰田自动织布机

成功研制出具有类似人的"智能"的自动织布机，如图 7-1 所示。这种自动织布机在运行过程中，一旦发现断线或者缺线，就会自动停止运转，可以避免不合格的产品。

随后，大野耐一等丰田公司的管理者们按照丰田佐吉的思路，在全公司范围内推行和完善自働化的方法。1955 年前后，丰田公司开发了利用目视管理手段发现工序异常的安灯制度⊖、用于作业人员停止生产线运行的停车按钮以及出现异常情况就自动停车的装置。1962年开发了充满作业方式⊜和防止错误操作系统。1966 年，在实施自働化的样板厂——上乡工

⊖　安灯：安灯是日语 Andon 的音译，是在生产过程中出现异常时，迅速告知大家的指示灯。

⊜　充满作业方式：相邻的两台自働化设备之间安装有输送物流的滑道，当物料充满时，电气极限开关控制后面设备停止的生产作业方式。

厂建成了"自働化"生产线。1971 年，在各总装线上实施了固定位置停止方式。

经过多年的发展和不断完善，自働化已成为保证质量、降低成本的一个重要手段。

二、自働化定义和内容

简单地说，自働化就是让机械具有人的智慧，能够监测异常并自动停止。但它又不局限于机器设备的自働化，随着现代技术的发展，如今的机器设备大都具有自働化的功能，智能化水平也不断提高。因此，自働化的理念不仅仅是指机械设备的自働化，它还包含了组装线上人员的作业。作业者自働化的"自"是指作业者自身，认为自己做的作业"不行"或"出现了次品"的情况下，作业者自身能停止错误重复的操作。当生产线出现异常状况时，每个作业人员都能控制生产线的停止与重新起动。这样，人员、机器或生产线一旦发生异常就马上停止操作。因此，自働化的概念也可以解释为自动的监视和管理不正常的手段。表 7-1 为自働化与自动化的比较。

表 7-1　自働化与自动化的比较

自　働　化	自　动　化
机器自身可以发现异常并及时停机	出现异常需有人停机，否则将连续运行
不产生不良品，可以防止设备、模具、夹具等出现故障损坏	不能及时发现不良品产生，易造成设备、模具、夹具出现故障损坏
容易发现异常原因，防止再次发生	难以及时发现异常原因，容易再次发生
省人	省力

自働化拥有发现异常或缺陷并且能够使生产线或者设备停下来的装置，这种装置称为自働化装置。一发生异常情况，生产线就停下来，使得工作人员必须查明原因并采取措施防止再次发生，因此具有质量管理功能。除此之外，它还有削减人员、弹性生产和尊重人性等功能。图 7-2 为自働化的原理与作用。

1. 削减作业人员，降低成本

如果安装了自働化装置，就不需作业人员监视设备运转。这样可以实现人机分离和一人多工序操作，削减作业人员，因此可以降低成本。

2. 适应需求

因为生产完所需要的零部件设备就自动停下来，而且可以防止不合格品从前一个工序流入后一个工序，所以通过自働化可以消除过剩的库存，按准时化要求适应需求。

3. 尊重人性

运用自働化方法，一旦工序发生异常或问题的话，工作人员必须查明原因并采取措施防止再次发生，所以能促进改善活动，因而激发员工工作积极性，最大程度地增强对人性的

```
                 ┌──────────┐      ┌──────────┐   ┌──────────┐  ┌──────────┐
                 │ 适应需求 │      │ 降低成本 │   │ 质量保证 │  │ 尊重人性 │
                 └────▲─────┘      └────▲─────┘   └──────────┘  └────▲─────┘
                      │                 │                            │
                 ┌────┴─────┐      ┌────┴─────┐              ┌───────┴──────┐
                 │实现准时生产│      │减少作业人员│              │   改善活动   │
                 └──▲────▲──┘      └────▲─────┘              └───────▲──────┘
                    │    │              │                            │
            ┌───────┴┐ ┌┴───────┐ ┌────┴──────┐          ┌──────────┴───────┐
            │只供给必需品│ │只供给合格品│ │作业人员在一个循环时│          │调查不正常情况    │
            └──▲─────┘ └──▲─────┘ │间内能够操作多台设备│          │的根本原因        │
               │          │      └────▲──────┘          └──────────▲───────┘
               │          │           │                            │
               │          │      ┌────┴──────┐              ┌───────┴──────┐
               │          │      │可以分离手工作业和│              │  指示灯牌亮   │
               │          │      │机械作业的可能性 │              └───────▲──────┘
               │          │      └────▲──────┘                      │
               │          │           │                            │
          ┌────┴──────────┴────┐  ┌───┴─────────────────┐
          │如果完成必要数量或作业，│  │如果发现不正常情况，    │
          │设备自动停止          │  │设备自动停止           │
          └──────────▲─────────┘  └─────────▲───────────┘
                     │                      │
          ┌──────────┴──────────────────────┴───────────────┐
          │  自働化＝如果发现偏差，设备自动停止                  │
          └─────────────────────────────────────────────────┘
```

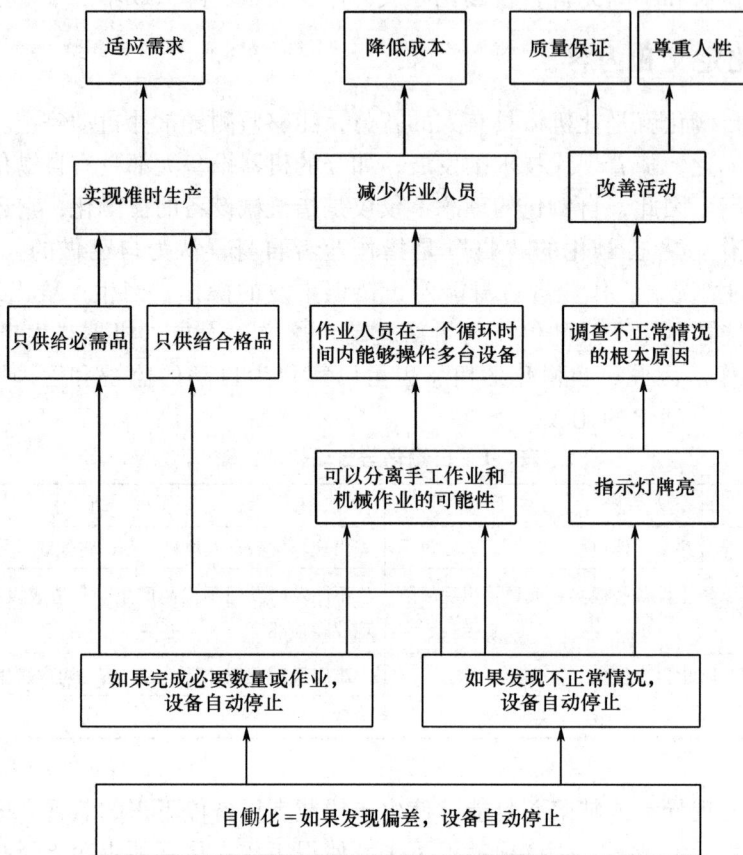

图 7-2　自働化原理与作用

尊重。

由此可见，自働化是实现精益生产的基本目标(降低成本)以及其他三个次要目标(适时生产、品质保证、人性尊重)的重要手段。自働化与准时化是精益生产的两大支柱，如果将准时化与自働化的关系喻为棒球比赛的话，那么准时化就是团队协作，也就是积极配合，而自働化就是提高每个人的技能。

自働化也可以解释为自动的监视和管理异常的手段。它可以防止不合格品从前工序流入后工序，不使后工序造成混乱，并以此保证准时生产。因此，在实际应用中它主要包括两方面作用：提高效率和异常管理，即通过人机分离来提高效率，通过异常管理实现人机分离和保证品质，如图 7-3 所示。

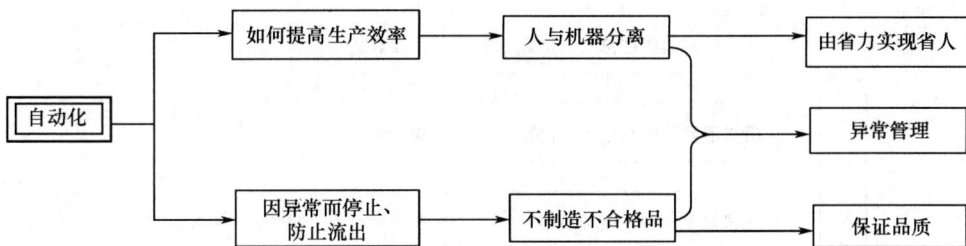

图 7-3　自働化的作用

第二节　人　机　分　离

在生产现场，经常可以看到在机器运行的过程中，操作人员经常处于看管监视状态。虽然高度自动化机器，但为了排除小故障、补充材料和防止异常状况的发生，仍需要安排人员看管。为了彻底消除这种看管的浪费，可采用自働化方法。这样当设备在自动运行时，人可以离开，去操作另一设备或其他工作，即所谓人机分离。

一、人机分离程度

物料在设备上加工往往要经过搬运、上料、加工、下料等环节。这些工作分别用机器或人工完成。当机器自动工作时，操作员可以离开；当机器工作完成时，操作员回来继续进行人工操作。当分配给机器的工作较多时，则人工需要的工作就少，操作员可以离开时间就越长，能操作的机器数就多，因此要确定合适的人机分离程度。图 7-4 为实行人机分离的程度等级。

图中根据人机分离程度划分为 A、B、C、D 4 个等级，其中 A 等级分离程度最高，B 至 D 依次降低。具体说明如下：①机器自身不能停止，需要人将机器停在恰当的位置，则就不要实行分离；②机器可以自动停在恰当的位置，就可以实行分离，但分离程度最低；③机器完成一个循环后停止，属于 D 等级，这是丰田公司常用的等级；④机器完成一个循环并机器取下工件后停止，属于 C 等级；⑤机器完成一个循环、机器取下工件、安装工件、起动后停止，属于 B 等级；⑥机器完成一个循环、机器取下工件、安装工件、起动机器并可以投料、搬运，属于 A 等级，实现全自动操作，自働化程度最高，已不需要人工操作，是人机分离的极限。

例如，某主轴在车床上需要加工 A、B、C 三个外圆面，操作过程为：①安装工件；②夹紧夹具；③起动；④监视；⑤停止；⑥准备起动；⑦复位；⑧打开夹具；⑨取下。如图 7-5 所示。车床在加工外圆面到规定长度时不能自行停止，因此加工过程中需要人的监

①人将机器停在恰当的位置　　　不能分离

②机器自动停在恰当的位置　　　第1步

③机器完成一个循环后停止　　　第2步 ---- D等级　常用

④机器取下工件　　　第3步 ---- C等级

⑤机器安装工件、起动　　　第4步 ---- B等级

⑥机器投料、搬运　　　第5步 ---- A等级　自働化程度最高

分离程度增加

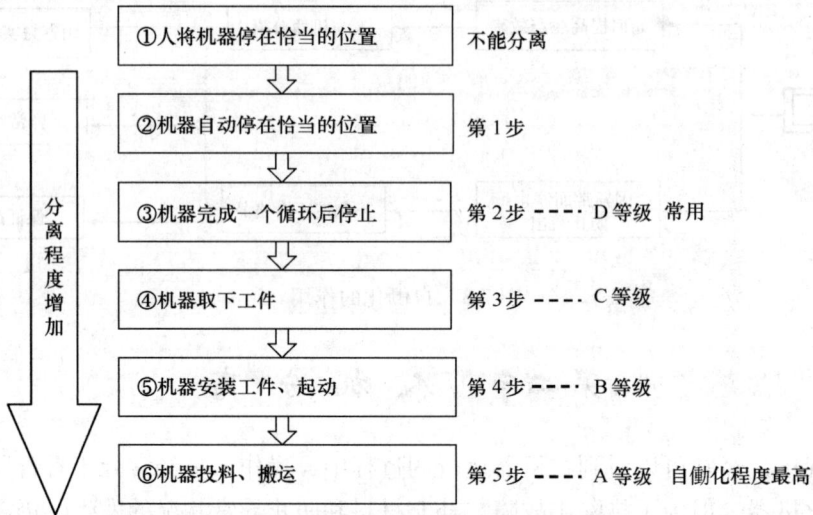

图7-4　人机分离的程度等级

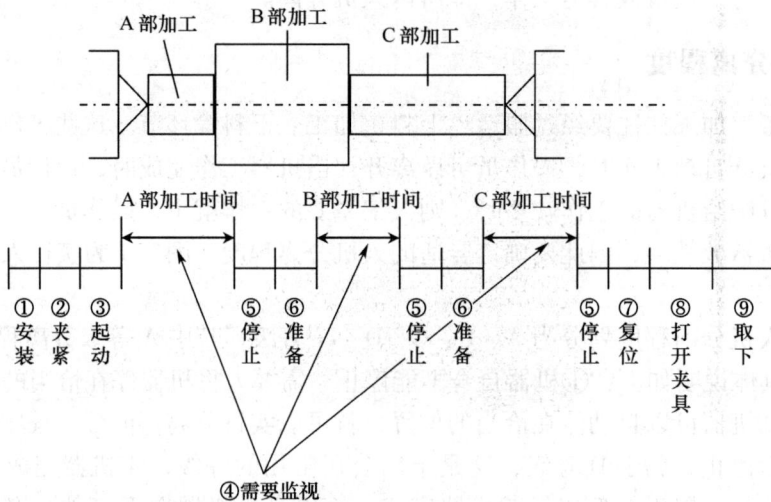

A部加工　　B部加工　　C部加工

A部加工时间　　B部加工时间　　C部加工时间

①安装　②夹紧　③起动　　⑤停止　⑥准备　　⑤停止　⑥准备　　⑤停止　⑦复位　⑧打开夹具　⑨取下

④需要监视

图7-5　未实现自働化前的操作

视,以便手工进行停止。这样,一个人就只能管理一台机器。

为了实行一人多机操作,可按如下步骤进行改进:

第1步:将机器停在恰当位置

通过安装可以自动停止的装置,取消操作人员手工停止和监视工作,从而使人能够离开设备,并操作多台设备(或可以进行其他工作)。在这个阶段,机器可以自行停止,但不能

自行起动。每个外圆面需要手工起动，人需要经常往返设备之间，可以离开的时间短，最多管理 2~3 台设备为限，如图 7-6 所示。

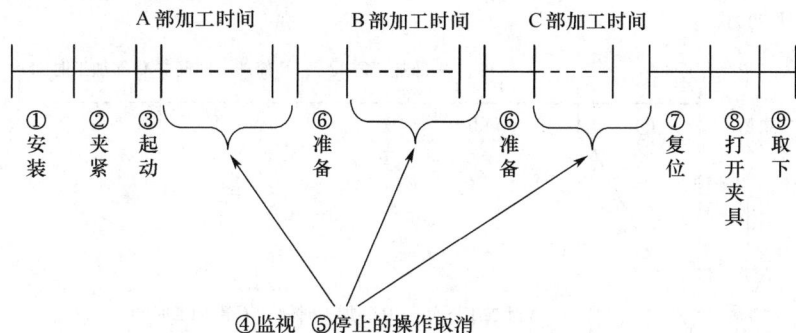

图 7-6　机器自行停在恰当位置

第 2 步：机器完成 1 个循环后停车

通过进一步的改进取消了操作人员以下操作：②紧夹具、⑥准备、⑦复位、⑧松夹具。这样机器的自働化程度更高了，可以自行完成一个工作循环而停止，操作人员的工作就只剩下了：①安装、③起动、⑨取下，如图 7-7 所示。这种自働化为 D 等级。

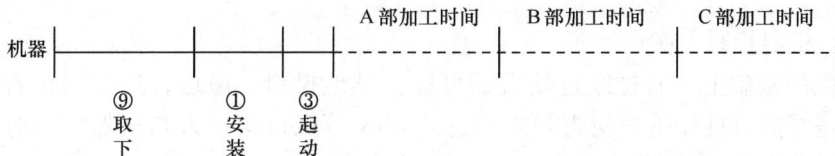

图 7-7　D 等级的自働化

此时，一个循环周期内对于一台设备操作人员只操作一次即可，这样操作人员能够离开设备的时间就延长了，管理多个工位变得很轻松，如图 7-8 所示。

第 3 步：机器取下工件

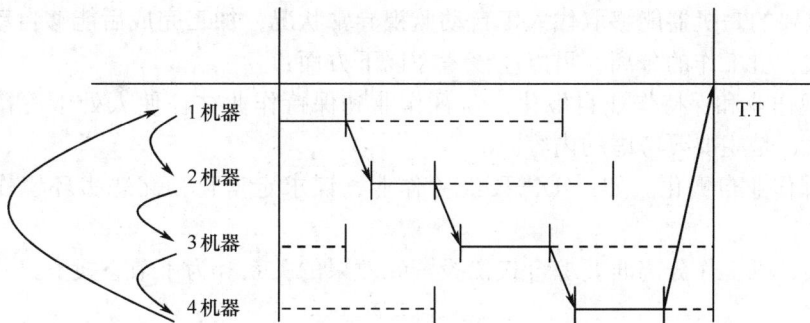

图 7-8　一人多机

在第 2 步中，大的工件仍需要人工用双手操作"取件"和"装件"，如果进一步改进，将取件工作机械化，则人的工作只剩下：①安装、③起动，进一步节省人力及工时，达到 C 等级，如图 7-9 所示。

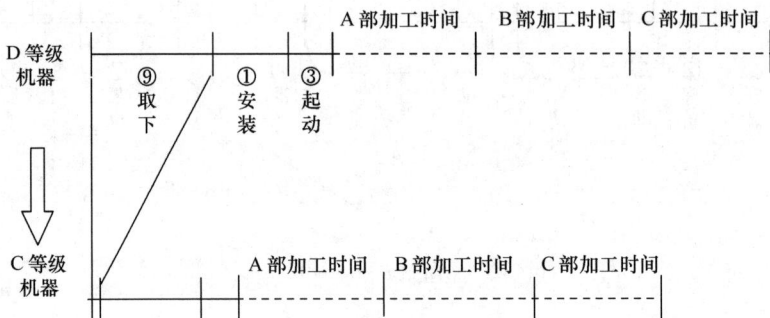

图 7-9　C 等级的自働化

第 4 步：机器安装工件、起动

如果机器可以自动安装工件并起动，操作者只是投入工件到物料箱，可以在加工过程中同时投放多个工件，只要保持物料不中断即可，这样操作者的自由度将会更大，达到 B 等级的自働化。

第 5 步：机器投料、搬运

在 B 等级的基础上，通过改进使机器可以自动地投料、搬运，这样操作者可以完全独立出来，只是更换刀具和质量检查等工作，达到 A 等级，实现人与机器完全分离，节省了人力和工时，效率大大提升。

二、人机分离的推行方法

从实施人机分离进程可以看出，在实施自働化的过程中往往要提高设备的自动化程度，如采用机械化的手段来减轻人的工作量，让机器自动夹紧工件、松开工件、复位、搬运等工作。但更为重要的是机器能够取代人工自动监视异常状况，加工完成后能够自动停止。为了更好地实现人、机工作的分离，重点应该考虑以下方面：

（1）监视作业和保持作业自働化。监视作业和保持作业往往使人处于等待状态，对生产效率影响大，是主要要考虑的内容。

（2）特殊作业自働化。如：①需要经验作业，谋求定量化；②恶劣环境作业；③重体力作业等。

在实现人、机工作分离时要综合权衡投资和效果的关系。为了节省投资，一般按以下原则确定：

（1）优先采用人机分离程度 D 等级。机器完成加工工作，而物料的上料、下料等准备工作由人工完成。机器容易做就让机器完成，人工容易做就让人工完成。

（2）只对有问题的部分实施自働化。

第三节 异 常 管 理

一、异常管理的概念

对于管理的本质，大野耐一有着独特的见解。他认为所谓的管理，就是在顺利的情况下不用看管，一旦有什么异常，则尽快地发现并采取措施。比如，在美国西部的很多农场中，只有极少数的牛仔看管着几千头的牛，一般情况下，牛仔什么都不做，牛群也只是磨磨蹭蹭地向前走，可是牛群一旦离开既定路线，牛仔就策马驰向头牛纠正线路。要是几头牛走出了牛群，他们就通过鞭打使这几头牛返回牛群。

因此，管理的目的就是以异常状况作为中心进行管理，在丰田公司被称作"异常管理"。如果采用异常管理，就能扩大管理能力或者管理范围，一名作业人员能操作多个自动机器，一个组长和班长能够看管多条生产线。

生产现场的异常管理就是指为了能够检测、控制、解决生产过程中的错误、突发和失控状况，而制定的一系列措施和管理手段。在现场管理中，针对每天出现的异常问题，快速应对并及时处理，防止其再发生是很重要的，因此现场管理也称为异常管理。自働化是现场管理的重要手段，因为自働化具有自动的监视和管理异常的作用，如自动报警装置、防错装置、操作人员异常目视板、QC工程表、设备能力表等。

二、异常管理体系

图7-10为异常管理的步骤。从不接受不良、不生产不良、不转移不良的品质保证观点出发，异常管理主要有4大步骤：确定异常、能够检测异常、迅速处置和防止再发生。

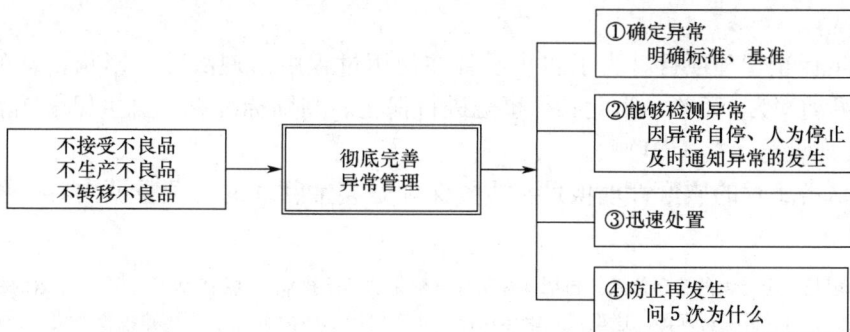

图7-10　异常管理步骤

图 7-11 为异常管理体系图。具体包括实施异常管理的 6 个阶段和 3 方面的管理技术。

实施异常管理的 6 个阶段：①对异常进行确定；②可检测异常；③因异常停止、停留；④发生异常立即通知；⑤迅速处置；⑥防止再发生。

三方面的管理技术：作业方法方面、设备方面和加工物品方面。

三、异常管理内容[一]

1. 确定异常

确定异常即确定什么是异常，要制定完善的异常标准并使相关人员遵守。异常的确定是异常管理的重要一步。要做好确定异常工作主要从以下 5 个方面入手：①检查是否进行正确操作；②培训，让其遵守；③确定设备保全管理项目；④确认各工程质量管理项目；⑤防止质量确认的遗漏等。

（1）操作标准执行检查。操作标准是指在现场进行标准作业时，以工艺图、质量检查标准、QC 工艺表、安全标准为基础，能够确保质量、成本、安全等各种操作条件与方法的标准文件的总称。具有代表性的文件有操作要领书、作业指导书和刀具更换操作要领书等。

操作标准执行情况可以从人、物和设备三方面检查：

1）人员方面。检查作业人员操作的正确性以及遵守标准作业的情况。常见的操作标准有：作业标准指导书、标准作业组合表、标准作业卡（票）等。

2）物品方面。检查是否排除了不需要的物品，使零件的取放简单化等，也就是整理、整顿工作。另外，为了使运送不停滞，从物流上进行正确有效的运送作业，指明物品的发送地点。

3）设备方面。为了能了解设备是否正常运转，应该有工位设备能力表、加工条件基准等。

（2）通过培训让员工遵守。通过对操作者进行标准作业的培训，并使其遵守，从而减少异常的发生。人员培训方面主要有：作业要领书、刀具换模作业要领书、品质检查要领书等。

（3）确定保全管理项目。为了防止设备在使用过程中出现故障，影响正常的生产，必须保证设备可动率为100%，为此必须事先进行保全。判别标准有：自主保全图表、自主保全计划等。（详见第十章 TPM）

（4）确认各工程的质量管理项目。质量保证是异常管理的一项重要内容。各工序内的

[一] 异常管理是一个庞大的管理体系，包括许多实现自働化的具体技术，例如后面章节将要介绍的标准作业、QC 工程表、TPM、目视管理等，这里只介绍异常管理体系包括哪些内容，会涉及哪些管理技术，但不进行详细说明。

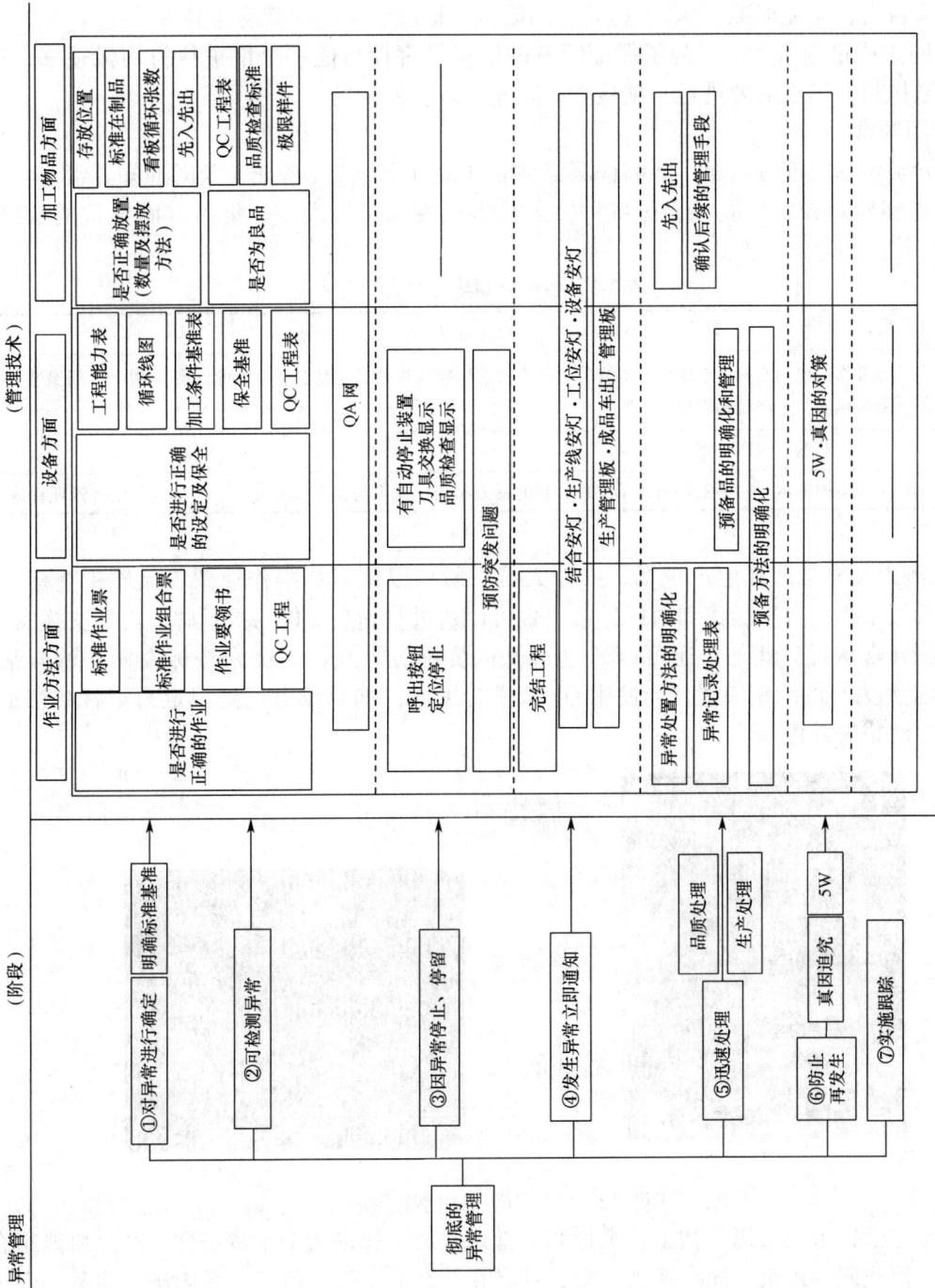

图 7-11　异常管理体系

异常管理

（阶段）

- ① 对异常进行确定 —— 明确标准基准
- ② 可检测异常
- ③ 因异常停止、停留
- ④ 发生异常立即通知
- ⑤ 迅速处理 —— 品质处理 / 生产处理
- ⑥ 防止再发生 —— 真因追究 / 5W
- ⑦ 实施跟踪

彻底的异常管理

（管理技术）

作业方法方面
- 是否进行正确的作业
- 标准作业票
- 标准作业组合票
- 作业要领书
- QC工程
- 呼出按钮 定位停止
- 预防突发问题
- 完结工程
- 结合安灯·生产线安灯·工位安灯·设备安灯　生产管理板·成品车出厂管理板
- 异常处理方法的明确化
- 异常记录处理表
- 预备方法的明确化
- 5W·真因的对策

设备方面
- 是否进行正确的设定及保全
- 工程能力表
- 循环线图
- 加工条件基准表
- 保全基准
- QC工程表
- QA网
- 有自动停止装置 刀具交换显示 品质检查显示
- 预备品的明确化和管理

加工物品方面
- 是否正确放置（数量及摆放方法）
- 是否为良品
- 存放位置
- 标准在制品
- 看板循环张数
- 先入先出
- QC工程表
- 品质检查标准
- 极限样件
- 先入先出 确认后续的管理手段

质量管理项目有：作业标准、QC 工程表、品质检查标准、使用的简易检具等。

（5）防止质量确认遗漏。为了保证所有的质量管理项目能够全部被执行而无遗漏，在所有项目被执行完毕之后要进行一项检查，防止出现质量问题。

2. 检测异常

检测异常包括三部分内容：能够检测异常、异常自停与人工停止、及时通知异常。

（1）能够检测异常。能够通过各种方式检测出在人员、设备、物品方面异常的状况。表 7-2 为各种检测异常的方式。

表 7-2　各种检测异常方式

检测对象	检 测 方 法
人员	标准作业票的张贴、刀具交换实绩表、品质检查标准的张贴、完结工程、剩余工件的揭示、纠错装置、监检传感器、生产管理看板
设备	监视传感器、生产管理看板
物料	所在地的揭示、初始工件与终了工件、定时品质检查、先入与先出、整流化、一个流、生产管理看板

1）检测人员异常。在生产现场，操作人员一般可以依靠标准作业票、品质检查标准、生产管理看板来判别各项操作和指标异常，也可以通过对剩余工件的揭示牌、刀具交换实绩表等来检测异常状况。此外，还可以通过自働化装置防止操作人员未按标准操作的异常。图 7-12 为监测力矩的纠错装置，当使用 QL 扳手拧紧时，如果没有达到规定力矩就结束了，生产线会自动报警并停线。

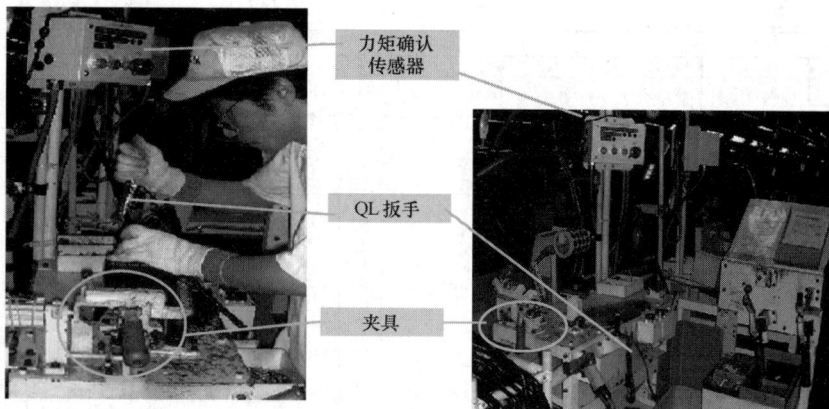

图 7-12　监测力矩的纠错装置

在质量方面，可以采用完结工程来检测异常。完结工程是指 1 个零部件、产品机能组合在同一个工位或同一班组、同一系内完成，并且在所在的工位、班组、系内确认质量、保证质量。完结工程的目的是质量要在本制造工位内确认和保证，只给下道工序提供合格品，万一出现不良品，也要在其本工位修理，从而提高合格率。同时，可以马上反馈不合格信息，可以容易地彻底防止不合格品再发生，从而使质量的保证轻松而迅速地进行，强化质量保证体制。更为重要的是，让员工明确工作的目的、所必需的技能和责任，体会每日工作的成就感，使工程向着持续成长的目标发展。

完结工程包括部品完结、分组完结和机能完结三种类型，如表7-3 所示。图7-13 为某车型的部品完结、分组完结和机能完结的示例。

表7-3 完结工程类型

分 类	功 能
部品完结	在某工程内，一个主要部品依赖从属部品而固定，其部品的所有的结合部位都要与已组装的部品结合，因此要确认、保证其工程内部品的组装状态的品质
分组完结	把分组内的全部零件在组内组装的同时，确认保证其零件的组装后的品质（调整等）
机能完结	让同一机能系内的所有分组在系内进行组装的同时，全体机能组要确认、保证其后的组装状况的品质（如汽车中后门锁、把手作用等）

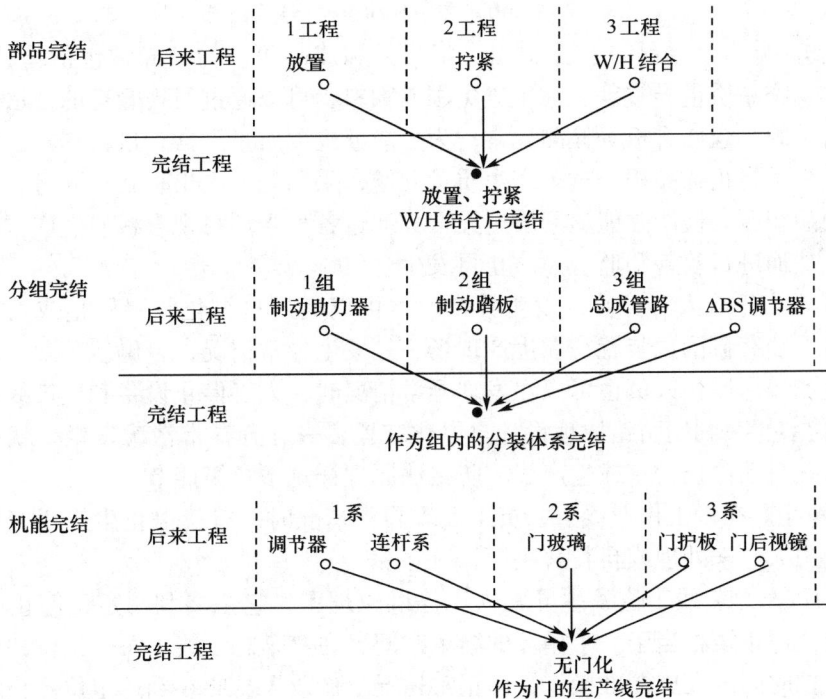

图7-13 汽车的完结工程示例

2）检测设备异常。针对设备，除了依靠对比、记录、分析管理看板的各项检测指标来检测异常外，也可采用监视传感器检测异常的发生。

图 7-14 是力矩控制脉冲监视传感器，通过监视器的颜色确定力矩是否异常。

图 7-14 力矩控制脉冲监视传感器

3）检测物品异常。物品是指原材料、半成品和成品等。物品异常包括物品品种异常、物品位置异常、物品质量异常等。为了避免领错物料，可以通过目视管理的办法，如通过定置图、位置指示牌、仓储看板等检测异常；为了能够检测质量异常，进行首件、尾件检查以及定时抽检；为了防止物品积压过久产生质量问题，采用先入先出货架；通过整流化和一个流来减少在制品积压，检测并能追溯质量异常；通过各种管理目视看板使生产过程中出现的问题明显化，从而进行改善和监督，防止再发生。

（2）因异常自停或人工停止。发生异常时，可以通过自働化装置停止或人工停止。在设备或生产线上装有自働化装置，在生产现场一旦发生异常情况，自働装置发生动作而自动停止设备或生产线。操作人员也可以在发现异常情况时，人工停止设备和生产线。

1）自働化装置。利用防错原理设计自働化装置，一旦有异常情况发生，就可以马上检测到异常信号并自动停止设备或生产线。防错法原理详见本章第四节。

2）人工停止。在手工作业线上，员工发现异常情况时，有权停止生产线，并发出相关信息，等待相关人员来处理或自行解决。

图 7-15 为汽车总装线工位发生异常人工停线原理图，它主要利用定位停止线判定是否进度异常。定位停止线相当于一个循环的结束时间，在汽车总装线上每个工位的作业人员必须在规定的节拍时间内完成标准操作，即正常情况下作业人员应在到达定位停止线前完成规定的操作。若作业人员到达定位停止线时还没有完成规定的操作，这时作业人员可以操作拉线开关（从顶棚挂下来的拉线），装配线就会停下来。同时，顶棚上的黄色指示灯亮，监督

人员会立即赶来。如果在循环时间中间发生了必须停止的事态的话，就要按紧急按钮。

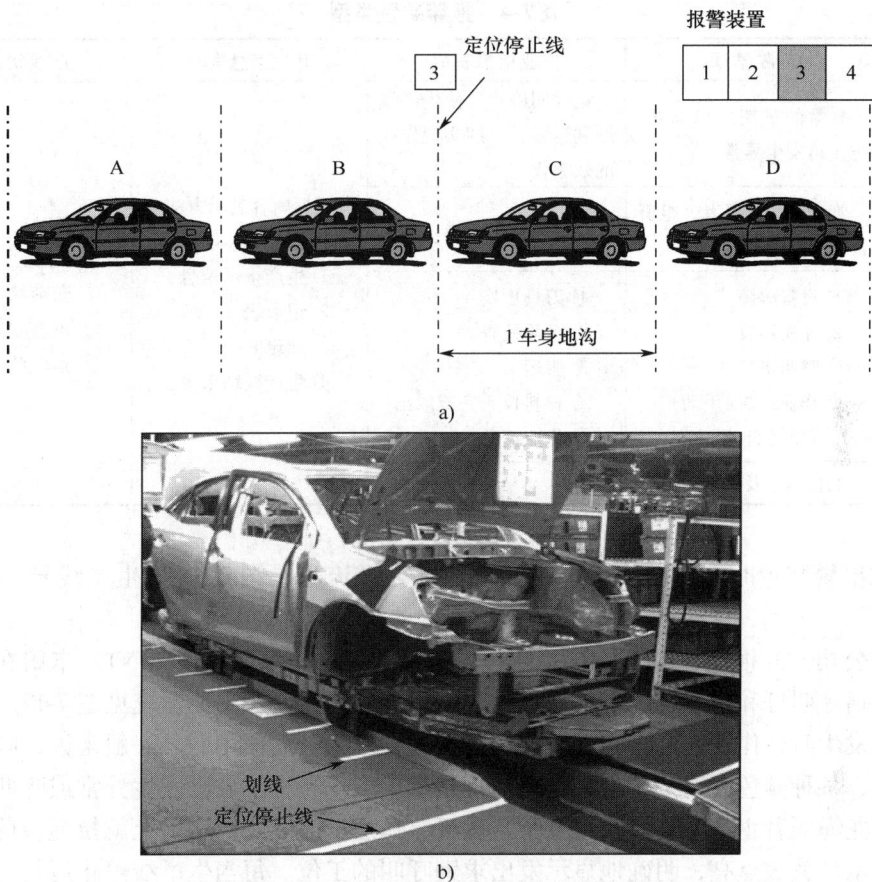

定位停止线

报警装置

| 1 | 2 | 3 | 4 |

A   B   C   D

1 车身地沟

a)

划线

定位停止线

b)

图 7-15　汽车装配线发生异常人工停线原理图
a）超过定位停止线人工停止　b）定位停止线现场

（3）及时通知异常。当异常发生时，设备自动停止或人工停止，并应及时通知相关人员。通知方式一般采用报警装置或系统。报警装置或系统要在发生异常时及时将必要的信息通知给必要人员。通过报警装置或系统不必花费过大的人力，就能够掌握人、设备是否正常，并可以使相关的人能够正确处理。安装报警装置时，要明确谁想知道什么、想让谁知道什么、自己采取什么行动、让被通知人采取什么行动，等等。

生产中使用的报警装置较多，可以根据用途、使用范围、报警信息等进行分类。例如，可按组装线、加工线、设备单位设置报警装置；按组长、班长以及线外人员知道异常设置呼叫工位；按作业指示、生产信息、生产线状态等设置信息显示。表 7-4 为报警装置根据功能划分的类型。

表7-4 报警装置类型

机　能	异常表示	作业指示表示	其他信息表示	产线状态表示
目的	异常的早期发现修复，防止再发生异常	记时明确化，使生产线顺利运转，以期实现作业的效率化	根据内容表示方法有所不同	灯亮时需要各自作业的标准化
向谁	管理者、监督者、组班长、异常处置者	技能员、生产线以外者	①生产指示信息②记数表③加班时间④生产线结束等	①负荷状态②准备状态③运转状况等
什么内容	①设备故障②品质不良③呼叫班长④作业迟缓(手动)超时(自动)	①刀具更换②品质检查③搬运④材料投入完成取出⑤作业援助		
表示方法	工程编号及工程名			

在考虑报警装置时，要设计生产线异常情况处理流程，图7-16为生产线异常情况处理流程示例。

在丰田公司作为报警装置的是电子显示板，日语叫"安灯"（ANDON）。丰田在每条生产线都装有包括呼叫灯和指示灯的电子显示板，如汽车总装的ANDON系统见图7-17。呼叫灯是在异常情况发生时，作业人员呼叫现场管理人员和维修人员而使用的，一般来说，呼叫灯配有不同的颜色，某种颜色表示某种求助。指示灯是用来指示哪个工位已发生异常或呼叫。各种工序用一条尼龙绳顺着生产线连接直通电子显示板，哪道工序有了问题马上就拉绳，此时电子板上的红色指示灯就被点亮，明确地显示发出求助呼叫的工位。每当生产线停止运行，或有求助呼叫时，现场的管理人员和维修人员就会在信号的引导下，到达异常（或呼叫）工位。

需要注意的是，在丰田公司，组装线被分为几段，段与段之间有少量的缓冲汽车（通常是7~10辆）作为间隔。因为有了这些缓冲，当某一段组装线暂停作业时，下一段组装线仍然可以继续作业7~10min，依此类推。因此，极少发生整个工厂停工的情形。

丰田公司的ANDON信息系统不只是目视管理，其主要目的是不论哪道工序的工人都有权拉绳停线，从而保证了不合格的产品绝不能流入下一道工序。读者看到这里可能会担心这样随便拉线，生产线总是停，任务怎么完成。这种担心丰田公司开始也有，但为了保证质量就得要停线，只有停下来，问题才能引起重视，才能得到及时的解决。停止生产线的最终目的是使问题彻底解决，防止再次发生，从而保证生产线高效运作。

3. 迅速处理

在生产现场当通过各种途径把异常状况及时通知相关人员后，相关人员必须迅速作出处

生产线异常情况处理流程

工厂：	部门：	线/区域：	产品名称：	联系人：	日期：

情况处理将按以下所示的顺序进行，直至确认问题能得到有效解决

时间	产品质量问题	设备故障/违反标准化工作	生产工艺问题	材料短缺
−30min				
−15min				
−10min	报警	报警	报警	报警
0min	操作人员	操作人员	操作人员	操作人员
5min	工长 生产工程师 在线质量工程师	工长 生产工程师	工长 工艺工程师 在线质量工程师	工长 生产主管 库房保管 来料检验工程师
30min	生产和工艺主管 在线质量经理	生产主管 技术辅助维护人员	生产和工艺主管 在线质量经理	物流和来料检验 主管生产经理
1 shift	生产质量经理 相关部门 (设计、技辅等)	生产经理 技术辅助部门主管	生产经理 生产质量经理 相关部门 (设计、技辅等)	物流和来料检验 经理生产经理
24h	质量部门经理 生产部门 (设计、技辅等)	技术辅助部门经理 生产部门经理	质量部门经理 生产部门经理	采购部门经理 质量部门经理
48h	工厂长	工厂长	工厂长	工厂长
72h	PT-ACE/QMM&TE	PT-ACE/QMM&TE	PT-ACE/QMM&TE	PT-ACE/QMM&TE

流程图：

质量问题 (工艺或材料) 或设备故障
→ 新问题或质量问题？(A)
→ 错误未超出规定的极限？
→ 收回警报，记录错误，继续生产

一旦有问题出现应通过电话、邮件或记录通知报警

因材料短缺有停线的可能

质量问题、设备故障，或是材料短缺有可能导致停线

停线 → 材料是否可行？
→ 主管加入并主持分析原因 (B)
→ 有无有效的措施可使生产继续？(C)
→ 提高处理继续分析原因
→ 认识问题所在

A) 做上记号并将缺略零部件拿出。
B) 如果因材料短缺，则需要工艺工程师、主管、操作工、电工、质量工程师和工厂长参加分析。
C) 如果是买入零部件有质量问题，则需考虑将来买入零部件的选择。

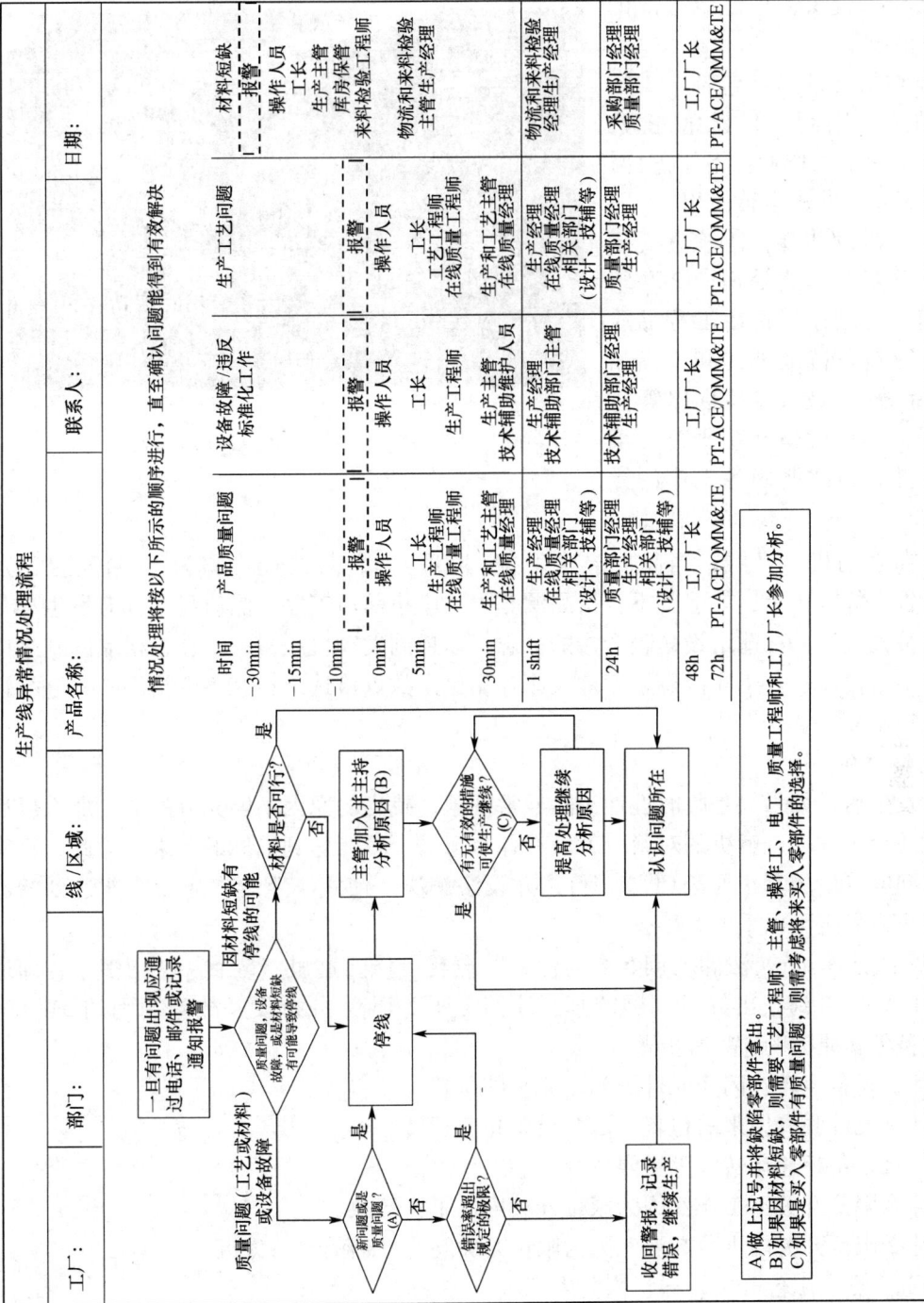

图 7-16　生产线异常情况处理流程示例

理，以消除异常现象，把停线造成的损失控制在最小。

设备异常的处理通常包括：①暂定处置，如规格限制；②紧急处置，如自动线转换为手工作业。不管怎样，都是让设备或生产线先运转使用。

品质异常处理步骤：①检查现场现物，判断重要性迅速处理；②联络相关联部门；③迅速进行后工程品质确认；④进行对象范围把握和不良品排除（不良品分类识别，良品选出等）；⑤排除原因，起动设备；⑥研究对策和再发生防止，再次明确各工序的异常内容。

图 7-17　汽车总装的 ANDON 系统

例如，在发动机生产线，当品质异常发生（发现）时，其处理步骤为：①停止工位；②向上司报告，等待指示；③追查不合格品源头；④联络前后工序、品质科；⑤对发生异常工位进行对策处置；⑥在此增设是否合格的标志，以控制发动机质量；⑦在合格品的到来前点检，选出不合格品；⑧工序内剩余工件及库存品也全数点检选出；⑨不合格品必需进行识别；⑩按规定修复。

4. 防止再发生

当异常发生后，如果只是临时性地消除异常现象，找出的原因不够充分的话，那么以后类似的问题还会再发生，解决的对策也就没有什么意义，只能达到治标的效果。为此，只有找到隐藏在问题背后的真正原因（即真因），并设法解决，使之不重复发生，才能达到治本的效果。防止再发生可以采用 5W 法。

（1）5W 法原理。5W 法即"问 5 个为什么"分析方法，这里"5 个"特指多个，即通过反复询问问题，直到找出异常问题的真正原因。图 7-18 为分析设备故障原因的 5W 法。例：分析设备停转原因的 5W 法步骤：

1）为什么设备停转？因为元件脱离了原来的位置。

2）为什么元件脱离原来的位置？因为设备超速运转。

3）为什么设备超速运转？因为限位开关不工作。

4）为什么限位开关不工作？因为限位开关内进了冷却液。

5）为什么限位开关内进冷却液？因为限位开关与冷却器的出口太近。

异常处置：更换限位开关，尽快恢复生产。

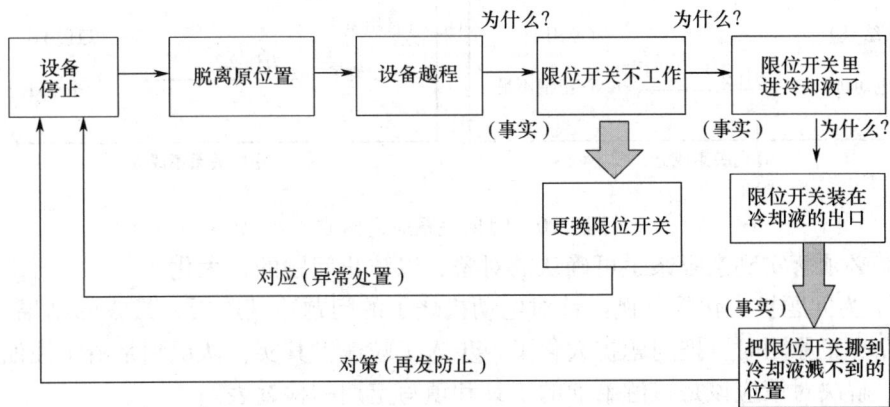

图 7-18 分析设备故障原因的 5W 法

再发防止：因真正原因是限位开关与冷却器的出口太近，故采取将限位开关转移到冷却液溅不到的位置。

若原因追究不充分时，例换下限位开关就结束的话，仅仅是异常处置，仍有再次发生故障的可能性。要通过反复问为什么，找到真因，并采取对策，这才是解决问题的有效途径。

（2）应用 5W 法注意点。应用 5W 法要注意 3 个问题：抓住问题本质、因果关系应逆向成立、问题不扩大。

1）抓住问题本质。在追究问题的原因时，应考虑在指定的原因中是否包含因果关系，并用简单的文字描述事实。例如，线夹把手夹住了，为什么会夹住呢？如果要深究慌忙的原因，则没有抓住问题本质。可用简单文字表述为：移动线夹时，手在夹具下面，如图 7-19 所示。

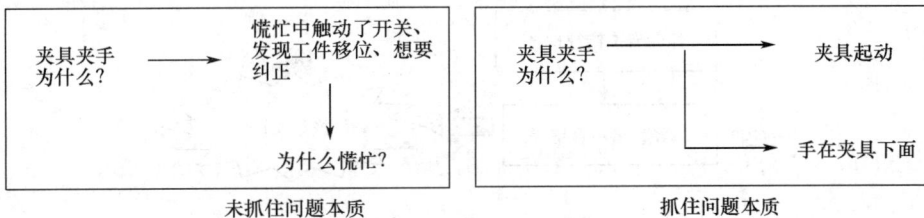

图 7-19 抓住问题本质

2）因果关系应逆向成立。例如，电动机烧了，原因是润滑油不足，其逆向关系是"因为润滑油不足，所以烧了"也成立。又如，吵架了，原因是关系不好，那么逆向关系成立吗？关系不好，就和谁都吵架吗？显然不成立，如图 7-20 所示。所以在追求真因的提问过程中，如果逆向关系不成立，则所提出的对策可能不正确。

3）问题不扩大。对待问题要实事求是，不应扩大。在追究真因时，对所描述的问题要

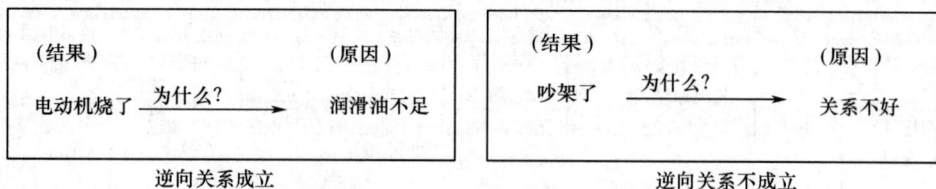

图 7-20 因果关系应逆向成立

（结果）　　　　　　　　　（原因）

电动机烧了 →为什么?→ 润滑油不足

逆向关系成立

（结果）　　　　　　　　　（原因）

吵架了 →为什么?→ 关系不好

逆向关系不成立

基于事实，必须落实到亲眼亲手可确认的对象，以防止问题的扩大化。

图 7-21 为问题扩大化的示例。针对电动机烧了的问题追其原因，最终的结果是换厂长。这样在追究真正原因时，把问题扩大化了，步入了歧途。其实，认识到是由于注油管理体制不完备时，解决对策应该是提醒给油的工具和填写定期的检查表。

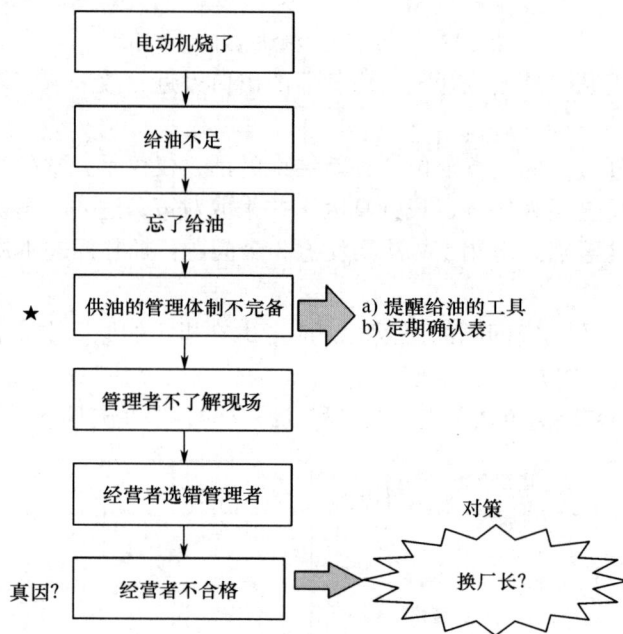

电动机烧了

给油不足

忘了给油

★ 供油的管理体制不完备 → a) 提醒给油的工具
b) 定期确认表

管理者不了解现场

经营者选错管理者

真因? 经营者不合格 → 对策 换厂长?

图 7-21 问题扩大化示例

第四节 防 错 法

一、防错概述

防错（Mistake-Proofing，日语为 Poka-Yoke），也叫防呆（Fool Proofing），是指通过设计一

种方法或程序，消除产生差错的条件或使出错的机会减到最低，它是一种在作业过程中采用自动作用、报警、标识、分类等手段，使作业人员不特别注意也不会失误的方法。防错法是实施自働化以防止异常发生的一个重要方法，它的基本前提是：任何需要通过人员干预和判断的活动，都是有可能发生错误的。

错误是预期过程的任何偏离，它在成功过程所必须的任何条件不适合或缺少时出现。所有的缺陷由错误产生，但不是所有的错误都会产生缺陷，如图7-22所示。

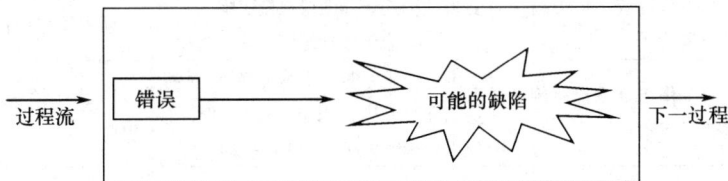

图7-22　错误与缺陷关系

其实，在我们日常生活中，防错法的应用随处可见。例如，当微波炉的门处于开放状态时，它将不会工作；当飞机的舱门没有关好时，指示灯将一直闪亮等。

二、防错的作用

防错强化了操作的程序和顺序。当错误发生或产生缺陷时，它可以通过发信号或停止过程，防止产品或机器的损坏，防止人员受到伤害等。防错的作用主要可以概括为：

1. 操作动作轻松，提升效率与产品质量

防错法消除了工人作业困难的作业，防止失误的发生，消除缺陷，可做到第一次即把事情做好，消除返工与检查，提升效率与产品质量。

2. 减少对技能的依赖，尊重工人的智能

它取代了依靠人的记忆、经验的重复工作/行为，将操作人员的时间和精力解放出来，以从事更具有创造性和附加价值的活动。

3. 消除作业危险，提供安全保障

防错法能够防止操作员因为失误或其他原因而引起损伤和安全事故，从而有效地保证了生产的安全有序进行。

三、错误类型

产生错误的原因基本可归为三大类，即人的原因、方法原因和设备原因。人的原因占了绝大部分（77.8%）。人们的错误是自然的事件，所有的人都会犯错误，由于人的因素造成错误称为人为错误。

人为错误是指操作者实际完成的职能与该工作所要求完成的职能之间的偏差。人为差错分三种情况：①未执行分配给他的职能；②执行了未分配给他的额外职能；③错误地执行了分配给他的职能。错误地执行可分为2种情况：按错误的程序或错误的时间执行了职能，或执行职能不全面。

几乎所有的缺陷都由人为的错误产生，至少有10种人为的错误类型，如表7-5所示。

表7-5　人为的错误类型

序号	错误类型	含　义	例　子	安全措施
1	遗忘错误	当不重视或不集中精神时会忘记事情	1. 忘记作业或检查步骤 2. 忘记在拧螺钉前装上垫片	预先警告操作者或定期检查
2	误解错误	对工作指令或程序判断或理解错误所致	作业标准书指明更换IC时需同时加热各引脚，但修理作业员理解为逐个加热各引脚	训练，预先检查，标准化工作程序
3	识别错误	由于太快、太远看不清楚或不熟悉作出错误判断	将50美元的钞票误认为5美元，把假钞当真钞	培训，提高注意力和警觉性
4	新手错误	由于不熟悉作业过程、缺乏经验而产生错误	1. 一个刚经过培训的新手去焊接工序，产生失误的概率多 2. 新手踩刹车较慢	建立技巧，工作标准化
5	意愿错误	在特定环境下决定不理睬某些规则时会发生错误	在视线内没有车时闯红灯过街	基础教育，纪律
6	疏忽错误	作业者不小心、心不在焉产生错误	无意识地穿过街道而没有注意到亮着红灯	专心，纪律，工作标准化
7	迟钝错误	由于作业人员判断或决策过慢而行动迟缓导致错误	锡槽焊接时间为3s之内，而作业员5s后才将漆包线从锡槽内拿出，而导致绝缘不良	建立技巧，工作标准化
8	标准错误	由于缺乏指导或工作标准时而发生错误	由于单个工人的判断力而出现的测量错误	工作标准化，工作指导
9	意外错误	由于突发或意外事件而导致作业人员措手不及，从而引起错误	机器可能在无警示的情况下故障	TPM，工作标准化
10	故意失误	出于某种原因，作业者故意造成错误	犯罪和破坏	基础教育，纪律

四、防错原则与思路

1. 防错模式

（1）失误防止观点。对待失误防止有两种出发点：传统的失误防止方式和POKA-YOKE

的失误防止方式。

1）传统的失误防止方式。在各种失误类型中，人为失误所占的比重很大，这是很多质量学者和公司管理层很早就认识到的，长期以来，被各大公司一直沿用的防止人为失误的主要措施是培训与处罚，即对作业者进行大量培训，管理人员要求作业者认真工作，对失误的作业者进行处罚。通过培训确实可以避免相当一部分的人为失误，比如由于对过程/作业不熟悉、缺乏工作经验、缺乏适当的作业指导所导致的失误。但由于人为疏忽、遗忘等所造成的失误却很难防止。经长期以来的大量实践及质量学者研究发现，培训与处罚相结合的防错方式并不怎么成功。

2）POKA-YOKE 的失误防止方式。随着技术的发展和客户要求的提高，质量标准也越来越高，美国质量管理大师菲利浦·克劳士比提出了质量"零缺陷"的理论，很快成为最新的质量标准，各优秀企业均以此为追求目标。很明显，仅靠"培训和处罚"的传统防错方法所取得的改善效果与新的质量标准相去甚远。为了适应新的质量标准，企业管理人员须杜绝失误，而要杜绝失误，须首先弄清楚产生失误的根本原因，然后针对原因采取对策。日本丰田汽车公司的 IE 工程师 SHIGEO 通过长期研究，建立了一套新的防错模式——POKA-YOKE，其基本原理为：用一套设备或方法使作业者在作业时直接可以明显发现缺陷或使操作失误后不产生缺陷。作业人员通过 POKA-YOKE 完成自我检查，失误会变得明白易见，同时，POKA-YOKE 也保证了必须满足其设定要求，操作才可完成。

POKA-YOKE 防错法具有如下特点：①全检产品但不增加作业者负担；②必须满足 POKA-YOKE 规定的操作要求，作业过程才能完成；③低成本；④实时发现失误，实时反馈。

通过对两类防错模式的比较可知，传统防错方式通过培训和惩罚解决了部分失误，而 POKA-YOKE 可以从根本上解决失误问题。

（2）POKA-YOKE 的四种模式

1）有形 POKA-YOKE 防错。有形 POKA-YOKE 防错模式是针对产品、设备、工具和作业者的物质属性，采用的一种硬件防错模式。如电饭煲中的感应开关即为一种有形 POKA-YOKE 防错模式。如果电饭煲中未加入水，加热开关就无法设定至加热位置，只有加水，加热开关方可开至加热位置。

2）有序 POKA-YOKE 防错。有序 POKA-YOKE 防错模式是针对过程操作步骤，对其顺序进行监控或优先对易出错、易忘记的步骤进行作业，再对其他步骤进行作业的防错模式。

3）分组和计数式 POKA-YOKE 防错。分组和计数式 POKA-YOKE 防错模式是通过分组或编码方式防止作业失误的防错模式。

4）信息加强 POKA-YOKE 防错。信息加强 POKA-YOKE 防错模式是通过在不同的地点、不同的作业者之间传递特定产品信息以达到追溯的目的。

2. 防错法思路

表7-6为防错法的思路,防错可以采用消除、替代、简化、检测、减少等5个方法。

表 7-6 防错法的思路

思　路	目　标	方　法	评　价
消除	消除可能的失误	在产品设计与工艺制定时防错	最好
替代	用更可靠过程代替目前过程	运用机器人或自働化生产技术	较好
简化	使作业更容易完成	合并,实施 IE 改善	较好
检测	在入下工序前对其进行检测并剔除	在操作失误时给予警告	较好
减少	将失误影响降至最低	采用熔丝进行过载保护等	好

（1）消除。消除失误是最好的防错方法。它是从设计的角度考虑到可能出现的作业失误并用防错方法进行预防。这种从源头防止失误和缺陷的方法,符合质量的经济性原则,是防错法的发展方向。

（2）替代。对硬件设施进行更新和改善,使过程不过多依赖于作业人员,从而降低由于人为原因造成的失误(占失误的部分)。这种防错方法可以大大降低失误率,为一种较好的防错方法。其缺点是投入大,另外由于设备问题导致的失误无法防止。

（3）简化。通过合并、削减等方法对作业流程进行简化,流程越简单,出现操作失误的概率越低。因此,简化流程为较好的防错方法之一,但流程简化并不能完全防止人为缺陷的产生。

（4）检测。作业失误时自动检测提示的防错方法,为目前广泛使用的防错方法。

（5）减少。发生失误后将损失降至最低或可接受范围,目前许多智能设备均具备减少损失的功能。

3. 防错原则

为了更好地防错,在设计防错法时要遵循四不原则:

（1）使作业动作不困难。对于难以观察、难拿、难动等作业,会由于变得易疲劳而发生失误。对此,可以采用区分颜色或放大标识使得容易看,或加上把手使得容易拿取,或使用搬运器具使动作轻松。

（2）使作业不要技能。需要高度技能的作业,往往容易发生失误。对此,可以考虑对夹具及工具进行机械化,降低技能要求,使新进人员或辅助人员不需经验就可进行正确操作。

（3）使作业不依赖感官。依赖像眼睛、耳朵、感触等感官进行作业时,容易发生错误。对此,可制作防错夹具或使之机械化,减少用人的感官来判断的作业。如果一定要依赖感官的作业,应设法使人能作多重判断。譬如,当信号灯一红即同时有声音出现。

（4）使作业不会有危险。改善作业方法的安全性,避免给人或产品带来危险。

五、防错手法

错误发生的原因有很多，如果花时间去识别错误何时和为何发生，采取上述方法和安全装置，几乎所有的错误都可以避免。10 种常见错误原因可以用以下 10 种防错原理来纠正/消除。

1. 断根原理

断绝形成错误的条件，从根本上排除造成错误的原因，使错误绝不会发生。例如，离家时关闭水、电、气的总开关，防止意外。

2. 保险原理

需要两个或以上的动作共同或依序执行才能完成工作，以避免错误之发生。例如，开银行保险箱时，须以顾客的钥匙与银行的钥匙同时插入钥匙孔，才能将保险箱打开。台式冲压机为预防操作人员不小心手被夹伤，采用双联串联式按钮，只有两个按钮同时按下，冲压机才会工作。

3. 自动原理

以各种光学、电学、力学、机构学、化学等原理来限制某些动作的执行或不执行，以避免错误发生。例如，电梯超载时，门关不上，电梯不能上下，警告钟也鸣起。目前这些自动开关非常普遍，也是非常简易的"自働化"的应用。

图 7-23 为自动原理在包装工序工件位置正确性的防错应用。包装工序的装置中，如果产品不放置在托盘中央的话，升降机或者产品就可能破损。于是，限位开关和电眼就分别探测横向和前后的位置。如果产品没被放置在正确位置的话，限位器就动作，托盘向升降机方向的移动停止，蜂鸣器就鸣叫催促作业员注意。

也可以采用简单的机械手段来达到防错的目的，这类防错装置一般成本比较低，在机器设备上只需要作局部的改进即可达到很好的防错效果。图 7-24 为钻床上的刀具检知棒，检知棒具有自动检测的功能，可检测刀具是否异常。

也有采用以计数控制的方式来达到防错的目的，计数器用于记数，以防止产品生产过多或过少，或用于控制设备的工作周期等。通过运用刀具（钻头、铰刀）交换计数器来计算刀具的交换次数，进而判断生产线上产品的生产情况，如图 7-25 所示。当线上生产的产品过多或过少时，计数器会自动通过发出声音或者发送某种信号来提醒作业人员错误的发生。

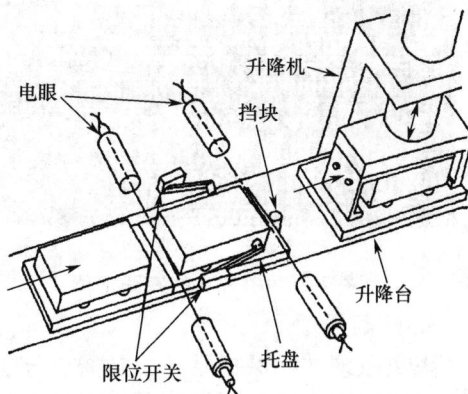

图 7-23 包装工序工件位置正确性防错

图 7-24　刀具检知棒

图 7-25　计数器

4. 顺序原理

为了避免工作顺序或流程前后倒置，可依编号顺序排列，从而减少或避免错误的发生。比如，流程单上所记载的工作顺序，依数字顺序编列。

在现场可以通过检查表，对每项作业逐项检查来防止人为疏漏，如出货检查表、包装检查表、5S 检查表等。

图 7-26 为文件夹斜线定位方式，利用目视防止位置错误，实际是利用了顺序原理，一旦有误就不能组成斜线，这样能很快被发现，便于及时更正。图 7-27 为重力式货架，可以保证物料先进先出的要求。

图 7-26　资料夹的斜线定位

图 7-27　重力式货架

5. 隔离原理

隔离原理亦称保护原理，是指靠分隔不同区域的方式，来达到保护某些地区，使其不能造成危险或发生错误。例如，独立设立的危险品仓库；电动圆锯有一保护锯片套，以防止锯到手。

图 7-28 为轮罩总成螺柱焊夹具改善。改善前需要将后悬挂固定座 A、减震器固定座 B 点焊到一起，在焊接过程中，由于焊点位置与螺柱过近，经常导致螺柱焊接分流，造成螺纹损坏，影响总装装配，个别严重者造成螺柱断裂，返修平均每台需要 20min，如图 7-28a 所示。

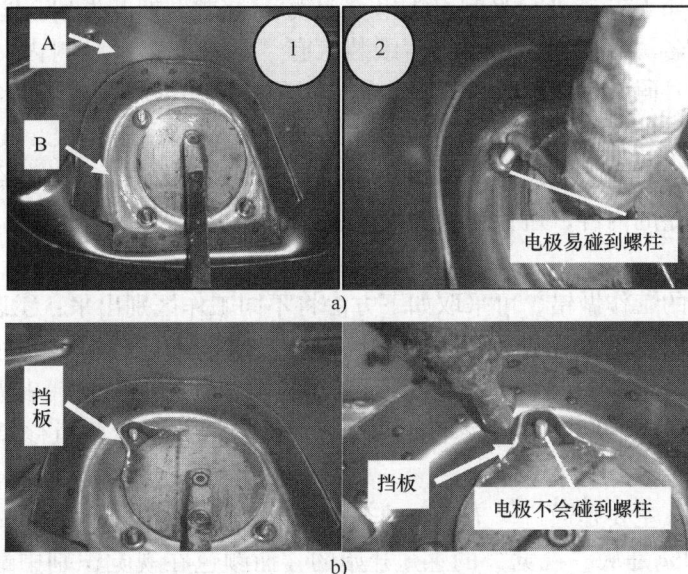

图 7-28 轮罩总成螺柱焊夹具改善
a）改善前 b）改善后

通过改进夹具进行防错。在焊接夹上添加螺柱的保护挡板，使电极碰不到螺柱，起到保护作用，如图 7-28b 所示。改善后因分流造成的螺纹损坏件数为 0。

6. 相符原理

相符原理是指通过检核动作是否相符合来防止错误的发生，可以以形状、符号、数学公式、声音、数量等方式来检核。

依形状的不同来检核，这是最简单的防错设计，在日常生活中有很多这类的设计，尤其在个人计算机上的应用更为常见。例如，个人计算机主机与监视器或打印机的连结线用不同的形状设计，使其能正确连接起来；DDR 和 SDRAM 内存条都有防错口的设计，以防止用户插反，如图 7-29 所示；各种 USB 接口都采用非对称设计；主板数据线和电源线、CPU 插脚

图 7-29 内存条的防错口

等都采用形状不同来达到防错的目的。

7. 复制原理

同一件工作，如需做两次或以上，最好采用"复制"方式来达成，这样既省时又不会产生错误。可采取如下方式进行复制：①以"复写"方式，如开发票。②以"透视窗"方式，如将地址及姓名写在信纸上，再将信纸装入有"透视窗"的信封内。③以"拓印"方式，如信用卡上的号码都是浮凸起来的，购物时只须将信用卡放在拓印机上，底下放上非碳复写纸，将滚轴辗过即可。将号码扣印在纸上，又快又不会发生错误。④以"复诵"方式来完成。如军队作战时，上级长官下达命令之后，必须要求属下人员将命令复诵一次，以确保大家完全明了命令的内容，避免错误的发生。

8. 层别原理

为避免将不同的工作做错，可采取如下方法将不同工作区别出来：①以线条之粗细或形状加以区别。如所得税申报单将申报人必需填写的资料范围记载在粗线框内；回函条"沿虚线的位置撕下"。②以不同颜色来代表不同工作的内容，如用红色代表紧急文件，白色代表正常文件，黄色代表机密文件；将不良品挂上"红色"标签，将重修品挂上"黄色"标签，将良品挂上"绿色"标签。

在日常活动中，主要是通过"五感"来感知事物的，其中，最常用的是"视觉"。据统计，人的行动的62%是从"视觉"的感知开始的，而颜色在视觉识别中最为明显。人类对颜色的共通认识是以绿色表示"安全"或"良好"；以黄色表示"警示、注意"或"重修品"；以红色表示"危险"或"不良品"。因此，可以用不同的颜色来代表不同的意义或工作内容，以此来防止出错。

9. 警告原理

当有不正常的现象发生时，能以声光或其他方式显示出各种"警告"的信号，以避免错误的发生。例如，车子速度过高时，警告灯就亮了；安全带没系好，警告灯就亮了，或车速开不快了；操作计算机时，如按错键，计算机就发出警告声音；组装过程中遗忘了某些零部件，警告灯提醒。

10. 缓和原理

通过各种方法尽可能减少错误发生后所造成的危害程度。有些情况下，虽然不能完全排除错误的发生，但是可以降低错误发生的危害程度。例如，自动消防洒水系统，火灾发生了开始自动洒水灭火；汽车上安装的汽囊，在碰撞发生时可以自动弹出，减少对人体的伤害；进入工厂时戴安全帽，一旦物体与头部相碰时，可以减轻受伤的程度。

通过以上列举的10种防错手法可以看出，对错误或异常的防止有3种方式，分别是停止、防备和警报，如图7-30所示。防错法认为"不会出错"要强于"不要出错"，因此通过各种防错装置和防错方法，在源头上防止了异常的发生，或即使异常发生时也能自动停止，从而实现了自働化的主要目的——保证质量、降低成本、实现准时交货、更加尊重人格（因为作业人员作业更容易）。

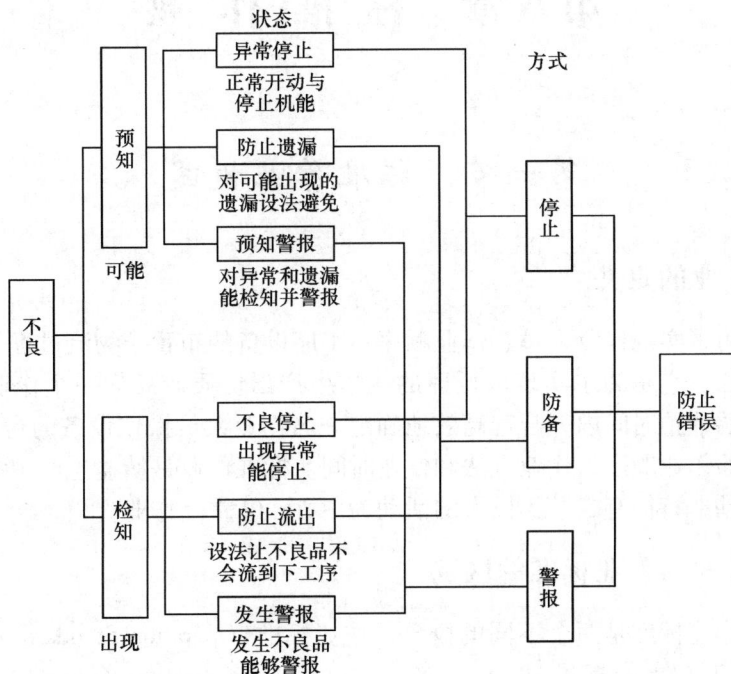

图 7-30 防错装置处置流程图

以上介绍了自働化的思想理念和方法体系。自働化作为精益生产中的一个重要管理手段，一方面，实现了人机分离，可有效节省人员；另一方面，要实现自働化，就要做好异常管理，提高现场管理水平。因此，在推行自働化生产的过程中，从人员、设备、物品方面制作各种确定异常和检测异常的标准；通过纠错装置、防错方法、报警装置来防止异常，并且可以迅速处置异常状况；最后，用问 5 个为什么的方式进行真因追究防止再发生，有效地保证了产品的质量，同时实现了精益生产中适时生产和对人格尊重的目标。因此，自働化是精益生产中可与准时化相媲美的另一大支柱。

第八章　标　准　作　业

第一节　标准作业概述

一、标准作业的定义

标准作业是为了实现作业人员、作业顺序、工序设备的布置、物流过程等的最优化组合而设立的作业方法。它是为了实现以低廉的成本生产出优质产品的一个作业基准。具体来说，是指在规定的节拍时间内，合理高效地确定一名作业人员操作设备的台数（或工位数），并确定作业人员的作业顺序、作业方法和作业时间。标准作业是精益生产中制造、改善和管理的基本内容，基本特征有二：①以人的活动为中心；②重复作业。

二、标准作业与作业标准的区别

标准作业与作业标准是两个不同的概念。作业标准（Operation Standard，OS）是指以各道工序的各项作业为对象的标准，规定各工序的作业方法。作业标准形成的文书称为作业标准书，也称作业程序书、作业指导书、作业要领书等。例如，机械加工中的切削速度、切削量；焊接工艺中的焊点数、电流、电压；涂装工艺中的涂料的粘度、喷枪的气压值、喷枪与工件间的距离、

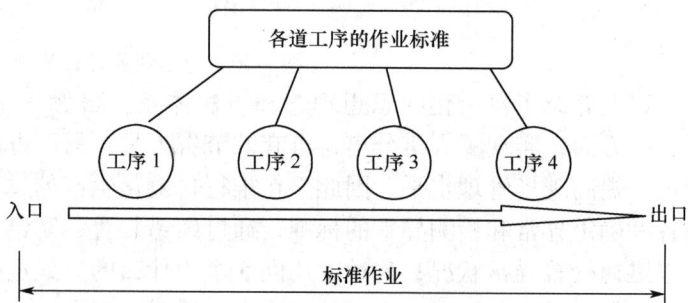

图 8-1　标准作业与作业标准区别

温度、湿度等都属于作业标准。作业标准是为了实现标准作业而制定的各项标准的总称。标准作业把一个产品生产所需的时间标准化，不仅以各道工序各项作业为对象，更是以生产整体为对象。图 8-1 为标准作业与作业标准的区别。

三、标准作业的作用

（1）标准作业通过必要的、最小数量的作业人员进行生产，以减少不必要的输入。它

是产品的生产方法和管理的根本。进行标准作业能提高作业精度、时间精度及检验水平。同时，标准作业体现的是监督者的意志，即消除浪费、满负荷生产、保证质量和安全等。

（2）标准作业是改善的工具。没有标准就无法区分正常和异常，也就很难发现包含在作业中的无效劳动、不均衡等各种浪费现象。标准作业是生产现场的指导书，管理者管理自己工作的工具，同时还是实行改善的基础，判断改善结果的标准。

四、标准作业前提条件与必要条件

实施标准作业需要满足前提条件和必要条件。

1. 前提条件

前提条件包括内部条件和外部条件。

（1）内部条件，即工艺装备状态完好、生产质量稳定。

1）生产线与设备必须可靠稳定，把故障率降到最低。若一项工作经常中断，作业员经常转至别的生产线，人员和设备的不稳定，导致无法正确反映该条生产线的实际人员需求和生产能力，因此也不可能把这项工作标准化。

2）质量问题必须减至最少。产品不良率必须降到最低，重要参数必须稳定一致，若作业员经常修正次品或者处理因产品欠缺一致性所导致的问题，如尺寸的变化造成零部件不能吻合，而需要时间处理，就不能看出工作的实际情况，因此基于现有情况制定出标准，也不是真正最优化、最合适的标准。

（2）外部条件，即原材料零件质量稳定满足条件。外部供应的原材料零件不稳定的话，生产节拍被打破，标准作业难以实现。

2. 必要条件

必要条件包括：①作业必须是可重复的；②每个工位有作业标准；③能够测定原单位时间（要素作业时间等）；④可以按节拍时间分配工作量。

五、标准作业的三要素

节拍时间、标准作业顺序和标准在制品构成了标准作业的三要素。

1. 节拍时间

节拍时间也称循环时间，是指当天实际的作业时间与当天生产产品的必要数的比值。即

$$CT = \frac{H \times D}{V} \times 60$$

式中，CT 为节拍时间（min）；H 为每天的实际工作时间（h/天）；V 为每月的必须生产量（件/月）；D 为每月的工作天数（天）。

注意：一天的实际工作时间是指一天的计划工作时间，不计设备故障、停工待料、返修等异常时间。

例如，一个月生产 5000 件产品，一个月工作日为 23 天，一天工作时间为 8h。即 $H = 8h/天$，$V = 5000$ 件/月，$D = 23$ 天，则节拍时间为

$$CT = \frac{8 \times 23}{5000} \times 60\min = 2.2\min$$

从上式可知，循环时间为 2.2min，即每 2.2min 生产一件产品。

2. 标准作业顺序

标准作业顺序是指每个操作者在规定的循环时间内所承担作业的顺序，也就是操作者最有效地把产品生产出来的顺序。

作业顺序与工序顺序不同：①工序顺序。是指完成这个工序所需要的动作及其顺序。例如，完成某工序需要的动作及顺序为：拿起物料—将物料装到设备上—加工—卸下物料。②作业顺序。是指在循环时间内指示作业人员在各种各样的设备上承担的工作顺序。

应注意区别工序顺序和作业顺序，因为这两个顺序在许多场合是不相同的。但如果作业顺序简单的话，就可以在按工位能力表上直接确定，这时，工序顺序实际上和作业顺序是相同的。

3. 标准在制品

标准在制品是指为了使生产活动能够重复地持续下去，工序内必需的最小限度的中间在制品。它包含安装在机器上加工的在制品，但是不包含最初工序前的毛坯及最终的成品。

标准在制品的数量与机械设备的布局和作业顺序有着密切的关系。一般说来，即使是同样的设备布局，如果作业顺着加工工序的顺序进行的话，标准在制品仅在各设备上有正在加工的在制品，工序间不需有在制品；但是，如果按照相反的顺序进行作业，各个工序间需要存在 1 个在制品（机器上需要同时安装 2 个工件的时候则需 2 个在制品）。除了这种顺序的关联外，有时为了品质检查的需要，也必须设立一定数量的在制品。

标准作业的三个要素共同作用，可实现标准作业的目标：用最小限度的作业人员和在制品数量进行所有工序之间的同步生产，如图 8-2 所示。

图 8-2 标准作业三要素

（1）通过有效的劳动实现较高的生产率。为此每个作业人员都必须严格执行各种标准作业顺序。

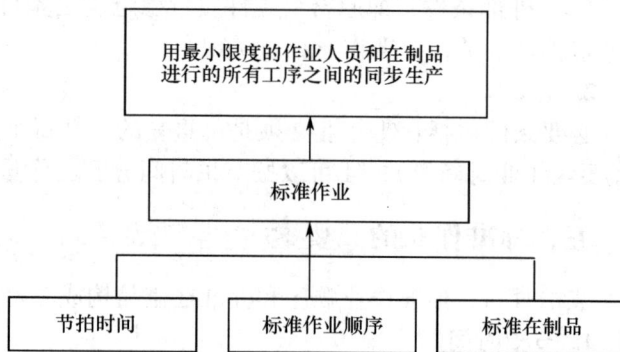

（2）实现与准时生产有关的各工序间的同步化。为此，必须把节拍时间很好地贯穿到标准作业中。

（3）把在制品的标准持有量限定在必要的最小数量。通过设置标准在制品，使得每个作业人员在执行标准作业时，把在制品控制在最小限度，这样，既可以减少在制品库存的维护费用，还使得检验产品和进行工序改善等目视管理变得容易进行。

第二节 标准作业文件

一、标准作业方式

根据工序性质选择不同的标准作业方式，如表 8-1 所示。选择标准作业方式的规则为：

方式一：使用标准作业的三要素，组成循环的标准作业的工位。

方式二：能计算生产节拍，但种类很多且难于书写表达的工位，在组织编排作业时，要使周期循环时间的加权平均和生产节拍时间保持一致。

方式三：通过安灯系统进行工作的工位（机械加工、检查等），例如，刀具的更换、质量检查、换模、搬运等。

表 8-1 标准作业三种方式

	方 式 一	方 式 二	方 式 三
工位	利用标准作业三要素组成循环作业的工位	能计算生产节拍，但种类繁多且很难书写的工位	根据安灯系统进行工作的工位
部门	机械加工、注塑、冲压、焊接、定量搬运作业	总装、涂装、焊接、机械装配	刀具更换、质量检查、换模、搬运等
时间	循环时间＝节拍时间	循环时间的加权平均＝生产节拍	总时间＝生产节拍
表格	测时表 标准作业要领书 工位能力表 标准作业组合表 标准作业卡	测时表 标准作业要领书 要素作业卡 标准作业组合表 工序管理板 作业顺序表 要素作业连接表	测时表 标准作业要领书 作业原单位表 山积表

二、标准作业文件

标准作业文件很多，一般有测时表、各工位能力表、标准作业组合表、标准作业卡、标准作业要领书、要素山积表、要素作业连接表、要素作业卡、作业顺序书、工序管理板、作业原单位表等，如表 8-2 所示。这里只介绍测时表、各工位能力表、标准作业组合表、标准作业卡、标准作业要领书、要素山积表、要素作业连接表。

表 8-2 标准作业文件种类

序　号	名　称	序　号	名　称
1	测时表	7	要素作业连接表
2	各工位能力表	8	要素作业卡
3	标准作业组合表	9	作业顺序书
4	标准作业卡	10	工序管理板
5	标准作业要领书	11	作业原单位表
6	要素山积表		

1. 测时表

时间测定属于基础工业工程的手法，也是动作分析的基础。在进行动作的改善时意味着改变动作，因此，要进行时间测定，测出标准作业时间。时间测定实际上是一种作业写实，即把实际情况原封不动地、正确地记录下来。表 8-3 为一般现场用的测时表格。

表 8-3 现场测时表

班　组		工位		操作者			测时人		平均作业持续时间	异常原因及时间
序　号	作业内容	测时结果								
		1	2	3	4	5	6	7	8	9	10		
1													
2													
3													
4													
5													
6													
7													
8													
9													
10													

制作测时表的步骤：①决定要素作业、决定测定的原单位时间（测什么作业、哪个环节）；②决定测定的工位；③决定测时的次数；④决定循环时间的最佳值（经过反复观察、测

量,确定最好的生产节拍);⑤决定临时的各要素的作业时间;⑥将要素时间调整为符合生产节拍时间,一般由长周期缩短为短周期(与生产节拍对比分析,找出问题点进行改善)。

2. 工位能力表

工位能力表是按被加工的零件记录各设备的生产能力,也包含检查作业、手工作业等的生产能力。在制作标准作业时,工位能力表是决定作业组合的基准,同时也提供改善的依据。

图 8-3 是机加工生产线工位能力表的示例。表中记录了手工作业时间、自动传送时间和完成时间,同时也记录刀具一次更换所需时间和每个刀具更换前可加工的零件数量。

班长		工位能力表		零件号	17111-24060	型式		KE	部门	姓名
				名称	进气歧管	个数		1	532 542	

序号	工 位 名 称	设备	基 本 时 间						刀 具		加工能力	备注
			手作业时间 min s		自动运送 min s		完成时间 min s		交换个数	交换时间		
1	增压机安装端面切削	Mi-1764		3 25		28		100	1′00		3″ 25″	
2	增压孔开孔	DR-2424		3 21		24		1000	30″		3″ 21″	
3	增压孔攻丝	TP-1101		3 11		14		1000	30″		3″ 11″	
4	质量检查(1/1)(螺纹直径测定)			5		—		5	—	—		
		合计		14								

工位 1)Mi-1764
↓
工位 2)DR-2424
↓
工位 3)TP-1101
↓
工位 4)螺纹直径测定

图 8-3　机加工生产线工位能力表的示例

3. 标准作业组合表

标准作业组合表是确定作业分配和作业顺序的工具,包括生产节拍、作业顺序、作业内容、作业时间等内容,主要用于反映人工操作和设备作业结合的关系,图 8-4 为一般标准作业组合表示例,图 8-5 为汽车总装某工序的标准作业组合表示例。

标准作业组合表是企业所有人员应该遵守的法令性技术管理文件,具有以下特点:

(1)它是将手工作业和自动运送组合起来用时间来表示的工具。

(2)用于判断作业顺序和作业时间的合理性,并发现作业必需改善的内容。

(3)用来安排循环时间内的作业,并决定作业顺序。它可以表示人员工作和机器工作的时间过程,并发现工作负荷是否平衡。

编制标准作业组合表的方法:

（1）根据工艺要求，事先确定操作者的作业内容和操作顺序。

（2）对操作者的作业内容进行写实，明确该工位的操作内容及操作顺序。

（3）准备现场测时记录表，对各要素作业进行测时。测时要包括走动时间、检查时间、安全预防措施时间、准备时间和等待时间等。

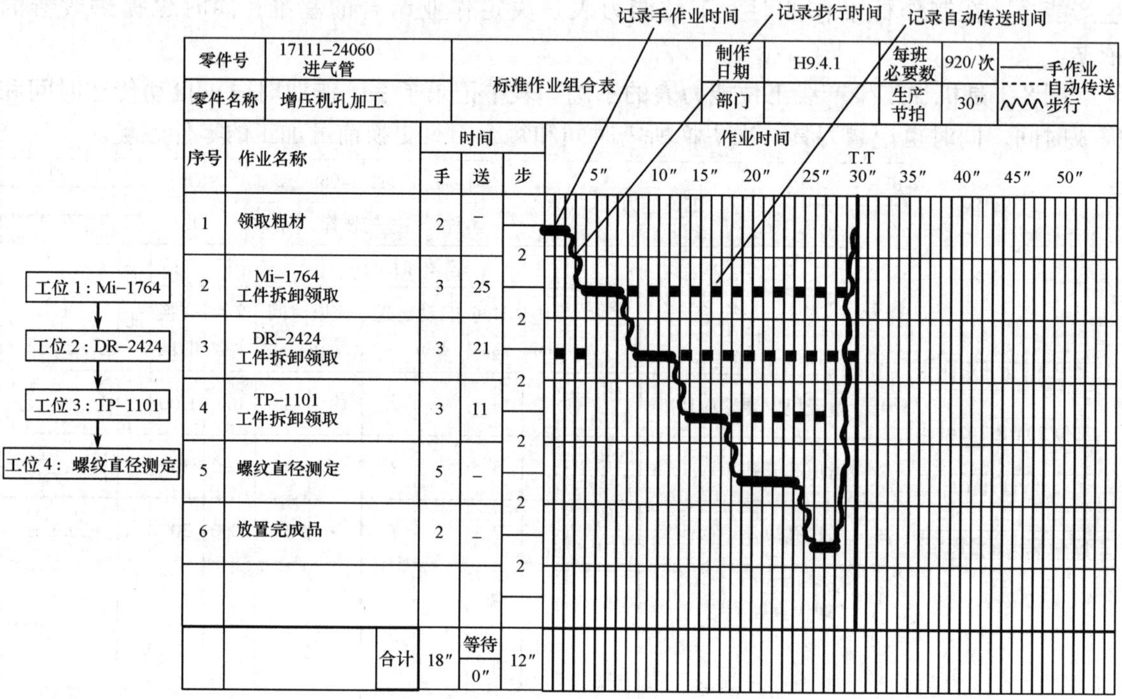

记录手作业时间　　记录步行时间　　记录自动传送时间

零件号	17111–24060 进气管	标准作业组合表	制作日期	H9.4.1	每班必要数	920/次	——手作业
零件名称	增压机孔加工		部门		生产节拍	30″	- - - 自动传送 〰 步行

序号	作业名称	手	送	步	作业时间 5″ 10″ 15″ 20″ 25″ 30″(T.T) 35″ 40″ 45″ 50″
1	领取粗材	2	—	2	
2	Mi–1764 工件拆卸领取	3	25	2	
3	DR–2424 工件拆卸领取	3	21	2	
4	TP–1101 工件拆卸领取	3	11	2	
5	螺纹直径测定	5	—	2	
6	放置完成品	2	—	2	
	合计	18″	等待 0″	12″	

工位1：Mi–1764 → 工位2：DR–2424 → 工位3：TP–1101 → 工位4：螺纹直径测定

图 8-4　标准作业组合表示例

（4）准备标准作业组合表，在表格内填写必要的内容，并填写每一项作业名称和在每一步动作上填写纯作业时间以及走动时间，然后按表格要求对实际的作业时间和走动时间进行累加。

（5）标准作业组合表中时间轴的划分。在作业的时间轴上（X 轴）用红线垂直画出循环时间所在的位置，每一格代表 1s（或根据具体实际情况确定每一格所代表的时间值）；在表格的 Y 轴上标明作业顺序、作业内容和每一个动作的时间。

在标准作业组合表中，水平的直线代表纯作业时间，斜向连接两个动作节点的波浪线代表走动时间，虚线代表机器自动运行的时间。

作业终止回到起始位置的走动时间用波浪线斜向上表示，同时在作业的终止处标注操作者的作业时间。

在标准作业组合表的下方填写编制人（班长或标准作业小组人员）、审核人（技术部工艺

班组	底盘班	姓名	王波	王海龙						

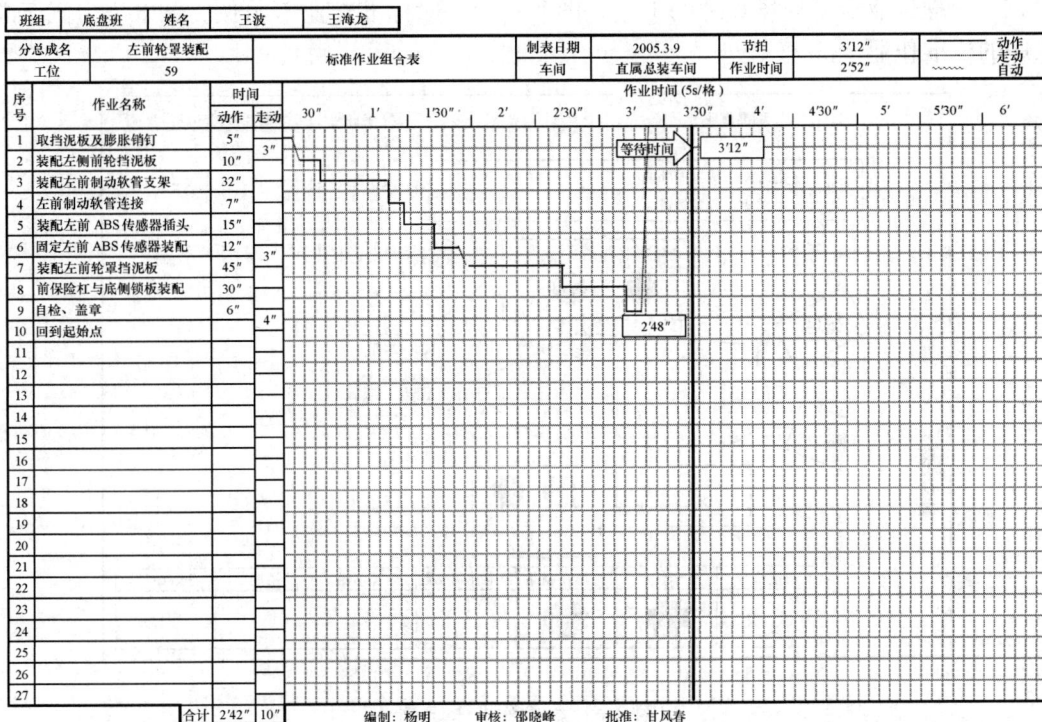

图 8-5 汽车总装某工序的标准作业组合表示例

员）、批准人（车间主任）的姓名。

标准作业组合表制作完成后，班长要实际确认最终的标准作业顺序，如果班长能够在规定的循环时间内完成，则可以下发给操作人员进行培训和使用。

（6）如果从作业开始到作业最后终止，操作者返回到起始点的作业时间与节拍时间基本吻合，说明这个作业顺序是合理的。

如果作业最后的返回点在节拍时间之外，说明这个作业顺序是有待改善的，应该研究一下是否可以减少一些不必要的作业或通过改善该操作者的操作方法使其达到规定的节拍时间。如果作业最后的返回点在节拍时间之内，说明这个作业顺序的安排是不合理的，应该研究一下是否可以再增加一些作业内容，以避免时间的浪费。

考虑各工艺的不同要求及文件使用的合理性，各部门制作的标准作业文件的式样会略有不同，但必要的内容是不变的，这关乎企业的管理和形象问题。

4. 标准作业卡

标准作业卡也称标准作业票，是指为了描述工位全体操作人员的作业状态，记入节拍时间、标准作业顺序和标准在制品（即标准作业三要素），并记入质量确认、安全注意等方面的内容。标准作业卡是现场管理的工具，图 8-6 为一般标准作业卡示例，图 8-7 为汽车总装某工序的标准作业卡。

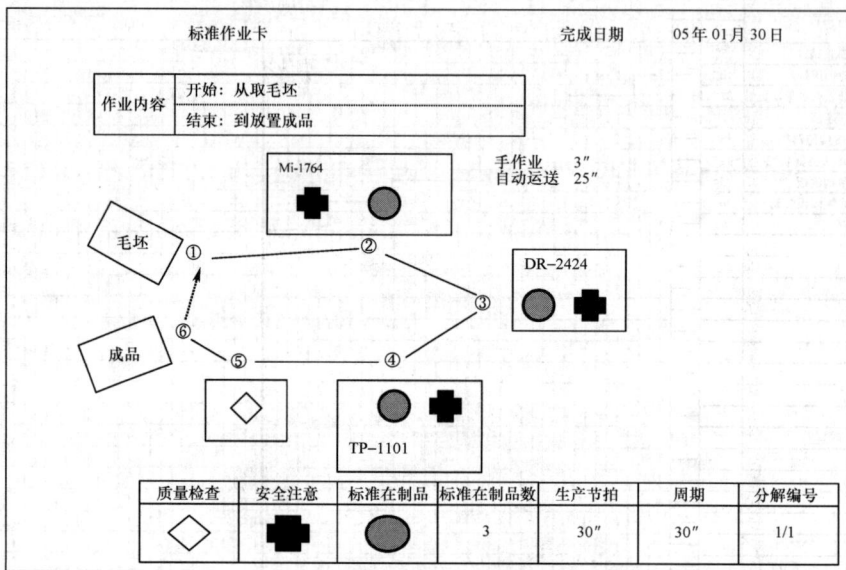

图 8-6　标准作业卡示例

标准作业卡有以下作用：

（1）标准作业卡记录工位上每个操作者的作业范围，是各工序人员遵守标准作业顺序的准则。

（2）标准作业卡是现场管理的目视工具，是组长、班长和监督人员检查各作业人员遵守标准作业的检查依据，具有发现工位问题点和指导员工的作用。

（3）上级管理人员能够评价现场的改善能力。标准作业必须通过工序的作业改善进行修正，如果某部门标准作业卡长期不变地张贴在那里，上级管理人员就会判定该部门没有努力进行作业改善。

编制标准作业卡的方法：

（1）准备标准作业卡。

（2）表格中尺寸与实际现场尺寸之间的比例关系可以根据现场面积的大小按比例设定。

（3）表格中工位器具、工作台、零件架的投影面积要根据实际大小等比例缩小。

（4）表中填写加工作业内容、加工开始与结束内容、加工作业标准等必要内容。

（5）在标准作业卡的图表区域根据实测的结果画出作业位置、工位器具、工作台和零件架的摆放位置。

（6）根据作业顺序中的走动步骤，用实线标明操作者的作业路线，在每项作业中填写

标准作业卡			车型	GV2C	工序名称	工位	制表日期	班长	标准作业小组确认
			姓名	王波、王海龙	左前轮罩装配	59	2005.3.9	梁永刚、杨明	邵晓峰

节拍		3'12"		
操作时间	2'42"	走动时间 10"	合计	2'52"

作业顺序		
NO	走动作业	时间
1	取挡泥板及膨胀销钉	5"
2	到装配位置	3"
3	装配左侧前轮挡泥板	10"
4	装配左前制动软管支架	32"
5	左前制动软管连接	7"
6	装配左前 ABS 传感器插头	15"
7	固定左前 ABS 传感器装配	12"
8	取左前轮罩到装配位置	3"
9	配左前轮罩挡泥板	45"
10	前保险杠与底侧锁板装配	30"
11	自检、盖章	6"
12	回到起始点	4"
13		
14		
15		
16		
17		
18		
19		
20		
21		
22		
23		
24		

图 8-7　汽车总装某工序的标准作业卡

必要的作业顺序号。

（7）在标准作业卡的下方填写编制人（班长、标准作业小组人员）、审核人、批准人（车间主任）的姓名。

最后要注意制定出来的标准作业并不是固定标准，只是现在的标准。针对标准进行改善，改善后内容再记入标准作业里，循环地对标准作业进行改善和再标准化是标准作业最重要环节。

5. 标准作业要领书

标准作业要领书也称标准作业指导书，是在标准作业卡基础上细化操作要点，用来标明标准作业顺序中各项操作内容、操作顺序、作业重点、作业指示图、使用工具、质量要求、操作要求、安全标准和设备操作证等。制定了标准作业后就要教育工人学习正确的加工方法，利用标准作业要领书在现场对工厂进行指导教育，工人需要按照作业要领书进行加工作业。图 8-8、图 8-9 分别为汽车总装、涂装某工序的标准作业要领书。

标准作业要领书的制作依据各工艺的不同会略有不同，一般用图形（照片）、表格、文字等相结合的形式表示。编制标准作业要领书的方法如下：

（1）在表中填写必要的内容，再根据标准作业组合表的作业步骤确定标准作业要领书中每项作业的内容和编号。

作业要领书	工序名称：左前轮挡泥板装配		重要项目	制作日期 2005.2.2	标准作业小组签字
编号：07	工具：	力矩要求	操作时间：30"	车型 GV2C	工位 59	设备名称

NO	操作顺序	作业方法	注意事项	个数	时间	
1	取件	双手将挡泥板取来与车身对正位置（如图一）	白色卡扣对正车身下的定位孔	1	8"	
2	固定挡泥板	双手将膨胀销钉装到a、b处，固定在前翼子板上的两个孔位（如图二）	检查销钉固定平整，无松脱现象	1	12"	零件功能
3	坚固螺钉	用气扳机将自攻螺钉(9CH60 0516B)坚固到c位置（如图三）	晃动挡泥板是否有松脱现象	2	10"	阻挡石子飞溅
4						

修改栏	1		年月日	标准作业组长	班长	安全注意事项：按规定穿戴好劳保用品
	2		年月日	标准作业组长	班长	
	3		年月日	标准作业组长	班长	

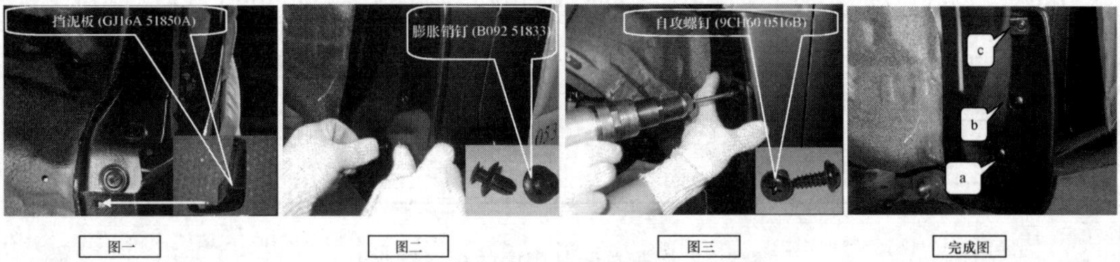

挡泥板(GJ16A 51850A)　膨胀销钉(B092 51833)　自攻螺钉(9CH60 0516B)

图一　图二　图三　完成图

图8-8　汽车总装某工序的标准作业要领书

（2）根据作业内容确定该项作业的重要项目，如力矩要求、A类项（重点项）、漏雨、必要的参数等。

（3）为便于标准作业的改善，减少由于工位的变动而带来的整个标准作业文件内容的改动，在条件允许时建议以要素作业内容为单位进行标准作业的制作，当作业内容更改时就可以将此页内容直接移动到相应的工位，减少文件重复制作的麻烦。

（4）根据每项作业的操作内容，通过图示及标注的方式表示其作业顺序和作业方法，并要对每一个要素作业的操作内容和操作方法进行细化，达到能够指导新人操作的目的。

（5）在表中详细填写每一要素作业操作过程中的安全注意事项，例如操作、劳保用品，某项操作所使用的设备、工具和上岗证等；确定零件具备的功能项，如防锈作用、减震作用，操作时间和标准在制品数量等。

（6）标准作业要领书制作完成后需通过车间标准作业小组和技术部门的审核、签字认可，最后由主管领导签字批准。

（7）当操作内容、操作顺序发生变化时，要在标准作业要领书的修改栏中体现，及时填写变更时间、内容，同时班长要签字，并重复以上(4)、(5)、(6)程序。

作业要领书	制定部门	工段	车型	工序	作业名称	版次	共40页　第3页
	涂装车间	底漆段	CA7230AT	PVC密封	后盖密封	第一版	

序号	作业顺序及要领	
1	检查后盖有无上道工序遗留下来的坑包等质量缺陷	
2	对后盖底边用扁枪打胶，胶枪与焊缝呈45°角（图一）	
3	按照从底边、左、横、右的顺序打胶（图二）	
4	对后盖端板处两条焊缝进行打胶	
5	用φ3扁枪对后盖流水槽从左到右进行打胶，呈30°角（图四）	
6	用刮板刮平左侧流水槽及左侧端板处的胶条（图五）	
7	用刮板刮平后盖左侧底边处的胶条（图六）	
8	用刮板刮平后盖右中部胶条	
9	用刮板刮平后盖右中部胶条	
10	用刮板刮平后盖右侧底边处的胶条（图九）	
11	用刮板刮平右侧流水槽及右侧端板处的胶条（图十）	

工艺要求	品质保证	设备、工装	安全措施	编制：张军
胶条均匀、严密、整齐、无断裂	无漏打胶，无漏修整，联控	胶泵、挤胶枪、刮板、纱布	穿戴好劳保用品，注意滑橇	日期：2004年8月6日
修整美观	后盖有无坑包等质量缺陷	胶盒	挤胶枪不要对着人	校正：任河
车身表面清洁余胶				日期：2004年9月8日
				批准：李文峰
				日期：2004年10月10日

图8-9　汽车涂装某工序的标准作业要领书

6. 要素山积表

要素山积表用于确定生产线各工位的要素作业时间，在目视板上以搭积木的方式对全班的工作内容进行要素拆解和重新排列，以发现操作中存在的浪费，并予以消除，同时确定最简单、科学的操作顺序。要素山积表主要用于生产线平衡，其形式如图8-10所示。

编制要素山积表的方法：

（1）用摄像机记录每个工位操作的全部动作（操作动作要连贯）。

（2）根据录像将操作动作分解成走动时间、准备时间和纯作业时间，用秒表分别测定每个人每个要素的作业时间。

（3）根据具体情况设定节拍时间（s）与动作标识（长度）之间的比例关系，把磁条按比例剪成节拍时间的长度。

（4）在目视板的水平轴上依工位顺序标明每位员工的姓名，垂直轴上标明时间刻度、目前生产节拍时间和预期目标节拍时间。再将磁条分别贴在每个操作者的姓名上面。

（5）用三种不同颜色的硬板纸分别代表走动时间（深色）、准备时间（带斜剖面线）和纯作业时间（浅色）。

将每位操作者的走动时间、准备时间和纯作业时间的要素作业依据设定的比例和前后次序，用三种不同颜色的硬板纸粘贴到目视板的磁条上。为了便于改善，将纯作业时间放到最底层，依次向上为准备时间和走动时间。

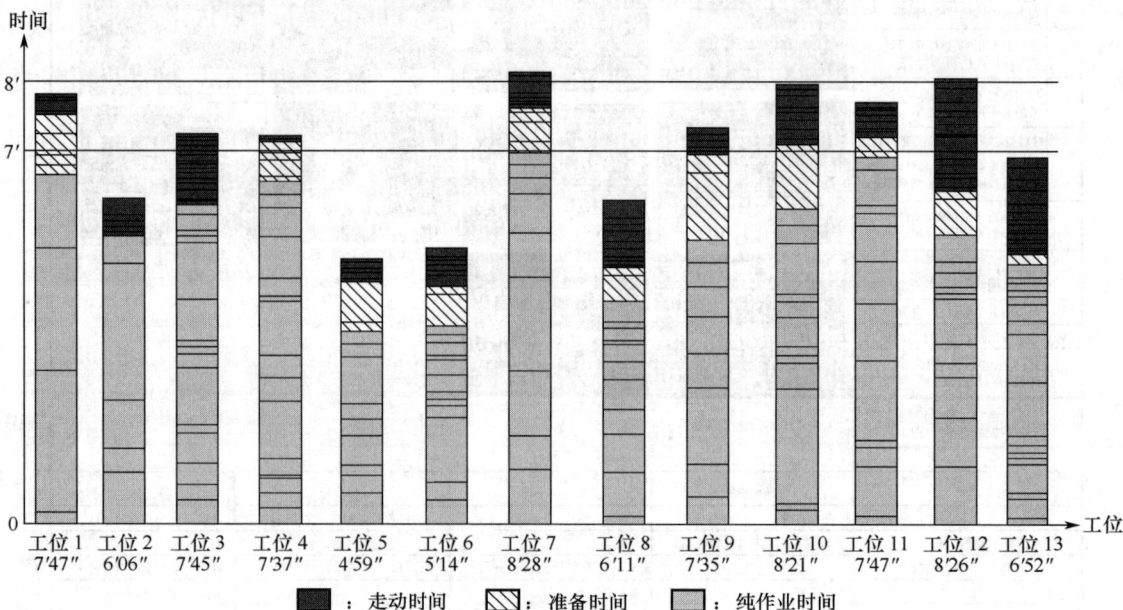

图 8-10　要素山积表

生产线改善时，使用山积表要注意以下三方面问题：

（1）进行生产线工作量的平衡分析，找出影响生产的瓶颈工位。

（2）走动时间和准备时间是改善重点，要最大限度地压缩走动和准备的时间，并合理安排工作顺序以达到最佳的工艺组合。

（3）在调整时要遵守四个原则：①保证装配的技术要求；②减少走动距离；③合理分配劳动负荷；④慎重调配安全件等急需零件。

7．要素作业连接表

要素作业连接表是为了使整条生产线都能看到生产变动时现场的情况而编制的表格，以便于发现问题点。其内容包括：部位矩阵图、部位图、工位变换图、作业平衡表、工位评价表。生产变动时调整相应的表格，可以快速、合理地实现工位调整。

三、标准作业组合表、标准作业卡和标准作业要领书之间的关系

标准作业文件中标准作业组合表、标准作业卡和标准作业要领书三者之间的关系非常重要。管理者一定要明确三者之间的关系，才能正确指导作业人员执行标准作业文件。标准作

业组合表主要用来观察、分析、记录一个作业员的作业顺序过程；标准作业卡是为了了解工位全体操作人员的作业范围，记入标准作业三要素和质量确认、安全注意等方面的内容；而标准作业要领书是标明标准作业顺序中各项具体操作内容、作业的操作顺序、作业重点、作业指示图、使用工具、质量要求、操作要求、安全标准和设备操作证等。

以生活中的一个案例来说明标准作业指导书中三个文件之间的关系。

案例：小张从轿车公司办公楼送一份重要文件去一轿厂，按以下三个标准文件执行送文件的任务。

（1）送文件的标准作业组合表

表8-4为小张送文件的标准作业组合表，表示了送文件的执行步骤，以及完成送文件任务的时间（54s）。

表8-4 送文件标准作业组合表

序号	作业内容	作业时间	2′	25′	2′	25′
1	小张拿一份重要文件	2′				
2	坐班车去一汽轿车厂	25′				
3	将文件交给相关人员	2′				
4	从一汽轿车厂坐班车返回轿车公司	25′				
	合计	54′				

在上面标准作业组合表的四个步骤中，没有具体说明小张到什么部门取一份什么文件；重要文件用何种包装方式；行走的具体路线是什么；去一汽轿车厂的什么部门；将文件送给什么人；如果这个人不在，是否可以委托其他人来处理；具体每一步骤的时间是多少，等等。因此，有必要具体给出送文件人员的详细行走路线，即标准作业卡，这样执行起来会相对容易一点，同时还要给出路线中每一个可能问题点的注意事项和具体的解决办法，即标准作业要领书，等等。

（2）送文件的标准作业卡。图8-11为小张送文件的标准作业卡，卡中给出了详细的行走路线。

（3）送文件的标准作业要领书。给出送文件过程中可能出现各个问题点的解决办法，即标准作业要领书：

1）如果小王不在，可以委托同办公室的其他人接收；接收人要在签收文件簿上签字；共需2min。

2）小王回来时，要给小张打电话确认文件的接收情况。

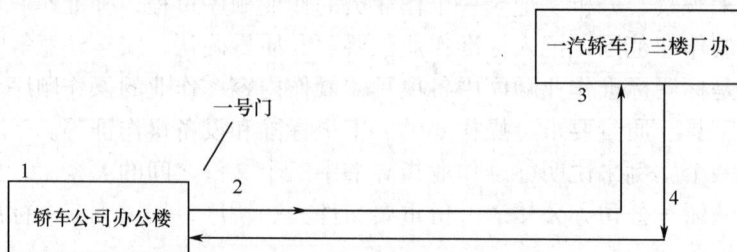

图 8-11 送文件的标准作业卡

四、标准作业编制

标准作业的编制顺序为编制要素山积表、编制标准作业组合、编制标准作业卡、编制标准作业要领书等。图 8-12 为标准作业文件制定的详细流程。

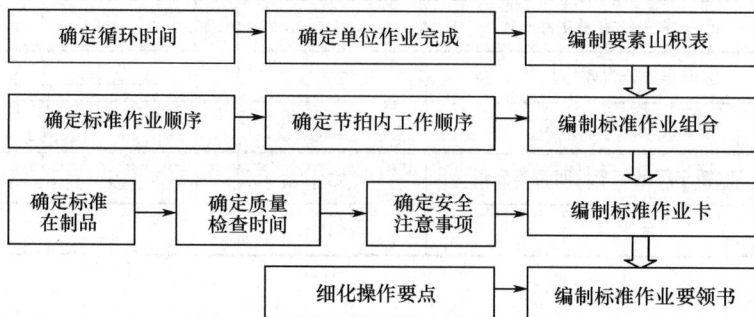

图 8-12 标准作业文件制定流程

第三节 标准作业改善

一、标准作业改善原理

1. 改善循环图

标准作业是改善的依据，没有标准作业就不能进行正确的改善。图 8-13 为标准作业中生产节拍与生产周期不一致的情况，即发生了作业等待或作业延迟，这时都需要进行改善。

标准作业是需要不断改善的。通过改善，无论人还是设备往往能够比现状更有效率地进行生产。图 8-14 为标准作业的改善循环图，从标准作业中发现存在的浪费问题，进行追求问题的真因，进而实施改善，并把改善的成果标准化，如此循环，持续改善，不断地完善

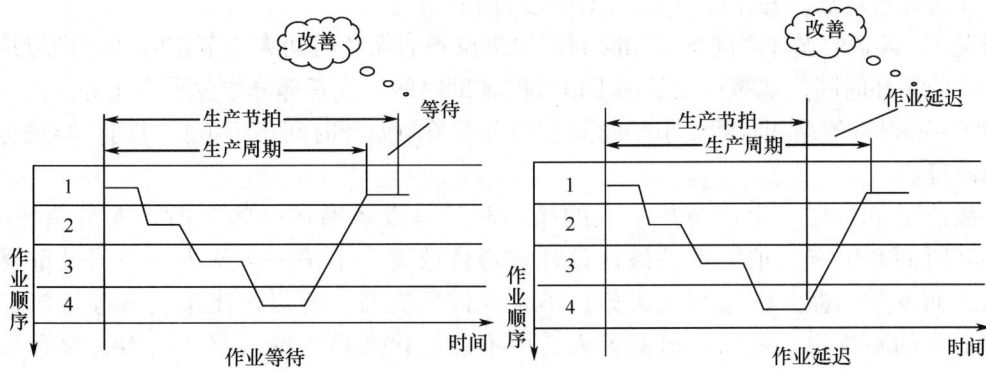

图 8-13　生产节拍与生产周期不一致情况

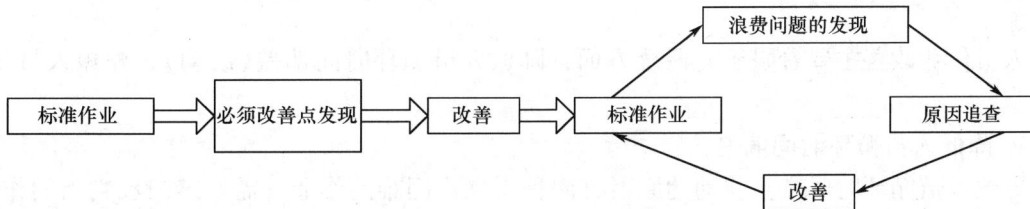

图 8-14　标准作业改善循环图

标准。

2. 生产节拍和生产线能力关系

生产线能力由人员循环时间和设备循环时间确定。当每月的必需生产量确定后，生产节拍就可以确定，工厂要根据生产节拍来合理调配生产线能力。但在每天的生产活动中，人员循环时间和设备循环时间不可能完全与生产节拍吻合，其表现形式如图 8-15 所示。

情况 1：人的循环时间 > 节拍时间。如果人的循环时间大于节拍时间，说明这个作业顺序是有待改善的，应该研究减少一些不必要的作业或通过改善人员操作方法，使其达到规定的节拍时间。

情况 2：人的循环时间 < 节拍时间。如果人的循环时间小于节拍时间，则会出现停工等待，说明这个作业顺序的安排是不合理

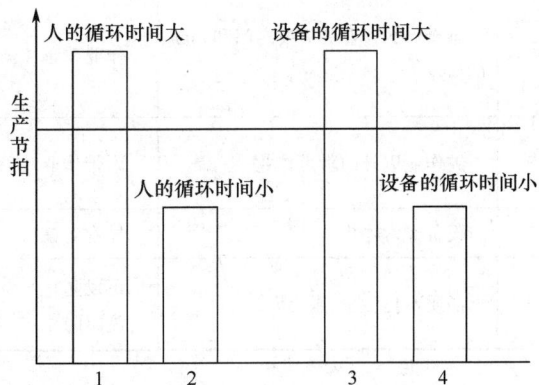

图 8-15　人员循环时间和设备循环时间与生产节拍之间的关系

的，应该研究再增加一些作业内容，以避免时间的浪费。

情况3：设备的循环时间 > 节拍时间。如果设备的循环时间大于节拍时间，则应致力于改善设备的循环时间，如缩短设备加工以外的辅助时间，或者部分作业手工化等。

情况4：设备的循环时间 < 节拍时间。如果设备的循环时间小于节拍时间，则进行作业顺序的改善。

一般情况下，当"生产节拍 = 人的循环时间 ≥ 设备循环时间"时，人员循环时间、设备循环时间和生产节拍关系是最佳设计或最佳改善。丰田公司认为，公司最重要的资源是人，而不是机器；机器为人服务，不是人伺候机器。所以，让作业员等待机器，这是对作业员的不尊重。可以让机器等人，但不能让作业员等候机器。当然，没有等待现象是最佳的。

二、人员作业改善

人员作业改善主要着眼于有两个方面：降低人员循环时间偏差（波动）、缩短人员循环时间。

1. 降低人员循环时间偏差

导致人员循环时间产生波动的原因有四种：操作困难的作业、需要窍门和判断的作业，纯作业以外的附带作业，设备经常停止以及品质不良。表8-5 为人员循环时间偏差降低原因与相应的改善措施。

表8-5　人员循环时间偏差降低原因与相应的措施

序号	偏 差 原 因	改 善 措 施	
		改 善 类 型	具 体 方 法
1	难操作的作业、需要窍门和判断的作业	作业改善	● 夹具的改善 ● 物品取出指示方法的改善 ● 物品定量取出的技巧
2	纯作业以外的附带作业	附带作业改善	附带作业的标准化和改善 重新认识生产线外人员作业分配
3	设备经常停止	异常对策	真因对策、预防保全
4	品质不良	再发防止 流出防止	作业改善、防错装置、自働化

2. 缩短人员循环时间

在降低人员循环时间偏差后，需进一步缩短人员循环时间，即削减纯作业时间。可以通过观察足、手和眼睛的移动进行改善。

（1）脚移动改善。脚移动改善的重点是尽量减少步行距离。设备之间尽量靠近，作业人员尽量接近设备，以减少走动距离。图 8-16 为脚移动改善案例，它通过采用设备之间尽量靠近的方法减少步行距离。

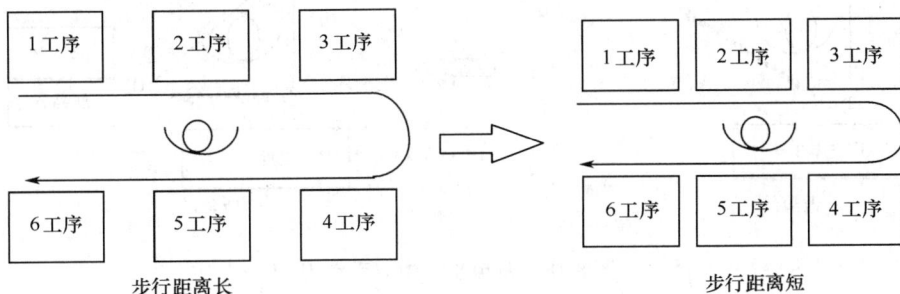

图 8-16　脚移动改善

（2）手移动改善。手移动改善的重点是避免手部动作过大，使得手的操作接近物料。图 8-17 为手移动改善的案例。改善前物料均放在右手侧面，右手需有两次大的移动；改善后将部件盒布置成为两侧形式，可以使用双手并以最小动作进行操作。

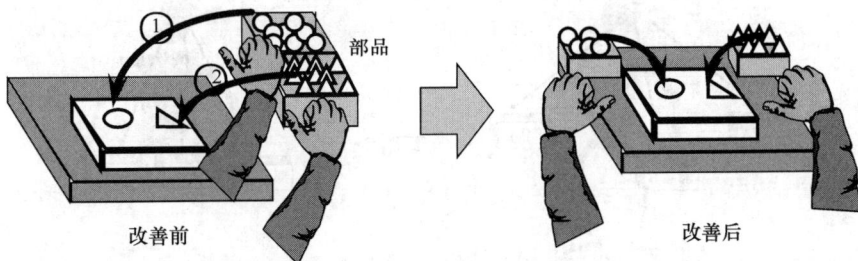

图 8-17　手移动改善

（3）避免步行中手空闲的作业改善。避免出现人员步行中双手空闲的情况，即避免空步行、手等待同时出现。图 8-18 为空步行、手等待同时出现的改善。改善前作业员在①处取部件 A 和 B，在②处安装 A 和 B，在③处机器上进行固定，在④处加工完成，加工完成以后，作业员回到①是空步行和手空闲的状态。通过调整部品 A 和部品 B 的存放位置进行改善，改善后在①处取部件，步行中安装，在③处就可以马上固定，在④处加工完成以后，直接在①处取部件，从而避免了同时空步行和手等待。

（4）眼睛移动改善。尽可能缩小视线范围，减少头的转动幅度或头不转动。图 8-19 为眼睛移动改善案例。改善前，因为零件摆放零散，作业人员视线小范围移动时不能看到每个零件，从而无法协调双手的动作以实现同时作业。改善后，变更了零件的摆

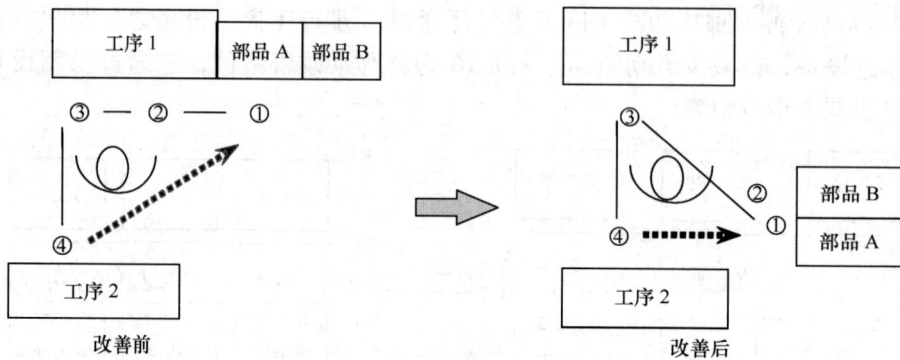

图8-18　避免步行中双手空闲

放位置，缩小了视线的移动范围，使操作员双手只用较小的动作就能同时作业，且不易产生视觉疲劳。

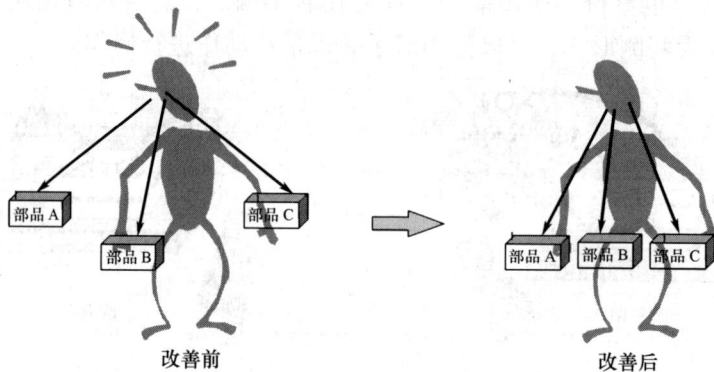

图8-19　眼睛移动改善

3. 设备改善

设备改善主要着眼于两个方面：缩短设备循环时间和提高可动率。

（1）缩短设备循环时间改善。缩短设备循环时间可从两方面进行：①缩短设备加工以外的辅助时间；②缩短设备加工时间。

首先是缩短设备加工以外的辅助时间，包括：缩短拆卸的手工作业时间、缩短各个动作开始的等待时间、缩短空刀时间、缩短动作行程、减少动作重叠、提高加工以外的动作速度。判断加工以外的辅助时间依据为：没有真正起加工作用的动作所花时间均是设备加工以外的辅助时间。例如，机床上刀具运动时不出现切屑，这种刀具运动所花时间是加工以外的辅助时间，是需要改善的辅助时间。

图 8-20 为缩短设备加工以外的辅助时间案例。采用改善方法：①缩短等待时间、减少动作重叠，即夹具紧固完了以后，马上开始切削；②缩短行程，提高速度；③缩短空刀；④缩短等待时间、减少动作重叠，即拔下刀尖后马上开始松夹具。

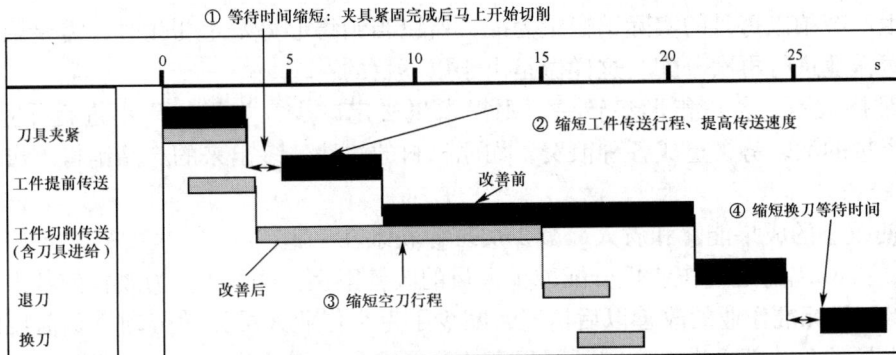

图 8-20 缩短设备加工以外的辅助时间案例

其次是努力缩短设备加工时间，削减设备的工作量，可以采用工位分割、部分作业手工化、追加设备等方法。

（2）提高可动率。为了避免设备在运行中出现故障，影响生产的正常进行，有必要提高设备的可动率。可以从缩短换模、换刀时间和提高生产线可靠性两方面来提高可动率。

1）缩短换模、换刀时间。采用快速换模方法缩短换模和换刀时间，详见第五章中快速换模。表 8-6 为缩短换模、换刀时间的措施。

2）提高质量和生产线的可靠性。通过实施全面质量管理提高质量，采用 TPM 方法进行设备保全，提高生产线的可靠性。详见第十章 TPM。

表 8-6 缩短换模、换刀时间措施

类 型	缩短换模时间	缩短换刀时间
措施	1. 取消调整作业 2. 多个操作者同时做 3. 夹具通用、简易拆装 4. 无换模化 5. 一起换模→按顺序换模	1. 预先调整好尺寸（预调方式） 2. 减少试切削、尺寸调整 3. 一次完成安装、拆装 4. 刀具、工具接近操作者放置 5. 多个操作者同时做

第四节 标准作业再分配

一、作业再分配必要性

因为生产节拍以每月的实际销售量为准，所以当销售形势发生变化时，需要调整生产节拍，快速对作业进行再次分配。这样做是出于以下目的：

（1）维持成本。若销售形势转差，则需求量必定减少，如果工厂不进行作业再分配，仍维持原产量的话，势必造成各种浪费，如原材料的浪费、多出来的产品销售不出而造成的库存浪费等。

（2）使改善的成果能够和省人、减少加班等联系在一起。

例如，图 8-21 为通过作业再分配减少人员的改善案例。图 8-21a 为改善前各人满负荷情况；图 8-21b 为标准作业的改善以后情况，减少了每个作业人员无效劳动，负荷压缩，此时每个作业人员的负荷都不满，会有不同程度的等待现象，需要进行作业再分配；图 8-21c 为根据改善以后的负荷情况进行作业再分配，作业人员 A、B、C 为满负荷，D 是部分负荷，作业人员 E 无负荷，因此可以节省 1 人从而达到少人化目的。

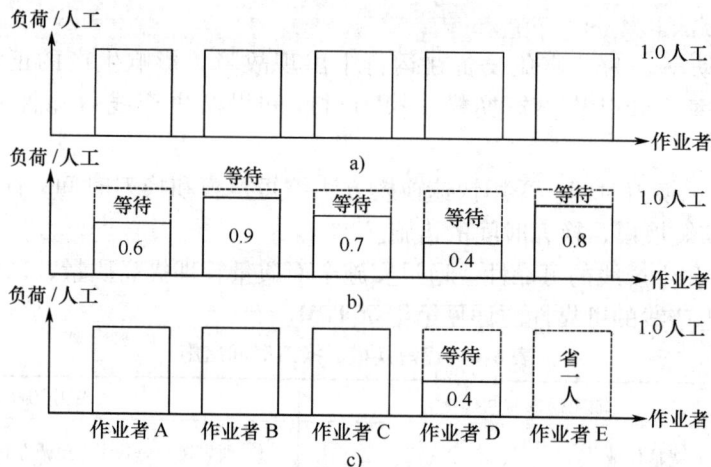

图 8-21 通过作业分配减少人员

a）改善前 b）改善后 c）作业再分配

二、作业再分配规则

在进行作业再分配的改善中，必须遵守如下三个规则：

（1）作业人员完成工作后应原地站立等待。在测定每个作业人员的等待时间时，该作业人员如果完成了给定的作业后，应该空闲地在原地站立等待。这样现场人员、管理者都可以清楚地看到这名作业人员有自由时间，即便给他追加其他的作业，阻力也会变小。

（2）调整最优秀的作业人员。削减作业人员时，必须从该工作场所最优秀的作业人员中开始。如果调动不熟练的作业人员，该人员可能对此有抵触情绪，士气也可能下降。与此相反，因为优秀的作业人员有信心，一般会主动地接受调配。

（3）剩余工作量汇集到一个操作者，不要将剩余空闲时间进行平均分配。

例如，图8-21c中作业者D有0.6空闲人工，若在A、B、C、D四个中进行平均分配，每人均有0.15空闲人工，如图8-22所示。这样是不合理的，因为：①每个作业人员为和分配给自己的等待时间相配合会放慢作业速度，这样停工等待的浪费就会重新隐藏起来。②每位操作者都有停工等待的时间，会给后续的改善形成一定的阻力。

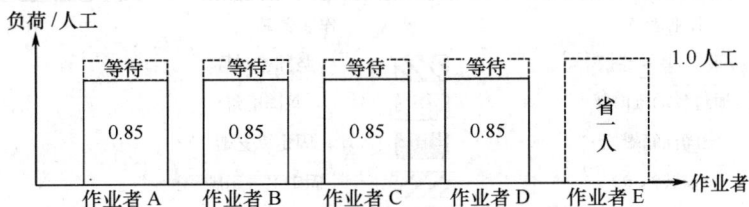

图8-22 平均分配负荷

因此采取将停工等待的时间汇集到一个操作者，而不要采取重新分配剩余空闲时间。管理者最关注的是停工等待，而且经常需要明确是否有必要进行改善。

另一改善方法是按加班时间的节拍分配工作量。将D作业人员0.4人工的工作量分配给三位操作者，如图8-23所示。由三位操作者加班并按加班节拍时间进行生产，这样共可以节省2个人且没有停工等待，而且可以通过进一步的改善减少加班时间，降低成本。但这种作业再分配的方式局限在允许加班范围内。

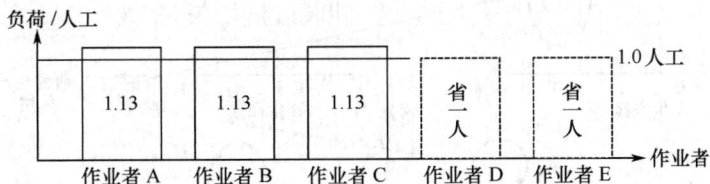

图8-23 按加班时间的节拍分配工作量

三、标准作业方式二的作业再分配

标准作业方式二的作业组合是利用要素作业连接表、工序管理板等分配给每位操作者的工作，保证各操作者加工循环时间的加权平均值和生产节拍保持一致，如图 8-24 所示。

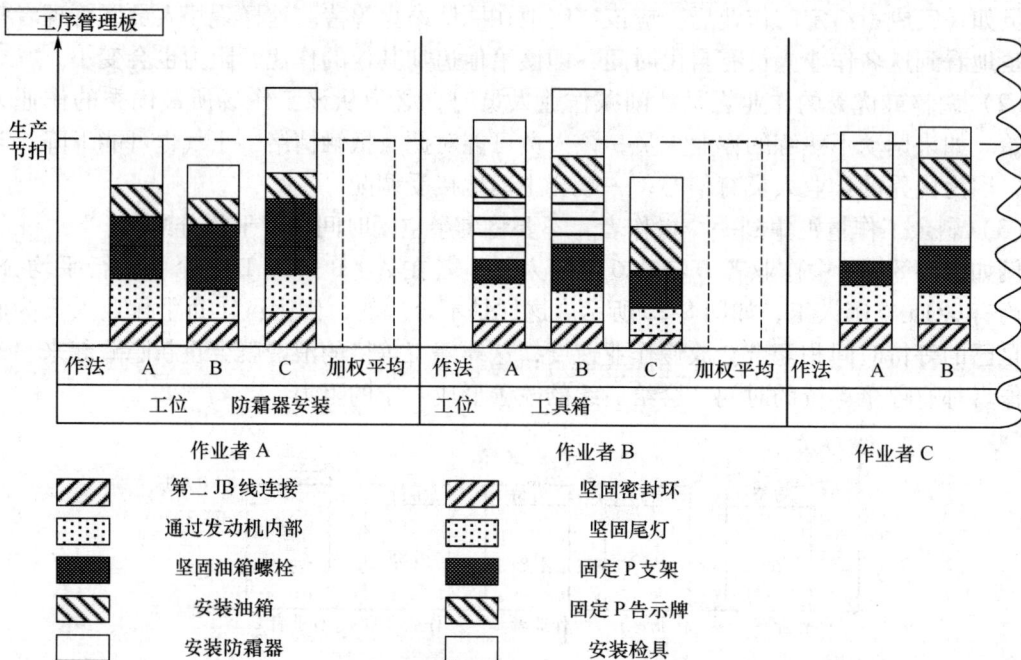

图 8-24 标准作业方式二的作业再分配

标准作业方式一和标准作业方式二的标准作业文件制作过程中，都存在多条生产线的最后一位操作者工作量不满负荷的情况。对这部分工作量的组合可采用标准作业组合表、要素作业连接表、山积表等标准作业文件进行多条生产线组合，分配一个人工的工作量，如图 8-25 所示。

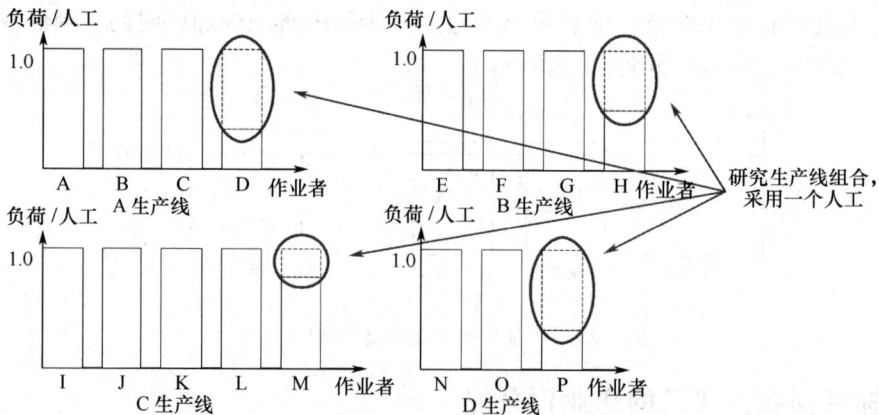

图 8-25 多条生产线组合的作业再分配

四、标准作业方式三的作业再分配

标准作业方式三的作业是在作业原单位表的基础上制作成山积表，以满足一个人工的工作量，如图8-26所示。作业组合要点是在掌握要素作业基础上，让线外人员或线内相邻工位人员援助线内的操作者完成相应的工作。

1. 定期作业和异常作业的分离

在作业组合时要把定期操作和异常处理操作进行分离。图8-27为定期操作和异常处理操作进行分离的改善案例。图8-27a为操作者进行定期操作又进行异常操作，这样会导致：①异常处理时间不确定，操作者为处理异常作业易超出生产节拍；②在线内处理异常作业会影响生产节拍。因此，要将定期作业和异常处理分开。图8-27b为将定期操作和异常处理操作进行分离的情况。通过将定期操作汇集到一位操作者，异常操作分配给不同的人，这样容易完成定期作业。

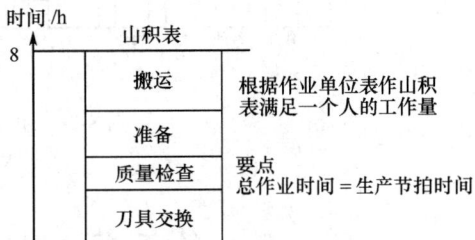

图8-26 通过山积表进行作业再分配

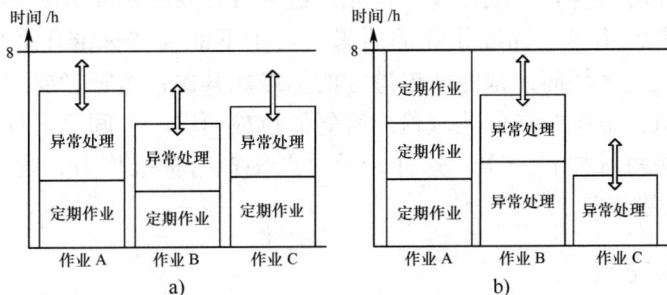

图8-27 定期作业和异常作业分离的改善
a) 分离前 b) 分离后

2. 扩大范围的作业再分配

当生产线人数较少时，可以在较大工作范围内来考虑操作人员的作业再分配问题。一般情况下，方式三的操作人员比方式一和方式二的人员要少。在这种情况下，追求一个人工的作法相当困难，这时可以从大的范围进行作业的再分配，即不仅仅将生产线上的操作工作为改善对象，同时还可以包括物流人员、线外人员等。例如，图8-28为扩大范围后的作业再分配改善案例。图8-28a为改善前情况，各人员负荷不满；图8-28b为扩大范围后的作业再分配，将原有的物流搬运人员F的原材料的投入作业、搬运作业分配给生产线以外的人员（A、B和C）和其他搬运人员（D和E），这样可以省去搬运人员F。

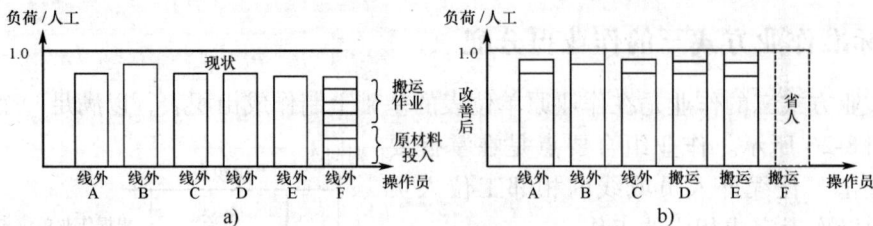

图 8-28　扩大工作范围的作业再分配
a）扩大前　b）扩大后再分配

第五节　标准作业执行与完善

一、标准作业执行

遵守标准作业是非常重要的。无论多么完美的标准作业，作业者如果不遵守的话，就没有通畅的作业流程。

为了让作业者理解并遵守标准作业，首先，监督者自身必须充分掌握标准作业，对作业者进行培训指导，讲解不遵守标准作业的后果。对于不能遵守标准作业的情况，要追究原因，同时把标准作业改为任何人都能简单遵守的标准。其次，监督者要定期检查标准作业的执行情况，一般班组长根据标准作业点检内容每天点检两次，车间负责标准作业的专项管理每周检查一次，公司每月检查一次。这样，通过严格执行标准作业，逐步把员工的思想从"要我管"变为"我要管"。

二、标准作业完善

随着工艺的改善、生产节拍的变化等，标准作业也是相应变化的，因此要经常修正标准作业，但要按规定的流程进行修改。图 8-29 为标准作业的更改流程。

此外，标准作业是改善的基础。完美无缺的标准作业是没有的，各工序总是在不断地进行着作业改善。所以，维持现状就是一种退步，标准作业只有不断改善，新的标准才能产生，才能不断地实现企业的管理目标。

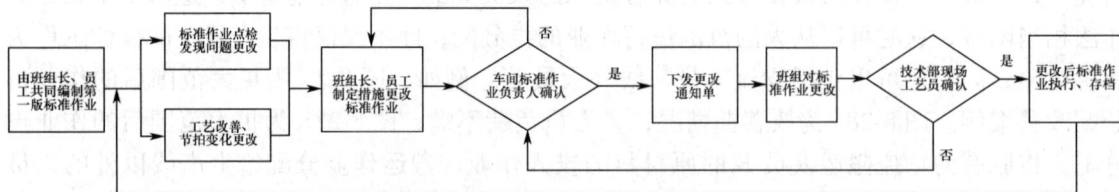

图 8-29　标准作业更改流程

第九章 现场改善

第一节 现场改善概述

一、现场改善的概念

现场是指企业为顾客设计、生产、销售产品和服务以及与顾客交流的地方，现场为企业创造附加值，是企业生产管理的载体和基础。狭义的现场是指制造产品或提供服务的地方。

现场管理涉及企业各方面的管理工作，其中包括生产管理、质量管理、工艺管理、设备工装管理、人员管理、物流管理、组织管理、成本管理、环境管理和安全管理等方面。它最大限度地激活人、物、设备的作用，在保证质量的前提下，每道工序追求高效率化。

改善(Kaizen)在日语中意为"为了更好而改变"，在英语中类似的等同词是"Improvement"。1993年版的牛津字典里，收录了日语"改善"(Kaizen)一词，该词典将"改善"定义为："一种企业经营理念，用以持续不断地改进工作方法和人员的效率等。"

现场改善(Gemba Kaizen)意为对现场进行改善和优化。改善过程是发现问题，查找发生原因，找到解决方案的过程，是持续不断、反复进行的改进过程。

精益生产方式的基础是改善活动。为维持精益生产的优势并使其进一步发展，以精益生产的思想为基础，支撑现场稳步进行生产的管理者的作用就变得尤其重要。管理者要保证每一个现场都没有不合理的现象出现，要将物料、设备和人员更为有效地组合起来。丰田汽车公司认为自己的优势就是生产现场，而准时化生产和自働化是其生产现场优势的具体表现。保证产品数量和品种的均衡，抑制各工位的生产过剩，防止异常的发生，只有充分理解这些才能够消除浪费，精益生产的思想才能得到巩固，而所有这一切都要通过现场实践来实现。

二、现场改善的观念

1. "三现"主义

在现场改善时要坚持"三现"主义。"三现"主义包括：现地，即发生问题的地点；现物，即对发生问题的对象进行确认；现实，即摒弃完全凭经验和感觉进行判断的习惯，注重数据和事实，对问题进行分析，找出真正原因。

2. 现场改善态度

在进行现场改善过程中，要坚持 10 条基本精神和改善态度。

（1）抛弃传统制造方式的观念。

（2）与其说明做不出来的理由，不如考虑如何去做。

（3）不要找借口，首先要把握现状。

（4）好的事情马上去做，不好的事情马上停止。

（5）不要好高骛远，要从 60 分做起。

（6）有错误马上原地纠正。

（7）不逼到绝境，就想不出好办法。

（8）查找真正的原因，要问 5 次"为什么"之后，考虑改善方法。

（9）与其一个人拼命苦想不如集合 10 个人的智慧。

（10）改善无止境，以目前最差为起点。

三、现场改善的目标

现场改善的目标包括：提高产品质量、提高作业效率、减少浪费、减轻劳动强度、改善设备布局、实现少人化等。衡量改善效果的 7 大指标为：质量、生产效率、在制品数量、面积、周转时间、零件品种、安全等。虽然现场改善的评价指标很多，但如果通过单一标准来评价现场改善的结果的话，那么把生产率作为衡量改善效果综合业绩评价的尺度是很合适的。生产率可以按每人每小时的产出量进行计算。例如，在某条生产线上，如果每个月 3 个作业员用一天的实际劳动时间 10.7h 生产产品 5081 件，则：生产率 = 5081 件 ÷ 3 人 ÷ 10.7h = 158 件/（人·h）。

对改善的重视程度与改善效果不同，现场管理水准会有很大差异。现场管理水准可以分为五级，如表 9-1 所示。

表 9-1　现场管理水准

级　别	管 理 者	现　象	员　工
一级	忙碌就是在努力工作	现场乱糟糟，开会总是迟到	我们已经够忙啦
二级	明白未能给产品增加价值的都是浪费	开始用业务流程进行管理，懂得管理时间	
三级	流程化管理，重视改善	各环节均使用流程图管理 小组经常聚会讨论改善课题	具备多项操作技能
四级	天天在研究如何再增加价值	实际工作效率达到 75% 以上 设备：因故障而停线的情况基本消除	
五级	价值流管理	实际工作效率达到 85% 以上，库存（物料、成品等）是该行业中最低的 全员主动地参与到改善活动中	新人也能很快跟上运营程序

原一汽集团公司总经理竺延风曾对该公司现场管理提出四条要求：①人人心中有目标；②人人肩上有压力；③人人手中有项目；④人人学会数字化管理。

现场改善涉及内容较多，可以采用的手法也很多，其中5S、目视管理、基础IE是最最基础的常用手法。

第二节　5S

一、5S 的起源

5S起源于日本，是指在生产现场中对人员、机器、材料、方法等生产要素进行有效的管理，这是日本企业一种独特的管理办法。

1955年，日本的5S的宣传口号为"安全始于整理，终于整顿"。当时只推行了前两个S，其目的仅是为了确保作业空间和安全。后因生产和品质控制的需要而又逐步提出了3S，即清扫、清洁、修养，从而使应用空间及适用范围进一步拓展。到了1986年，日本的5S的著作逐渐问世，从而对整个现场管理模式产生了很大的冲击，并由此掀起了5S的热潮。

二、5S 的发展

日本企业将5S运动作为管理工作的基础，推行各种品质管理手法。第二次世界大战后，日本的产品品质得以迅速提升，并逐步奠定了经济大国的地位，而在丰田公司的倡导推行下，5S在塑造企业的形象、降低成本、准时交货、安全生产、高度的标准化、创造令人心旷神怡的工作场所、现场改善等方面发挥了巨大作用，逐渐被各国的管理界所认识。

有些企业在原来5S的基础上，增加了安全(Safety)形成"6S"，再增加节约(Save)形成"7S"；也有加上习惯化(Shiukanka)、服务(Service)及坚持(Shikoku)，形成"10S"。但是万变不离其宗，核心内容还是5S。

三、5S 的含义

5S是指日文SEIRI(整理)、SEITON(整顿)、SEISO(清扫)、SEIKETSU(清洁)、SHIT-SUKE(修养)这五个单词，如表9-2所示。因为5个单词前面发音都是"S"，所以称为"5S"。

表9-2　5S 含义表

中　文	日　文	英　文	典　型　例　子
整理	SEIRI	Organization	倒掉垃圾，长期不用的东西放仓库
整顿	SEITON	Neatness	30s 内就可找到要找的东西

（续）

中　文	日　文	英　文	典 型 例 子
清扫	SEISO	Cleaning	谁使用谁负责清洁（管理）
清洁	SEIKETSU	Stangardisation	管理的公开化、透明化
修养	SHITSUKE	Discipline and training	严守标准、团队精神

四、5S 的作用和目的

5S 是企业管理和现场改善的基础，因其简单、有效，被认为是提升现场管理水平的第一步。

1. 5S 作用

实施 5S 活动，可以在品种、质量、成本、交货期以及安全等方面发挥作用。

（1）多品种。5S 可以减少寻找模具、夹具、工具和刀具的时间，从而可以缩短作业转换的时间，有利于实现多品种生产的要求。

（2）高品质。品质是指产品性价比的高低，是产品本身所固有的特性。好的品质是赢得顾客信赖的基础。5S 能确保生产过程的迅速化，规范化，能十分有效地为好的品质打下坚实的基础。

（3）低成本。5S 的推动能减少库存量和各种浪费，避免不均衡，大幅度地提高效率，从而达到成本的最优化。

（4）短交货期。交货期体现了公司响应市场需求的能力。为了适应社会发展需要，越来越多的企业从大批量生产转向多品种少批量生产。品种增加管理难度加大，各种错误率增大。5S 是一种有效的预防方法，能及时地发现异常，减少问题的发生，保证快速、准时交货。

（5）高安全。通过实施 5S 活动，可使工作场所干净整洁，物品摆放井然有序，通道顺畅，就能很好地避免意外事故的发生。

2. 5S 的目的

图 9-1 为 5S 最终要达到的八大目的。除此之外，5S 还可以缓和工作场所的人际关系，改善员工的精神面貌，提升企业的形象。

五、5S 活动的内容

1. 整理

表 9-3 为整理的定义和作用。整理实施时，首先对工作场所要进行全面性的检查，包括眼睛看得到的和看不到的地方；其次是区分必需品与非必需品，即去掉不要的物品，留下需

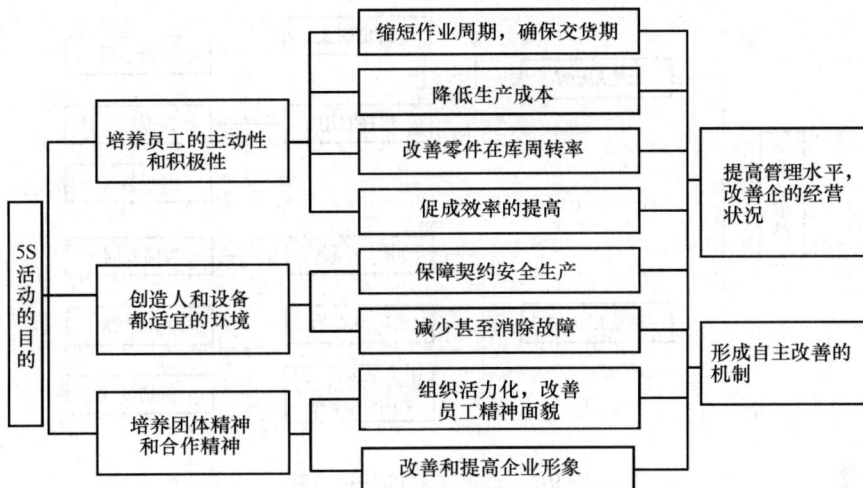

图 9-1 推行 5S 目的

表 9-3 整理的定义和作用

项　　目	整理（SEIRI）
定义	明确区分要与不要的物品，去掉不要的物品、保管要的物品
作用	能使现场无杂物，过道通畅，增大作业空间，提高工作效率 减少碰撞，保障生产安全，提高产品质量 消除混杂材料的差错 有利于减少库存，节约资金 使员工心情舒畅，工作热情高涨

要的物品，然后再根据物品的使用频率来决定它的管理方法，如"放在作业区内，由员工带在身边"、"集中放在车间某个规定处"或"由管理部门保管"，等等。清理非必需品时，应注意使用价值，而不是原来的购买价值，也就是使用价值大于购买价值。图 9-2 为非必需品的处理方法。

整理是一个永无止境的过程。现场每天都在变化，整理贵在日日做，时时做，如果仅是偶尔突击一下，做做样子，就完全失去了整理的意义。所以整理是一个循环的工作，需要随时进行。

2. 整顿

表 9-4 为整顿的定义和作用。整顿就是要对通过整理后留在工作现场的物品按便于使用的原则分门别类放置，进行定点、定位摆放，明确数量，即定置管理，并有效地进行标识。

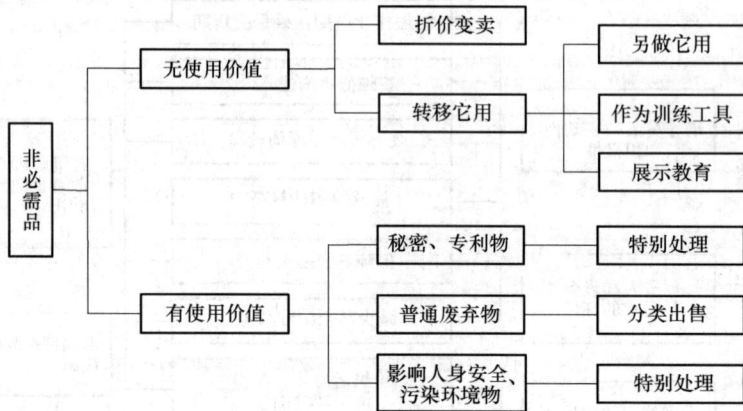

图 9-2　非必需品的处理方法

表 9-4　整顿的定义和作用

项　　目	整顿（SEITON）
定义	将必需品依照规定的位置整齐摆放，明确标识
作用	提高工作效率；缩短工序转换时间、作业准备时间 异常情况（如丢失、损坏）能马上发现 非担当者的其他人员也能明白要求和做法 不同的人去做，结果应是一样的（已经标准化）

（1）整顿的实施步骤

1）整理放置场所。对整理后清理出来的场地、货架、文件柜进行再分配。

2）确定放置场所。具体包括：①经常使用的物品应放在附近；②经常使用的物品应放在肩肘间的高度；③不常用的物品应放在其他地方；④使用频率高的工具可采用"配套方式"，即将该产品工序转换或准备作业时需要的一整套工具集中放入工具箱，需要时可从工具架上拿出工具箱直接去工作台。而使用频率低的工具可采用"收集方式"，即在进行该产品工序转换或准备作业时，按作业指示图从工具箱中取出所需的工具，并集中放入一个箱子，然后拿到工作台。

3）放置场所标记的设置。

4）在所放置的物品上标上标记，如标上物品种类的名称、编号。

5）在作业指导书、工序转换指示图、检查表等各产品、工序的指示资料中明确记录放置场所。

6）日常的检查、指正、复位等。

（2）整顿3要素，即场所、方法、标识。具体包括：①放置场所。物品的放置场所要100%设定，生产线附近只能放真正需要的物品，物品的保管要定点、定容、定量，详见"3定"原则。②放置方法。要易取，不超出所规定的范围，在放置方法上多下功夫。③标识方法。放置场所和物品原则上一一对应，现物的表示和放置场所的表示，某些表示方法全公司要统一，在表示方法上多下功夫。

（3）整顿的"3定"原则。具体包括：①定点，即放在哪里合适；②定容，即用什么容器、颜色；③定量，即规定合适的数量。

3. 清扫

表9-5为清扫的定义和作用。清扫就是在整理、整顿的基础上，使物品和场所一直处于整洁、随时可用的状态。

表9-5 清扫的定义和作用

项目	清扫（SEISO）
定义	将工作场所（机器设备）内看得见和看不见的地方清扫干净，使破旧复原如新，并保持干净亮丽
作用	使质量保持稳定；维持仪器及设备的精度；维持机器设备的稳定性，减少故障发生；创造清洁的工作场所

清扫步骤主要有：

（1）从工作岗位扫除一切垃圾灰尘。作业人员要自己动手而非用清洁工代替，来清除常年堆积的灰尘污垢，不留死角，将地板、墙壁、天花板，甚至灯罩的里边都要打扫得干干净净。

（2）清扫、检查机器设备。设备每天都要保持一尘不染、干干净净的状态。设备本身及其所附属的辅助设备也要清扫。清扫就是点检，通过清扫，可把污秽、灰尘，尤其是原材料加工时剩余的东西清除掉。这样的磨耗、瑕疵、漏油、松动、裂纹、变形等问题就会彻底地暴露出来，也就可以采取相应的弥补措施，使设备处于完好整洁的状态。

（3）整修。对清扫中发现的问题，要及时进行整修。只有通过清扫，才能随时发现工作场所的机器设备哪些需要维修或保养，从而及时添置必要的安全防护装置。

（4）查明污垢的发生源。污垢的发生源，主要是由"跑、冒、滴、漏"等原因所造成的。如果每天进行清扫，油脂、灰尘或碎屑还是四处遍布，就要查明冒烟、滴油、漏油、漏水的问题所在。通过随时查明这些污垢的发生源，并制定污垢发生源的明细清单，再按照计划逐步地去改善，可从源头去解决问题，将污垢从根本上灭绝。

（5）责任化、制度化。对于清扫应进行区域划分，实行区域责任制，责任到人，不可存在无人理的死角。同时，还需制定清扫的标准，具体包括：明确清扫的对象、方法、重点、周期、使用的工具、担当者等各种项目。

4. 清洁

表9-6为清洁的定义和作用。清洁表现的是一种状态、一种结果，而不是"清洁"这种现象，先有清扫这样的行为，才有清洁这样的结果，二者是不可分割的。清洁就是认真做好前面的3S的工作，并进行保持。因此需要将上面讲的3S实施的做法制度化、规范化，并贯彻执行。

表9-6　清洁的定义和作用

项　目	清洁（SEIKETSU）
定义	维持整理、整顿、清扫所取得的成果，继续保持现场及所有设备等的清洁
作用	保持现场、设备等清洁，使异常现象显现化（易发现），并做到异常时的对策、办法可视化 创造舒适的工作条件

清洁推行要领：①落实前3S的工作；②制定目视管理、颜色管理的基准；③制定稽核方法；④制定奖惩制度，加强执行；⑤维持5S的意识；⑥高层主管经常带头巡查，带头重视。

5. 修养

表9-7为修养的定义和作用。修养就是从遵守公司经营方针、基本规则出发，遵守工作规章、纪律，以创造舒适有序的工作环境；遵守4S基准，以提高劳动生产率。当然，修养不只是单纯地遵守规则，在遵守过程中发现不足加以完善才是最重要的。此外，还需不断地进行教育和训练，才能避免惰性，持之以恒，坚持到底。图9-3为修养形成的基本过程。

表9-7　修养的定义和作用

项　目	修养（SHITSUKE）
定义	使每位员工都养成良好的生活和工作习惯，自觉遵守规章制度，工作积极主动
作用	营造团队精神 强化人与人（内外）之间相互信赖的关系 提高客户及员工满意度

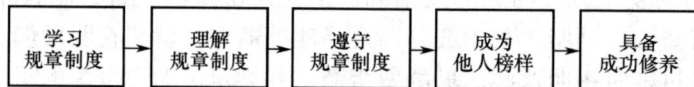

学习规章制度 → 理解规章制度 → 遵守规章制度 → 成为他人榜样 → 具备成功修养

图9-3　修养形成的基本过程

以上简单地介绍了5S的定义和推行。需要注意的是，这5个S并不是各自独立、互不相关的，它们之间是一种相辅相成，缺一不可的关系。整理、整顿、清扫是进行日常5S活动的具体内容；清洁则是对整理、整顿、清扫工作的规范化和制度化管理，以便能够使整理、整顿、清扫工作得以持续开展，保持好的整理、整顿、清扫水平；素养是要求员工建立自律精神，养成自觉进行 5S 活动的良好习惯。图 9-4 为 5S 活动相互关系图。

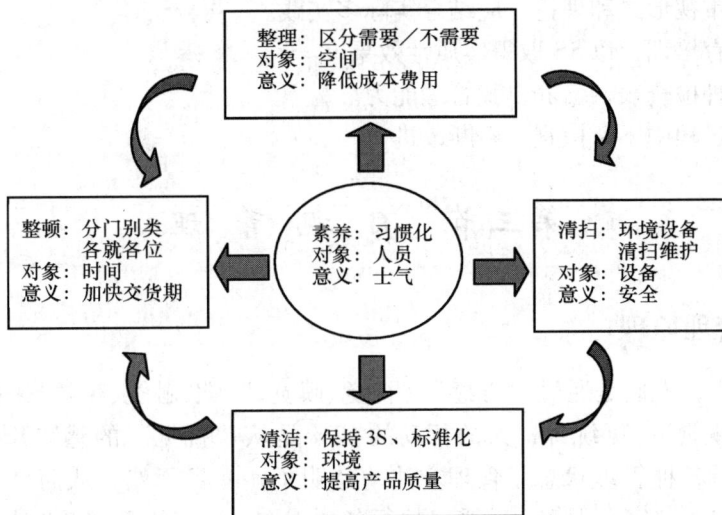

图 9-4 5S 活动相互关系

六、5S 活动推进

有很多人听说 5S 作用显著，对 5S 钦佩不已。但是当了解 5S 的含义以后，却怀疑 5S 是不是真的对企业能有帮助。确实，5S 原理十分简单，但要在企业成功推行并不是件容易的事。推行 5S，如果缺乏事前的准备和规划，再加上推进及实施人员缺少共识和决心，往往会造成虎头蛇尾，有始无终。因此，推行 5S 应经历三个阶段：形式化—行事化—习惯化。通过强制规范员工的行为，改变员工的工作态度，使之习惯化之后，一切事情就会变得非常自然，顺理成章。图 9-5 为 5S 推进原理。

企业因其背景、架构、企业文化、人员素质的不同，在推行过程中可能会遇到各种不同的问题，因此

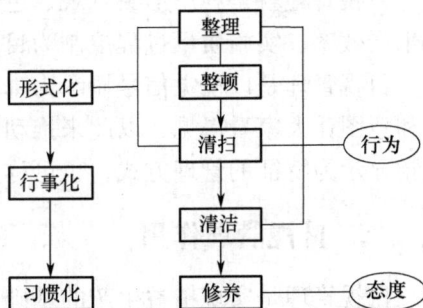

图 9-5 5S 活动推进原理图

5S 的推行也没有一套固定的步骤和程序，推行办要根据实施过程中所遇到的具体问题，采取可行的对策，才能取得满意的效果。同时，为了使 5S 活动取得更好的效果，建议最好以小组为单位来开展，开展时应注意下列事项：

（1）将开展过程分步骤进行。从容易的事开始，一点一滴脚踏实地去做；确定各步骤

的实施日程，管理者要进行诊断，并给予指导；各部门、各小组之间经常交流、切磋，力争提高活动水准。

（2）不要只重视形式和理论，应结合实际多实践。

（3）进行教育培训，以5S取得实质性效果。

（4）自制各种检查表，培养自我管理能力。

（5）在活动过程中不断检查、不断改进。

第三节 目 视 管 理

一、目视管理原理

在日常活动中，人们是通过"五感"（视觉、嗅觉、听觉、触觉、味觉）来感知事物的。其中最常用的是"视觉"。据统计，人的行动的62%是从"视觉"的感知开始的。因此，在企业管理中，强调各种管理状态、管理方法清楚明了，一目了然，从而易于明白，易于遵守，让员工能够自主地完全理解、接受、执行各项工作，这将给管理者带来极大的好处。

目视管理是通过视觉导致人的意识变化的一种管理方法。目视管理有3个要点：①都能判明是好是坏（异常）；②能迅速判断，精度高；③判断结果不会因人而异。

二、目视管理含义

目视管理就是利用形象直观、色彩适宜的各种视觉感知信息来组织现场生产活动，以提高生产效率、实施质量过程控制为目的的一种管理方式。

目视管理是以视觉信号显示为基本手段，以公开化为基本原则，尽可能地将管理者的要求和意图让大家看得见，以此来推动自主管理、自我控制。可见目视管理是一种以公开化和视觉显示为特征的管理方式，也可称为"看得见的管理"。

三、目视管理作用

目视管理是实现精益生产的基础工作，是实现自働化和准时生产的有力保证，如图9-6所示。目视管理具体作用可以分为以下7个方面：

（1）目视管理形象直观，有利于提高工作效率。现场管理人员组织指挥生产，实质是在发布各种信息。操作工人有秩序地进行生产作业，就是接收信息后采取行动的过程。在机器生产条件下，生产系统高速运转，要求信息传递和处理既快又准。如果与每个操作工人有关的信息都要由管理人员直接传达，那么不难想象，拥有成百上千工人的生产现场，将要配备多少管理人员。

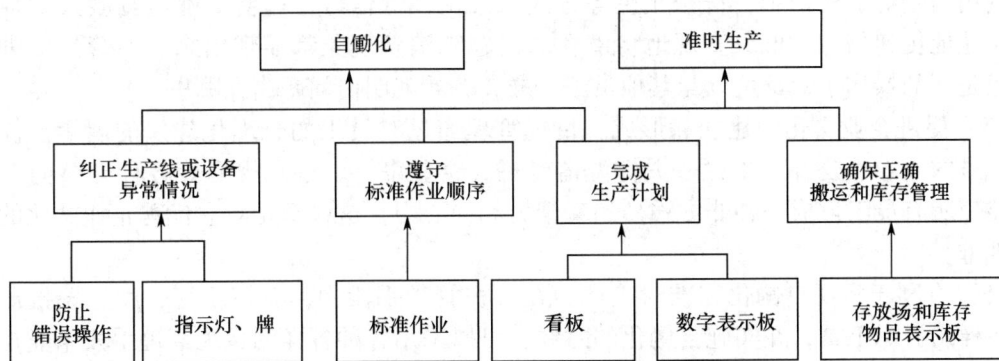

图 9-6 有利于实现自働化和准时生产

仪器、电视、信号灯、标识牌、图表等都可以发出可视信号。其特点是形象直观，容易认读和识别，简单方便。在有条件的岗位，充分利用视觉信号显示手段，可以迅速而准确地传递信息，无需管理人员现场指挥即可有效地组织生产。

（2）透明度高，发挥激励和协调作用，有利于提高自主管理、自我控制的能力。实行目视管理，对生产作业的各种要求可以做到公开化。干什么、怎样干、干多少、什么时间干、在何处干等问题一目了然，这就有利于人们默契配合、互相监督，使违反劳动纪律的现象不容易隐藏。

例如，根据不同车间和工种的特点，规定穿戴不同的工作服和工作帽，很容易使那些擅离职守、串岗聊天的人处于众目睽睽之下，促使其自我约束，逐渐养成良好习惯。又如，车间将对员工的考核数据记录在管理看板上，这样目视管理就能起到鼓励先进、鞭策后进的激励作用。

（3）目视管理有利于产生良好的生理和心理效应。对于改善生产条件和环境，人们往往比较注意从物质技术方面着手，而忽视现场人员生理、心理和社会特点。例如，控制机器设备和生产流程的仪器、仪表必须配齐，这是加强现场管理不可缺少的物质条件。比如，哪种形状的刻度表容易认读，数字和字母的线条粗细的比例多少才最好，白底黑字是否优于黑底白字等问题，人们对此一般考虑不多。然而这些却是降低误读率、减少事故必须予以认真考虑的生理和心理需要。

目视管理十分重视综合运用管理学、生理学、心理学和社会学等多学科的研究成果，能够比较科学地改善同现场人员视觉感知有关的各种环境因素，使之既符合现代技术要求，又适应人们的生理和心理特点。这样，就会产生良好的生理和心理效应，调动并保护工人的生产积极性。

（4）形象直观地将潜在的问题和浪费现象都显现出来。目视管理依据人类的生理特征，充分利用信号灯、标识牌、符号颜色等方式来发出视觉信号，鲜明准确地刺激人的神经末梢，快速地传递信息，形象直观地将潜在的问题和浪费现象都显现出来。不管是新进的员工，还是新的操作手，都可以与其他员工一样，一看就明白问题出在哪里。

（5）促进企业文化的建立和形成。目视管理通过对员工的合理化建议的展示、优秀事迹和先进的表彰、公开讨论栏、关怀温情专栏、企业宗旨、远景规划等各种健康向上的内容，能使所有员工形成一种非常强烈的凝聚力和向心力，这些都是建立优秀企业文化的重要组成部分。

（6）有利于实现自働化和准时生产。在目视管理手段中，有指示灯、牌、警报器灯等各种各样的警示工具，在实施自働化的时候，可以采用各种各样的目视管理手段来监控生产线的状态和生产的流动情况。当生产出现异常情况时，就可以通过这些工具及时显现出来，以达到自律控制的目的，并能预防其再发生。此外，在精益生产中采用看板和各种数字表示板作为组织生产的工具，可以有效地保证及时完成生产计划，实现准时化生产。

四、目视管理水准

根据目视管理的水平可以划分为三个水准：初级水准、中级水准和高级水准。图9-7为目视管理三个水准示例。初级水准：显示当前状况，使用一种所有工人都能容易理解的形式；中级水准：谁都能判断是否正常，例如刻度范围；高级水准：管理方法都列明，例如异常处置方法。

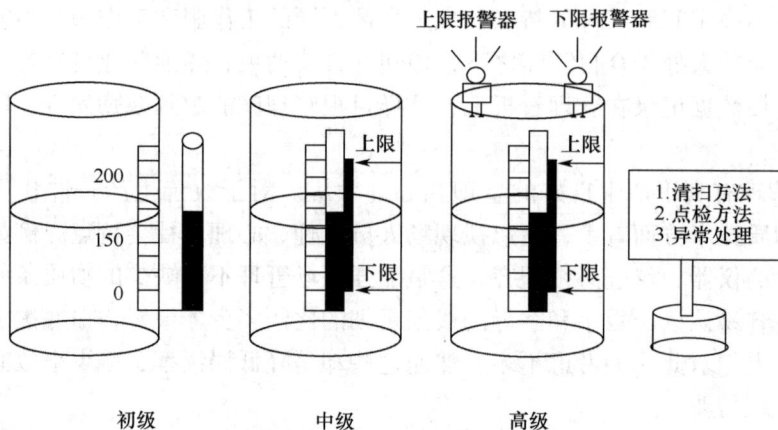

图9-7　目视管理三个水准示例

五、目视管理的工具和方法

目视管理作为一种简单有效的管理手段，可以贯穿于各种管理领域当中，如生产管理、品质管理、安全管理、成本管理、人员管理等各方面。其所用工具和方法也灵活多变，多种多样。以下列举几种常用的工具和方法。

1. 红牌

红牌就是一张红色的纸牌，常用来警戒他人不符合要求的行为。它适用于5S中的整理，是改善的基础起点，用来区分日常生产活动中非必需品。挂红牌的活动又称为"红牌作战"。

2. 看板

这里讲的看板不同于看板管理中的"看板（Kanban）"，而是指广义的看板（Board），即那些凡是能够用眼睛看并且能显示管理活动信息的板状物都是看板，并把看板作为目视管理的要素及持续提高的工具。概括地说，看板就是显示某种信息的可视板状物，如各种板材、卡片、表单、贴纸、条幅、匾等，只要是能显示信息的一切可视物体，都可以称之为看板。看板的具体含义是："看"即目视、观看，获得信息。"板"即平面、板状物，显示信息。

看板常从形状、材料、状态、责任范围、用途等五个方面进行分类。

（1）按形状分类。通常有方形、圆形、三角形、菱形、多边形和其他不规则形状等。

（2）按材料分类。通常有板材（包括木制、白板、铝塑、金属等各种板块物）、电子显示设备、布料、纸等。

（3）按状态分类。通常有动态、静态、发光和不发光等几种。

（4）按照责任分类。一般可以分为公司管理看板、部门车间管理看板、班组管理看板三类。

（5）按用途分类。即按照看板在工厂的使用途径和目的划分，可分为管理类看板、信息类看板、标识类看板、专用类看板等，如表9-8所示。

表9-8 看板按用途分类

区 分	管理类看板	信息类看板	标识类看板	专用类看板
作用	展示管理运作状态	公布管理措施信息	指明状态、要求	赋予特定意义
常用形式	看板、卡片、图表、电子屏、活动板等	标语、镜框、匾、横幅、彩纸	卡片、看板、标示、提醒板	视具体情况而定
项目内容	设备日常检查表 部门日程表 部门生产计划 工艺条件确认表 作业指导书或基准 品质改进对比看板 班组管理现况、报表 TPM诊断现况板 生产销售计划 小组活动现况板	企业远景或口号 部门车间口号 质量和环境方针 企业成长历史 企业名人榜 区域分担图 清扫责任表 迎宾看板 宣传栏	设备运转状况标识 产品良否标识 物料品种标识 加工进度 生产线名称标识 各工位标识 仓库位置标识 产量现状指示屏 堆高线指示牌	领取看板 生产看板 外协看板等

3. 信号灯

在生产现场，第一线的管理人员必须随时知道作业员或机器是否在正常地开动，是否在正常作业。信号灯是工序内发生异常时，用于通知管理人员的工具。一般信号灯有发音信号灯、异常信号灯、运转指示灯、生产进度灯等类型。

（1）发音信号灯。发音信号灯适用于物料请求通知。当工序内物料用完时，或者该供需的信号灯亮时，扩音器马上会通知搬送人员及时地供应。信号灯也是看板管理中的一个重要的项目。

（2）异常信号灯。异常信号灯用于产品质量不良及作业异常等场合，通常安装在较长的生产线、装配流水线。

一般设置红和黄两种信号灯，由员工来控制。当发生零部件用完、出现不良产品及机器的故障等异常时，往往影响到生产指标的完成，这时员工马上按下红灯的按钮，等红灯一亮，生产管理人员和厂长都要停下手中的工作，马上前往现场，予以调查处理，异常被排除以后，管理人员就可以把这个信号灯关掉，然后继续维持作业和生产。

（3）运转指示灯。显示设备运转、转换或停止等状态。停止时还显示它的停止原因。

（4）生产进度灯。生产进度灯是比较常见的，安在组装生产线上。在手动或半自动生产线，它的每一道工序间隔大概是 1~2min，用于组装节拍的控制，作业员可以把握作业进度，防止迟缓。

4. 识别管理

识别管理是指用各种不同的颜色、标识、符号等视觉手段来标识出不同的物品、人员、设备、作业等，达到识别的目的。识别管理是目视管理中最基本的手段，一般可分为 8 个种类：人员识别、工种识别、职务识别、熟练程度识别、机器设备识别、产品识别、作业识别、环境识别。

5. 其他

此外，还可以采用样本、标贴、工作服、标示牌、彩色纸、彩色涂装等目视管理工具。

六、目视管理应用

1. 五项管理

目视管理可用于生产、品质、成本、人员、安全等五项管理。表9-9 为一汽轿车公司五项管理的具体内容。

2. 应用注意问题

目视管理的目的是提高工作效率，加强组织、协调、沟通能力，提高自主管理水平，使生产现场管理更科学化、规范化、效率化。因此，要把目视管理视为推行现代化生产管理的重要手段。

表 9-9 目视五项管理

类型	目标	管理项目	类型	目标	管理项目
生产	准时化生产,确保产量	生产管理板 生产可动率曲线 问题点及对策 计划及完成情况跟踪表 标准作业执行率 停线时间统计曲线	成本	控制成本、减少浪费	提案完成 改善积分 废品零件控制分析
品质	不接受不良品、不生产不良品、不流出不良品	班组质量目标 质保部反馈质量缺陷统计表 班组质量信息反馈目视板 直通率 品质点检记录表 防止再发生处置书 品质问题解析报告	人员	人才的培养及人员管理	组织机构图 各工位操作者及人员配置状况 出勤情况 员工培训计划 员工多技能情况 培训评价表 员工改善情况
成本	控制成本、减少浪费	材料消耗费用一览表 材料消耗定额 能源管理点检 改善项目成果表	安全	不受伤,不生病	着装标准图例 安全日历 安全事故通报 安全隐患及解决情况登记表 每日安全点检表 属地化管理分担区 安全知识学习计划

具体来讲,在推行目视管理时,一定要从实际出发,通过目视管理提高管理的可视性、有效性。这就要求企业内部各部门的领导者对目视管理给予高度重视:①要做好目视管理的规划,把目视管理纳入单位重要议事日程;②要学会用目视管理手段来组织协调工作,来培养和激励员工;③对目视管理要经常检查和维护,做到及时、适宜、有效;④及时总结目视管理的经验,使之不断完善和提高。

同时,在推行目视管理时,要防止搞形式主义,要防止把目视管理看成是为了应付参观、为了给别人看、为了装点车间现场的门面,而应从企业实际出发,有重点、有计划地逐步展开。在这个过程中,应做到的基本要求是:统一、简约、鲜明、实用、严格。具体内容为:①统一,即目视管理要实行标准化,消除五花八门的杂乱现象;②简约,即各种视觉显示信号应易懂,一目了然;③鲜明,即各种视觉显示信号要清晰,位置适宜,现场人员都能看得见、看得清;④实用,即不摆花架子,少花钱、多办事,讲究实效;⑤严格,即现场所有人员都必须严格遵守和执行有关规定,有错必纠,赏罚分明。

第四节 基 础 IE

一、IE 简介

IE 是英文 Industrial Engineering 的缩写，直译为工业工程，是以人、物料、设备、能源和信息组成的集成系统为主要研究对象，综合应用工程技术、管理科学和社会科学的理论与方法等知识，对其进行规划、设计、管理、改进和创新等活动，使其达到降低成本，提高质量和效益的目的的一项活动。简单地说，IE 就是改善效率、成本、品质的方法科学。

泰勒（Frederick W. Taylor，1856—1915）和吉尔布雷斯（Frank B. Gilbreth，1868—1924）是 IE 的开山鼻祖。19 世纪 80 年代，泰勒和吉尔布雷斯分别通过自己的实践，仔细观察工人的作业方式，再寻找效率最高的作业方法，并且设定标准时间进行效率评估。结果，不仅生产效率得以提高，工人的收入也得以增加，从而开创了工业工程研究的先河。

随后，又有许多科学家和工程师对 IE 的发展作出了贡献。经过一个多世纪的发展，伴随着 QC、WF、MH、VA、VE、WS、OR、WD、SE 等方法在企业中的运用，工业工程得到很大的完善和发展，如今已成为一门技术性强、应用广的学科，并在制造企业产能分析与优化的过程中发挥着重要的作用。在美国，IE 工程师是工程类职业的第二大职业，有 110 万 IE 工程师在各行各业中服务。日本从美国引进 IE，经过半个多世纪的发展，形成了富有日本特色的 IE，即把 IE 与管理实践紧密结合，强调现场管理，把 IE 作为现场改善的一大利器。日本企业在推行精益生产时，大量运用 IE 的动作研究和时间分析技术，使精益生产始终站在科学管理的基础上，可以说 IE 是完成精益生产方式的工程与管理基础。如果从广义的 IE 来看，精益生产是现代 IE 发展的高级表现。丰田公司前生产调查部长中山清孝认为，丰田生产方式就是美国的工业工程在日本企业管理中的应用；丰田生产方式的创始人大野耐一也曾说过，丰田生产方式就是丰田式的 IE。由此可见 IE 在精益生产中的重要程度。

虽然当今 IE 与专业技术的结合更加紧密，各种新方法、新技术层出不穷，不过，对于一般的工厂管理、技术人员来说，只要能将基础的 IE 方法熟练应用，就能产生很大效果。其中工作研究是传统工业工程的基本方法之一，它以生产系统的微观基础——作业或操作系统为研究对象，是工业工程中最早出现的一种主要技术。工作研究包括两部分内容：方法研究（Methods Study）和作业测定（Work Measurement）。在经过不断发展与改善之后，工作研究今天已成为一个企业提高生产率、实行有效管理的基本策略。应用工作研究就可以获得更好的操作方法、合理测定操作时间、平衡生产流水线、估计人工成本、研制高效工具、选择合适设备、合理布置工厂和训练工人等，是制定标准作业的基础。因此，一般把工作研究也称为基础工业工程（基础 IE）。图 9-8 为工作研究的结构体系。

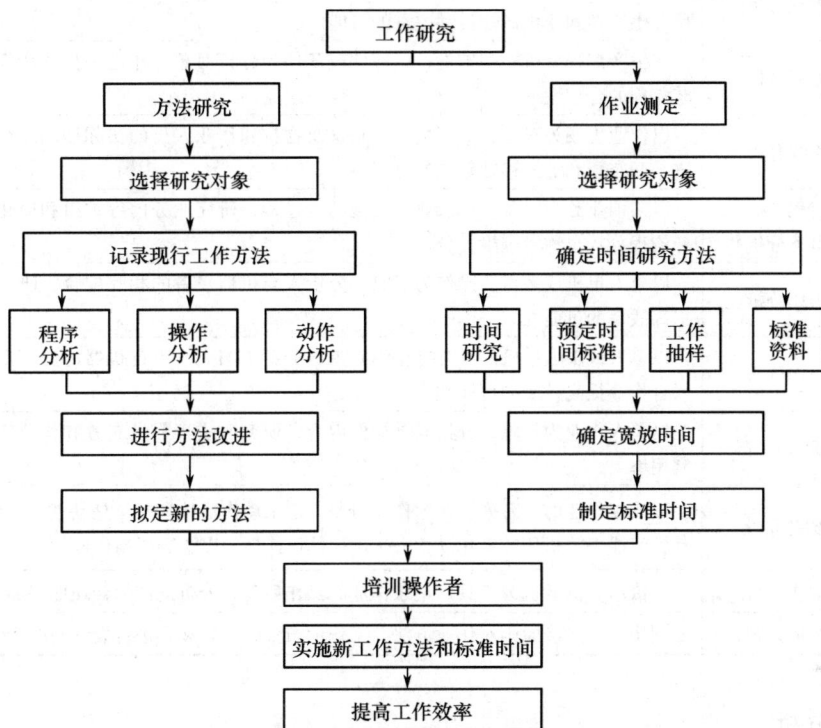

图 9-8 工作研究结构体系图

二、方法研究

方法研究是对现有的或拟开展的工作（加工、制造、装配、操作）方法进行系统的记录、分析和考察，使工作方法简单、易行及有效，从而较合理、有效地使用人力、时间和材料等的方法。因此方法研究是一种对作业方法进行设计和改善的方法，其研究对象包括原材料、工艺、作业流程、作业工具、设备、布局以及操作动作等。

表 9-10 为方法研究主要分析技术。方法研究包括程序分析、操作分析和动作分析三个层次。应用方法研究首先着眼于整个工作系统、生产系统的整体优化（即采用程序分析），然后再深入地解决关键的操作局部问题（即操作分析），再进而解决人体动作的微观问题（即动作分析），从而达到系统整体优化的目的。

表 9-10　方法研究的主要分析技术

类别	名　称	特点与目的
程序分析	生产流程分析	应用国际通用的 IE 分析符号描述生产系统全部概况及加工工序之间的相互关系，分析研究生产性和非生产性活动改进的可能性
	工艺流程分析	在生产流程分析的基础上，以部件或零件为分析对象，作进一步的详细分析，研究工艺流程的合理性
	加工路线分析	以作业现场为对象，对现场平面布置及物料和作业人员的实际移动进行分析，研究改进平面布置和缩短移动路线的可能性
	业务流程分析（管理事务分析）	以某项业务为对象，记录业务实施的全过程，研究业务内容重组和简化的可能性。业务流程分析也称管理事务分析
操作分析	人机操作分析	以单人单机或多机的操作为对象，分析人与机器设备的相互配合，研究人和机器作业提高效率的可能性
	联合操作分析	以多人或多人单机的联合操作为对象，分析人与人、人与机器的协调配合，研究多人联合作业提高效率的可能性
	双手操作分析	以单人作业为对象，分析双手操作内容，研究改进工作地布置和作业方法，提高双手利用率
动作分析	动作要素分析	以成组作业的一系列动作为作业对象，记录动作最基本单位是动素，人体动作由 18 种动素组成。分析研究简化动素——动作的可能性，以达到提高作业效率的目的
	微细动作分析	以摄影、摄像机为工具，记录作业的操作活动，分析操作的合理性并加以改进
	动作经济原则	利用动作经济原则对作业方法、工作地布置、工装夹具进行设计与改善

1. 程序分析

程序分析以现行工艺程序为基础，采用专用的图表和符号对生产过程的操作、检验、搬运、等待和储存等 5 个环节进行详细的观察和记录，应用 5W1H 提问法和 ECRS 四大改善原则，改进工艺流程和工厂平面布置，优化物料搬运路线。表 9-11 为流程分析的记录符号。

5W1H 提问法是从对象（What）、人员（Who）、地点（Where）、时间（When）、原因（Why）和方式（How）六个方面着手进行分析，通过提问发掘问题之所在。

表 9-11　流程分析符号及其含义

作业名称	符　号	含　义
加工	○	表示改变物料的物理或化学性质的加工过程
搬运	⇒	表示人、物或设备从一处向另一处移动
等待	▷	表示在生产过程中物料、产品的停留、等待
储存	▽	表示物料、产品存入仓库
检验	□	表示加工过程中或加工后对物料、产品数量的检查、试验、鉴定等

ECRS 原则是利用取消（Eliminate）、合并（Combine）、重排（Rearrange）和简化（Simplify）四种手段来探讨改进的可能性。①取消：取消一切不必要的工作；②合并：将必须而且可能合并的工作加以合并；③重排：重排所有必需的工作程序；④简化：简化所有必需的工作。

2. 操作分析

操作分析是指通过对以人为主的工序的详细研究，使工人的操作以及工人和机器的相互配合达到最经济、最有效的程度。操作分析常用的工具为人机操作、联合操作和双手操作程序图。这些图详细地记录了操作者在工作地点的活动状况以及操作者与机器之间在同一时间、同一地点的协同工作状况。通过操作分析，寻找提高人和机器的作业效率可能性，缩短操作周期。

3. 动作分析

动作分析是方法研究中的一种微观分析，它是以操作者在操作过程中手、眼和身体其他部位的动作作为分析研究对象的。记录动作最基本的单位是动素，人体动作由 18 种动素组成。通过动作分析，找出并剔除不必要的动作要素，在此基础上制定出最佳操作方法和预定动作时间标准，以达到使操作简便、高效省力的目的。

在动作设计或改善过程中，要尽量符合动作经济原则。以最低限的疲劳获得最高的效率，寻求最合理的作业动作时应执行的原则称为动作经济原则，也称作"省工原则"，即使作业（动作的组成）能以最少"工"的投入，产生最有效率的效果，达成作业目的的原则。动作经济原则是由吉尔布雷斯（Gilbreth）率先提倡的，其后经许多工业工程的专家学者研究整理而成。

动作经济原则可划分为 3 大类 22 项，如表 9-12 所示。第一类是关于人体的使用，第二类是关于工作场所的布置，第三类是关于工具设备的设计。为了便于记忆又可以归纳为10 条：

第一条原则：双手动作应同时而对称。

第二条原则：手的动作应尽可能用最低等级且又能获得满意结果的动作完成。

表 9-12　动作经济原则

关于人体的运用	关于工作地的布置	关于工具设备
1. 双手应同时开始并同时完成动作 2. 除规定休息时间外，双手不应同时空闲 3. 双臂的动作应对称、反向并同时进行 4. 手的动作应以最低的等级而能得到满意的结果	1. 工具物料应放置在固定地方 2. 工具物料及装置应布置在工作者前面近处 3. 零件物料的供给，应利用其重量坠送至工作者的手边 4. 坠落应尽量利用重力实现	1. 尽量排除手的工作，而以夹具或脚踏工具代替 2. 可能时，应将两种工具合并使用 3. 工具物料应尽可能预放在工作位置上 4. 手指分别工作时，各指负荷应按照其本能予以分配

（续）

关于人体的运用	关于工作地的布置	关于工具设备
5. 物体运动量应尽可能利用，但是如果需要肌力制止时，则应将其减至最小程度 6. 连续的曲线运动，比方向突变的直线运动为佳 7. 弹道式运动，较受限制或者受控制的运动轻快自如 8. 动作应尽可能地运用轻快的自然节奏，因节奏能使动作顺畅及自发	5. 工具物料应依最佳的工作顺序排列 6. 应有适当的照明，使视觉舒适 7. 工作台及座椅的高度应保证工作者坐立适宜 8. 工作椅式样及高低应能使工作者保持良好姿势	5. 设计手柄时，应尽可能增大与手的接触面 6. 机器上的杠杆、十字杆及手轮的位置，应能使工作者极少变动姿势，且能最大地利用机械力

第三条原则：尽可能利用物体的动能，曲线运动较方向突变的直线运动为佳，弹道式运动较受控制的运动轻快，动作尽可能轻松有节奏。

第四条原则：工具、物料应置于固定处以及工作者前面近处，并依最佳的工作顺序排列。

第五条原则：零件、物料应尽量利用其重量坠送至工作者前面近处。

第六条原则：应有适当的照明设备，工作台及坐椅式样及高度应使工作者保持良好的姿势及坐立适宜。

第七条原则：尽量解除手的工作，而以夹具或足踏工具代替。

第八条原则：可能时，应将两种或两种以上工具合并为一。

第九条原则：工具及物料应尽可能预放在工作位置。

第十条原则：手指分别工作时，各指负荷应按其本能予以分配；手柄设计，应尽可能增大与手的接触面；机器上杠杆、手轮的位置，尽可能使工作者少变动其姿势。

更综合地说，它可归纳为4点：①同时使用两手，避免一手操作一手空闲；②力求减少动作单位数，避免不必要的动作；③尽可能地减少动作距离，避免出现全身性活动；④追求舒适的工作环境，减少动作难度，避免不合理的工作姿势或操作方式。

三、作业测定

作业测定就是在方法研究的基础上，对生产时间、辅助时间等加以分析研究，运用各种技术来确定合格工人按规定的作业标准完成某项工作所需要的时间。因此作业测定的目的就是制定标准时间。

标准时间是指在正常条件下，一位受过训练的熟练工作者，以规定的作业方法和用具，完成一定量的工作所需要的时间。标准时间在效率管理中所起的作用就如同货币在日常生活中所起的作用一样巨大。它能为管理工作带来极大的便利，化繁为简，把不同的工作对象、不同的工作人员、不同的工作条件统一起来，以时间这样一个相同的度量单位来表示，使得生产计划、设备规划、成本预测及控制等工作简便易行。

标准时间的作用极大，其合理性应特别注意。标准时间的界定条件应客观而适用，一般是指在规定的环境条件下，按照规定的作业方法，使用规定的器具和工具，由受过训练的作业人员，在不受外在不良影响的条件下，达到一定的品质要求。也就是在最适宜的操作条件下，用最合适的操作方法，以普通熟练工人的正常速度完成标准作业所需的劳动时间。

可采用作业测定制定标准时间的常用方法，有时间研究、工作抽样、预定时间标准法和标准资料法等4类。

1. 时间研究

时间研究也称秒表时间研究，是利用秒表或电子计时器，在一段时间内，对作业的执行情况作直接的连续观测，把对工作时间以及与标准概念（如正常速度概念）相比较的执行情况的估价等数据，一起记录下来给予一个评价比值，并加上遵照组织机构所制定的政策允许的非工作时间作为宽放值，最后确定出该项作业的时间标准。图9-9为标准时间组成。标准时间计算公式为

$$标准时间 = 观察时间 \times 评比因数 \times (1 + 宽放率)$$

式中，观察时间为秒表测定时间的平均值；评比因数为实际被测定工人与标准工人快慢程度的评比值；宽放率为操作时间除正常操作时间以外需要的停顿和休息时间（即宽放时间），一般取15%。

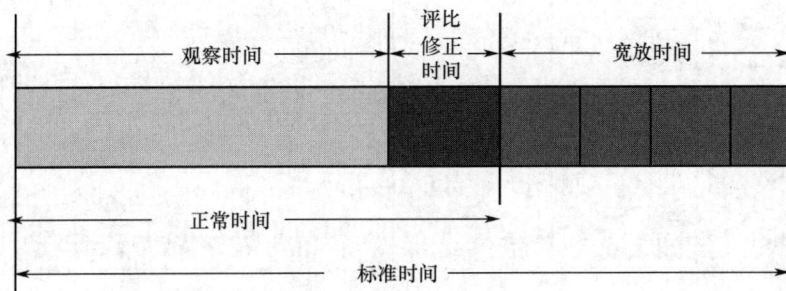

图9-9 标准时间组成

2. 工作抽样

工作抽样是在较长时间内，以随机的方式分散地观测操作者。利用分散抽样来研究工时利用效率，具有省时、可靠、经济等优点，因此成为调查工作效率、合理制定工时定额的通用技术方法。

3. 预定时间标准法

预定时间标准法（Predetermined Time System，PTS）是国际公认的制定时间标准的先进技

术。它利用预先为各种动作指定的时间标准来确定进行各种操作所需要的时间。它无需通过直接观察和测定来决定工作的正常时间，而是直接将完成工作的各动作单元顺序记录后，据每个动作单元的时间进行累加，即为该项工作的正常时间，再予以宽放即得标准时间。PTS方法种类繁多，其中较为著名的且应用较为广泛的有 MOD 法（模特法）、MTM 法（方法时间测定法）、WF 法（工作因素法）等。图 9-10 为 MOD 法的 21 个动作符号。

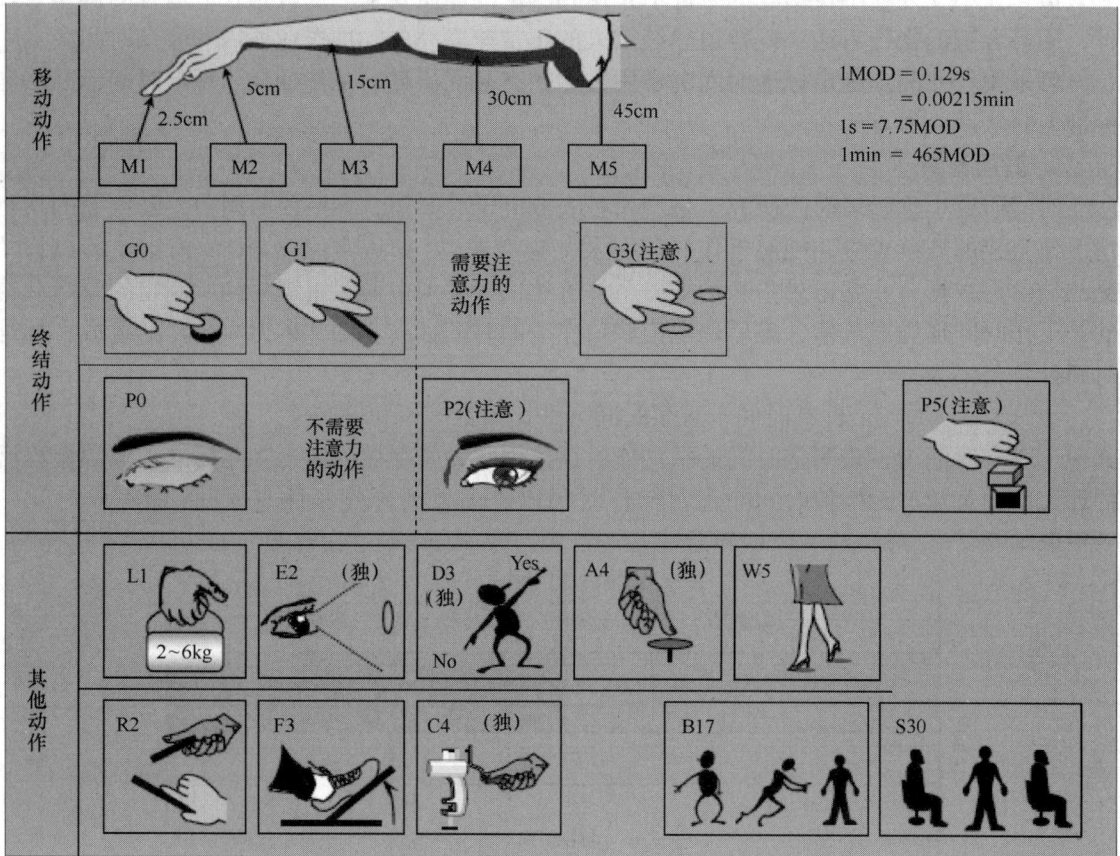

图 9-10　模特法动作符号及意义

4. 标准资料法

标准资料是将直接由作业测定（时间研究、工作抽样、PTS 等）所获得的大量测定值或经验值，经分析整理、编制而成的某种结构的作业要素（基本操作单元）正常时间值的数据库。利用标准资料来综合制定各种作业的标准时间的方法叫做标准资料法。

以上四种方法各有特点，在实践中时间研究和 PTS 法的科学性好一些。时间研究通过现场观测的方法来求得标准时间，对于现场管理与改善非常实用；PTS 法主要用于新产品及新机种量产前的标准设定，以及对革新前后的方法进行评价。

上面简单介绍了方法研究和作业测定，现场改善中常用的手法，因篇幅所限，本书不再作详细介绍。但重点要掌握 4 个分析技巧：① 6 大提问(5W1H)；② 5 项作业(操作、检验、搬运、暂存、储存)；③ 4 项原则(ECRS)；④ 1 项不忘(动作经济原则)。在台资企业中，基础 IE 内容常归纳为 7 大手法，即防错法、动改法、五五法、双手法、人机法、流程法和抽样法。

总之，基础 IE 技术在精益生产方式推行中占有十分重要的位置。可以说，没有基础 IE 技术，就不可能取得良好的推行效果，不充分利用基础 IE 的企业，就好像建造在砂土上的楼房，不堪一击。在丰田公司，把"收益 IE"写在标语上，就是希望抓住可以提高业绩的 IE 进行提高生产的活动。由于国内 IE 起步比较晚，很多企业还未曾导入基础 IE，在推行精益生产时，难免力不从心。因此在推行精益生产时，应结合现场 IE，从基础 IE 的普及和推广入手，进而实现准时化生产。

第五节 改善顺序和方法

在实施改善活动时，一般可按 6 个阶段进行，如表 9-13 所示。

表 9-13 改善的 6 个阶段

阶 段	改 善 阶 段	改 善 方 法	与 QC 方法联系
1	改善点的发现	明确目的	选定理由
2	对现状的方法分析	抓住事实	把握现状
3	得到构思	对事物进行思考	要因分析
4	制定改善方案	立案	研究立案
5	实施	实施	实施
6	确认	确认	确认

一、改善点的发现(第 1 阶段)

首先，需要发现目前存在的问题，包括生产、质量、成本、安全等，然后进行分析问题，进而解决问题，以得到改善的效果。没有问题才是最大的问题，只有发现现场中存在的问题，才能找到改善的切入口。在精益生产中，改善点的发现可从四个方面入手，即准时化、自働化、标准作业和少人化。

1. 准时化

作为精益生产的一大支柱，准时生产理应作为改善的第一大切入点。而准时化的关键是解决停滞问题。通过对产品和信息的流程描述，从实际的产品和信息流程中找出停滞问题点，再通过层层查找原因，可从多方面解决停滞问题。批量往往是造成停滞的原因。批量包括生产批量和运输批量及存储批量。这里以存储批量为例，从减少工位成品库存量的改善和防止前工位停滞的改善两个方面加以说明，如图9-11所示。

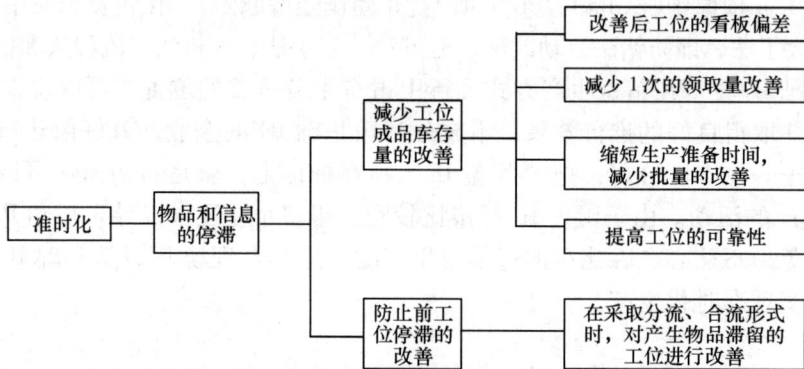

图9-11　准时化改善思路

（1）减少工位成品库存量的改善。可以从减少工位完成品的周转库存量进行改善。图9-12为工位成品库存量的较多的示例。图中后工位有A、B两个工厂，A工厂的要货频次为4次/天，B工厂为3次/天，对于配货中心来讲，它的出货时间不均衡，但它的收货时间是均衡的，这样就会造成领取看板波动较大。同时，去装配工位的成品存放地领取量波动也较大，这就要求在成品的存放处必须有很大的库存。改进方法为：①减少后工位两个工厂看板领取偏差，以减少库存量。看板领取偏差是指两个工厂在要货频次、要货数量上的差异量，差异量越小，成品存放处安全在库量也就可以越少。②也可以通过去装配工位存放处增加领取频次、减少每次领取量来减少库存量。

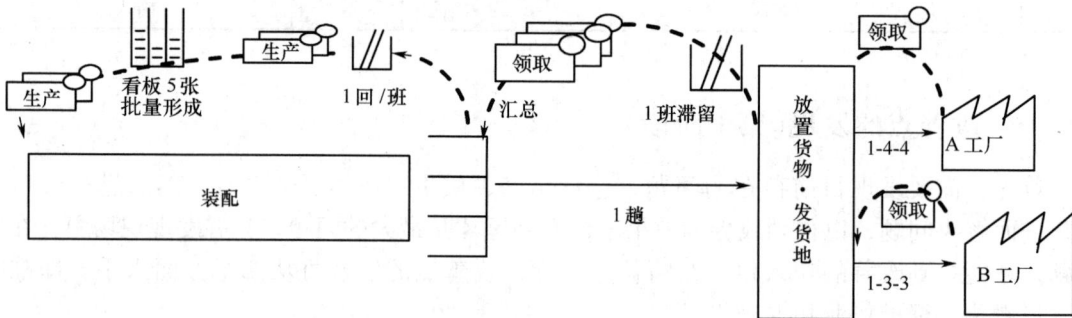

图9-12　减少工位成品库存量的改善

另外，若后工序生产批量较大，则多件与缺件现象会经常发生。由于种类不同需要换模，装配作业的生产准备时间为 10min，因此生产批量为 5 张看板的数量。在成品存放处取下工位间领取看板，1 班回收一次，发送到看板箱里，批量形成后开始补充生产。由于批量大，到处都有产品和信息停滞，因此需要缩短生产准备时间来减少批量，通过提高工位的可靠性，达到减少工位成品库存的目的。

（2）防止前工位停滞的改善。在分流与合流工位易产生大量库存，造成物品的滞留。图 9-13 为前工位分流合流过多造成停滞的示例。图中前工位分流合流过多造成物品滞留，这属于乱流的形式，对其进行整流化改善，可减少其停滞。

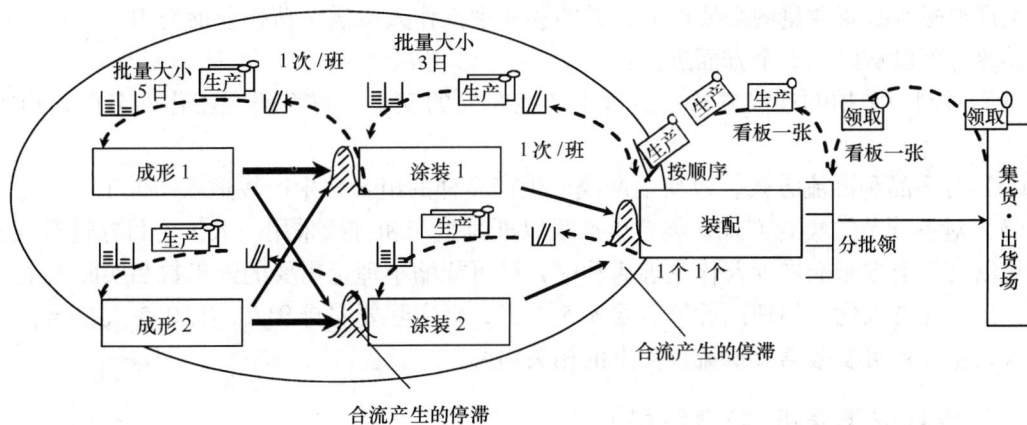

图 9-13　前工位分流合流过多造成停滞现象

2. 自働化

自働化作为精益生产的另外一大支柱，对其进行改善也是十分重要的。对自働化改善的基本思考方法为：①因发生异常设备可以自行停止，因此人和机械的工作可以分离；②能发现现场异常是最基本的；③使问题明显化。

异常管理方面的改善包括：异常管理水平是需要有时间标准尺度的，如月、日、班、小时、分、秒等级，需要确定哪个等级可判断异常呢，是否随时发现异常，出现异常时要把异常情况正确及时传达给相关的人，同时要确定异常管理的范围。

人机分离方面的改善：通过区分人和机械的工作以达到追求真因。

通过实施异常管理和人机分离（可参考第七章自働化），使得现场管理中存在的问题明显化，进而寻求引起问题的真因并进行改善。

3. 标准作业

通过研究设备、机械装置及加工方法，采用自働化技术进行现场改善；通过研究夹具、模具的改良，搬运方法及加工产品停工等待时间的合适化等方法来彻底地消除浪费；利用防错装置来防止不良再次发生等。这都是为了进行更有效率的生产而作出的努力。那么作为生产现场的监督人员管理本工位就成为提高现场生产效率的基础。标准作业作为改善的基础，就变得非常有必要。

标准作业是规定了以操作人员的移动为中心，以最高效的顺序进行作业的标准。标准作业改善主要可以从人作业改善和设备循环时间改善两方面进行。在实际操作中，标准作业不是固定的，因此需要不断的改善。有关标准作业的改善详见第八章标准作业。

4. 少人化

少人化是指操作人员数量能够随生产量需求的变动而变动，在必要的时间内，以最少的人工生产和搬运必要数量的必要产品，并能够实现操作人员满负荷作业而努力。

其改善可以从以下 3 个方面进行：

（1）对同一节拍的连接方式，通过生产线布局的变更，重新研究工作的分配，追求一人工。

（2）对多品种混流方式，改变生产线上生产品种的组合，生产线追求一人工。

（3）对不同节拍集合方式，集合生产线以准时生产和持续采用一人工为目标进行改善。

从以上 3 个方面推进少人化改善活动中，尽可能缩小理论需要的人工数和实际人工数的差异，以实现省人化。如理论计算需要 8.5 人工，则实际要安排 9 人，有 0.5 人差异。

少人化改善可参考第五章流程化中的相关内容。

二、现状方法分析（第 2 阶段）

1. 心理准备

对现状进行分析时，应本着实事求是的态度，防止凭推测进行分析；不要遗漏任何细小之处。

2. 表准作业

对现在进行的作业如实地记录，在丰田称为表准作业，即定量地、详细地记录工人自身的作业顺序、标准在制品、机械配置及作业方法等现况。这是改善的出发点，不要推测或掺杂个人的意见。

3. 要素作业分析

以工人为对象，分析其作业要素，谋求改善作业方法。把工作分解成要素作业，对每个要素进行 5W1H 提问，分析各要素作业的必要性，挖掘改善的思路。

4. 其他分析方法

图 9-14 列举了几种其他的分析方法，这些方法都是基础 IE 的常用方法。为了正确地把握现状，根据不同目的，需采用各种不同的方法。例如，若想了解工件的流程及工序的进展等全局情况，可采用流线图分析或线路分析法等。为了认真调查人的动作本身并谋求改善动

作中的浪费现象，可使用动作分析法；通过细分动作，用 18 个基本动素符号分析作业，很容易找出必须改善的问题点。

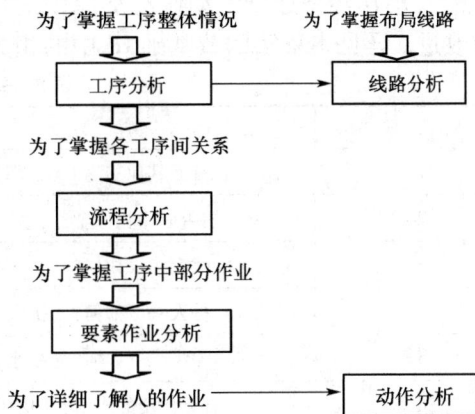

图 9-14 其他分析方法

三、得到构思（第 3 阶段）

整理问题点是构思的关键。

1. 原因追究方式

（1）必须全面观察现场；杜绝先入为主，抛弃固有观念。

（2）深入观察，找出起因；切忌留于表面。

（3）必须花足够的时间来追究原因，防止同样的问题再次发生。

2. 问 5 个为什么

简单地说，问 5 个为什么（即 5W）就是连续问为什么，直到找到真因的方法。真因就是发生源，只有对发生源采取有效的对策，才能使问题得到有效解决。而 5W2H 是指谁（Who）、何时（When）、何地（Where）、做什么（What）、为什么做（Why）、如何做（How）、耗费如何（How Much）。这种设问方法配有基本的项目更好，但还不足以追究问题的真正原因。

因此，为了找到隐藏在事实背后的真正原因，要追问 5 次为什么，这在精益生产中是一条铁律。

3. 追究原因条件

（1）相同条件重复作业是追究原因的首要条件（构成公司生产现场的基础是标准作业）。

（2）问题发生后时间越长越难追究原因，因此加工之后最好立即检查。

4. 问题点分类以及相互关系

生产现场的生产诸要素一般用 4M 来表示，即人（Man）、设备（Machine）、材料（Material）、方法（Method）。可以对问题点按 4M 进行分类，然后调查问题点之间的相互关系，找出各类问题在本质上的共同点，这样就很容易剥离出原因和真因，明确因果关系。

5. 得到构思方法

构思与判断应在不同场合进行。得到构思的方法有清单检查法、动作经济原则、头脑风暴和改善与障碍等四种。

（1）清单检查法。清单检查法就是把应该想到的所有问题预先做成条款式的提问形式。表 9-14 为清单检查法以及示例。例如，有无其他用途（转用）、能否应用相似者（借用）、改变一下如何（变更）等。

（2）动作经济原则。动作经济原则适用于人的全部作业，不符合动作经济原则就需要进行改进。详见本章第四节基础 IE 中的相关内容。

表 9-14　清单检查法

阶　段	方　法	示　例
1	有无其他用途？（转用）	不良品和废弃物能否用在其他地方？
2	能否应用相似者？（借用）	有无类似的东西？
3	改变一下如何？（变更）	变更颜色或声音如何？
4	扩大一下如何？（扩大）	加长、加强或加浓如何？
5	缩小一下如何？（缩小）	分离、分解、压缩一下如何？
6	有无代用的东西？（代用）	工序或动力、场所可否代用？
7	反向做一下如何？（逆用）	把上下左右各自变成相反方向如何？

6. 头脑风暴

头脑风暴是一种所有参与者按照特定的规则，为实现某一目标而集思广益，自由发表意见，搜集主意的过程。一般来说，集体思考得出的想法要比一个人思考得出的想法多，其理由是联想的相互刺激作用和竞争带来的刺激作用在发挥效能。因此头脑风暴是得到构思的一种重要的方法。

7. 改善与障碍

在得到构思的过程中，应该注意无论什么方法都能得到构思，绝对不可以对某种构思施加好与坏的判断。

对于改善，只有具备脱离常识的问题意识，才能开启智慧的闸门、拓宽思路。例如，精益生产中后工序去前工序领取物品的想法、缩短冲压模型的更换时间等，切忌有妨碍改善的心理和托辞（见表 9-15）。如果拘泥于常识、习惯于某种固定的思维模式，那么现在的精益生产绝不会得到如此巨大的发展。

表 9-15　妨碍改善的心理和托辞

类　型	妨碍改善心理	妨碍改善托辞
常 见 现 象	● 先入为主 ● 常识 ● 多一事不如少一事 ● 习惯、惰性 ● 感情 ● 其他	● 以前从未做过 ● 干得好好的，为什么要改 ● 我们很忙，那又不是我们的责任 ● 那种想法太小儿科了 ● 其他

四、改善方案制定（第 4 阶段）

改善方案的制定有排除、组合变更、合适化、标准化、同期化和自働化等六种方法，如表 9-16 所示。

表 9-16 改善方案制定的方法

序　号	方　法	解　释
1	排除	不需要的东西，没必要去实施
2	组合变更	分离与结合，变换更简单的方法
3	合适化	采用比现状更适宜的方法，缩短不必要的步行距离、减少疲劳、充分发挥能力等
4	标准化	作业方法、设备及工具等实行标准化是一条重要原则
5	同期化	把连续多工位作业或工序内生产合适地组合起来。对该工序内的作业种类也平准化，达到作业流畅
6	自働化	将人的工作置换为机械的工作

五、改善方案的实施（第 5 阶段）

改善方案的实施要做好改善说明和工人培训两方面的准备工作。

1. 改善说明

向有关人员，即上司、同事、新职员及工作人员说明改善方案的概要。因为改善对前后工序都有影响，又与质量及安全密切相关，所以需要其他人员的大力协助。

2. 工人培训

在精益生产中，以多工序操作为主流，实行多技能培训，这是推进标准作业时不可或缺的条件。因此，应该训练工人在正确理解标准作业的基础上实际操作，并且从开始就向工人传授最优秀的方法。

六、改善效果确认（第 6 阶段）

实施改善方案后，应对其进行确认和评价。因为尽管暂时实施了改善方案，并且组合了标准作业，但是一旦作业条件稍有变更或监查者的疏忽，可能又会回到老路子上去，所以经常检查所改善的内容是必要的。

精益生产的改善活动强调全体员工的参与，现地现物，实事求是地进行全过程的改善，并在改善活动中培育人才。改善其实并没有什么深奥的理论体系，也无须什么繁琐的方法手段，它所需要的只是认真求实的敬业精神、一丝不苟的细致作风和永无止境的进取意识。改善不仅是精益生产方式的坚固基石，而且也是精益生产方式所不懈追求的目标，正是因为持续地改善，不断地追求完美，才使得这种精益求精的生产方式保持了旺盛的生命力。

第十章 TPM

第一节 TPM 概述

一、开动率与可动率

开动率是用来表示机器设备使用效率的指标，以机器设备的开动时间除以最大负荷时间表示。其中，负荷时间是指从一天（或一个月）的制度时间扣除计划保全时间、生产计划上的停止时间；开动时间是指负荷时间减掉换模、换刀具、故障、调整等时间。

理论上来讲，开动率越高则设备的使用率越高。基于这样的想法，一般都认为开动率要100%才是最好，但是这完全是从设备的使用效率来考虑的，也就是在第一章里谈到的仅考虑个别效率，没有考虑到整体效率。在精益生产中，强调适时适量生产，其开动率也是根据市场的需求量来确定。例如，某台设备的最大负荷为每天可生产1000件产品，而这个月的平均需求量仅为600个，那么，开动率只须60%就足以了，而不是一味地追求设备的使用率。所以，精益生产中的开动率是由市场需求量确定，而不受设备现有损失时间多少的影响。

至于机器设备损失时间的效率评估，在精益生产中用"可动率"来衡量，即以机器设备实际可以运转的时间除以需要使用设备的负荷时间，其意义是当设备要被使用时，能够正常运转的比率。它的目标值是越高越好，理论状态为100%。

这就好比买一部自用轿车，开动率表示一天内开动自己汽车的时间比率，谁都是在需要的时候才坐汽车，而不是要汽车连续24h都在行驶，即开动率100%；而可动率是指汽车想开时就能开的比率，希望每次需要使用时都能顺利发动而不会抛锚，即可动率100%。

可动率高是精益生产中流程化生产的基本要求之一。在流程化生产中，产品以单件或小批量加工，可动率低则表示设备的稳定性差，容易发生故障，会对生产活动造成困扰，如物流受阻、停工等待、品质问题，等等。为了保证生产的流程化和连续性，必须以可动率百分之百为目标，做到设备的使用能随心所欲，要动即动，要停即停。为此，就必须建立起良好的维修保养制度，即TPM——全面生产保全活动。

二、TPM 定义

TPM（Total Productive Maintenance）是以最大限度地提高设备综合效率为目标，建立贯穿于设备生命周期，即从设备使用部门到设备设计、制造、计划、保养等所有部门，从最高领导到第一线作业者全员参与，并经团队活动推动设备维护的体制。它通过以设备为导向的经营管理，将现有设备实现最高极限的运用。

三、TPM 起源与发展

随着工业化的不断普及，机械作业逐步替代手工作业，它克服了手工作业引起的品质不稳定、无法批量生产、成本高等缺点。尤其是 20 世纪 50 年代，美国的制造加工业对机械装备的依赖性越来越突出，伴随而来的设备故障率也与日俱增，严重影响着产品品质和生产效率的进一步提高。

先进设备维护起来相当困难。复杂的设备由大量零件组成，其本身的品质以及组合精度严重左右着生产中的产品，加上设备操作工人由于不熟悉设备性能和机能，引起误操作、延误管理等，使设备维护成本不断上升。

为了解决这些问题，美国借助欧洲工业革命的成果把维护设备的经验进行了总结，将装备出现故障以后采取应急措施的事后处置方法称为事后保全（Breakdown Maintenance，BM），将装备在出现故障以前就采取对策的事先处置方法称为预防保全（Preventive Maintenance，PM），将为延长装备寿命的改善活动称为改良保全（Corrective Maintenance，CM），在制造中不出现故障、不出现不良装备的活动叫做保全预防（Maintenance Prevention，MP），最后将以上 BM、PM、CM、MP 四种活动结合起来称之为生产保全（Productive Maintenance，PM），从此找到了设备管理的科学方法，这就是 TPM 的雏形。

第二次世界大战后，日本在向美国学习的过程中，将美国的 PM 生产保全活动引入日本，并创立了日本式的 PM。在 TPM 的历史上，特别要提及对 TPM 有着特别贡献的日本电装（Nippon Denso）公司，它是丰田汽车公司的一个部件供应商。日本于 1961 年导入 GE 公司为代表的美式 PM 生产保全，以此为基础开始探索日本式的 PM 活动。1968 年电装公司开始确立全体生产和维护人员参与的 PM 活动，经过 2 年多时间的探索，成功地创立了日本式 PM，即全员生产保全（Total Productive Maintenance，TPM）。当时电装公司把在生产和设备部门共同开展 PM 活动所取得的巨大成果在全日本 PM 大奖会上发表，并一举获得 PM 优秀奖。电装公司 PM 活动的神奇效果，引起了业界的轰动，与会教授和学者在仔细审查了该公司现场后发现，制造部门 80% ~90% 的员工都参与了此项活动，于是在 PM 前加了 "T"，正式将该公司的 PM 活动命名为 TPM，以区分美式 PM。1971 年 TPM 正式得到日本设备管理协会（JIPE）的认可，并在日本企业界全面推广。不过，当时的 TPM 只是生产部门和设备保养部门开展的局部 TPM 活动，活动是以设备为中心，因此至今有很多企业和人员都把 TPM 活动局限在设备管理方面。其实，现在的 TPM 范围已经完全扩展，理论上也有了本质的飞跃。

TPM 最初的含义是全员生产保全（Total Productive Maintenance），即通过员工素质与设备效率的提高，使企业的市场竞争能力得到根本改善。随着 TPM 在企业中的广泛运用，其含义已拓展得更宽广。目前在中国一般将其称为全面生产性管理（Total Productive Management）。也有人把 TPM 称为综合生产力经营管理（Total Productivity Management），因为它与企业经营目标直接关联。日本丰田生产方式实际上也是一种全面理想化生产的 TPM（Total Perfect Manufacturing）。此外，对 TPM 还有其他许多说法和定义。本书采用全面生产保全的含义，介绍经典 TPM 的活动内容体系。

四、TPM 活动目标

TPM 活动的一个基本目标就是提高设备的综合效率。设备综合效率（Overall Equipment Effectiveness，OEE）是 TPM 的专用术语，用来表示实际的生产能力相对于理论产能的比率，由时间开动率、性能开动率、合格率 3 个关键要素组成。设备综合效率计算公式为

$$设备综合效率（OEE）= 时间开动率 \times 性能开动率 \times 合格率$$

式中，时间开动率 = 开动时间/负荷时间；合格率 = 合格品数量/加工数量；性能开动率是指相对设备固有能力（周期时间、行程数）而言的速度比率，即相对于设备原来的性能，现在是以多少比率在运转。

性能开动率的计算公式为

性能开动率 = 净开动率 × 速度开动率

$$= \frac{加工数量 \times 实际加工时间}{开动时间} \times \frac{理论加工时间}{实际加工时间} = \frac{加工数量 \times 理论加工时间}{开动时间}$$

只有当时间开动率、性能开动率、合格率均达到 100% 时，OEE 才可以达到 100%。因各种因素的影响，若 OEE 能维持在 85% 以上，则已具有较高水平。

为了提高设备的综合效率，TPM 的目的就是要排除影响设备效率的"七大损失"，即故障损失、准备调整损失、器具调整损失、加速损失、检查停机损失、速度下降损失、废品损失。通过开展 TPM，将所有损失事先预防，做到零故障、零灾害、零不良、零损失。这种追求零的精神就是日本人的生产管理理念，虽然不可能完全实现"零"目标，但他们会为实现这个目标去制定计划、标准，并切实实施。这种高起点的追求，必将产生高质量的工作、高品质的产品，使得在生产效率最大化的同时，达到消耗的费用合理，并从中找出最小的消耗点，如图 10-1 所示。

五、TPM 的活动内容与体系

典型的 TPM 活动内容分自主保全、计划保全、设备前期管理、个别改善、教育训练、品质保全、间接部门效率化、安全与卫生等八个方面，通常称为八大支柱，如图 10-2 所示。5S 活动是一切管理活动的基础，也是推行 TPM 阶段活动前的必不可少的准备工作和前提，在 TPM 里将 5S 称为 TPM 的 0 阶段活动，作为其他八大支柱的基础。图 10-3 为 TPM 的活动体系。

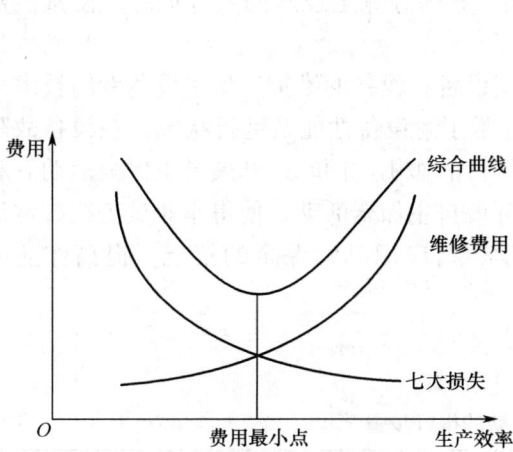

图 10-1 TPM 综合曲线

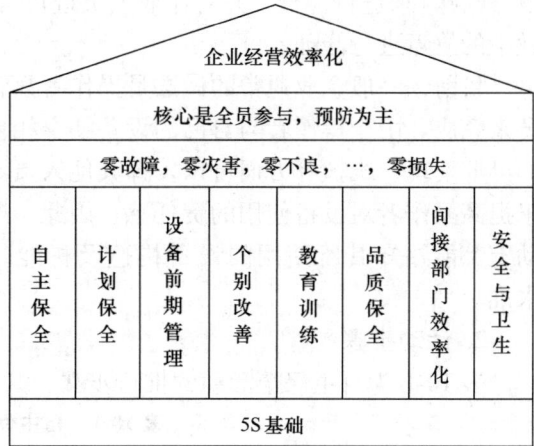

图 10-2 TPM 的活动内容

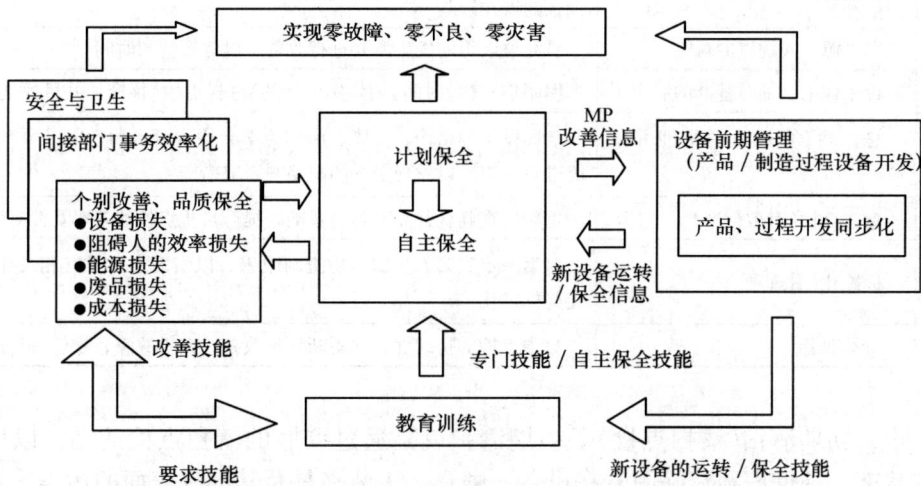

图 10-3 TPM 的活动体系

第二节 TPM 活动内容

一、自主保全

1. 定义

自主保全活动就是以作业人员为主,对设备、装置依据标准凭着个人的五感(听、触、嗅、视、味)来进行检查，并对作业人员进行有关油、紧固等保全技术的教育训练，使其能对微小的故障进行修理。

目前，一般企业通常的做法是操作者只管使用设备，设备的维护工作由设备专门技术人员来完成。由于操作者与自己的设备朝夕相伴，非常了解设备性能及运行状况，在设备故障的早期发现、维护等方面可以发挥其他人员不可替代的作用。同时，开展自主保全活动有利于提高操作者对设备使用的责任感。因此，通过开展自主保全活动，使得作业员工在日常活动上都能熟知其所使用的设备构造及机能，并学会与应用日常保全的技能，提高作业的水准。

2. 活动步骤

表 10-1 为自主保全活动的推行步骤，共分 7 个步骤。

表 10-1　自主保全活动的推行步骤

步　骤	方　法	解　释
第一步	初期清扫(清扫点检)	清扫(即保养)以设备本体为中心的垃圾、灰尘、污染，通过清扫发现设备的潜在缺陷
第二步	发生源、问题点的对策	研究垃圾等的发生源并进行改善，以缩短清扫时间
第三步	自主保全、临时基准的制定	编制临时(短时间)内切实可行的清扫(点检)标准，并目视化
第四步	总点检(点检设备机能并复原)	掌握设备的结构、性能、原理，学会检查设备的性能及零件的技能并能进行检查，以发现潜在的缺陷并采取措施
第五步	自主点检(有效标准)	重新检查确认并完善临时基准，提升自主点检的效率及针对性
第六步	标准化(管理项目)	对第一步到第五步加以检查与改善，以实现点检及其相关作业的效率化与标准化
第七步	持续改善	自主点检的持续性，并不断评价改善，向零故障、零停台挑战

第一步，初期清扫(清扫点检)。初期清扫就是通过彻底的清扫点检活动，以便恢复设备的理想状态，即彻底地清除附着在设备、磨具、工装夹具及其部件表面的污染、灰尘、异物、沉淀物，并把设备的潜在缺陷彻底找出来的活动。初期清扫是一种用手进行点检的活动，这与 5S 清扫活动不同。5S 活动侧重于清除灰尘、杂物，而自主保全活动的清扫重点在于点检异常情况。

第二步，发生源、问题点的对策。发生源是指问题发生的根源或根本原因。问题包括故障、不良、灾害等，在这里侧重于污染发生的直接和根源部位，如产品或原料的泄漏、飞散、漏油、渗水、漏气等。通过初期清扫将设备清扫干净，就便于操作人员发现灰尘、垃圾、异常发生源及问题点。因此，第二步的发生源、问题点的对策就是针对以上问题点进行改善的活动，这些问题点在第一步时大多可以发掘出来，其中有些已经作了局部对策，但根本性对策在本阶段完成。

第三步，自主保全、临时基准的制定。第三步是为了维持第一步、第二步清扫的成果，对于清扫、注油、点检等制定基准书的活动，主要是开展目标时间内的清扫、注油、点检的维持活动。第三步是作为第二步制定的清扫准基准的补充，把注油和点检基准合并到清扫基准书上，制定出临时基准。图 10-4 为某汽车压合系统的点检基准卡。

轿车				点检基准卡	
	生产车间：西区焊装车间　　设备名称：压合系统				编号：1-013-1
序号	点检部位	点检周期	负责人	点检部位及内容插图	
1	安全销（图1）	每日	操作者	图1　挂钩完好，安全插头无丢失	图2　外表无损坏，动作灵敏
2	安全毯（图2）	每日	操作者		
3	夹具台（图3）	每日	维修人员		
4	传感器（图4）	每周	维修人员		
5	网护	每日	操作者		
6	气路	每日	维修人员		
备注： 夹具台点检部位为： 电缆线无刮伤及损坏 检查各气管及接头无漏气 检查夹具台转动时无异响 检查各气缸无损坏 检查各磁性开关固定牢固 检查各夹爪无损坏及裂痕 检查模具表面无损坏 点检气路部分为： 检查压力符合要求 0.4～0.6MPa 无漏气				图3　具体点检部位详见备注	图4　外表无损坏，功能完好
备注1	点检外观部分由操作者每天进行			修改原因	
备注2				修改日期	
制表		审核	批准	部门　生产部设备工装科	制表日期：

图 10-4　点检基准卡

第四步，总点检。总点检是指生产现场的操作人员进一步掌握设备的构造、性能、原理，对照设备的最初状态（理想状态），系统地对设备各部件进行分类点检，即发现潜在问题并复原改善的日常点检活动。

前面 3 步的活动主要是为了防止设备的劣化，第四步则是测定设备劣化的程度，主要是通过对员工开展机械要素、润滑、气压、液压、电气、安全等相关科目的基础教育训练，并根据科目类别彻底进行专项点检，以此提高全体员工发现问题点的专业技能。

第五步，自主点检。为了把前面四步活动中，对设备劣化进行复原的部位继续改善，进一步提高设备的可靠性、保全性和产品品质，要重新研究前几个阶段制定的清扫基准、注油基准、总点检基准，开展高效率点检和无失误点检，这种自主完善的活动被称为自主点检活动。在自主点检活动中，当操作工人发现自己不能解决问题时，可采用二种方法：①通过车间内部的广播系统呼叫维修人员；②通过问题票的方法通知维修人员。

表 10-2 为问题票示例。问题票是一种目视化的设备问题记录或通知，是成功推进自主保全、5S 或前期管理活动比较有效的办法之一，即发现设备存在问题需要加以改善而自己无法解决时，用问题票记录存在的问题并挂在问题发生处的设备上，提示相关人员及时解决，当问题得到解决并经确认后，摘下存档。

第六步，标准化。对第一到第五步加以检查与改善，实现点检及其相关作业效率化与标准化。

表 10-2　问题票

序　　号	存在问题	提出人	提出时间	解决人	解决时间	确认人	确认时间

第七步，持续改善。通过前 6 步的活动，现场员工具备了一定能力和士气，并通过自主管理活动不断地加以改善和积累。因此，第七步应保持自主点检的持续性，并不断改善，向零故障、零停车挑战。

二、计划保全

1. 计划保全定义

计划保全是通过设备的点检、分析、预知，利用收集的情报，早期发现设备故障停止及性能低下的状态，按计划实施保养的预防保全活动。

计划保全活动是以专业维修人员的保全为主的活动，由维修部门来执行，目的是提高设备的可靠度，缩短修理时间或减少故障发生，从而实现零故障。与制造部门开展的自主保全活动不同，计划保全活动以设备专业部门为中心进行，因此也称作专业保全活动。

2. 计划保全种类

图 10-5 为计划保全种类。计划保全分为预防保全、改良保全和事后保全三种形式，而

预防保全又分为定期保全与预知保全。

（1）预防保全（Preventive Maintenance，PM）。这是指在设备出现故障以前就采取对策的事先处置方法，包括定期保全与预知保全。

1）定期保全是指在设备发生故障以前周期性地进行保全的方法，也称按时间保全（Time Based Maintenance，TBM）。一般它的预算管理容易，保全费用较高，然而与事后保全或紧急保全相比，发生的事故损失还是比较经济。

定期保全包括定期检查、定期注油、定期更换和定期修理（也叫大修或整修）4 种方式。定期检查是根据设备劣化周期，按照基准定期进行的检查活动。定期注油是按照润滑基准对设备定期进行的润滑加油活动。定期更换是根据设备或部件的寿命，定期进行的更换部件或易损件的活动。定期修理是定期对设备进行解体、清扫、检查，发现磨损或变形的部件进行更换或处理的活动。

图 10-5　计划保全的种类

2）预知保全也称为按状态保全（Condition Based Maintenance，CBM），是指为了最大限度地使用设备或部件，通过点检或解读劣化状态数据、管理倾向值、跟踪设备状态等方法，预知判断重要部件的寿命，并据此采取措施活动，它是保全费用和故障损失最小的方法。比起 TBM，对于保全技术或保全人力的要求很高，但往往受制于设备预知点检或诊断技术的开发能力。

（2）改良保全（Corrective Maintenance，CM）。这是指通过将现有设备的缺点（含设计缺点）有计划地主动进行改善（如材质或外观等），延长设备寿命的改善活动。其目的是提高设备的信赖性、保全性、安全性等，减少劣化和故障，改良保全的终极目标是取消保全。

由于改良保全对设备作了变动，要做好设备信息管理工作，将所改动的保全信息落实到新设备的保全预防和现有其他设备的改善里，并将这些信息标准化，以保全预防（Maintenance Prevention，MP）提案书的形式进行整理，建立起一套保全情报的反馈体系。

（3）事后保全（Breakdown Maintenance，BM）。这是指设备出现机能低下或机能停止（故障停止）后进行修理、更换等事后处理的方法。采用这种方式主要是由于设备或部件非常昂贵，预备备用品会非常不经济，因此只有等到出现故障后再处理。

3. 计划保全常用文件

（1）基准书。基准书是所有计划保全工作的基础，保全计划和点检卡都是参考基准书

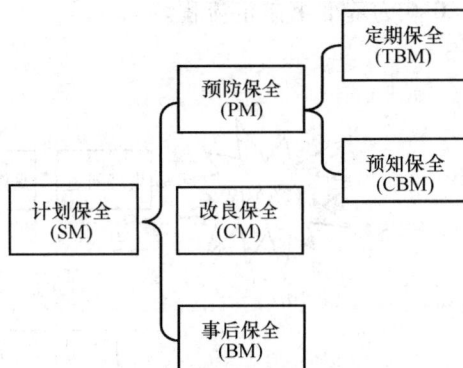

生成的。其制作方法主要是根据设备资料和保全者的经验而来，需要根据实际逐步完善。图 10-6 为基准书制定流程。

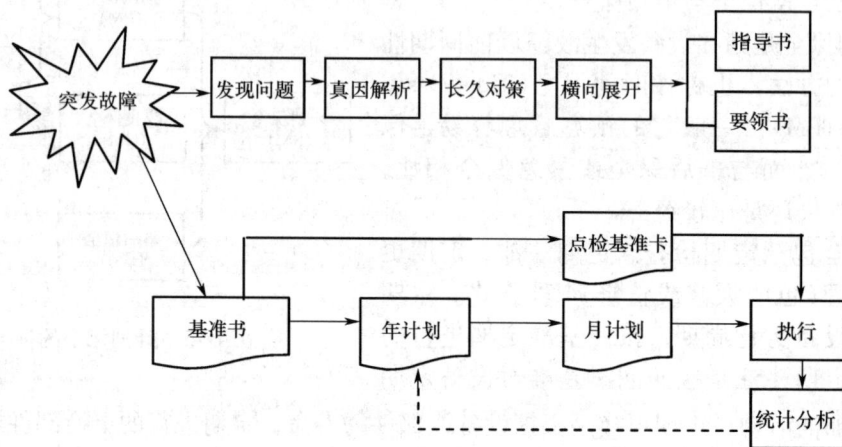

图 10-6　基准书制定流程

（2）维修指导书。维修指导书是由维修人员编制的用于指导设备维修的标准要领书，它等同于标准作业中的标准顺序书、要领书，描述的是某一作业项目的标准作业顺序、操作要求、注意事项，是维修技术人员或维修工根据故障修理过程经验或设备资料整理而成的，用来提供维修指导。维修指导书是实现零故障的一个重要基础。

（3）保全要领书。保全要领书是保全作业的作业要领，用以提醒保全人员保全作业的注意事项、关键点或指示性的文件。保全要领书最好用图示化方法表示，清晰易懂。

（4）保全年计划与月计划。保全年计划是依据基准书制定的，在制定时要充分考虑保全工作量的平衡和休息日、节假日的关系，基准一旦有变化，应马上依据基准修改。月计划依据年度计划编制，每月 18～22 日根据实际情况调整，以提高计划的针对性，每月 25 日前下达下月计划。

（5）点检基准卡。点检基准卡依据基准书编制而成，由维修技术人员及维修工依据设备结构、原理等编制而成，要求图文并茂，操作性、针对性强。制作方法与自主保全活动中的基准卡相同。

（6）故障分析报告。故障分析报告包含故障描述、原因分析、临时措施以及长期措施。在生产现场，只要发生故障，都要由维修人员进行故障分析，填写故障分析报告，以避免故障的再次发生。图 10-7 为故障分析报告示例。

故障分析报告

编制：一汽轿车公司生产部设备工装科
编制时间：2005 年 1 月 6 日

设备名称：悬挂点焊机	设备所在车间：焊装车间	设备停台时间：30min
设备型号：FTB-180	设备所在班组：调整班	占用生产时间：　6 日 10 时 15 分
设备编号：753-334	设备使用人：白明建	至 6 日 10 时 45 分

────── 故障分析 ──────

图示

故障现象（配合图示说明）

描述：发生故障的悬挂点焊机是专为补焊准备的焊机，在正常生产中不使用，6 日由于主焊线 R126 机器人一个焊点突然出现开焊现象，经工艺确认决定在调整前先对该焊点进行补焊，在使用该焊机时发现焊机没有焊接动作。

描述人：刘钰

故障原因（配合图示说明）

分析：经检查发现该焊机的控制板报警，用编程器无法调出其程序，更换新控制板，重新输入程序后故障消除。经分析是由于该焊机长期处于不工作状态，造成程序丢失，使控制板程序出错，造成停台。

分析人：刘钰

────── 处理方法 ──────

── 处理措施 ──

步骤：	时间	修理内容	实施结果
检查气路	5min	检查焊机气路是否正常工作	排除气路原因
检查程序	10min	检查程序是否正常，规范有无错误	发现程序乱码异常
更换控制板	10min	更换焊机控制板，并重新输入程序	更换新板
调整规范	5min	调整焊接规范，达到焊接使用要求	恢复使用

技术员：李华伟　　　　　修复人：刘钰、徐军勇

── 预防对策 ──

临时：检查其他补焊用焊机及闲置焊机，保证其工作状态

长期：制定周期性检查制度，对长期不用的焊机进行定期检查，确保其工作状态

流程：各工段（汇制）──停台20min──{科长（电子版）/预修计划员（存档）}──停台30min──{刘总（电子版）/部长（电子版）}

图 10-7　故障分析报告

三、设备前期管理

1. 定义

前期管理也叫保全预防，即在新设备的计划或设计阶段，要进行充分论证，在考虑现有设备生产优缺点的基础上，考虑维修信息、新技术的应用，进行可靠性、可维修性、可操作性、安全性等设计，以减少维修费用及故障的活动。

前期管理的重点在于故障、不良发生、改善、机械能力、灾害、能源消耗等信息收集并灵活使用。

2. 方法

（1）维修部门要做好设备的各种信息的统计分析工作，如前期设备调试存在的问题、日常故障、润滑、备件、可维修性、改造等。

（2）在设备采购前，维修技术人员依据上述信息对每一台新设备制定标准文件，明确对设备的要求。

（3）维修人员参与设备调研、选型、招标、厂家方案设计、施工等过程。

（4）详细记录每一台新设备在调试中出现的所有问题，并积极协调厂家解决。

（5）对于设备调试中存在的问题，可采取如下方法解决：①明确职责分工，设专人协调，采用立项消项方式。②召开例会制度。内容为：上次工作完成情况（未完原因分析及补救措施）；本次需解决问题的方案讨论（共同）；形成工作计划。参与人员为：重大问题应是各相关部门的二级经理以上人员参加，除重大问题外，一般由相关负责人员组织相关技术人员参加。

四、教育训练

1. 教育训练的目的

教育训练最直接的目的是提高员工的技能水平，而提高维修人员及操作人员的技能则是减少故障的根本。越来越多的研究表明，企业的生存和发展与人才培养和最大限度地发挥人才潜能的关系最为密切。TPM 活动的目的是构筑企业适应经济变化、技术进步、设备机械化、管理不断创新的结构体系，因而需要能熟练操作控制设备和熟悉业务的各方面的人才作为后盾。图 10-8 为挑战"零故障"的 5 个对策，而改进生产部门操作技能和维修部门的维修技能只有通过教育训练才能实现。

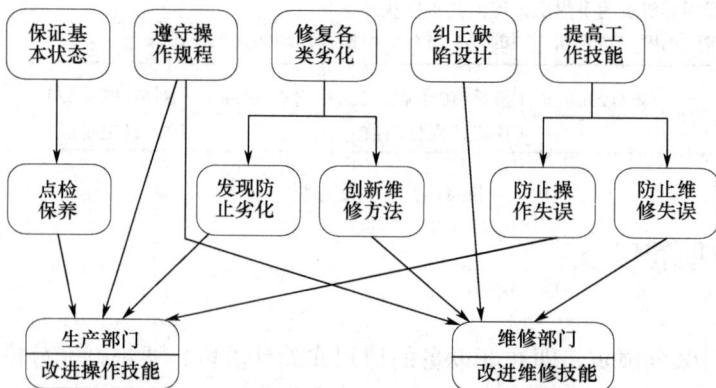

图 10-8　挑战"零故障"的 5 个对策

2. 教育训练的工具

教育训练的着眼点是个人和组织双赢，即通过提高个人技能来提高组织业绩，其基本的类型有在职训练(On the Job Training,OJT)和脱产训练(Off the Job Training,OffJT)。OJT 主要是在本部门或 TPM 小组内部进行在岗培训，主要工具是 OJT 日志和点滴教育(One Point Lesson,OPL)。OffJT 主要采用积分制的必修培训和选修培训。详见第十二章人才培育。

3. 教育训练开展

教育训练可分为两部分：①以操作人员为主的自主保全活动中，对操作人员进行设备构造及功能知识的保全基本技能教育。表 10-3 为自主保全教育内容示例。②以维修人员为主的计划(专业)保全活动中，对维修人员进行从单技能向多技能发展的教育。表 10-4 为专业保全教育内容示例。

表 10-3　自主保全教育内容

课程	步骤教育	点检教育	设备保全技能教育
目的	1. 在推进 TPM 步骤展开之际，使其理解活动的目的 2. 透过各步骤的教育，来理解活动的目的及内容	1. 学习构成设备的零部件构造、机能，以便学会点检的技能 2. 学会修复异音不良等简单技能 3. 知识及技能提升	1. 培养可处理异常的人员 2. 培养可依据原则、原理来查明设备的不良、问题点并进行改善的人员
教育内容	有关每一步骤的活动内容 有关原因的分析方法(5W) 有关设备点检标准 设备工装的操作方法 有关品质的要求	润滑：加油方法、周期、牌号等 连结部：螺栓、螺母、垫圈 电气：电气基础、各种器材 驱动部：链条、传动带、电动机 气动液压：气缸、阀、管、表	机械技能：简单修复方法 电报技能：简单修复方法 焊接技能：电、气焊技能 理论与实践相结合
讲师	TPM 推进员	设备保全班长	设备保全班长
参加	一般小组成员	小组长	保全员
时间	3h×2 天×各步骤	4h×2 天×5 个课程	66h

表 10-4　专业保全教育内容

技能领域		内容
电气	基础技能 专门技能 自动控制设备 计算机设备 机器人设备	具有受变电、电机、量测器等点检、修理等技能 具有自动控制设备之点检、修理等技能 具有每一系统的诊断、应急处置及软硬件改善之技能 具有机器人的示教、点检、修理之技能
机械	基础技能 专门技能 大型设备 高精度设备	具有焊接、熔断、润滑、连接、驱动、精度、气动液压等定期整备及调整技能 具有各设备之点检、整备、修理的技能

五、个别改善

1. 定义

个别改善主要是对重复故障、瓶颈环节、损失大、故障强度高的设备进行有针对性的消除故障(损失)、提升设备效率的活动。在开展 TPM 其他阶段活动时，一般配合个别改善活动同时进行，这样能够大大提高改善的成果。

2. 个别改善活动步骤

图 10-9 为个别改善活动解决问题的 8 个步骤。

3. 分析问题 PM 方法

在个别改善活动中，分析问题是解决问题的重要内容，分析问题的方法很多，有 VA 手法、QC 七大手法、IE 手法等，在 TPM 活动中常用的是 PM 法。它强调分析问题时要从现象入手，并遵循现场、现物、现实的三现原则，研究问题发生的根本原因，也叫 2P5M + W 法，如表 10-5 所示。

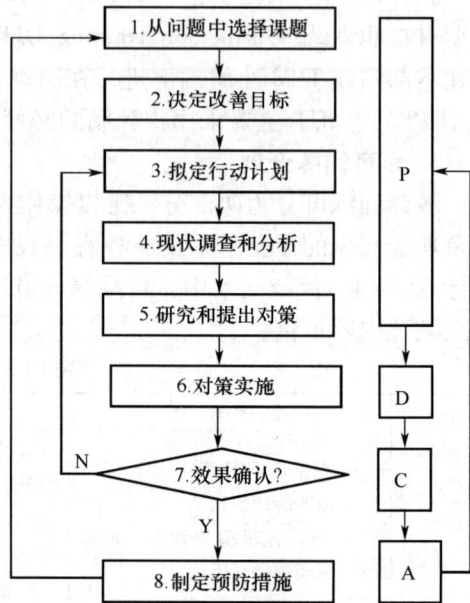

图 10-9 个别改善活动的步骤

表 10-5　2P5M + W 法

缩　写		英 文 全 称	解　　　释
2P	1P	Phenomenon	现象、表象：现象的明确化——问题
	2P	Physical	物理：现象的物理解析——实事求是
5M	1M	Mechanism	机理或机制：研究现象存在的条件及人、机、料、法之间的关系——为什么
	2M	Man	人：问题发生和人员变化(变动、情绪、熟练度)之间的关系
	3M	Machine	机器设备：问题与设备变化，与老化、变形、失真等有关
	4M	Material	材料或零部件：批量、供应商不同的微妙变化
	5M	Method	工作方法：问题产生和工作方法之间的因果关系
W	W	Why	为什么：分析问题要多问几个为什么

六、品质保全

1. 品质保全定义

品质保全是指保全人员为消除由于设备精度、设备结构、加工条件所引起的品质不良所采取的维修和改善活动。

2. 品质保全开展

品质保全活动可分为 5 个阶段。表 10-6 为品质保全活动各阶段的推进要领。

表 10-6　品质保全活动推动阶段的推进要领

	阶　段	进 行 顺 序	详 细 内 容
1	现象把握（分析品质合理状况）	① 不良现象的明确化、定量化 ② 加工条件的精确理解 ③ 制定 QM 矩阵 ④ 遵守率评价	明确不良项目定义 把握不良项目实绩/层别/不良项目定量化/标准类收集/制品理解/工程图理解/作用点理解/品质不良与工程关系调查/4M 分类，条件调查/相关性分析/QM 矩阵 4M 条件 3 线调查/制定未遵守不合理 LIST/遵守率评价
2	复原对策（品质不合理的解决）	① 未遵守不合理的复原 ② 结果的确认与评价	树立对策/对策层别及日程计划/实施复原/复原后不良现象推移确认/评价
3	革新对策（慢性不良的对策）	① 慢性不良真正原因查找 ② 实施复原及改善	慢性不良项目 LIST 实施分析/原因分析直至真正原因/实施复原改善/结果确认与评价
4	良品条件管理标准化	① QM 矩阵的修订 ② 标准类的修订 ③ 良品条件的趋势管理与事前对策	改善实施结果书收集/QM 矩阵改正/各种标准类改正/内部流程确认/作业者教育/实施
5	维持条件改善	① 容易遵守的改善 ② 确认全体成果	维持 3 个月后评价/维持工时的节减/预防措施的简单化/确认提高率/继续维持可能性

七、间接部门效率化

1. 定义

间接部门是指那些不直接参与生产活动的部门，间接部门效率改善活动可以参考生产部门的改善活动进行。

2. 目的

间接部门效率化目的主要有两方面：①追求间接业务的效率化，充分发挥各部门的组织机能；②培养具备维持和改善业务效率化特质的人才。培养间接部门人才就是提升员工收集信息、消化处理的能力以及相关业务能力，培养多能手。而业务体制改善主要从两方面着手：一方面是减少投入的各类事务损耗，创造信赖性高、成本低的事务体制；另一方面是消除阻碍生产系统效率化的因素，充实和强化业务机能。此外，间接部门的改善活动还包括员工提案活动和自主保全活动，这些活动应该和现场的活动同步进行。表 10-7 为间接部门事务改善活动示例。

表 10-7　间接部门事务改善活动

事务间接部门业务体制改善				
间接部门事务改善活动	人才培养	人力资源管理改善	多功能员工的培养	信息收集、处理能力的提高；业务能力的提升
				组织和人员的合理配置
	业务的效率化	业务效率改善	业务及服务品质改善活动	提升决策支援能力 / 提供便于高层决策的依据
				业务效率提升 / 帮助生产、制造部门或其他部门提升生产效率
				企业形象改善 / 顾客及相关方的信赖
				工作环境改善 / 良好工作环境的实现
			损耗、浪费的削减活动	业务质量提升
				业务成本降低 / 人工费降低
				事务费用降低
				事务处理的标准化、效率化

八、安全与卫生

安全、环境卫生和污染管理在工厂管理上是相当重要的，它是保障生产活动的基础。其主要目的是追求作业环境改善以及事故、灾害为零。

1. 安全管理

安全管理是保障正常生产活动的基础。在所有的生产系统中都或多或少地隐藏着引发事故或灾害的因素，而事故或灾害往往都是一些不起眼的问题不断累积的产物。图 10-10 为灾害或事故发生的机理示意图。

开展安全管理活动就是为了建立或制作能预防事故或灾害产生的机构；消除不安全作业（或行为）；并通过建立有效的监督检查机制（或管理），将事故、灾害控制为零。

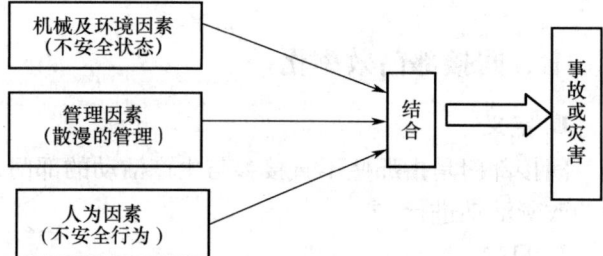

图 10-10　灾害或事故发生机理

2. 卫生活动

TPM 中的卫生活动不是平常所说的"打扫卫生"，而是包含预防污染、节省能源、减少废弃物、资源再利用等多方面改善环境的活动。

随着经济全球化的进程，OHSAS 18000（即 Occupational health and safety management system，职业安全健康管理体系）及 ISO 14000 体系标准已经被广泛接受。获取 OHSAS 18000 及 ISO 14000 体系认证和持续推进环境保护活动已经成为企业经营活动的重要环节。在这种情况下，TPM 活动中的卫生活动便可以纳入到 OHSAS 18000 及 ISO 14000 体系中，并结合企业的环境卫生方针和管理目标开展活动。

3. 安全卫生开展的工作方法

开展安全卫生活动可采用 4 循环法。第一循环：掌握现状，查找潜在隐患；第二循环：追究本质——确定主要危险点；第三循环：制定对策。针对主要危险点制定解决方法；第四循环：设定目标。根据主要危险点对策制定具体行动目标。

第三节　TPM 活动实施

日本在 1983 年首先提出 TPM 推行程序，总共分为 12 个步骤来完成。表 10-8 为 TPM 推行导入步骤，由准备、启动、实施和升华等四大阶段组成。企业在实际推行中，也可结合自身情况，有计划地实行 TPM。此外，实施过程中如果结合精益生产的其他活动，如 QA 网络、QC 小组活动、人才育成、自働化、5S 等活动可以取得更好的推行效果。

表 10-8　TPM 推行步骤

阶　段	步　骤	活 动 要 点
准备	1. 最高经营者宣布导入 TPM	会议及其他场合宣布
	2. TPM 教育和宣传	阶层导入教育（管理者、实践小组） 营造活动气氛
	3. 成立 TPM 推进组织	成立 TPM 推进委员会和 TPM 的专门负责机构
	4. 设定 TPM 基本方针和目标	活动方针的酝酿 活动效果及目标的预测
	5. 制定 TPM 展开的推进计划	制作整体计划和详细计划
启动	6. 召开 TPM 宣誓大会	以宣传（发表会、招待会等）形式宣告活动启动
实施	7. 建立生产部门效率化体制	追求生产效率化的极限
	（1）个别改善	项目活动 工作岗位小集团活动
	（2）自主保全	按照七个步骤开展 诊断和合格证制度
	（3）计划保全	改良保全，定期保全，预知保全
	（4）教育训练	领导的集合教育 对成员的传达教育

（续）

阶　　段	步　　骤	活 动 要 点
实施	8. 建立初期管理体制	开发容易制造的产品 开发容易使用的设备
	9. 建立品质保全体制	非发生不良的条件设定和维持管理
	10. 建立间接部门效率化体制	管理、间接、支援部门的效率化
	11. 建立安全卫生的管理体制	建立零灾害、零公害体制
升华	12. TPM 完全实施及水平提高	追求极限，不断向更高的目标挑战

第十一章 品质管理

第一节 品质管理概述

一、品质管理的重要性

1. 品质是实行精益生产的保证

精益生产为了实现利润最大化，以降低成本作为基本目标，但是为了实现这个基本目标，还必须同时实现另外三个次要目标：适时适量生产、品质保证和对人性的尊重。如果不从根本上保证品质，则不能全面地实施精益生产。当进行一个流生产时，如果某道工序出了不良品，则后续工序将没有物料可以加工，会立即停工，难以做到准时化。精益生产注重的就是不间断地流程化生产，因此必须消除不良品。

传统的品质管理主要依靠事后检验来保证品质，而精益生产品质管理强调事前预防，从操作者、机器、工具、材料和生产过程等方面保证不出现不良品，它强调从根源上保证品质。

此外，精益生产认为凡是不增加产品价值的活动，以及超过增加产品价值所必需的绝对最少的物料、机器、人力、场地和时间等各种资源都是浪费。任何不良品的发生，都会造成材料、机器、人工等损失，任何不良品的修复都是额外的成本支出，与精益生产的目标相违背。因此，品质是实行精益生产的保证。

2. 精益生产促进品质提高

如前所述，品质是实行精益生产的保证。反过来，精益生产也可以促进品质的提高。

（1）流程化和自働化促进品质提高。对于传统的生产方式，一道工序往往持续数周加工一种零件，等下道工序加工这种零件发现有品质问题，再返修或报废这批零件时，已造成损失。同时，由于事隔数周，该工序的作业人员已经开始加工其他零件，很难辨别究竟以前哪方面的操作出了问题，因而难以找出造成产品质量问题的根本原因。

精益生产进行一个流生产，当加工过程出现问题时，可以立即得到反馈信息，采取纠正措施。下道工序是上道工序的用户，是上道工序品质最权威的检验者，而且实行的不是抽检，是100%的检查。这样取消了工序间的专职检查，即消除了检验这一不增值的活动，同时更彻底地保证了品质。

另外，因为实施了自働化，当某道工序出现问题时，生产线就会自动停下来，迫使每个操作者保证品质，防止继续生产不良品，有利于找出问题的真因并进行改善。

（2）准时化采购促进品质的提高。一般企业的采购中有大量活动是不增加产品价值的，如订货、改订、收货、开票、装卸、运输、品质检验、入库、点数、运转、送货，等等。

为了消除这些浪费，应该先从供货品质抓起。由于供应商提供的产品品质有保证，所以取消了来货检验。运货卡车直接将所需的原材料和零部件运到生产车间，消除了收货、装卸、入库、点数、品质检验等一系列环节，减少了浪费。

在精益生产方式下，为了消除采购中的浪费，宜选择较少的、合格的供应商，并与之建立长期的、互利的合作关系。只有建立长期的关系，供应商才意愿采用较好的设备、技术条件和较好的管理水平来保证准时供货，保证品质。日本公司大都倾向于采用单一供应来源并与之通过合同建立长期的合作关系。它们的信念是：这样会使公司和其供应商在实现市场目标方面开发共同的利益。

总之，准时化采购在品质方面具体如下特点：协助供应商满足品质要求；购买者和供应商品质保证人保持密切关系；鼓励供应商使用工序控制图而非批量抽样检查。这样才能保证"零"不良的流入，同时取消在采购过程中的一系列浪费，因此准时化采购可以促进品质提高。

（3）产品开发促进品质提高。精益生产中对设计开发强调"低损耗"，它包含两层含义：①将损耗及品质问题尽可能在设计与试制阶段暴露与解决。保证开始批量生产时，品质问题少、损耗低；②缩短设计到批量生产的过程时间。

为实现精益设计所要求的"低损耗"，企业在开发设计过程中应采用并行开发、项目管理、完成度评价、品质预测活动、应用统计技术、模块化设计等方法。其中，品质预测活动，也就是利用已有的经验，再根据被预测对象本身的特点、特征，对生产环节中可能出现的问题进行事先预测，使之在发生之前就采取对策，做到防患于未然。有效地使用品质预测方法，能提升产品品质，大幅度缩短新产品从投入到产品品质稳定的时间。对于企业来说，其得到的有形价值（品质成本降低）及无形价值（优良品质）都是十分巨大的。

此外，产品开发设计过程中采用田口方法[⊖]、夏宁方法[⊜]等 DOE 试验设计方法，在设计阶段就充分考虑到质量因素，有助于提高固有品质水平，降低生产成本。

⊖ 田口方法：由日本田口玄一博士创立，是一种低成本、高效益的质量工程方法。

⊜ 夏宁方法：也称谢宁法，是由美国的 Dorian Shanin 提出的试验设计技术的最新进展。它是由 7 种方法组合而成的，专门设计用来寻找生产中的重要因素，并使它们以最佳参数进行组合，使产品质量大幅度提高。

二、品质理念与管理方法

1. 零不良

企业的主要生产活动就是制造产品。由于生产的数量非常多，出于经济的原因或者受某些条件的限制，自然就会认为不可能实现全部检查，因此传统观念中存在着"多少会有些不良品存在吧"这种错误的想法。比如，生产汽车的工厂每年生产数十万辆甚至上百万辆车，假设发现一辆不良，以不良率来说只是数十万分之一，甚至是百万分之一，对公司来说品质已经是很好了，但是具体到某一个消费者而言，可能一生中就买了一辆车却恰好是不良的车子。根据资料统计，对小问题不满的消费者会告诉周围 10 个以上的人，而对质量严重不满的消费者会把自己的不幸遭遇告知 16 个以上的人。

此外，就制造工厂而言，任何一个不良品的发生，除了造成成本增加之外，还会使整个生产计划及管理控制活动发生混乱，而衍生的问题及额外的成本负担更是难以计算。精益生产以消除一切浪费为目标，而要降低成本就必须彻底消除不合格品。所以，企业的品质目标应该是"零不良"。

2. "三防"管理

丰田公司将不良品发生防止、流出防止、防止再发生简称为"三防"管理。①发生防止：确保本工序不出现不合格品；②流出防止：下道工序是用户，防止不合格品从本工序、后工序、检查工序流出；③再发生防止：防止曾经出现的不合格品再次发生。

3. 风化管理

风化管理是指为防止曾经出现的不合格品再次发生，避免从管理人员和操作者的脑海中逐渐淡忘，象风沙一样一过即逝，而运用表格和图片方式将不合格品的状态和产生原因记录下来，通过在工位采用目视化方式提醒操作者，不要再次出现同样的不合格品。

4. 过程控制

为用户提供品质优良的产品，提高用户的满意度是每一名员工的梦想。如果因为产品品质不良给用户造成了损失，那将是最大的损失，因为这样既伤害了用户，影响了市场，同时由于后续的索赔、返修等工作增加了公司的成本支出。如果在产品未流入市场或在生产过程中就发现了问题并及时解决，那么就会大大降低企业的损失。有效方法就是能在每个制造工序内发现问题，对影响品质的关键原因进行管理，在每个工序对不良原因作出对策，如图 11-1 所示。

5. 工序内采用"三不原则"

丰田公司将不制造不良品、不接受不良品、不流出不良品简称为"三不原则"，这是精益生产贯彻质量"零不良"的基础。

（1）不制造不良品。操作者在本工位必须树立的质量意识是：下道工序就是用户，不

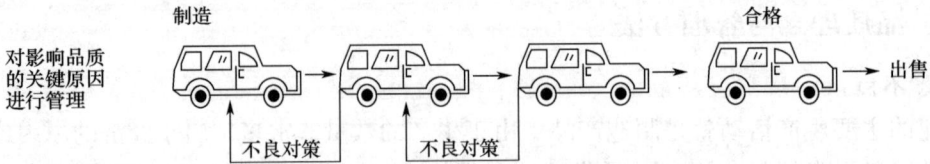

图 11-1　在每个工序对不良原因作出对策

合格品的产生就是浪费，要降低成本就必须彻底消除不合格品。这就需要针对各种质量问题事先预防或改善，保证在本工位不制造出不合格品。

（2）不接受不良品。要求本工序作好检查，不接受上工序的不良品，所以下道工序的人员一旦发现前工序来的不良品，必须即刻退回去，要求纠正处置，绝对不可以代为修正或者没有反映到前工序。

（3）不流出不良品。如果能达到不制造不良品的完美境界，那么后续的一些检查工作就可以不用做了。但是在现实中，无法一下达到这个目标，所以退而求其次，重点放在防止不良品流到下一道工序去。换句话说，制造者必须自主检查，不可以有"制造是一个人，检查的是另外一个人"的错误做法。不流出不良品即要做到在哪个环节发现就必须在哪个环节处理，绝不流入下道工序。

以上介绍了精益生产中的品质理念，虽然零不良是理想状态，但只要努力，总能一步一步地向理想状态靠近，不断提升品质管理的水准。图 11-2 为品质管理的 5 个水准等级。

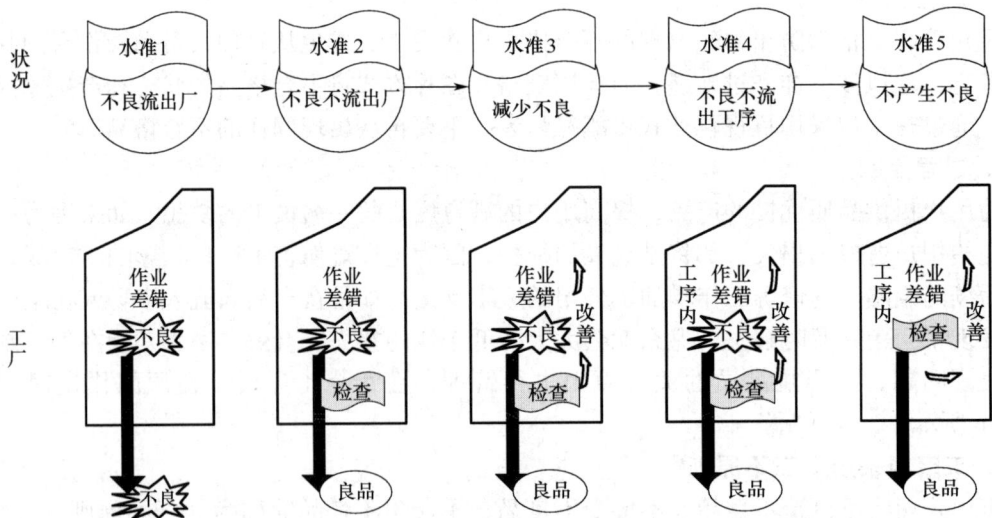

图 11-2　品质管理的水准等级

零不良对策	不良多，投诉多	有不良，但不会有投诉	不良不会再次发生	不良不会流出本工序	即使出差错，也不会有不良
	工厂倒闭	检查员增强	改善 IE 增强	作业者训练	零不良生产
检查	无检查	分别检查	信息检查	自主检查	源流检查

图 11-2　品质管理的水准等级(续)

第二节　品质保证方法

一、QA 网络

1. QA 网络概念

QA(Quality Assurance)网络评价是为了保证产品质量而形成的各部门相互协作的关联网络体系，是评价品质特性保证度、认识工位改善必要性以及改善方向的工具。QA 是将制造和品质管理融合为整体共同来保证产品质量的体制结构。图 11-3 为 QA 网络(Quality Assurance Network)。图中，要素作业是为了防止不合格现象的发生、流出，把各要素作业的品质保证基准、保证方法、日常管理相关的指示事项归纳起来的资料。工艺卡编号是为了评价QC(Quality Control)是否有疏漏，是找出管理漏洞的工具。

在一般的企业里，制造部门以效率优先为原则，而品管部门则起着监督检查的作用，部门间经常配合不好。实施 QA 网络评价，就是为了加强各个部门之间的相互协作，做到事前防止，共同来保证产品的质量，如图 11-4 所示。此外，还可以做到：①全体人员(各班组、各部门之间)能信息共享并能得到有效利用的场所；②保证质量目标的等级，实施有效的保证措施；③工序的责任人理解和明确自己的责任和作用。

2. QA 网络评价活动内容

(1) 评价活动组成。图 11-5 为 QA 网络评价活动组成。QA 网络评价活动由三大部分组成：①由制造部门和品管部门联合开展的保证质量活动，采用 QA 网络评价矩阵图；②由现场监察人员开展的实践活动，主要进行标准的遵守和改善活动；③保证产品功能的质量特性。

(2) QA 网络评价矩阵图。图 11-6 为 QA 网络评价矩阵图，它由工序内的防止发生和防止流出两个评价指标组成，防止发生指标都划分为 A、B、C、D 等 4 个等级，流出防止指标

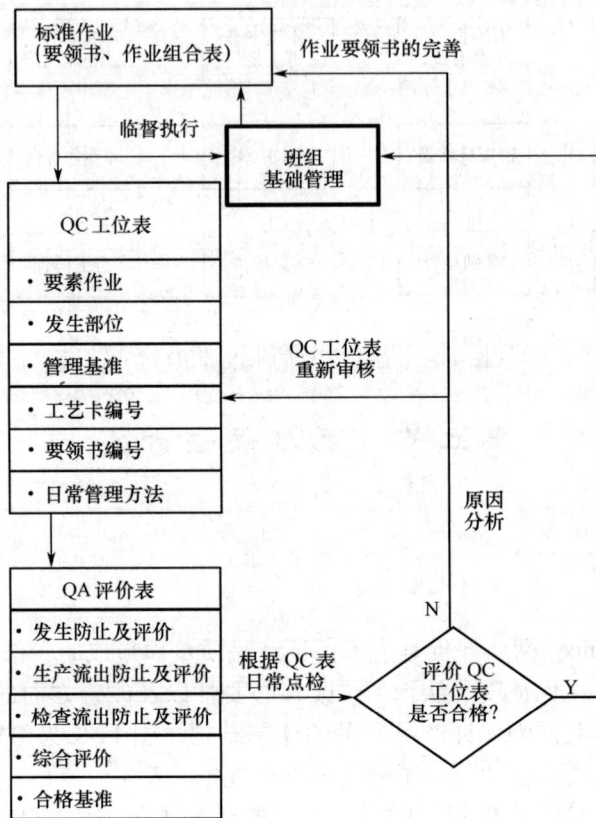

标准作业
（要领书、作业组合表）

作业要领书的完善

临督执行

班组
基础管理

QC 工位表

· 要素作业

· 发生部位

· 管理基准

· 工艺卡编号

· 要领书编号

· 日常管理方法

QC 工位表
重新审核

原因
分析

QA 评价表

· 发生防止及评价

· 生产流出防止及评价

· 检查流出防止及评价

· 综合评价

· 合格基准

根据 QC 表
日常点检

N

评价 QC
工位表
是否合格？

Y

图 11-3　QA 网络

过去

现在

制造部门

品管部门

制造部门
防止发生
+
防止流出

信息共
有化团
队精神

品管部门

防止流出

相互配合不好

保证产品质量

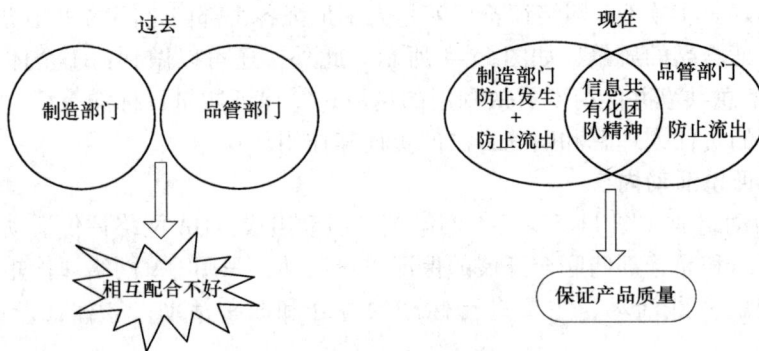

图 11-4　QA 网络特点

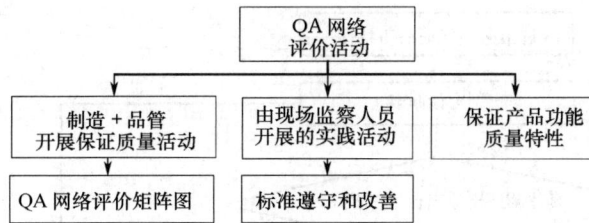

图 11-5 QA 网络评价活动组成

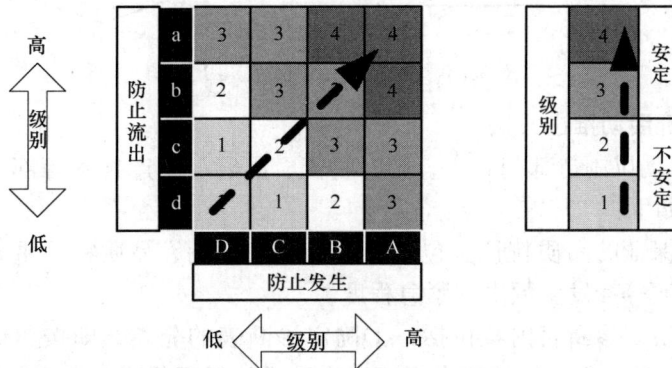

图 11-6 QA 网络评价矩阵图

都划分为 a、b、c、d 等 4 个等级，如表 11-1 所示。根据防止发生和防止流出的等级得出综合评价指标。

表 11-1 QA 网络评价矩阵图等级划分

发生防止		流出防止	
级别	定义	级别	定义
A	异常时设备能自动停止	a	利用检具或设备进行全数检查，或有防错装置
B	异常时能发出警报，但不能自动停止	b	利用检具以适当的频次抽查（确保自工位内不流出），或对容易判断的项目实施全数检查
C	没有报警和自动停止功能，发生防止只依靠作业者的判断水平（容易找出异常）	c	以确保在本工厂范围内部流出的抽检频次，或对难以判断的项目实施全数检查
D	作业者要有较高水平才能发现异常（较难找出异常）	d	存在本工位范围内流出的可能

3. QA 网络评价流程

图 11-7 为 QA 网络评价流程。图中制定诊断表要确定 3 方面内容：①确定诊断项目和评价内容；②确定保证项目的级别；③确定点检判断基准。

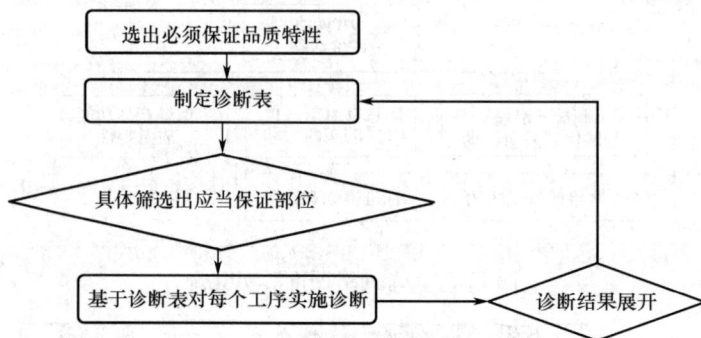

图 11-7　QA 网络评价流程

4. QA 网络评价活动推进方法

QA 网络评价活动以制造部门为主，同时物流、品管、生产技术等部门连成一体共同实施。具体推进方法如下：

（1）选出必须保证的品质特征。包括：决定对象范围、品质特性重要度、发现的环节（市场、后工序、本工序）、发生频次和紧急程度。

（2）制定诊断表。诊断表内容包括：①确定诊断表的分类，即按照保证的质量特性分类，如紧固、连接、漏雨等；②确定发生、流出防止的保证范围；③确定保证水平的分级方法；④根据发生防止的等级和流出防止等级决定综合等级；⑤根据重要度确定判断基准。表 11-2 为重要度判断基准示例。

（3）具体筛选出应当保证的部位。

（4）基于诊断表对每个工序实施诊断。具体包括：①以现地、现物的方法实施诊断；②在诊断过程中要明确实施的负责人。

（5）诊断结果实施改善。具体包括：①从发生防止、流出防止选择一个方面进行改善；②改善的推进要充分考虑成本、效率和效果。

表 11-2　重要度判断基准

重 要 程 度	综合判断基准
▽安 ▽燃 等重要质量特性	◎
除上述项目以外的	○以上

注：▽安 为保安项；▽燃 为燃油系统。

5. QA 网络评价注意事项

QA 是对质量保证程度进行评价的工具之一，管理人员必须有强的质量意识并具备专业知识才能正确使用。管理者高度重视并有效指导是使用 QA 网络成功的关键。

二、QC 工位表

QC 工位表主要用于对重要的品质控制项目进行管理和控制，以此来保证整体质量体系网络和确切反映现场质量状态，以及为质量改进工作提供依据。QC 工位表主要包括：各要素作业的品质保证基准、保证方法(本工位、后工位作业)以及与日常管理相关的指示事项(如装配零件简图、重要品质管理项目、管理标准、管理方法等)。图 11-8 为 QC 工位表制作步骤。

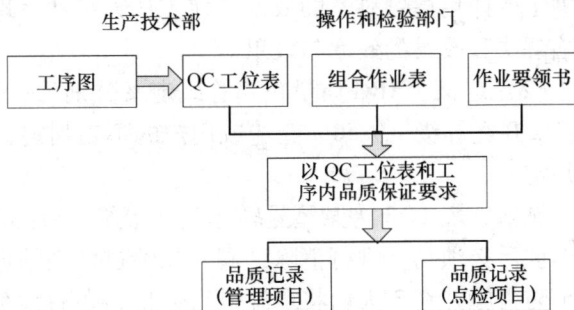

图 11-9 为 QC 工位表的使用。使用 QC 工位表，首先，必须明确批量生产后现场出现的质量缺陷等级，汇总现场质量信息之后针对出现的质量缺陷和质量缺陷等级，降低缺陷频次，开展全范围内的工位保证度提升活动；其次，针对人、机、料、法、环、测六方面的调查，确定工位保证度要素；再次，依据工位保证度 4 个等级评价水平，确定每道工序的工序质量保证能力，并针对发现的

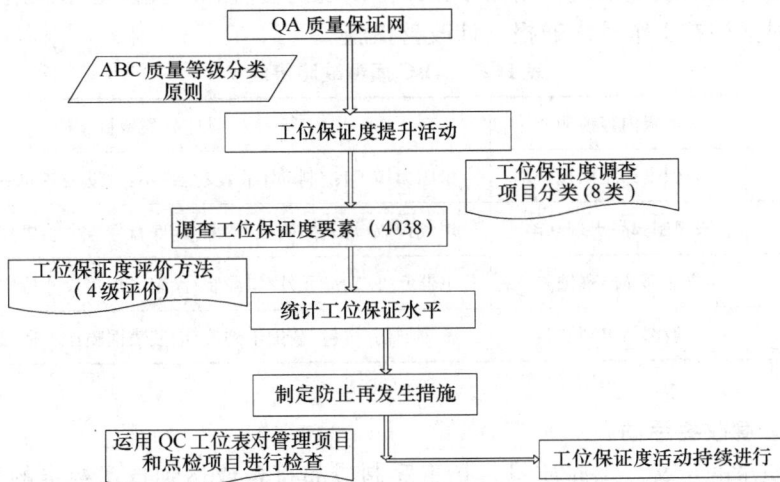

图 11-8　QC 工位表制作步骤

图 11-9　QC 工位表使用

问题进行切实可行的改善工作，制定防止再发生措施；最后，为了确认措施的有效性和改善措施的执行情况，制定 QC 工位表，对发现和规定的管理项目和检查项目进行检查，确保工位保证度提升活动持续进行。

1. ABC 质量缺陷等级分类方法

（1）目的。ABC 质量缺陷等级分类主要是通过对量产阶段出现的质量缺陷进行 ABC 分类，明确缺陷的等级，同时通过对等级的确认，为质量管理人员和相关工作人员设立改善和改进工作计划提供科学的依据，使工作人员和管理者能够清晰地掌握现场的质量状态，提高缺陷解决和改善的效率与效果。

（2）定义。ABC 质量缺陷等级定义分别为：①A 类等级——100% 会造成用户的不满判定；②B 类等级——50% 会造成用户的不满判定；③C 类等级——10% 以下会造成用户的不满判定。

例如，表 11-3 为某型号轿车具体等级划分标准。表中 3 类缺陷的处理规定为：A、B 类项出现后必须马上进行消除，同时在经过详细的现场分析后填写异常处置对策书，制定有效的预防措施并在 3 天内将措施进行通报，在后续车辆的生产检查中进行专项确认，如连续 2 周内不再发生，视此缺陷预防措施有效。C 类项出现后可根据是否批量出现（连续出现 10 项次）确定改善计划。如果是批量出现，必须经分析后填写异常处置对策书，制定有效的预防措施并在 1 周内将措施进行通报，在后续车辆的生产检查中进行专项确认，如连续 2 周内不再发生，视此缺陷预防措施有效；如果不是批量出现，需在 1 个月内将措施进行通报，在后续车辆的生产检查中进行专项确认，如连续 2 周内不再发生，视此缺陷预防措施有效。如果是由于产品设计造成的质量缺陷，则需根据缺陷出现的位置和不良及对用户造成的危害进行更改设计，同时必须在 1 个月内通报设计改善措施。

表 11-3　ABC 质量缺陷等级

缺 陷 等 级		等级内容说明	具体分类项目
A	A	重要保安部品出现缺陷	紧固力矩不良/制动不良/安全带不良/助力转向不良
	AR	法规制部品出现缺陷	尾气排放/灯光照明/漏雨漏液/底盘号、发动机号、变速箱号错打
B		机能部品出现缺陷	电器元件/功能元件/错漏装/涂装、焊接尺寸特性不良
C		一般部品出现缺陷	整车划伤/坑包/装配不到位/涂装表面喷涂不良/间隙不良

2. 工位保证度改善活动

（1）工序质量的定义。工序质量是指工序制成品符合或达到技术标准的程度。工序质量评价要真实、客观地反映工序制成品的质量，为质量持续改进和管理考核提供依据。因此，选择科学、有效的评价模式是开展质量管理工作的关键内容。

（2）工位保证度展开的前提条件。装配工序是形成施工质量的必要因素。为了把工位质量从事后检查转向事前控制，达到以预防为主的目的，必须加强对施工工序的质量控制。工序质量的控制应采用数理统计的方法，通过对工序部分检验的数据进行统计、分析，来判断整个工序的质量是否稳定正常。其他前提条件有：①要严格遵守工艺流程。工艺流程是进行施工操作的依据和法规，是确保工序质量的前提，任何操作人员都应严格执行。②控制工序活动条件的质量。主要活动条件有施工操作者、材料、施工机械、施工方法和施工环境。只有将它们有效地控制起来，使它们处于被控状态，才能保证每道工序质量正常、稳定。③及时检查工序活动效果。工序活动效果是评价质量是否符合标准的尺度，因此必须加强质量检验工作，对质量状况进行综合统计与分析，及时掌握质量动态，自始至终使工序活动效果的质量满足规范和设计要求。④设置质量控制点，以便在一定时期内、一定条件下进行强化管理，使工序始终处于良好的受控状态。

（3）工位保证度内容。为了保证工序质量，通过对每道工序的人、机、料、法、环、测等方面的质量保证能力分析，列出需要点检要素，确定这些要素的控制难度，目标是要素越简单、越容易控制越好。通过辨别和提高各工序的工位保证能力，减少或避免因人员变动、工艺条件不足、设备条件不足等因素影响产品质量。具体工作内容有：

1）作业容易度。作业容易度是工位保证度的前提条件，主要目的是减少误操作，使操作更容易，使操作失误和产生的缺陷减少。图 11-10 为作业容易度与品质关系，作业容易度越高品质越好。为了提高作业容易度，需设计或改善作业原则：操作复杂程度越简单越好；操作步数越少越好；操作频次越少越好；作业姿势越舒适越好；特种作业越少越好；作业后需要确认的越少越好。作业容易度提高的目标就是减少作业要领书的编制，使质量控制更容易。

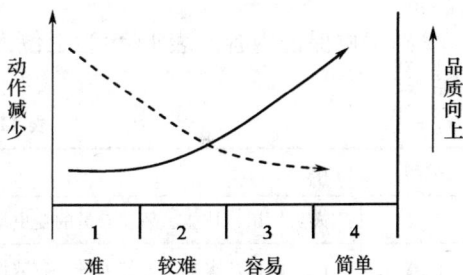

图 11-10 作业容易度与品质关系

在新产品实施中对工位不断地进行容易度评价，从产品开发就开始，一直延续到生产过程中。表 11-4 为作业容易度评价标准。

表 11-4 作业容易度评价标准

作业要素	评价基准	作业容易度水平				
		容易度1	容易度2	容易度3	容易度4	容易度5
选择	选择方法	感观	看显示判定(有无必要的显示)	看显示判定(都是必要的显示)	纠错警报灯显示	顺序送件或自动送件

（续）

作业要素	评价基准	作业容易度水平				
		容易度1	容易度2	容易度3	容易度4	容易度5
取件	位置动作	工人移动或部品固定		工人固定或部件与工人同步		
	姿势	蹲姿或弯腰45°以上	弯腰30°~45°	以自然体轻微屈膝(0~30°)	自然体或手在肚脐至肩的高度	
	数量	多取件或取件不足		固定取件数量		
	质量	8kg以上	不足8kg	不足5kg	不足3kg	不足1kg
取工具	位置动作	转身取件	前位置，头上取件	转身取件	横向位置取件	前位置，头上取件
	姿势	蹲姿或弯腰45°以上	弯腰30°~45°	以自然体轻微屈膝(0~30°)	自然体或手在肚脐至肩的高度	蹲姿或弯腰45°以上
	工具数量	5付	4付	3付	2付	1付
作业	作业部位	5部	4部	3部	2部	1部
走动	步行数	10步	7~9步	4~6步	1~3步	0步
	工位器具宽度	5m	4m	3m	2m	1m

2）工位保证内容。表11-5为工位人员、机器、物料、方法、环境和测量等方面的保证内容。

表11-5　工位保证内容

类型	内　　容
人员	人员知识、技能水平、人员的变更情况、人员的身体条件等要素
机器	设备的设计水平、工艺水平、参数设定、校准情况、使用条件、维护保养条件、工装工具保证等因素
物料	零部件特征尺寸、外观质量、装配关系、功能、变更情况等因素
方法	图样要求、工艺保证、质量标准、作业顺序、操作要领、物流保证等
环境	特定施工条件、温度、湿度、清洁度等因素
测量	主要是指测量方法和测量用具的使用和保证

3）评价标准。工位保证度的评价与 QA 网络评价矩阵图相似，也是考虑工序内的发生防止和流出防止两个评价指标，发生防止指标都划分为 A、B、C、D 等4个等级，流出防止指标都划分为 a、b、c、d 等4个等级。表11-6为发生防止、流出防止综合评价等级标准。综合评价指标也划分为4个等级水平，如果想保证每道工序的产品质量，工位保证度的水平必须是在3级以上。

表 11-6 发生防止、流出防止和综合评价等级标准

类　型	等　级	内　　容
流出防止	a	在工位内流出防止——设备的预防（防错）
	b	在班组内流出防止——班组互检
	c	在后道工序全数检查——在检查工位确认
	d	从车间流出——没有检查
发生防止	A	对管理对象进行状态管理
	B	能够有效的执行日常维护的标准
	C	只能进行日常维护的临时标准
	D	没有日常维护的标准
综合评价	4	工序质量保证能力非常好，不能出现质量缺陷
	3	工序质量保证能力较好，极少出现质量缺陷
	2	工序质量保证能力一般，但反复出现质量缺陷
	1	工序质量保证能力非常差，随时出现质量缺陷

表 11-7 为插入件工位保证度（流出防止）的评价基准示例。

表 11-7 插入件工位保证度（流出防止）评价基准示例

流出防止保证度	不流出不良品		保证度水平			
	纠错器及异常时停线	A	3	3	4	4
	1. 双重检查及标记 2. 作业者在后工位全数拉拽检查	B	2	3	3	4
	有不良品流出的可能性					
	1. 在后工位作业者检查质量 2. 在后工位作业者以目视、手感检查插入状态（W 确认）	C	1	2	3	3
	1. 作业者独自检查、判断 2. 担当作业者以目视、手感确认	D	1	1	2	3

4）活动开展。图 11-11 为开展工位保证度提升活动。首先，要明确质量等级分类原则，通过确定工位保证度要素，依据工位保证度的 4 个评价水平确定每道工序的工序质量保证能力；其次，针对发现的问题进行切实可行的改善工作，制定防止再发生措施；最后，运用 QC 工程表对制定的管理项目和点检项目进行检查和监督，确认执行效果，确保工位保证度提升活动持续进行。

通过开展工位保证度提升活动，将已评价的工位保证度水平 1 级、2 级提升到水平 3

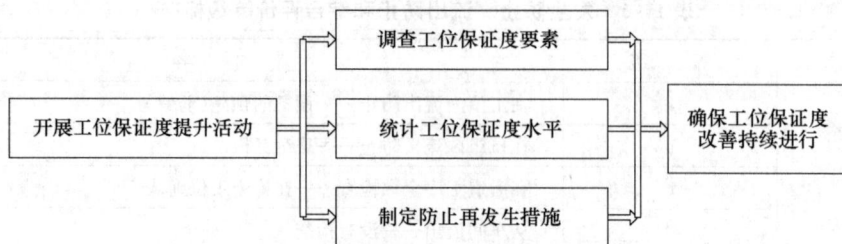

图 11-11　开展工位保证度提升活动

级，使工位质量稳定，以实现各工位零不良的目标。

三、品质改善对策书（PDCA 循环改善）

1. 定义

PDCA 循环的概念最早是由美国质量管理专家戴明提出的，所以又称为"戴明环"。表 11-8 为 PDCA 四个字母及其在 PDCA 循环中所代表的含义。

表 11-8　PDCA 含义

阶　　段			解　　释
代　号	英　文	中　文	
P	Plan	计划	确定方针和目标，确定活动计划
D	Do	执行	组织实施，实现计划中的内容
C	Check	检查	总结执行计划的结果，注意效果，找出问题
A	Action	总结	对总结检查的结果进行处理，成功的经验加以肯定并适当推广、标准化；失败的教训加以总结，把问题放到下一个 PDCA 循环

2. PDCA 循环的特点

（1）PDCA 循环是大环套小环，一环扣一环，小环保大环，推动大循环，如图 11-12a 所示。PDCA 循环不仅适用于整个企业，而且也适用于各个车间、科室、班组以至个人。根据企业总的方针目标，各级各部门都要有自己的目标和自己的 PDCA 循环。这样整个企业就是一个大的 PDCA 循环，各部门都是各自的 PDCA 循环，依次又有更小的 PDCA 循环，具体落实到每一个人。上一级的 PDCA 循环是下一级 PDCA 循环的依据，下一级的 PDCA 循环又是上一级 PDCA 循环的贯彻落实和具体化。通过 PDCA 循环把企业各项工作有机地联系起来，彼此协同，互相促进。

（2）PDCA 循环每转动一次就提高一步。PDCA 四个阶段要周而复始地循环，而每一次循环都有新的内容和目标，因而解决一批问题，就会前进一步，质量水平就会有新的提高。

如同上楼梯一样，每经过一个 PDCA 循环，就登上一级新台阶，如图 11-12b 所示。

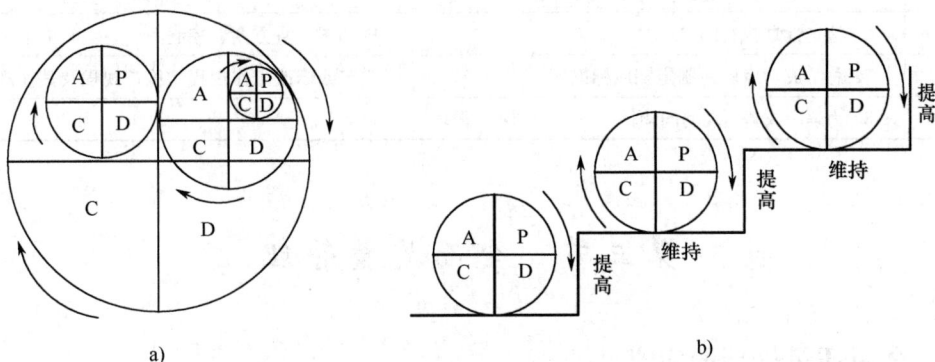

图 11-12　PDCA 循环过程

a）大环套小环过程　b）循环上升过程

（3）推动 PDCA 循环关键在于总结（A）阶段。总结就是总结经验，肯定成绩，纠正错误，提出新的问题。它是 PDCA 循环之所以能上升和前进的关键。如果只有前三个阶段，没有将成功经验和失败教训纳入有关标准、制度和规定中，就不能巩固成绩，吸取教训，也就不能防止同类问题的再发生。因此，推动 PDCA 循环，一定要始终抓好总结这个阶段。

3. PDCA 循环具体化

PDCA 循环的四个阶段又可细分为八个步骤。表 11-9 为每个步骤的具体内容和方法。

表 11-9　PDCA 循环阶段和方法

阶　段	步　骤	主　要　方　法
	1. 分析现状，找出问题	排列图、直方图、控制图
	2. 分析各种影响因素或原因	因果图
	3. 找出主要影响因素	排列图、相关图
P	4. 针对主要原因，制定措施计划	回答"5W2H" 为什么制定该措施（Why）？ 达到什么目标（What）？ 在何处执行（Were）？ 由谁负责完成（Who）？ 在什么时间完成（When）？ 如何完成（How）？ 需要多少资金（How Much）？
D	5. 执行、实施计划	

（续）

阶　段	步　骤	主 要 方 法
C	6. 检查计划执行结果	排列图、直方图、控制图
A	7. 总结成功经验，制定相应标准	制定或修改工作规程、检查规程及其他规章制度
	8. 为解决或新出现的问题转入一个 PDCA 循环	

第三节　全面质量管理

一、全面质量管理的定义

全面质量管理起源于美国，后来在其他一些工业发达国家开始推行，并且在实践运用中各有所长。特别是日本，在 20 世纪 60 年代以后推行全面质量管理并取得了丰硕的成果，引起世界各国的瞩目。20 世纪 80 年代后期以来，全面质量管理得到了进一步的扩展和深化，逐渐由早期的 TQC（Total Quality Control）演化成为 TQM（Total Quality Management），其含义远远超出了一般意义上的质量管理的领域，而成为一种综合的、全面的经营管理方式和理念。

全面质量管理创始人之一费根堡姆 1961 年在其《全面质量管理》一书中首先提出了全面质量管理的概念："全面质量管理是为了能够在最经济的水平上，并考虑到充分满足用户要求的条件下进行市场研究、设计、生产和服务，把企业内各部门研制质量、维持质量和提高质量的活动构成为一体的一种有效体系。"在原 ISO 8402：1994 标准中对全面质量管理的定义又与费根堡姆有所不同，不过内涵是一致的。全面质量管理都强调全员通过有效的质量体系对质量形成的全过程和全范围进行管理和控制，并使顾客满意和社会受益的科学方法和途径。

二、全面质量管理特点

全面质量管理是从过去的事后检验，以"把关"为主，转变为以预防改进为主；从"管结果"转变为"管因素"。在推行全面质量管理时，要求做到"三全一多样"。

1. 全面的质量管理

不仅对产品的质量进行管理，也对工作质量、服务质量进行管理；不仅对产品性能进行管理，也对产品的可靠性、安全性、经济性、时间性和适应性进行管理；不仅对物，也对人进行管理。总之，全面质量管理是对各个方面的质量进行管理。

2. 全过程的质量管理

产品质量有一个产生、形成和实现的过程。全面质量管理的范围包括从市场调查开始，到产品设计、生产、销售等，直到产品使用寿命结束为止的全过程。全面质量管理的目的是顾客满意和社会受益，如果因为品质不良给顾客造成损失，那将是最大的损失，这样伤害用户，影响市场，同时由于后续的索赔、返修等工作增加了公司的成本支出。而通过全过程的质量管理，将产品未流入市场前及时发现并解决问题，将顾客和企业的损失降到最小。

3. 全员参加的质量管理

全过程的质量管理不仅是质量管理部门或质量检验部门的工作，不仅是设计、生产、供应、销售、服务过程中有关人员的工作，而且是企业中各个部门所有人员的工作。因为企业中从事人保、财务、教育、后勤等各项人员的工作质量，都直接或间接地关系到产品和销售服务的质量。

4. 质量管理采用的方法是科学的、多种多样的

随着科学技术的发展，人们对产品和服务的质量提出的要求越来越高，影响质量的因素也越来越复杂。在不同情况下，因影响因素不同，可采用不同的专业技术和管理技术，如目前采用的 SPC 软件、QFC（质量功能展开）、6σ 等。

第四节　6σ 管理

6σ（也称六西格玛或 6sigma）管理起源于美国摩托罗拉公司，是近年来世界级企业追求卓越的一种先进质量管理方法。西格玛是希腊字母 σ（Sigma）的音译，在统计学中常用来表示数据的离散程度，称之为标准差。对商务或制造过程而言，σ 值是指示过程作业状况良好程度的标尺。σ 值越高，则过程状况越好。σ 值用来测量过程完成无缺陷作业的能力，因为缺陷在任何情况下都会导致客户的不满意。换言之，σ 值指示了缺陷发生的频度，σ 值越高，过程不良品率越低。当 σ 值增大时，不良品率降低、品质成本降低，过程周期时间缩短，客户满意度提高。当 σ 值达到 6 时，即 6σ 的品质，表示每百万单位只有 3.4 个不良率，品质长期达标率为 99.99966%。相对而言，当 σ 值只有 3 时，即 3σ 品质，表示每百万单位有 66807 个不良品，合格率为 93.32%。表 11-10 为 6σ 标准。

表 11-10　6σ 标准

σ（工序能力）	$\times 10^{-6}$（每百万件可能产生的不良品）	FPY	不 良 状 况
2	308537	69.15%	
3	66807	93.32%	减少为 2σ 5 分之一
4	6210	99.38%	减少为 2σ 11 分之一
5	233	99.9767%	减少为 2σ 26 分之一
6	3.4	99.99966%	减少为 2σ 68 分之一

评价：6σ 比 3σ 好约 2 万倍（3σ 之不良除以 6σ 之不良）

从表 11-10 可知，6σ 管理追求合格率达到 99.99966%（非常接近零不良），而精益生产要求实现"零"不良。由于 6σ 标准实际上就是接近"零"不良，因此精益企业的"零"不良就可以通过 6σ 管理来实现，6σ 管理从理论上和实践上满足了精益生产品质管理的"零不良"要求。

6σ 管理开创者迈克尔·哈瑞和理查德·施罗德把 6σ 认为寻求同时增加顾客满意度和企业经济增长的经营战略途径，是全新的管理模式。6σ 具有以下特点：

（1）具有统一的质量测量尺度，即通过计算 DPMO（百万出错机会缺陷或不合格率）使得工作过程质量与产品质量具有统一的测量尺度。

（2）比以往更广泛的质量视角，关注影响顾客满意的所有方面。

（3）追求零缺陷（Zero Defect, ZD）的理念。以近乎完美的 6σ 管理水平为追求目标，奉行新价值观，相信质量是免费的，高质量可以导致低成本。

（4）通过改进提高企业核心业务能力，着眼于全业务流程的重组和优化，从而提高企业的竞争力。

（5）以专业化的改进过程（6σ 管理 DMAIC 专业改进方法），针对不同的目的与应用领域。

（6）理论培训与现场实践交叉进行。培训与质量改进课题交叉进行，借以提高培训的效率。

6σ 管理实质上包括 2 个重要的方面，即 6σ 设计和 6σ 改进。6σ 设计一般是指全业务流程的重组与优化，也即全局优化；6σ 改进一般是指 DMAIC 改进流程，也即局部优化，具体包括定义（Define）、测量（Measure）、分析（Analyze）、改进（Improve）、控制（Control）5 个阶段。表 11-11 为 DMAIC 5 个阶段的内容。

表 11-11　DMAIC 的内容

项目	内　　容	项目	内　　容
确定问题 （Define）	1. 确认实体的关键质量（CTQS）值 2. 认可的实体图表 3. 高水平的过程图样	分析 （Analyze）	10. 先将自变量 X 值列出来 11. 列出具有重要特性的 X 值 12. 最后量化计算出 P 值
测量 （Measure）	4. 实体（目标）Y 值 5. 标准的 Y 值 6. 实体数据的收集计划与有效的测量系统 7. 记录实体 Y 值 8. 用实体 Y 值进行过程能力分析 9. 不断改善达到实体目标 Y 值	改善 （Improve）	13. 发现问题 14. 解决问题 15. 持续改善
		控制 （Control）	16. 保持过程的稳定性 17. 实体文件化 18. 将 P 值转换成 Z 值

在全面质量管理和 6σ 管理中广泛采用了各种统计方法和工具，其中用得最多的有 QC 7

种工具，即因果图、排列图、直方图、相关图、控制图、分层法和调查表。此外，日本又提倡和推行了新七种工具，即关联图法、KJ法、系统图法、矩阵图法、矩阵数据解析法、过程决策程序法和箭条图法。常用的数理统计方法有回归分析、方差分析、试验设计等。但是，采用统计质量控制的方法旨在控制质量以符合标准及规格规定，属于过程和事后控制。

在精益生产方式中，更侧重于"改善"质量，即以预防为主，从源头进行管理，杜绝不良的发生。同时，在精益生产的其他管理工具和方法支撑下（如自働化、防错法、标准作业、TPM等），把每道工序都做到"零"缺陷，从整体上建成一个完美的质量保证体系，生产出让用户满意的产品，不断提升企业的竞争力。

第十二章 人 才 培 育

第一节 人才培育概述

一、人才培育的概念

从字面上讲，人才培育就是培育人才的意思，具体来讲，就是指企业为保持其长期的整体竞争优势，根据企业不同阶段的发展需求，以有计划的培训为手段，培养员工成长的工作。人才培育体系为：涵盖所有人员，最大限度地发挥个人能力，支持公司应对所有需求变化。

二、人才培育的重要性

1. 体现对人性的尊重

为了实现对人性的尊重，企业应自始至终贯彻以人为本的思想，通过实行人才培育活动，把开发人力资源、激发每个员工的工作热情放在首位，最大限度地发挥个人能力。丰田公司通过提高员工的地位，使他们由机器的附庸变为主人，通过在企业中建立起彼此信任、相互尊重、团结协作的精神，充分发挥员工们的智慧和创造才能，克服技术与资金上的劣势，去创造竞争优势。

2. 适应弹性生产的要求

在市场需求日趋多变的生产条件下，通过开展人才培育活动，对员工的教育和训练，当市场出现需求变化时，可以灵活地调整作业人员，适应弹性生产的要求。图 12-1 为人才培育适应需求变化的图示。通过培养，使员工具有基本技能、多技能、改善和指导改善等技能，当需求变化时，可以快速调整人员，实现少人化。

3. 促进企业实现效益最大化

人是企业拥有的最重要的资源，人在企业的资源配置过程中始终是一个自变量。人是创造财富的财富，丰田人把"人才"写成"人财"就是这个意思。丰田公司有一个全员皆知的口号："丰田既要造车，也要造就人"。丰田公司认为："谋事在人，任何事业要想获得较大的发展，最重要的是必须造就既积极为企业动脑筋，又拼命为企业卖力气的'丰田人'"。通过培育体系，可充分发挥员工的积极性，促进企业实现效益最大化。

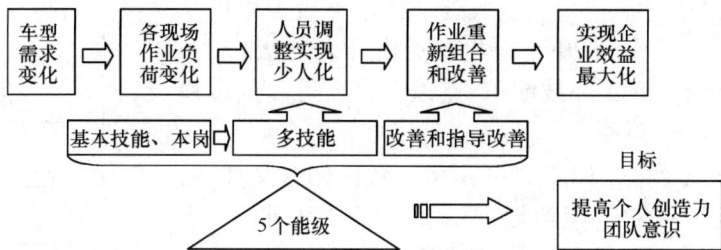

图 12-1　人才培育适应需求变化

4. 有助于形成良好的企业文化

通过人才培育活动，最大限度地提高个人创造力和增强小组的合作，有助于形成良好的企业文化。

总之，随着科学技术的发展，工作中所需的技能和知识更新速度加快，因此，员工教育与培训已成为企业提高员工工作效率、增强竞争力的必然途径。

三、人才培育的模式

人才培育的基础是在岗培训(On the Job Training,OJT)，并通过人事制度和集中培训来补充在岗培训，从而更为有效地推进人才培育。其中，人事制度包括商谈制度、奖惩制度和员工评价等内容；集中培训包括理论讲述、案例教学和做游戏等形式。

人才培育的基本模式是通过划分不同的技能能级，确定能级标准，来制定员工的职业生涯规划图。此外，对每个员工都制定相应的培训档案，不但规定了学习计划而且标明了各种培训要求，有利于学员有针对性地学习。

操作员工划分为 5 个能级，如图 12-2 所示。D、C、B、A 和 S 5 个等级都有相应的评价标准和条件。

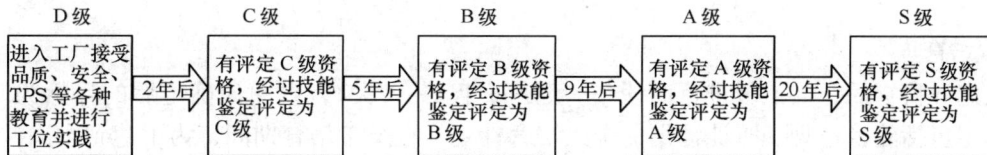

图 12-2　操作员工的 5 个能级

丰田公司的人才培育的基本模式为：新员工入厂后，经过规定时间的基础教育、技能培训和 OJT 后，技能标准达到规定的点数(5 个点数)，有资格申请 C 级培训；经过规定时间的集中受训后，有资格参加 C 级认证；取得 C 级认证两年或技能点数达到规定点数(12 点)，可以参加 B 级培训(组长级)；达到 B 级的规定点数(28 点)后，才可以参加 A 级培训(班长级）；A 级员工经过生产准备、质量改善、技术支援等培训并得到相应的点数，且工作满 20 年，才有资格升入 S 级（厂长级）。新员工入厂工作 20 年、技能 10 点以上，才可以从事检查员工作。

操作岗位划分三个区，如图 12-3 所示。各区的含义如下：①一区：基本技能，针对上岗前培训；②二区：本岗位、多技能，保证品质和适应产量变化工位建设；③三区：改善与指导改善能级，针对班长以上车间专项管理者。

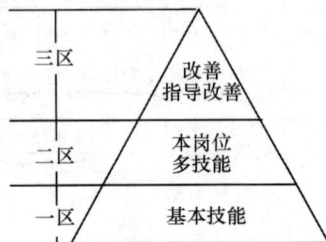

图 12-3　操作岗位区

图 12-4 为丰田人才培育的基本模式——员工职业生涯图，图中横坐标是参加工作的年限，纵坐标是达到的技能点数。

四、人才培育周期

1. 目标明确化

员工根据车间不同级别的必要条件，来确定自己想获得的技能及设定自己应达到的目标。例如，表 12-1 为针对机加工车间的班组长设定的目标。表中必要条件是指按车间和资格分类所需要完成业务的能力。

表 12-1　车间班组长目标

分　类		必要条件（目标）
实际操作	生产线内	能够进行加工、装配、焊接中的 2 项；能够进行小组内所有工位的工作
	生产线外	能够进行生产线之外的加工、装配、焊接中的 2 项工作；能够进行小组内的所有生产线之外的工作
生产	必须	能够根据生产计划进行合理的人员调配；能够保证生产线均衡化生产
质量		能够按 QA 网进行工位评价；能够指导质量

2. 培育

设定好目标后，与上级进行商谈（一般是每年 1 ~ 2 次），以商谈确定后的目标为基础，最终制定包括轮换计划和听课计划的个人培育计划。在员工培育期间，为了达到本岗位所需必要条件的目标，通过岗位轮换和专门的技能研修，实现人才培育的目的。需要注意的是：①培育活动主要以工厂内的在岗培训和自己的学习为基础；②同时注意知识和技能的集中培训，培训的形式可采用理论讲述、案例教学和游戏等形式。

3. 评价

在培育活动期间，每年对员工的培育活动评价一次，评价包括上级评价和个人评价。其中，上司按照不同岗位的必要条件和技能能级，对每个详细的项目给予客观的评价，本人也

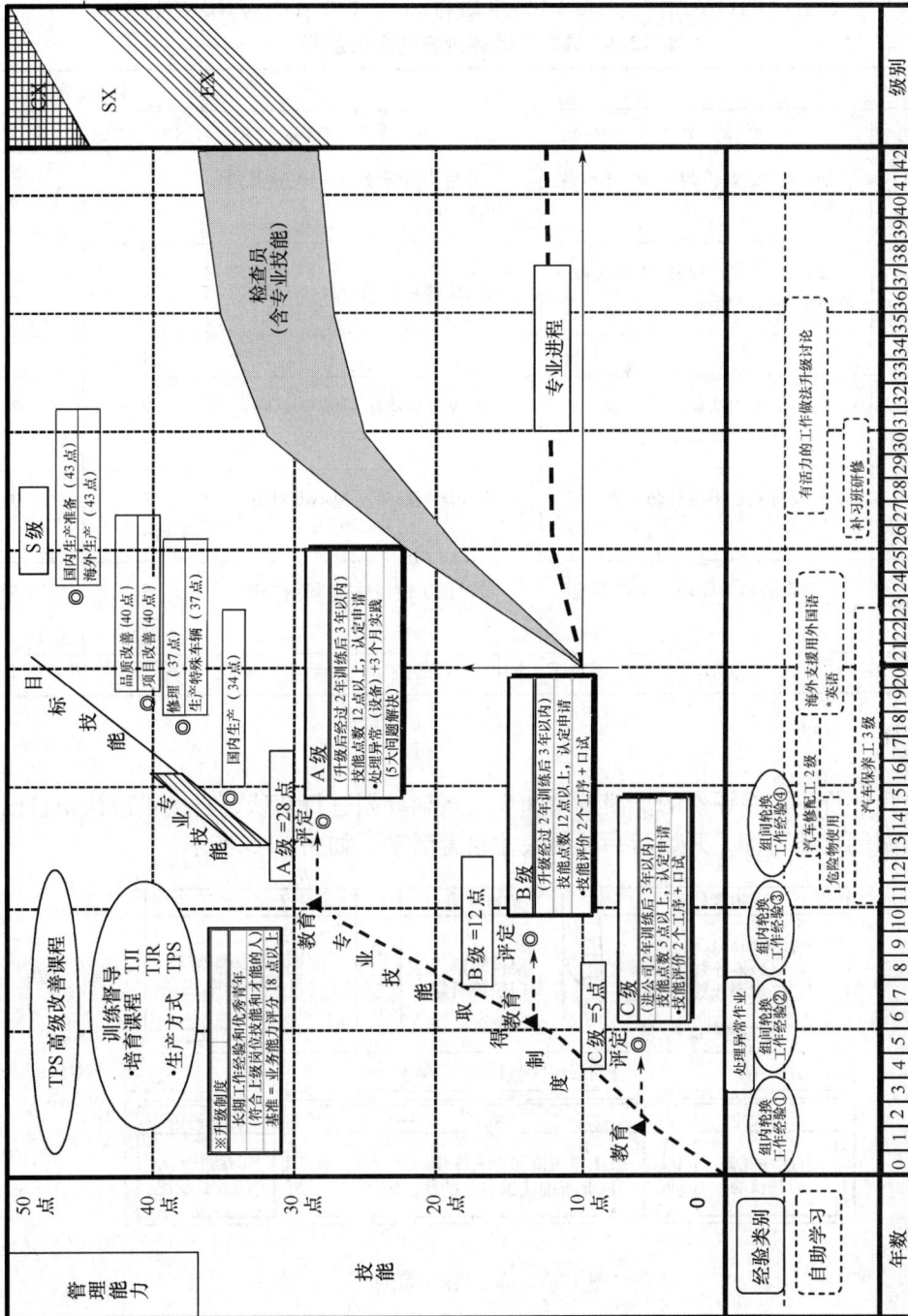

图 12-4 丰田人才培育的基本模式——职业生涯图

需客观评价 1 年里自己的成长情况。表 12-2 是培育活动评价表的应用示例。

表 12-2　培育活动评价表的应用示例

		必 要 条 件	达 到 水 平	评价(分数)	
				上　　级	本　　人
实际操作		加工、安装、焊接中可以做2项	在节拍内能很好进行标准作业及轮岗制度	2	3
		加工、安装、焊接中可以做2项的生产线外作业	确实能够从事简单操作的工作	2	2
			小计	4	5
生产		可均衡化生产 …	能理解和运用看板的规则 …	2 …	3 …
品质		能够应对质量不良和防止再发生 …	能按优先顺序实施不良对策 …	3 …	3 …
保全		调查设备异常原因,采取措施 …	实现预防设备故障采取措施 …	2 …	3 …
安全		…	…	…	…

4. 反馈

针对自我评价、上级评价的反馈效果和今后培训计划进行商谈,再次正确认识自己的技能等级,从而制定新目标,开始新一轮的人才培育活动,如图 12-5 所示。

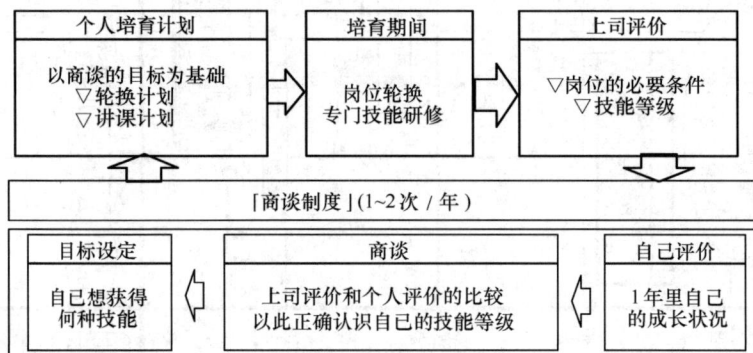

图 12-5　人才培育周期

第二节 在岗培训

一、OJT 的概念

在岗培训（On the Job Training，OJT）是指管理人员对部下工作进行在岗培训指导。OJT 可说是培养人才的根本作法，是人才培育的基础。

专门的培训机构（Off the Job-Training，Off JT）是指在工作外的时间对部下进行培训指导。

（1）OJT 是对部下承担的工作进行教育的过程，是与实践相连结的教育，因而通过 OJT 可培养出实战的力量。

（2）OJT 在原则上是由管理人员与部属面对面地进行，与 Off JT 不同，这种教育可以结合各人的特点展开，针对性强，效果好。

（3）OJT 本身就是一种体验学习，因而教育效果较好。

二、OJT 的基本原则

在推行 OJT 时，应遵循以下基本原则：

1. 抱着一颗培养部属的心

培养部属的目的不只是要使其能有效地执行目前的工作。实际上，OJT 有两个目的：其一是要使部属的日常工作能顺利地开展，其二是为了能做好将来的人才培养。

管理人员本身若缺乏培养下一代的意识，则企业将难以发展，部属也将难以指挥。如果管理人员只要部属完成所交代的事项，对部属的未来发展不闻不问，则部属的培养必将荒废，士气也必然无法提高。因此，管理人员一定要在达成工作目标的同时，使部属的资质能够不断提高。

2. 培养深厚的专业知识及广博的相关知识

过去在企业内，只要具有较深厚的专业知识，就很容易被器重而担当重要工作。但是随着企业环境日趋复杂化、多样化、高度化，企业活动的管理以及相关技术等也日益综合化、复杂化，只具有深厚的专业知识，已不能处理这些复杂的工作。

因此，除了深厚的专业知识外，管理人员也要对其职务的外围事项具有广博的知识。在指导部属时，一定要兼顾到深厚的专业知识和广博的相关知识。

3. 充分授权

部属如果有机会向超过其能力的工作发起挑战，则对其成长将大有裨益。如果经过授权，部属必会想尽办法达成目标，在处理工作的过程中学习解决问题。这个方式可以迅速地提高部属的能力。

4. 发挥特长

在培训部属时，针对其优点予以指导、运用，是个很重要的技巧。每个人都有其优点和缺点，而不管是优点还是缺点，大多是环境塑造或与生俱来的。强调一个人的优点，发展其优点，使之发挥其特长，远比改正其缺点要容易得多，效果也大得多。

但是，在指导部属时，当然也不是只强调其本身的优点而对其缺点不闻不问，而是应该把重点放在其优点上。

5. 塑造一个具有启发性的组织氛围

为了提高 OJT 的成果，使组织洋溢着启发性的气息是很重要的。这种组织氛围的塑造，虽然困难，但却很重要。

以上这些原则，是要塑造一个具有启发性的组织氛围所必须注意的，其中最重要的一项，是管理人员本身的自我启发工作。领导要以身作则，如果管理人员不迈开第一步的话，这种启发性的气氛是很难形成的。

三、各个阶层 OJT 的要点

在企业中，有新进人员，也有资深员工和管理人员。在实行 OJT 时，对不同的阶层应采用不同的实施方法，推行要点分别如下：

1. 新进员工 OJT 的要点

新进员工刚到一个新的企业所学习到的东西是很容易生根的，因此，在一开始就须对其授以正确的基本知识。基本知识可分为二个方面：①一名企业员工必须具备的基本知识；②工作的基本事项。

前者是指经营理念的具体意义，如对同事、前辈、上司的态度，公私的区别，秘密事项的处理，协助工作的团队精神，准确的时间观念，对其他部门与公司内的人应有的态度，明确的顾客意识等。后者是指对指示的事项应有再确认的习惯、对工作结果重新确认等。

2. 资深员工 OJT 的要点

资深员工亦可说是企业的中坚，是在各个部门负责实务操作的核心。以实务经验而言，大致是指进入公司 5~7 年的员工。

资深员工是各个单位的实际作业核心，并且也是上司的辅助者、后进人员的指导者。对于这些员工的 OJT，首先，要了解其本身的立场与功能；其次，要对其进行培养，使其掌握与所负责职务有关的专业知识以及广博的相关知识。

在指导中坚员工时，必须给予较大的压力，分配较多的工作，让其有锻炼的机会。身为上司者只须在授权后注意其结果的演变，适时给予建议而不要予以干涉。

3. 中高年龄层员工 OJT 的要点

对于中高年龄层员工的指导，在情况上可能稍稍复杂些。一般说来，如果指导者年龄较低时，对于年长者可能有敬而远之的倾向。但是，身为管理人员，不管其部属是年长或年少，都负有培养部属的责任。对于中高年龄的年长部属确实需要在做法上讲究技巧。对于年长的部属，要承认、赞美其优点，把他们当作人生的前辈，不要对他们另眼相看，并且要扩大其工作内容以增加工作情趣。

在中高年龄层的部属中，也有些人对比自己年少的管理人员所提出的意见抱着不能接受或不愿接受的态度。对于这种部属，也可以透过对其具有影响力的人予以指导，强迫、勉强都可能会破坏组织的气氛。

4. 新任第一线主管 OJT 的要点

在指导新任的作业班长或第一线主管时，要先让他们对自己的职责和立场有正确的认识，接着要灌输管理的基本知识，使他们具有指导者的心态及技巧。同时，要考虑其工作的性质是管理工作导向还是专业工作导向，是直线部门导向还是幕僚部门导向，针对不同性质调整教育的方向。

四、实施 OJT 的注意事项

在实施 OJT 时需要注意：

1. 分配部属工作要讲究方法

应该切记实施 OJT 时最基本的是分配工作的方法。职务或工作能力是通过执行其职责所累积的能力。为了让部属从实际的工作中提高其职务能力，管理人员对于分配工作的方法有必要下些工夫，例如，给部属分配超出其现有能力的工作或分配过去其未曾负责过的工作等。管理人员本身也不应在部属面临新挑战时给予详细的指示，而应在其能力瓶颈上作要点提示，使部属能发挥其创意。此外，管理的重心也应从工作的过程管理转移到成果管理。

除了这种工作的分配方法外，在进行 OJT 时要切记，所有机会都可当作实施 OJT 的场所，如部门会议和其他部门的会议、业务说明、报告会、酒会等可以对话的场合，都可以当成 OJT 的机会来运用。

2. 指导计划要简明扼要

任何事情若要有效地付诸实施，一定要有计划，OJT 也是一样的。在设计指导计划时应尽可能简明扼要。如果指导计划本身过于复杂，必须花很大的心血去完成，则实施起来必然是困难重重。因此做计划时要做到：①必须具体地设定应该培育的事项（教育目标），具体到可以即刻采取行动的水准；②为了要达成培育目标，应该分配、指示具体工作及其方法。

3. 注重技能训练场建设

在实施 OJT 时要注重加强训练场的建设，以提高现场操作人员的基本操作技能。在一汽轿车公司的一次技能指导讲课中丰田公司专家龙泽先生说起技能的事，他认为一汽轿车公司的操作者技能肯定没有经过正规训练，是游击队的水平，并从生产线上找了一位技能比较好的操作者来进行"比武"。

龙泽先生找了一块细木工板，在这块细木工板上放上一张白纸，白纸上有直径为 1cm 的圆圈，整齐地排列着。龙泽先生让这名操作者往板上打钉，并亲自给他计时。这名操作者在打自攻钉的时候打一个取一个，右手在紧固螺钉时，左手休息，最终结果是 1min 打了 10 个，有 7 个不合格。而龙泽先生右手打钉，左手准备下一个，这样时间就节省了，结果是 1min 打了 15 个，而且个个都打在圆圈的中心上，螺钉与木板没有间隙，都是一个标准，如图 12-6 所示。

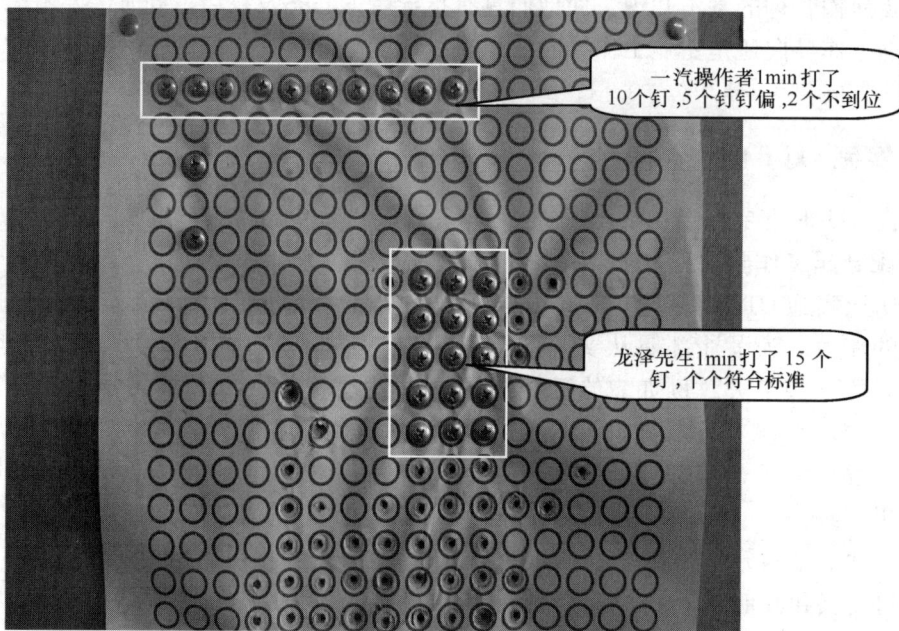

一汽操作者1min打了 10个钉,5个钉钉偏,2个不到位

龙泽先生1min打了 15 个钉,个个符合标准

图 12-6　丰田专家与一汽公司员工"比武"的木板

一台车有成千上万个螺钉，如果一个钉的质量不好，就会影响整车质量，这说明简单的事情不简单。通过这次比武，公司认识到工人基本技能与丰田差距很大，因此决心建设自己的基本技能训练场，从"0 和 1"做起，开展人才培育工作。

4. 人事制度和集中培训补充 OJT

OJT 是人才培育的基础。在实际推行中，可通过人事制度和集中培训来补充在岗培训，从而更为有效地推进人才培育活动。

第三节 多 能 工

一、多能工的概念

多能工就是能操作两种或两种以上不同工序的作业人员。为了实现少人化，当产量变化时需要变更现场作业人数，这样必须要求每个作业人员操作工序的数量也要进行相应的调整，因此作业人员必须是多能工。多能工往往与设备的布置紧密联系，如采用 U 型生产线，可将多种机器紧凑地组合在一起，便于多能工进行多工序操作。

二、多能工的培养

1. 工作岗位轮换制培养多能工

工作岗位轮换就是让每个作业人员轮流承担作业现场的全部作业，经过一段时间的训练，每个作业人员掌握多种工序的作业，即为多能工。

通过工作岗位轮换培养多能工的三个阶段：

第一阶段：现场管理人员轮换，可向一般作业人员熟悉自如地示范。为了把一般作业人员培养成多能工，首先基层管理人员们必须亲自作为多能工以身示范。为此，现场管理人员要在其所属的各工作单位巡回换岗。例如，组长在各组之间依次轮换。

因为全体基层管理人员在各工作场所轮换一圈儿需要数年时间，所以工作岗位轮换计划要作为长期计划的一个环节来实施。其定期调动计划应由车间制定，主要考虑被调动人员到目前为止的经历、尚未担任过的工作、本人的希望和意愿、对现场工作的影响等方面的因素。

第二阶段：作业人员组内轮换，制定作业训练计划。让每个作业人员在组内各种作业岗位之间轮换，所属关系、人事关系基本不变。组内定期轮换的主要目的就是培养和训练多能工，使每个作业人员训练得在任何作业岗位上都能操作自如。

组内定期轮换计划由各班组长制定。具体作法是把组内所有的作业工序分割为若干个作业单位，排出多能工培育计划表，使全体作业人员轮换进行各工序的作业，在实际操作中进行教育和训练，最终达到使组内的所有作业人员能够熟练掌握组内所有的作业的目的。图12-7 为多能工培育计划表。

此外，在推行这个训练计划的时候，可以使用多能化实现率来衡量多能化的实施情况。多能化实现率可表示为

$$多能化实现率 = \frac{\sum_{i=1}^{N}(各个作业人员(i)完成训练的工序数)}{作业单元内工序数 \times N} \times 100\%$$

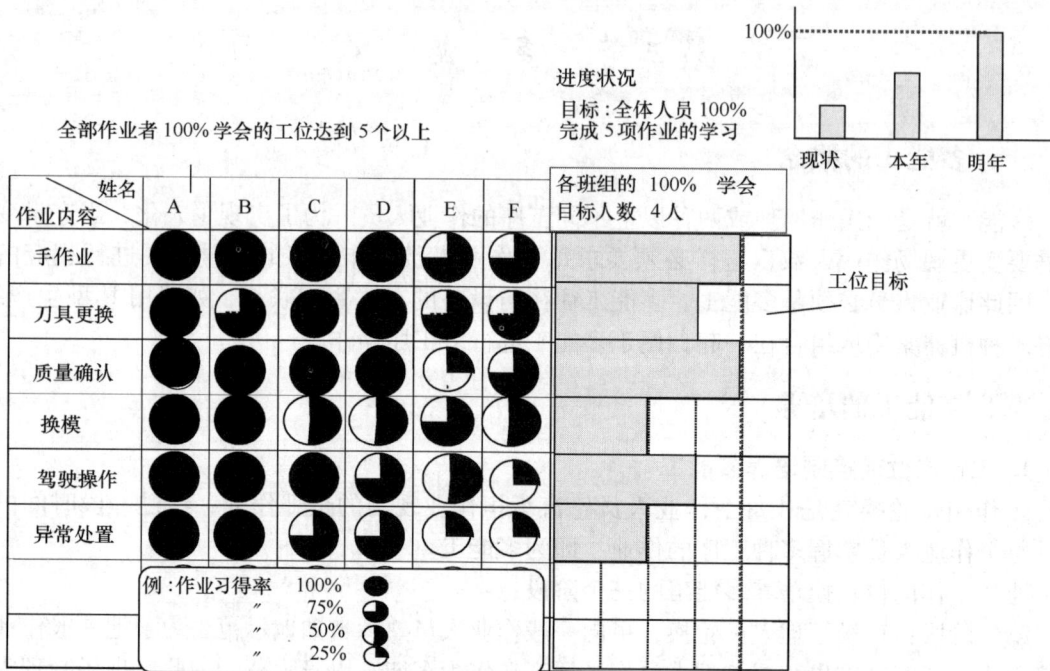

图 12-7　多能工培育计划表

式中，N 为作业单元内人员数。

第三阶段：每天数次的工作岗位轮换。通过实施作业人员多能工化，组内流动的可能性增大后，就可以每天数次有计划地让每个作业人员变换所承担的作业，甚至可以每隔 2～4 个 h 就能有计划地在组内的全部作业工序中轮换。关于交替间隔期，应根据具体情况而定，如对生产节拍较快的工序来说，因所持有的作业区域较窄或作业较少，交替间隔期可短一些，反之亦然。

2. 工作岗位轮换的效果

通过实施工作岗位轮换，不仅能够实现作业人员的多能化，从而使弹性增减作业人数成为可能，而且还可以带来如下的效果：

（1）有利于安全生产。以小时为间隔单位的工位定期轮换，不仅可以减轻作业人员的身体疲劳，也可以使人的情绪得到转换。研究表明，一般来说，工作内容的改变对提高人的工作积极性有很好的效果，使人在精神上和体力上都不会感到疲劳，可防止工伤事故的发生，逐渐减少工伤人次。

（2）有利于改善作业人员之间的人际关系。交、接班人之间增加了沟通机会，可以改善作业人员之间的人际关系，此外，因全体作业人员对各个工序都熟悉，因此即使因为某工序发生了延迟，也便于沟通理解，同时可以进一步促进相互帮助活动的开展。

（3）有利于知识与技能的扩大和积累。在促进作业人员多能化的过程中，无论是教育训练者还是接受训练者都能获得进步。通过相互之间的传、帮、教，使汇总起来的技能与知识不断地传给后来的人。进行标准化后，能够有效地将"个人财富"转换为"公司财富"，排除了因某人离去造成某项工作陷入困境的现象。此外，作业人员多能工化后，即使有人缺勤，生产也能顺利进行。

（4）有利于提高作业人员的责任感。由于参与了各工序的操作，每个作业人员的视野变开阔了，并产生了对安全、质量、成本、产量等的责任感。

（5）有利于提高作业人员改善的积极性。由于岗位轮换，作业人员对整条线上各个工序都比较了解，因而发现问题、解决问题的能力得到提升，参与改善的积极性会大幅度提高。作业人员能够比较清楚地认识到，作业中如果哪一步做得不到位，会对后面某些工序造成何种影响，因此会想办法进行改善，保证本工序的合理性。此外，无论是现场管理人员还是一般作业人员，在新的工作场所和新的作业工序中，人人都想创新。因此，有关作业工序改善的创新办法和合理化建议明显增加。

三、实施多能工的要点

在实际推行过程中，多能工培养需要注意以下要点：

1. 作业简单化

在现场的工序中肯定有些必须花费长时间才能学会的技能，特别是更换、调整的作业。这类作业，对多能工的培养就是一大阻碍。因此，对这类作业工序的操作应趋于简单化，尽可能做到易于掌握。

2. 适当指导

对于工厂内多能工的培养，各个工序基层管理者的适当指导是不可缺少的。对生产整体每一道工序的关键，最了解的不是作业人员，而是现场第一线的管理者，如班组长、领班等。多能工的培养是现场基层管理者的重要工作事项之一。

3. 标准作业

对新手的培训，应着重作业的顺序及内容，而且要以书面的方式表现出来，使任何人都能看懂。因此，有关作业指导书、作业要领书以及训练要领书要准备妥当。

4. 整体推广

多能工的培养，如果仅在某一个单位内实施，有时会引起不平之鸣。为了避免这种困扰，最好整个工厂一起实施。由公司高层领导者发布通告，使全体职员知道公司的政策方针。此外，每天班前班后及时向操作人员灌输多能工的观念，并定期举办多能工比武活动，表扬优秀的多能工及实施单位。

第四节　技能评价法

一、技能的定义与基本要素

（1）以装配线为例，技能可定义为：①能正确从事基本技能和判断质量好坏；②通过亲身体验掌握要素作业的关键；③要素作业连接的动作很流畅，在节拍内可以反复进行。

（2）技能基本要素：①作业精度，即根据标准作业顺序，保证质量程度；②时间精度，即生产节拍内可以操作完成；③检出力，即对产品好坏的判断能力。作业精度、时间精度和检出力为技能三要素。

二、技能评价图

以总装技术评价法为例对技能评价图进行说明。技术评价表是进行技术评价的工具之一，将每项装配内容进行分类、分等级，通过一级一级的提高，达到提高工人积极性和成就感的目的，以此提高员工的技能水平。图12-8为螺母紧固技能评价。

技能　　　　技能等级	D 没有经验		C 必须技能		B 标准技能		A 准高技能		S 高技能	
<螺母的拿取> 手里放几个螺母 零件种类	逐个取出紧固	1	2个以上取出紧固（1种零件）	2	2个以上取出紧固（多种零件）	3	左右手都可以输送（多种零件）	4	3种以上（多种零件）	5
综合评价										

图12-8　螺母紧固技能评价

三、技能评价图的应用

以技能评价法在总装车间应用为例来说明技能评价图的应用。

1. 目的

通过技能评价表法，将必要的技能进行分类、分等级，员工通过不断的升级，提高技能水平。具体目的为：①个人方面——提高工人的积极性和成就感；②车间管理方面——能有效的发挥员工技能的作用；③体制方面——形成应对岗位变动的强硬体制。

2. 思路

在确定装配零件技能等级时，需要区分是否需要技巧和相关的工作条件。通过作业的等级划分可达到：①明确每一道工序所必需的技能等级；②能够评价个人的技能等级；③提高技术，使操作人员更有干劲。

3. 目标

目标制定应注意：①将个人的技能提高到班组所要求的技能等级；②明确每个级别所要求的技术等级。

4. 具体推进方法

（1）基本技能分类。作为具体推进方式的第一步，将基本技能按划分为 6 大类，如表 12-3 所示。

表 12-3　总装基本技能

分　类	含　义	备　注
紧固	螺栓等固定作业	
嵌入	在槽内插入的固定作业	
配线	线束安装作业	
粘贴	窗玻璃密封条的张贴等作业	
涂抹	聚氨酯等涂抹作业	
调整	手刹车等的调整作业	

（2）装配难易度调查。根据零件的各种特性和作业条件决定作业难易度。难易度分为 S、A、B、C 四个阶段。其中，S 为 6 大项目全会的操作者；A 为需要一定的技巧才能完成的作业；B 为要有 2 周经验才能操作的作业；C 为要有 1 周经验才能操作的作业。例如，螺杆长度为 11 ~ 50mm，难度为 C；螺杆长度为 51 ~ 100mm，难度为 B；螺杆长度为 101mm 以上或 10mm 以下，难度为 A。图 12-9 为螺栓紧固的难易度。

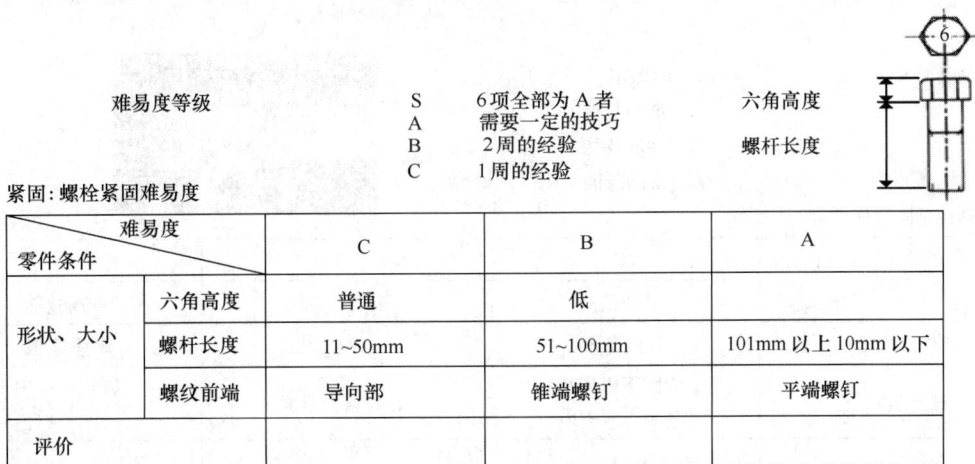

难易度等级		S	6项全部为A者		六角高度
		A	需要一定的技巧		
		B	2周的经验		螺杆长度
		C	1周的经验		

紧固：螺栓紧固难易度

难易度 零件条件		C	B	A
形状、大小	六角高度	普通	低	
	螺杆长度	11~50mm	51~100mm	101mm 以上 10mm 以下
	螺纹前端	导向部	锥端螺钉	平端螺钉
评价				

图 12-9　螺栓紧固的难易度

（3）小组技能图。按每一项基本技能确定小组技术等级。具体做法：①调查每一工位的主要作业要素；②调查有关各作业要素的难易度；③按每一项基本技能确定此小组所要求的技术等级。于是，将基本技能的最高级作为小组的必要技能。

例如，图12-10为仪表装配班组技能图举例。其必要技能等级为：紧固螺栓C；嵌入线夹C；这样零件难易度设置为C。由于小组的必要技能的最大等级为B，所以小组的必要的最高技能水平就为B，通过这个图表，可了解小组的必要技能水平。

部位	总成	零件	主要零件作业	零件难易度				基 本 技 能			
				C	B	A	S	紧 固		嵌 入	
内室	仪表组	右仪表	仪表安装	○				C	螺钉	C	连接器
			组安装		○			B	螺钉	B	零件
			手刹车安装	○				C	螺栓		
			组合开关安装		○			C	螺钉	B	连接器
			收音机安装		○			C	螺栓	B	连接器
最高基本技能得分数								B		B	

图 12-10　仪表装配班组技能图举例

（4）个人技能评价。根据技能评价表进行个人技能评价。难易度水平分为S——高技能、A——准高技能、B——标准技能、C——必须技能4个级别。通过使用技能评价表，了解个人拥有的技能。

例如，图12-11为螺栓紧固技能的评价。在螺栓紧固技能的评价中，以螺栓的拿取为例，能够拿三根同类螺栓紧固，水平为C，能够拿2根2类螺栓紧固，水平为B，能够拿2根3类螺栓紧固，水平为A。

【螺栓取送】

难易度的等级　　　　　S　高技能
　　　　　　　　　　　A　准高技能
　　　　　　　　　　　B　标准技能
　　　　　　　　　　　C　必须技能

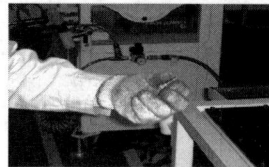

紧固：螺栓紧固技能评价

技能得分　　技能	C	B	A
	必须技能	标准技能	准高技能
螺栓的配送	1种/3根	2种/2根	3种/2根
螺栓紧固	紧固下限清楚（紧固声音判断）	在规格内紧固	转矩标准内（±20%以内）
综合评价			

图 12-11　螺栓紧固技能的评价

（5）个人技能档案。以小组技能表和个人技能等级为基础，建立个人技能档案。图12-12为个人技能档案，使用这个个人技能档案时，以6大基本技能为基准，寻找个人技能和小组技能的差异，就个人的薄弱环节，制作培训计划进行训练。图中由于布置线束的个人技术不足，要重点训练软管布置时的直觉和技巧（防止扭曲、缠绕）。

技能＼等级	C 必须技能	B 标准技能	A 准高技能	内　　容	训练计划 时间	训练计划 负责人	鉴　定
紧固				在规格内紧固	8/31	王××	9/6
嵌入	个人的技能						
配线				线束插接的重点训练	9/11		
粘贴							
涂抹							
调整							

班组的技能

薄弱环节需要培训

图12-12　个人技能档案

（6）个人技能等级提高。根据个人技能档案，为了消除个人技能和小组要求之间的差异，在训练台上，训练螺栓的取送和紧固、发动机的装配、线束的装配等，以此来提高个人的技能。

（7）技能鉴定。推行技能鉴定流程为训练—鉴定—认定。图12-13鉴定系统。它包括鉴定系统的等级、相应的推进者与鉴定者。

经过训练后进行评价，判定是否达到相应等级合格水平。评价有基本技能评价和实践技能评价两种。图12-14为基本技能评价，C、B、A各等级中，60分为满分，50分以上为合格。图12-15为实践技术评价，等级C和B由车间的上司来评价。A级检定工序的项目在检定车身处，由检定者按技术检定检查单为准评价。

等级	推进者	鉴定者
C	班长	无
B	班长	段长
A	班长 段长	主任

图12-13　鉴定系统

图12-16为实践性能评价项目。评价项目为6项。在装配顺序、装配结果、速度、安全、基本知识、其他知识6大项目中，满分是40分，30分以上为合格。

（8）技能认定。图12-17为总装技能认定。科长负责认定A、段长负责认定B、班长负责认定C，在主管技能培训部长确认的基础上，颁发技术认定卡。

1. ＜基本技能评价＞ 评价方法

等级	实 施 方 法
C	根据技能评价表、在训练台鉴定者进行评价
B	根据技能评价表、在训练台鉴定者进行评价
A	根据技能评价表、在训练台鉴定者进行评价

满分 60 分，50 分以上为合格

图 12-14　基本技能评价方法

2. ＜实践技能评价＞ 评价方法

等级	实 施 方 法
C	车间上司来评价判断
B	车间上司来评价判断
A	在生产线旁鉴定 A 级的项目检定者按技术检定检查单为准评价

图 12-15　实践技能评价方法

＜实践技能评价＞ 评价项目

项 目	评 价 内 容	分值
装配顺序	是否按照标准作业的顺序装配	4
装配结果	是否通过质量基准	12
速度	在节拍时间的 130% 以上能作业	4
安全	是否遵守要领书中的安全要点	8
基本知识	能判明紧固基本知识	6
其他知识	能判明鉴定作业的其他知识	6

满分 40 分，30 分以上为合格

图 12-16　实践性能评价项目

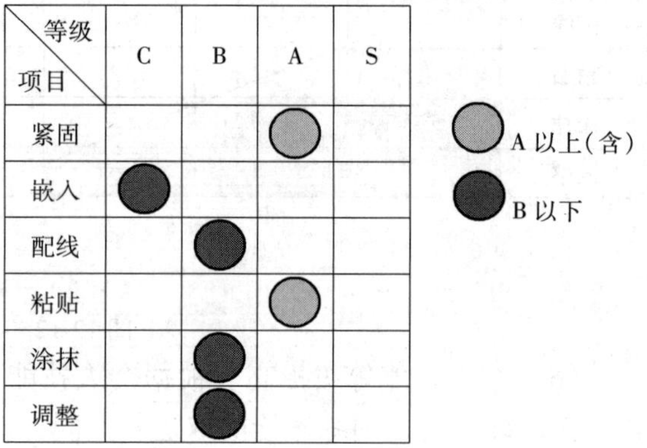

等级\项目	C	B	A	S	
紧固			●		● A 以上（含）
嵌入	●				● B 以下
配线		●			
粘贴			●		
涂抹		●			
调整		●			

图 12-17　总装技能认定

第五节　团 队 工 作

精益生产的所有方法最终都要通过全体员工的工作和劳动来实现。再好的技术，没有操作人员的积极参与，都不会取得理想的效果。要在企业生产经营活动的所有环节中彻底杜绝浪费，仅仅依靠少数的管理人员和技术人员是不可能的，关键在于全体人员的努力，特别是员工潜力的发挥。精益生产之所以能够做到尽善尽美，关键在于最大限度地把责任下放到组织的基层，并通过基层不断改善企业中存在的各种问题。

一、团队的概念

团队是由少数有互补技能，愿意为了共同的目的、业绩目标和方法而相互承担责任的人组成的群体。

二、团队的基本要素和特征

1. 规模较小

团队规模是指团队的人员数量。团队规模一般在 2～25 人之间，大多数只有不到 10 人。人数较多的团队，很难相互配合并采取有效的行动，对具体可行的事情常常不易达成共识，同时会出现"随大流"和"扎堆"行为，这会妨碍团队成员之间观点上的激烈交锋。而且，人数过多可能会受到一些层级观念的影响，特别是一些层级管理体制中的领导，可能作出一些目的不够明确的决策。

2. 互补的技能

高效的团队是由一群有能力的成员组成的。他们具备实现理想目标所必须的技术和能力，而且相互之间能够良好合作，从而能够出色完成任务。有精湛技术的人并不一定就有处理团队内部关系的高超技巧，因此，团队必须培养起正确的技能组合，也就是说，每一种技能都是为完成团队的目标所必需的能互济余缺的技能。其实没有一个团队是从一开始就具有了全部所需的技能的，团队具有促进个人学习和发展的作用。团队的工作重点是帮助团队成员迅速地找出技能上的差距和为填补这些差距所需的具体发展计划，团队作为一个命运共同体会激发出成员决不轻言失败的意志力和责任心，从而促进了成员的学习。

3. 共同的清晰目标

高效的团队对要达到的共同目标有清楚的理解，并坚信这一目标具有重大的意义和价值。而且，这种目标的重要性还激励着团队成员把个人目标升华到群体目标。在有效的团队中，成员愿意为团队目标作出承诺，清楚地知道团队希望他们做什么工作，以及他们怎样共同工作并实现目标。

4. 共同的方法

团队也需要形成内部共同的方法，即他们采取哪些达成共识的方法和如何一起工作才能达到他们的目标。实际上，他们必须投入和他们形成目标时一样多的时间和努力，来磨合他们的工作方法。

5. 相互的责任

没有哪个群体在使他自己内部的成员负起责任之前能成为团队的。"自己负责"的核心是团队成员必须对自己和他人作出严肃的承诺，从责任和信任这两个方面来保障团队：

（1）成员对团队有责任心。高效的团队成员对团队表现出高度的忠诚，为了能使群体获得成功，他们愿意去做任何事情，这种忠诚和奉献就是他们对团队高度责任心的具体体现。

（2）成员间默契和关心、相互信任。这是有效团队的显著特征，也就是说，每个成员对其他人的品行和能力都确信不疑。在日常的人际关系中都能够体会到，信任这种东西是相当脆弱的，它需要花大量的时间去培养而又很容易被破坏。而且，只有信任他人才能换来他人的信任，不信任只能导致不信任。所以，维持群体内的相互信任，需要引起管理层足够的重视。

三、团队的日常管理

1. 团队的组织形态

团队的组织形态是网状结构。网状结构极为复杂，是由人际之间的互动、对于责任的承诺、自然的领导风格及团队自行拟定的纪律综合而成的。团队成员来自不同的领域，但能结合成团队，共同完成任务。

2. 团队领导

团队领导是受到团队认可、具备专业知识或经验的成员，他必须能够协调团队每个人的活动以达成团队的目标，并能提出必要的目标和活动，寻求团队成员对目标的支持。

有效的领导者能够让团队跟随自己共同度过最艰难的时期，因为他能为团队指明前途所在，他向成员阐明变革的可能性，鼓舞成员的自信心，帮助成员更充分地了解自己的潜力。优秀的领导者不一定非得指示或控制，高效团队的领导者往往担任的是教练和后盾的角色，他对团队提供指导和支持，但并不试图去控制它。这不仅适用于自我管理团队，当授权给小组成员时，也适用于任务小组、交叉职能型的团队。

3. 团队考评

传统上的考评方式更看重的是对个人工作的考评，但是在团队考评时，首先要明确团队的整体性。团队是由独立的个体组成的，团队整体的成绩是由每个团队成员创造出来的，在这一过程中，大家相互依存、相互促进，尽管在许多时候难以区分每个人的劳动成绩，但他们的工作是最根本的。所以要使团队能发挥作用，考评团队必须结合成员个体，充分调动他们的积极性。对团队内部个人绩效的考评是一个复杂的过程，许多时候难以分清个人与整个团队的成果。所以，若没有相对可行的考评激励措施，"滥竽充数"的现象将不可避免，若不及时处理制止，可能导致团队的瘫痪。常用的团队考评方法有"业绩考评表法"、"关键事件法"和"目标管理法"等。

4. 团队激励

激励是指在某种行为发生后，给予某种刺激，当这种刺激具有维持或增强行为倾向的效果时，就叫做奖励；当具有减弱行为倾向效果时就称之为惩罚。激励有许多形式，主要可以分为物质激励和精神激励两种。物质激励的手段包括资金、礼物等；精神激励的手段包括表扬、成绩的肯定、培训与发展机会等。

团队的发展既强调个人，更重视整体，所以在设计构建对团队的激励体系时，要充分考虑到这两点。所有物质上的或精神上的激励只是一种手段，是为了产生团队合作行为，同时是为了提高个人的积极性。团队激励机制的建立，以提高人的能动性为目的，具体操作运营方式，则可有较大的灵活性。

　　以上简单地介绍了团队工作的特征及日常管理方法。精益生产方式在企业内的生产组织上，充分考虑人的因素，采用灵活的团队工作方式，如品管圈（Quality Control Circle，QCC）活动、合理化建议制度、产品开发小组等形式，充分发挥团队成员的积极性、智慧和创造力，为团队工作提供不断改善的良好氛围，使之变成公司持续发展、不断改进的基础。因此在人才培育活动中，在最大限度地提高个人技能和创造力的同时，还必须注重增强团队工作，以形成良好的适应精益生产要求的企业文化。

第十三章 价值流图

第一节 价值流图概述

一、价值流的概念

价值流是制造产品所需一切活动的总和，包含了增值活动和不增值活动。活动范围可以包括：①从原材料到成品的生产流程；②从概念到正式发布的产品设计流程；③从订单到付款的业务流程。使用价值流分析意味着对全过程进行研究，而不是只研究单个过程；改进全过程，而不是仅仅优化局部。

统计研究发现，企业用于增值活动的时间仅占整个活动时间的很小部分，其大部分时间是进行非增值的活动。据统计，增值活动约占企业生产和经营活动的5%，不增值活动约占95%。图13-1为产品的加工过程示意图，增值活动占了很小的比例。因此，应在价值流中识别不增值活动，通过持续不断地开展价值流改进，消除各种浪费，降低成本。

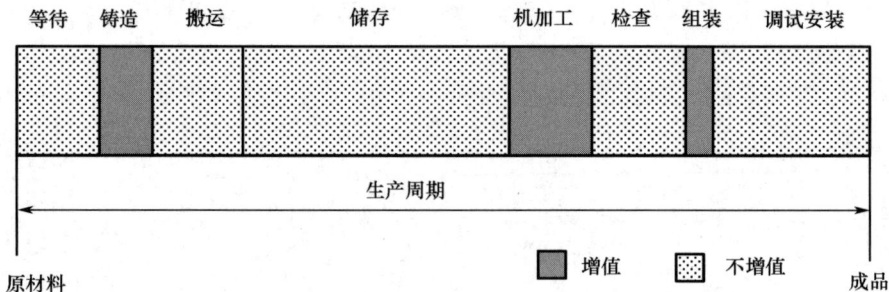

图 13-1　产品的加工过程示意图

精益生产中，信息流被视为与物流一样重要。丰田公司及其供应商的基本材料转换也许和大批量生产一样，如冲压/焊接/装配，但丰田公司规范其生产的方法与大规模生产方式不同。要考虑怎样流动信息才能使一个工序仅仅生产出为下一道工序所需要的物料，而且是在需要的时候进行生产。

价值流改进和过程改进都是企业所需要的，价值流改进重点在于物流和信息流，而工序改进重点在于人的操作流程。图13-2为这两种改进的关系。

二、价值流图

价值流图是绘制和设计全局物流和信息流的工具。价值流图是以产品族为单位，用图形表示出各种活动，从用户到供应商跟踪产品的生产路径，在物流和信息流中仔细画出每一过程的代表图形。图13-3为价值流图示意图。

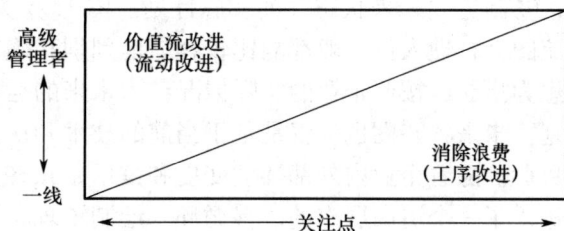

图 13-2　价值流改进和过程改进关系

价值流图分析以客户的观点分析现有价值流图每一个活动的必要性，画出期待的价值流的未来状态图，并制定实施计划。其特征为：①绘制出并简单显示出物流和信息流；②揭示产生浪费的原因；③创建一个改善的价值流；④创建和协调一个跨部门团队方法。使用价值流图分析有以下的好处：

（1）目视化工具。反映某一产品系列，使全部生产过程中的物料与信息可视化。

（2）信息沟通方式。用价值流图可反映各项作业怎样与生产控制中心沟通信息；各项作业之间怎样沟通信息。

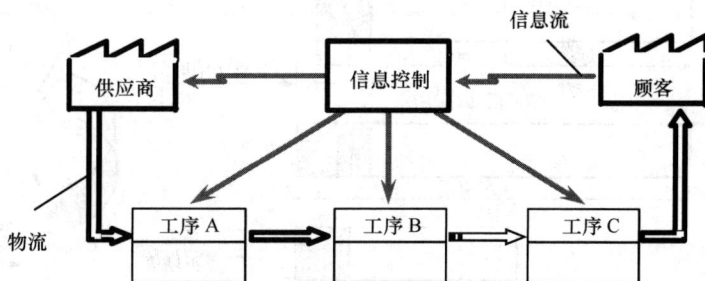

图 13-3　价值流图示意

（3）有利于发现存在的问题。应用价值流图分析生产全过程，可以针对企业内部的活动进行分析和改善，也可以针对企业外部，即从供应商出货起到顾客收货为止的整个价值流的分析和改善。通过价值流图分析，有助于观察和理解产品的物料流动和信息流动，识别非增值活动，从而确定需要改善的活动。例如，对产品生产周期的改善，传统的方法着眼于价值流中的增值活动，由于增值活动仅占整个价值流的小部分，即使有所改善，往往也事倍功半；而进行价值流图分析，可以明显识别出非增值活动，并通过改善消除非增值活动，这样改善效果明显，如图13-4所示。

（4）创建一个改善的价值流。价值流图的绘制与分析是进行精益化实施计划的基础。通过价值流图，可以使企业的管理层、工程技术部门、生产部门、上游供货商、下游客户认识和辨别浪费。通过对价值流现状图的描绘，可以构建新的优化价值流图。

三、价值流图分析流程

价值流图注意力集中在单个产品族，分析步骤为：①绘制当前状态图；②设计未来状态图;③制定"未来状态"的实施计划。图 13-5 为价值流图的分析步骤。一般先绘制现状价值流图，管理人员一般都能比较容易地判别和确定浪费及其产生原因。未来状态图是以精益思想为指导，按照企业的实际情况，为未来的运作模式指明方向，设计新的精益流程和工作计划。未来状态图也仅仅是基于当前的技术和认知水平，在一定时间内可以达到的较为理想的目标。随着企业内外部环境变更和技术、认知水平的提高，原来的目标又变得不理想了，又进入了一个更高层次的改善循环。绘制了现状图和未来状态图后，可以制定未来状态的实施计划。

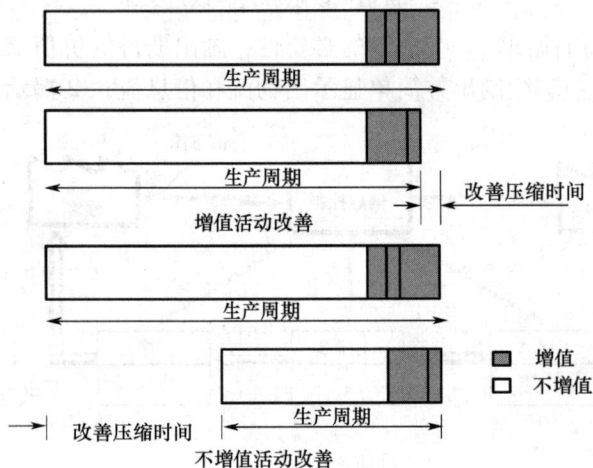

图 13-4 应用价值流的改善效果

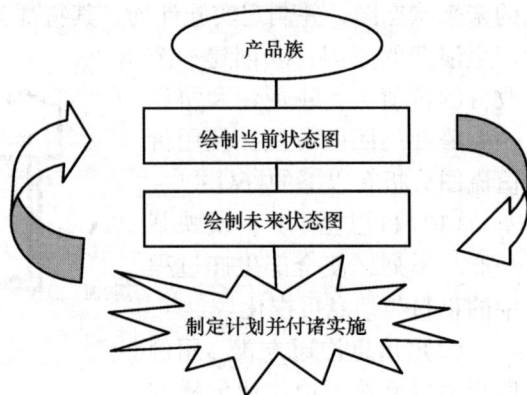

图 13-5 价值流图的分析步骤

第二节 绘制当前状态图

一、选定产品族

在开始绘制价值流图之前，要确定对何种产品进行价值流分析。应从对客户的重要程度确定产品。但是当产品种类比较多时，无法为每一种产品确定相对应的价值流，那么可以通过产品数量(PQ)分析和产品路径(PR)分析选定产品族。

1. 产品数量(PQ)分析

从产品数量分析入手，进行 A、B、C 分类。通过帕累托图反映出全部数量的产品是如何在不同种类的产品之间进行分布的，以确定某些部件的生产数量是否足够多，可以很明确地把生产数量较多的 A 类产品作为选定的目标。如果通过 PQ 分析无法得到确切的结果，那么可以采用 PR 分析。

2. 产品路径(PR)分析

列出每种产品的加工顺序，通过对产品的加工路线进行分析，选择可作为改进目标的价值流。

表 13-1 为产品路径分析示例。为了确定产品族，把各种产品及其各自的工序按生产流程排列。例如，C 产品经过的关键生产流程主要是机器 1、机器 2、机器 3、机器 5 和机器 6，因此在这几个工序所在的空格里标注"○"记号。PR 分析的目的是分出产品族，不必详细地列出每一步工序，只要关键工序就可以。然后寻找包含重要共同步骤的若干产品，这些产品就可以被划分到同一个产品族。例如，产品 C、产品 F 和产品 G 的工序大致相同，就可以归为同一个产品族，如表 13-2 所示。

表 13-1 产品路径分析

产 品 型 号	工艺顺序和关键设备或工序							
	机器 1	机器 2	机器 3	机器 4	机器 5	机器 6	机器 7	机器 8
A		○	○	○			○	○
B			○		○	○	○	
C	○	○	○		○	○		
D	○		○		○	○	○	
E	○		○	○			○	○
F	○	○	○		○	○		
G	○	○	○	○	○	○		

表 13-2 产品族的划分

产 品 型 号	工艺顺序和关键设备或工序							
	机器 1	机器 2	机器 3	机器 4	机器 5	机器 6	机器 7	机器 8
C	○	○	○		○	○		
F	○	○	○		○	○		
G	○	○	○	○	○	○		
A		○	○	○			○	○
E	○		○	○			○	○
B			○		○	○	○	
D	○		○		○	○	○	

二、价值流图常用符号

在价值流分析中，有一套规定的符号供绘制价值流图使用，使用者只要经常运用，就能轻易掌握。图 13-6 为常用的 24 种价值流图符号。

客户或供应商	生产过程	数据箱	库存	货车运输	缓冲库存
推动生产	提供顾客合格品	周转库存	电子信息流	人工信息流	安全库存
看板箱	生产看板	领取看板	信号看板	先进先出通道	U型生产线
计算机辅助管理	计划	操作员	拉动生产	持续改善	均衡生产

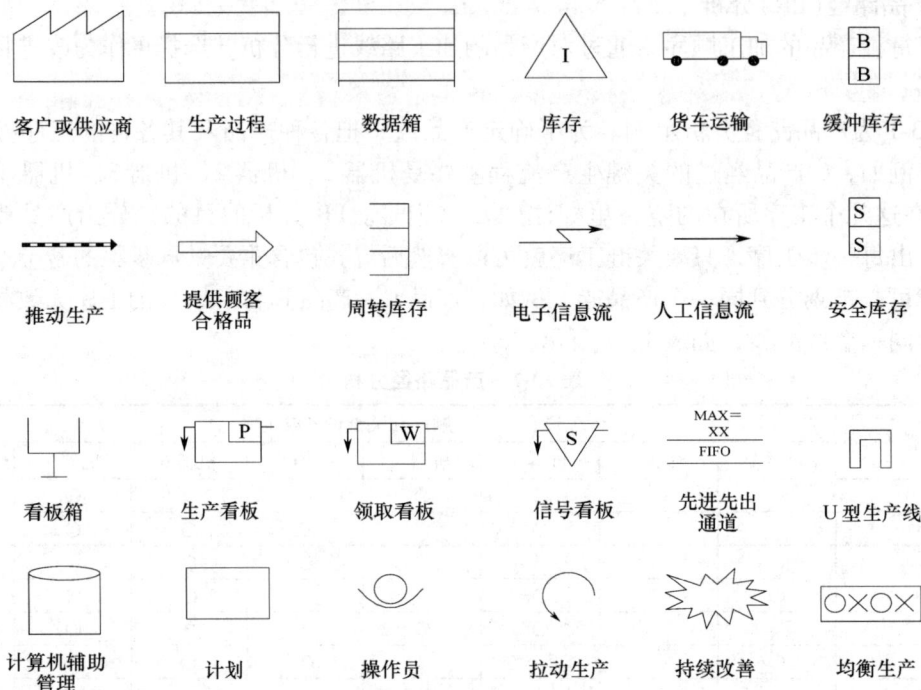

图 13-6　价值流图符号

三、绘制当前状态图

1. 收集相关信息

在正式绘制现状图之前，必须深入到基层单位先收集相关信息，一般从最下游的作业（即发货）开始，收集实际的过程数据，例如发货频率、订货量、工艺流程图、各工序作业时间、换模时间、操作工人数、班次、周期时间等，并在收集数据的过程中，将信息流和物流的情况记录下来，作为绘制现状图的依据。

2. 绘制步骤

（1）绘制客户、供应商和生产控制部门。首先将客户的图标画在价值流图的右上角，用同样的图标代表供应商，并把供应商的图标画在价值流图的左上角，在客户和供应商的图标之间画出生产控制部门的图标，如图 13-7 所示。

（2）绘制客户需求信息。在客户图标的下方画一个数据框，将客户的需求填入其中，包括每种产品的月需求和日需求，以及每天需要多少箱产品。例如，图 13-8 为绘制客户需求信息，客户每天需求 A 产品 15000 件，B 产品 5000 件，每箱 50 件产品（包括 A 产品和 B 产品），每月工作 20 天，因此，每天需求为 20 箱（20000÷20÷50）。

图 13-7 绘制客户、供应商和生产控制部门

图 13-8 绘制客户需求信息

（3）绘制发货与收货信息。图 13-9 为绘制发货与收货信息示意图。首先在客户图标的

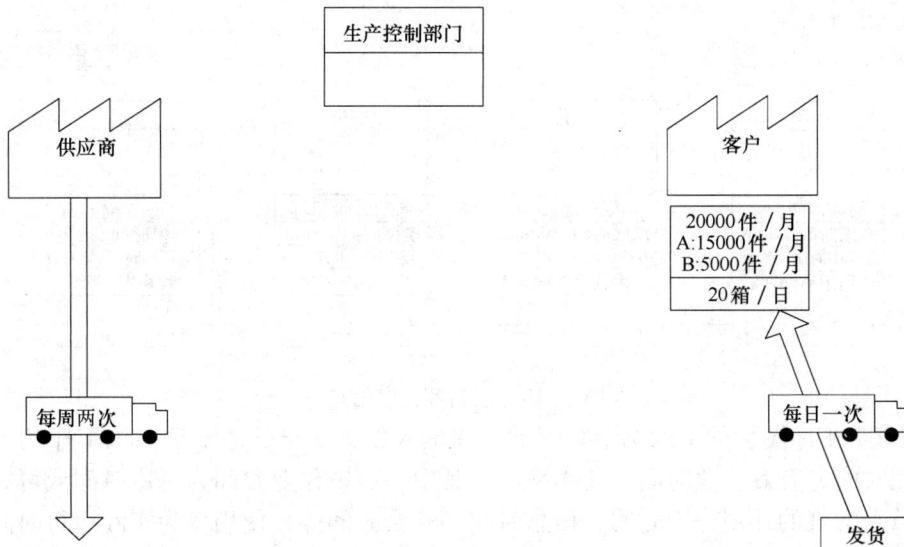

图 13-9 绘制发货与收货信息

下方画出卡车图标，并在卡车图标内填上发货的频率。然后在客户卡车图标的下方画出一个发货图标，并画一条箭线从发货图标起穿过客户卡车图标指向客户图标。

同客户图标一样，在供应商图标的下方画一个卡车图标，在卡车图标内填上送货的频率，并画一条箭线从供应商图标起穿过供应商卡车图标指向价值流最上游过程的图标。

（4）绘制各工序信息

1）在图形的底部用矩形图标表示出各道工序，将最上游的工序画在左边，最下游的工序画在右边。例如，图13-10为绘制各工序信息，从左至右各工序分别为：冲压、钻孔、磨削、组装等四个工序。每个工序图标内可标注工序的相关信息，如操作工人数、机器数等。

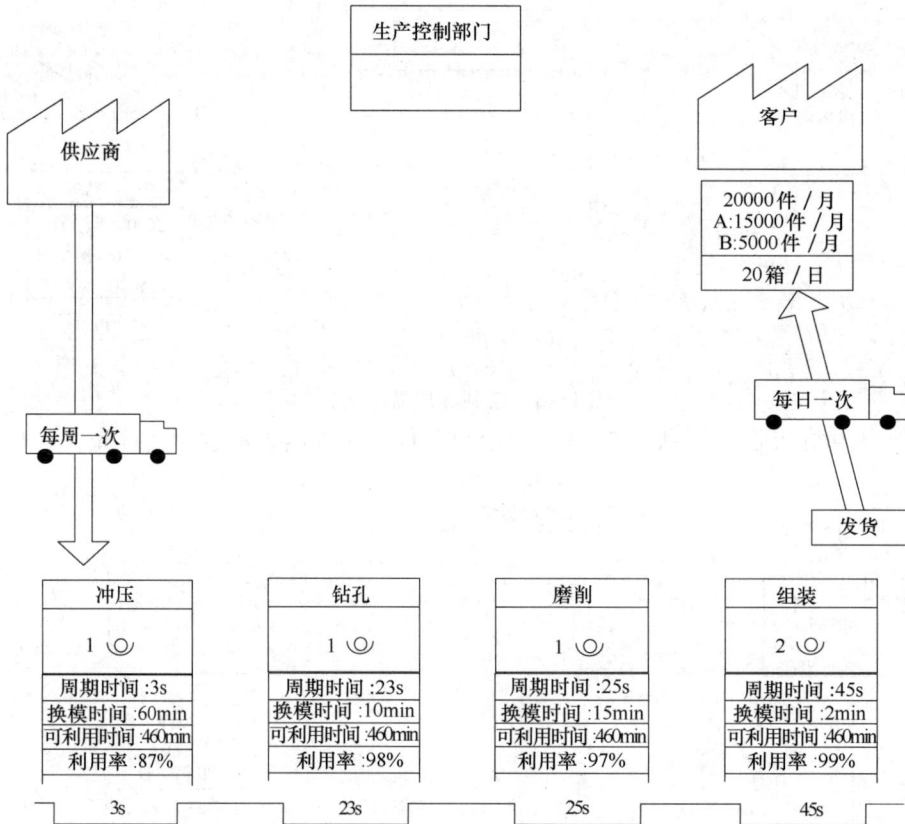

图 13-10　绘制各工序信息

2）在每个工序图标的下面画上数据框，并填入相关信息，通常填入该工序的加工周期时间、换模时间、有效作业时间、使用率等。其中，有效作业时间为每班时间或可利用的总生产时间减去常规的计划停工时间、休息时间、开会时间等；使用率为实际运行时间与有效时间的比值。例如，在图13-10的冲压工序中，该工序加工周期为3s，每班换模时间为

60min，有效工作时间为460min（每班8h减去20min的休息时间），实际运行时间为400min（有效时间减去换模时间），使用率为400/460＝87％。

3）在各工序的数据框下方画一条有凹凸的折线，并把每道工序的增值时间（即加工时间或周期时间）填列在每个数据框下方的时间线上。

（5）绘制信息流

1）画出客户图标到生产控制部门图标之间的信息沟通箭线，用来代表客户的预测信息和订单信息。一般信息的流动有电子方式和手工方式两种，在价值流图上分别以带折线的箭头和直线箭头来表示。在大多数情况下，信息在客户和供应商之间是以电子化的方式发生流动的，因此多以折线箭头表示。例如，图13-11为绘制信息流。图中客户与制造商的生产控制部门之间以折线箭头相联，表示客户每月向制造商提交一份预测信息，而下订单的频率为每天一次。

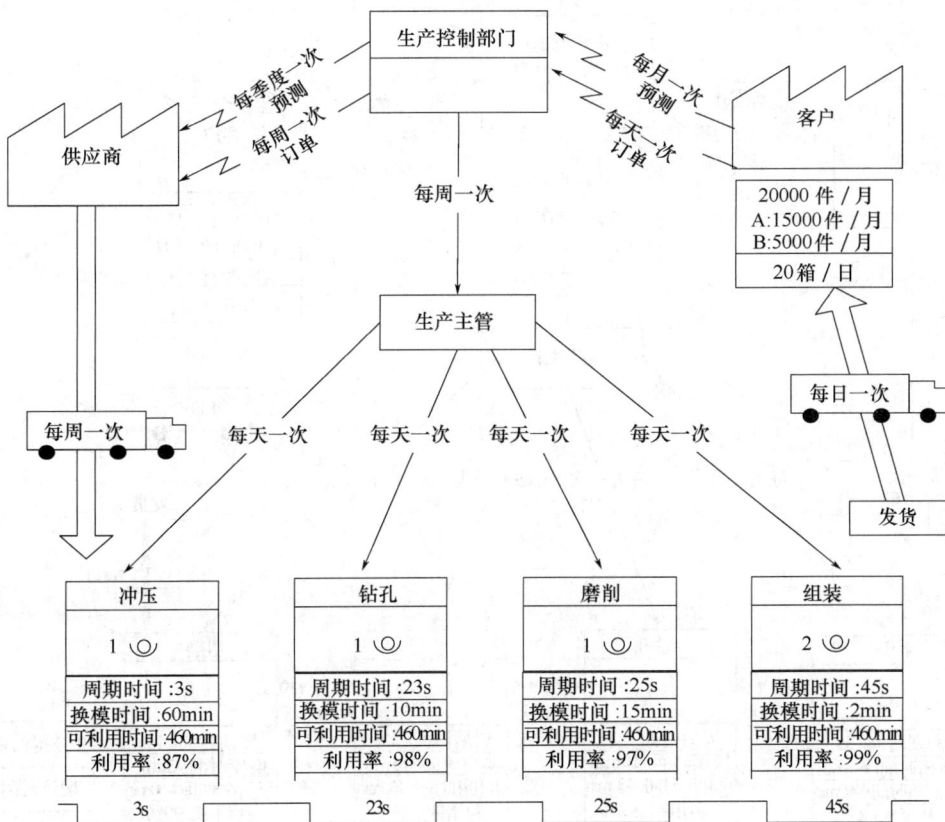

图 13-11　绘制信息流

同理，画出生产控制部门图标到供应商图标之间的箭线，用来代表生产控制部门发布的预测信息和订单信息，并把信息发布的频率标注在箭线上。

2）在生产控制部门图标和代表生产主管的方框之间画一条信息沟通的箭线，并把生产主管发布计划的频率标注在箭线上。

3）在代表生产主管的方框和相关的工序方框之间画若干条代表信息沟通的箭线，并把相关工序发布信息的频率标注在每条箭线上。

（6）绘制在制品库存和物料流动

1）在各工序之间在制品或成品的位置画上库存图标，并在库存图标的下面标注库存的数量。

2）计算各工序间库存储存的天数，并将计算结果填写在该工序方框下方的时间线上。库存的储备天数的计算公式为

库存储备天数 = 两个工序间的库存总数/每天发运的产品数量

例如，图 13-12 为绘制在制品库存和物料流动。冲压和钻孔工序间在制品库存为：A 产

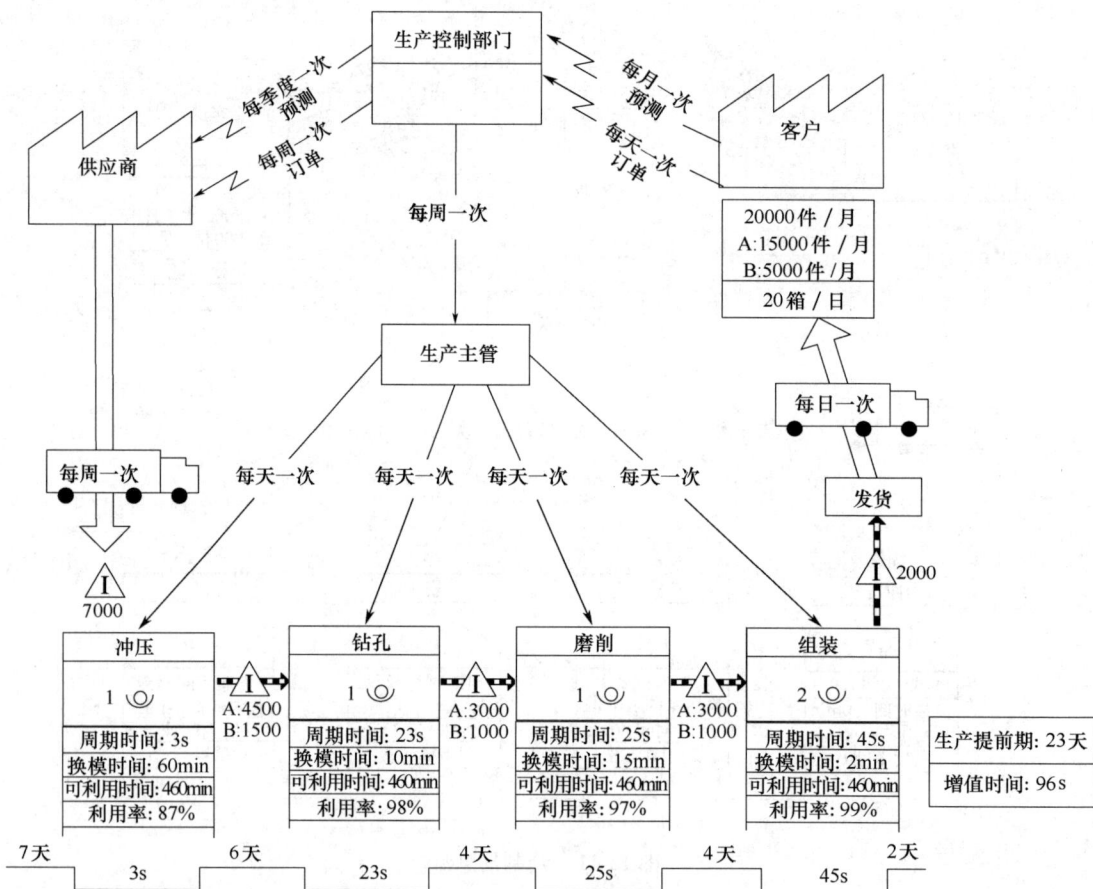

图 13-12　绘制在制品库存和物料流动

品 4500 件、B 产品 1500 件，发运数量为 1000 件/天，则冲压和钻孔工序间库存储备天数为：(4500 + 1500)/1000 = 6 天。计算出各工序间的库存储备天数之后，将时间线上各个加工时间以及库存储备时间进行合计可得到产品生产周期和生产提前期。生产提前期为 21 天，而生产周期仅为 96s，可见生产一件产品的增值时间为 96s，但却需要 21 天才能从工厂发货。

3）在价值流图上画出有推动、拉动和先进先出通道的地方。例如，图 13-12 中各工序间以推动箭头相连接。各工序是按照生产主管下达的生产计划安排生产，属于推动式生产系统，因此按照工艺顺序在各工序间用推动箭头相连接，以表示物料流动方式。

第三节 绘制未来状态图

绘制价值流图的目的是突出浪费之源，通过实行一个短期内可实现的未来状态价值流图来改善。因此，在绘制好当前状态的价值流图之后，下一步工作就是通过挖掘创造力来绘制出未来状态图，设计一个效率更高的价值流。

设计未来状态图要考虑四个方面的关键问题：

1. 需求方面

（1）距顾客最近的下游工序的有效工作时间是多少？节拍时间是多少？

（2）按顾客拉动还是设立周转库存？

2. 物流方面

（1）在哪里可以使用连续流动加工工序？

（2）为了控制上游加工工序的生产需要在哪里使用周转库存拉动系统？

3. 信息流方面

（1）在生产链中的哪一点（定拍工序）计划生产？注意从定拍工序往下游的所有材料都要以流动方式进行。

（2）如何在定拍工序均衡混流生产？

（3）在定拍工序将持续地生产和搬运批量是多少？

4. 支持改进方面

为实现尽可能的价值流动，哪些工序和设备必须进行改进？

为了设计一个效率更高的价值流应遵守以下 7 个准则：

准则 1：要按节拍时间进行生产。与销售节拍同步的统一的生产节拍。

准则 2：在可能的地方发展连续流。

准则 3：连续流动无法向上游扩展处使用周转库存控制生产。

在价值流中常有一些点不能连续流动而必须采用批量生产方式。其主要原因有：①过程被设计成以很快或很慢的制造节拍生产而且需要为多种产品系列换型（如冲压、注塑等）；②有些过程距离远，如在供应商处，每次运输一件不现实；③有些过程制造周期长，以一个流连续流动直接与其他过程相连不太可靠。

准则4：努力将顾客订单计划只发到一个生产过程。

通过应用库存周转拉动系统，典型的情况是将计划只发给门到门价值流中的一个点，这一个点叫做定拍工序，如图13-13所示。因为在这个过程中对生产的控制就为所有上游的工序设定了节拍。在这个计划点的选择还决定了从顾客订单到成品的价值流中，有哪些单元成为制造周期的一部分。

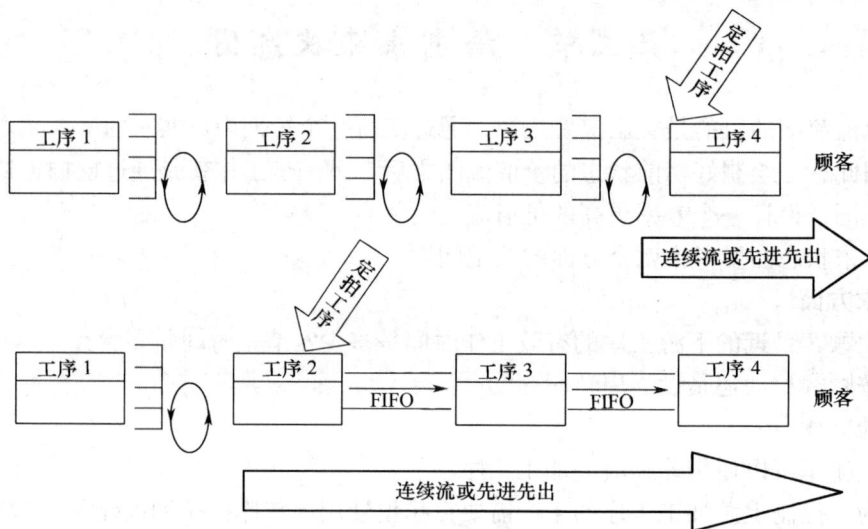

图13-13 选择定拍工序

材料从定拍工序传递到下游的成品需要以流动的方式（定拍工序下游不能用拉动的方式）。因此，定拍工序常常是门到门价值流中最后一个下游连续流动工序。在未来状态图中定拍工序是一个外部顾客订单控制的工序。

准则5：在定拍工序按时间均匀分配多品种产品的均衡混流生产。

准则6：在定拍工序安排一个小批量生产并进行等量搬运，产生一个"初始拉动"。

一个小批量的生产工时通常介于 5～60min。

准则7：在定拍工序的上游工序培养每天能制造各种零件的能力。

可以按以上7个准则设计未来状态图。绘制未来状态图主要包括以下四个步骤：准备工作、客户需求阶段、流动阶段和均衡生产阶段。

一、准备工作

1. 绘制客户、供应商和生产控制部门

与当前状态图相对应的位置上画出客户、供应商和生产控制部门的图标，并在这些图标之间画出信息流动的箭线，标注出调整后的预测信息和订单信息。例如，图13-14为绘制客户、供应商和生产控制部门。生产控制部门的预测信息频率由原来的每季度一次变更为每月一次，订单由原来的每周一次变更为每周两次。

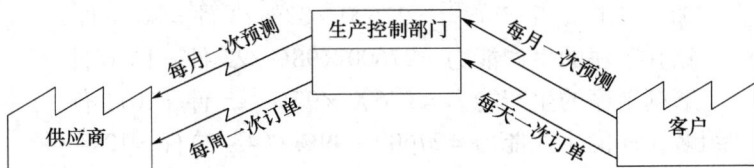

图13-14 绘制客户、供应商和生产控制部门

2. 填写发货信息

图13-15为填写发货信息。在与当前状态图上相同的位置上画出发货图标以及卡车图标，同时在发货图标和客户图标之间画出发货箭线，并在卡车图标内填写将产品发送给客户的频率，在客户图标的下面填写客户的需求信息。同时，在供应商图标和最上游工序的图标之间画一个卡车图标，同时画出从供应商图标指向最上游工序图标的箭线，在卡车图标内填写供应商发送原材料的频率。

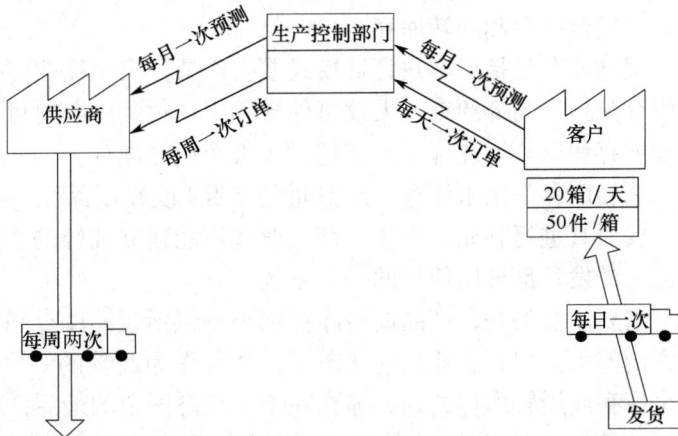

图13-15 填写发货信息

二、客户需求阶段

在准备工作完成后，绘制未来的状态图首先从关注客户需求阶段入手，即从理解客户对产品的需求，包括质量特点、订货提前期和价格方面等需求来制定未来目标。

1. 确定生产节拍和装箱节拍

首先，通过确定生产节拍来开始设计未来状态的需求阶段。其次，确定装箱节拍，即计算生产出一箱数量的在制品所需要的时间。装箱节拍计算公式为

$$装箱节拍 = 生产节拍 \times 装箱批量$$

例如，在图 13-15 中，每天客户需求量为 1000 件，每天有效时间为 27600s（460min），则

$$生产节拍 = 27600s/1000 \text{ 件} = 27.6s/\text{件}$$

$$装箱节拍 = 27.6 \times 50s/\text{箱} = 1450s/\text{箱}$$

2. 确定目前的生产方法是否能满足需求

在生产过程中，总会有一些阻碍连续性作业的问题，从而导致无法持续地满足客户的需求。因此，为了持续不断地满足客户的需求，就必须确定目前的生产方法是否能够满足客户的需求。例如，图 13-12 中各工序的生产能力分别为：

$$冲压工序的生产能力 = 27600 \times 87\% /3 \text{ 件} = 8004 \text{ 件}$$

$$钻孔工序的生产能力 = 27600 \times 98\% /23 \text{ 件} = 1176 \text{ 件}$$

$$磨削工序的生产能力 = 27600 \times 97\% /25 \text{ 件} = 1071 \text{ 件}$$

$$组装工序的生产能力 = 27600 \times 99\% /(45/2) \text{ 件} = 1214 \text{ 件}$$

从以上数据可知，各工序的生产能力均高于客户日需求量 1000 件，但是考虑到及时发货率往往不足 100%，这样生产能力有可能满足不了客户的需求。

3. 确定并绘制缓冲库存、安全库存或周转库存

如果各工序的生产能力和效率不能够满足客户的需求，则有必要根据生产情况建立缓冲库存、安全库存和周转库存。

缓冲库存是指当客户订货模式或生产节拍发生变化时可用于满足客户需求的产成品；安全库存是指当内部约束或无效事件导致生产过程中断时可用于满足客户需求的产成品。一般缓冲库存和安全库存都不应该超过 2 天产成品库存。

周转库存是用来储存一定数量的产品（或在制品），当这些产品被领走满足客户需求之后，要对其进行补充。周转库存一般在不能建立纯粹的、连续性流动的情况下使用，它是价值流上的发货部分所使用的一个系统。

需要注意的是，产品周转库存水平不包括缓冲库存和安全库存水平，应朝着库存最小化的方向努力。但在企业目前状态下，如果作为改善的一个必经阶段，而决定使用缓冲库存、安全库存或周转库存的话，那么在未来状态图上的最后一项作业和发货图标之间画上相应的图标。例如，图 13-16 为绘制缓冲库存、安全库存或周转库存。在价值流图的右下角画出缓冲库存、安全库存和周转库存。

三、流动阶段

流动阶段主要是如何保证实施流程化生产，以使内部和外部客户都能在需要的时间得到需要数量的产品，做到准时化生产。图 13-17 为流动阶段的绘制。

1. 对生产线进行平衡

创造连续流动的第一步是要平衡生产线，这有助于最合理地使用人力资源，并平衡工作

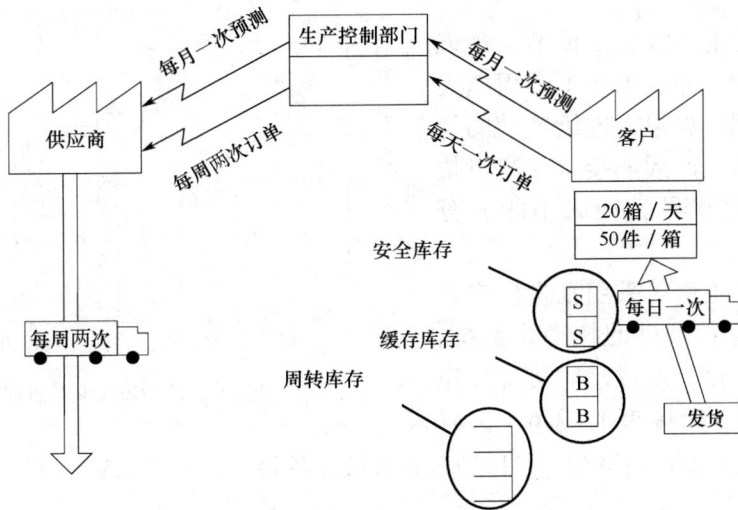

图 13-16 绘制缓冲库存、安全库存或周转库存

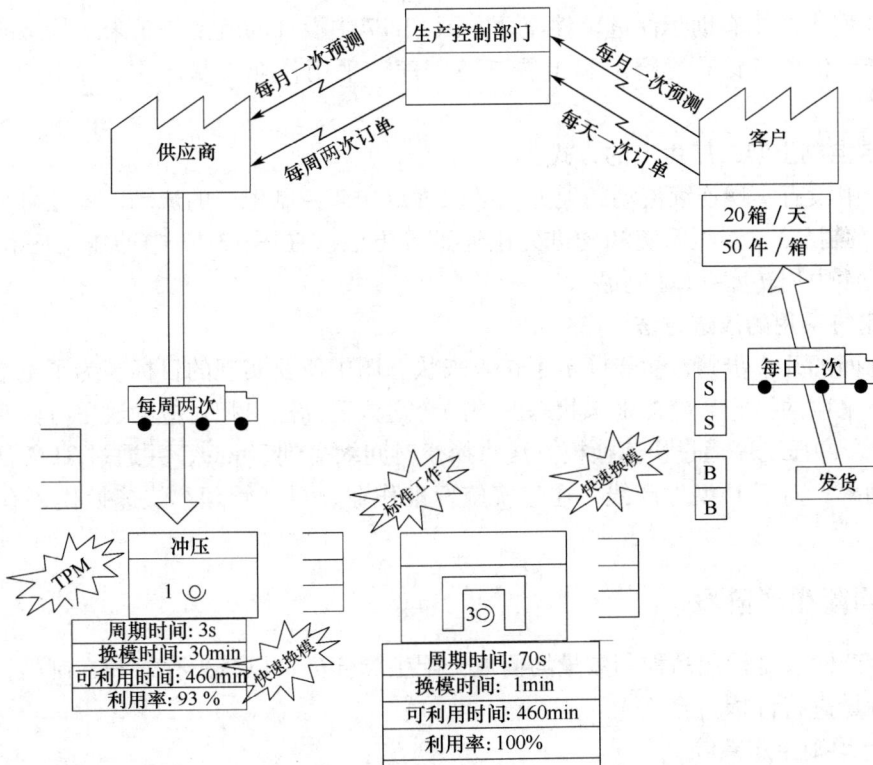

图 13-17 流动阶段的绘制

负荷，以实现平稳流动。

图 13-18 为生产线各工位的平衡现状。从图中可知，冲压工序生产周期大大低于节拍时间。如果以连续流动的观点来考虑，使其生产周期接近生产节拍是不实际的，也将导致冲床不能充分利用。

因此，冲压工序可采用批量生产并采用以周转库存为基础的拉动式系统。而对其他三道工序，通过计算可知：作业员人数 = （23 + 25 + 45）/27.6 = 3.37

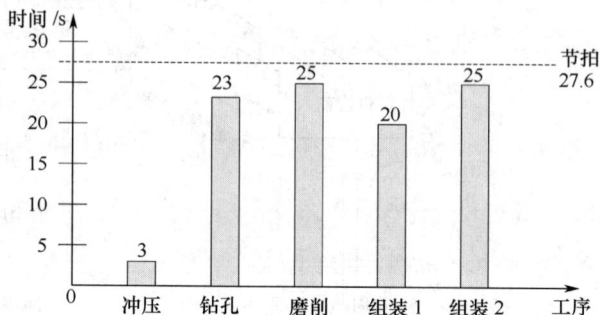

图 13-18　生产线平衡现状

人。为了实现更好的负荷平衡，可以通过各种改善手段，把作业人数减少至 3 名，重新分配各工序的工作内容。

2. 设计 U 型生产线

采用 U 型生产线有助于促进单件流动。图 13-17 中设计的就是一条未来状态的 U 型生产线，该生产线包含了钻孔、磨削和组装三道工序，采用作业人员 3 名，节拍 70s，换模时间 1min。

3. 确定控制上游工序生产的方式

在系统中没有实现连续流动的地方，必须确定如何控制生产的流动。一般可采用工序内周转库存（在制品）、看板系统和先进先出通道等方法。在图 13-17 中冲压工序和 U 型线之间建立了工序内周转库存（在制品）。

4. 确定将采用的改进方法

通过前面的几个步骤，初步确定了在未来状态图中所要实现的目标。为了更清楚地表达实现目标所采取的措施，应在未来状态图中的合适位置标注出相对应的改善方法和工具。在图 13-17 中，冲压工序通过快速换模方法将换模时间缩短到 30min，并通过 TPM 活动提高了设备的可动率；对于 U 型生产线，通过实施标准作业、目视管理、快速换模，有利于 U 型线生产。

四、均衡生产阶段

均衡生产阶段是按照品种和数量均衡地分配生产任务，以减少存货和在制品，并允许客户按更小批量进行订货。

1. 设计均衡生产系统

均衡生产系统以产品的数量和品种为基础实现均衡生产，因此，可以根据目前状态的有关数据以及未来状态图中的需求和流动阶段的情况，设计均衡生产系统。图 13-19 为均衡生产系统绘制。在生产控制部门图标下画出一个代表均衡生产箱的图标，并画出一条从生产控制部门指向均衡生产箱的以人工方式传递信息的箭线。由于产品 A 和 B 的需求比例是 3:1，因此生产控制部门要以这样的比例在均衡生产箱内放置看板。

2. 设计或改进看板系统

在规划好未来的均衡生产系统后，如果决定使用看板系统实行拉动式生产，就有必要在未来状态图中绘制出看板系统。图 13-19 中看板系统绘制过程如下：

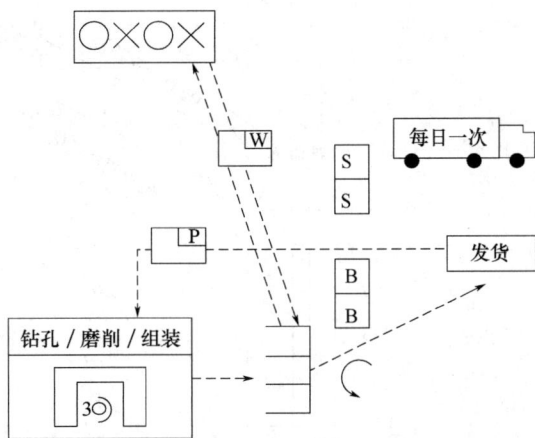

图 13-19　均衡生产系统绘制

（1）首先在均衡生产箱和周转库存之间画出一个领取看板的图标，并用虚线箭头连接，表示物流配送人员需要从周转库存领取发货所需的产品。

（2）在周转库存和发货部门之间用虚线箭头相连，用来表示物流配送人员需要从周转库存中搬运部件准备发运。

（3）在钻孔/磨削/组装生产单元的右上方画一个生产看板，并用虚线箭头连接发货图标和钻孔/磨削/组装生产单元的图标，用来表示生产单元需要生产周转库存中被领取的产品。

（4）在钻孔/磨削/组装和超市之间画一条虚线箭头，用来表示从钻孔/磨削/组装单元向周转库存补充所需要的物品。

（5）在周转库存和均衡看板箱之间画一条虚线箭头，用来表示物流配送人员将产品搬运到周转库存之后，返回到均衡看板箱处。

（6）针对冲压工序，由于是批量生产，在其右上方画一个信号看板的图标，并用代表人工信息流动的箭头连接，用来表示当钻孔/磨削/组装单元的操作人员从工序间周转库存中提取走所需部件时，取出信号看板，而冲压工序的操作人员在将加工完成后的部件送到工序周转库存时，则会收回信号看板。同理，在冲压工序和供应商之间设立原材料周转库存，并用信号看板作为供货的指令，如图 13-20 所示。

使用看板系统意味着进行拉动式生产，因此，还必须在价值流图中标注出生产过程内有物流拉动的地方。图 13-20 中在各个周转库存旁画出了代表拉动生产的图标。

3. 补充其他信息

最后，补充反映未来状态的其他信息，如采用的改进方法或其他有用的数据。例如，在

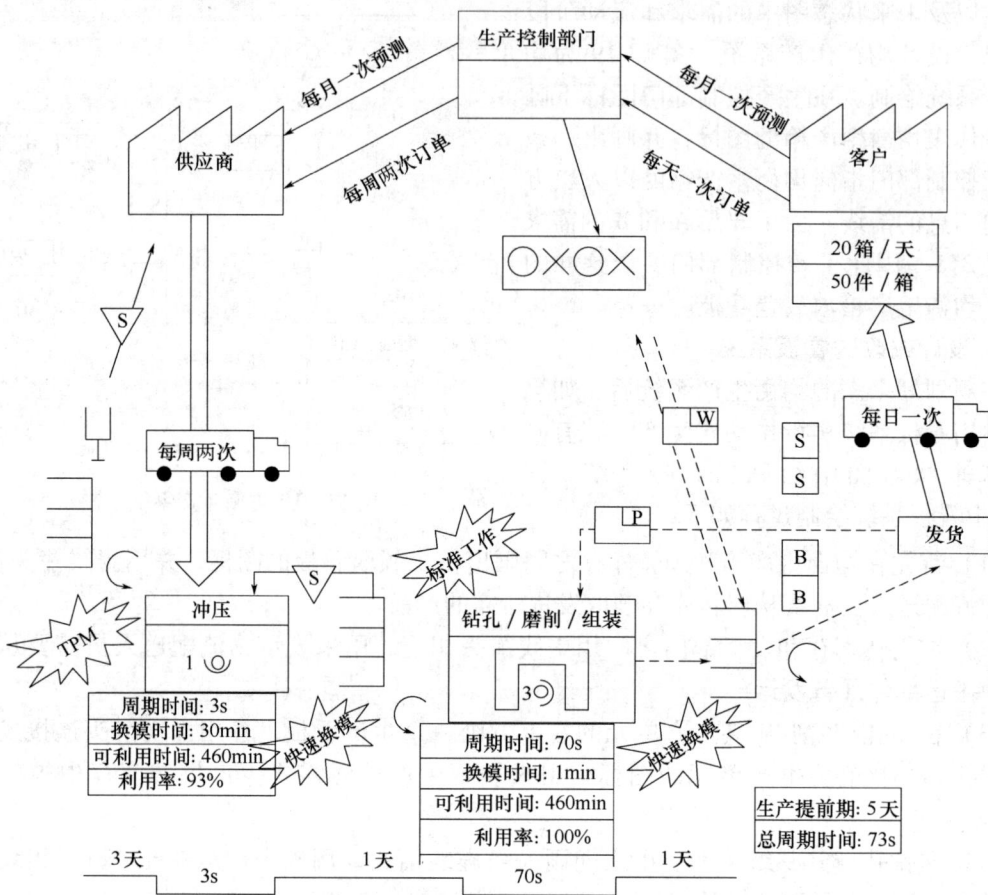

图 13-20　未来状态图

未来状态图上添加反映价值流的订货提前期和总周期时间的统计数据箱，从而完成绘图过程，如图 13-20 所示。

在绘制价值流图时要注意三方面问题：①合理选定产品族；②准确地绘制现状图；③根据现状图绘制未来状态图。

（1）合理选定产品族。有的价值流图上有很多小的价值分支，看起来非常复杂，增加了分析的难度。这种问题的发生主要在于开始绘制价值流图之前的产品族分析没有做好。有些产品族是非常明显的，例如家电企业生产不同型号的电视机、微波炉、冰箱等；有些则不是很明显，例如电子零件生产企业，产品有上百种甚至过千种，产品类型相似，产品加工工序复杂，其中还有许多分支和合流的地方。一般认为，研究对象的流程处理工序超过 80% 相同的就可以判为同一个产品族。在分析过程中，如果没有很好地识别流程中的共享资源，也没有很好地跟踪适当的产品或人的流向，通常会导致价值流图非常复杂，不能反映产品族的真正情况，因此在绘制价值流图之前一定要选定合适的产品族。

（2）准确地绘制现状图。尽管许多企业已经制定了价值流管理过程的流程，但是，很少有几家企业能像丰田公司一样将所有的步骤很好地结合起来。出现这种缺陷的常见原因就是不能由始至终地按流程开展这项活动。在一般情况下，很多公司在价值流图形还没有准确地反映目前的实际状态时，就已经开始实施革新活动，这就大大限制了价值流图作用的发挥。因此，如果希望在实施未来状态的过程中获得成功，就必须首先准确地绘制出反映目前状态的价值流图。此外，在搜集当前状态的相关信息时，务必保证信息的准确性，本着现地现物的原则，深入到生产现场获取所需的信息。

（3）根据现状图绘制未来状态图。绘制价值流图并不是目的，而是作为推行精益生产的一种工具，通过绘制现状图，有助于识别生产过程中的浪费和其他不合理的现象，然后根据企业的实际情况，制定出预期实现的目标，并用未来状态图表示出来，进而制定出为实现未来状态的详细计划并付诸实施。

参 考 文 献

［1］门田安弘. 新丰田生产方式［M］. 王瑞珠，等译. 2版. 保定：河北大学出版社，2006.

［2］大野耐一. 丰田生产方式［M］. 谢克俭，等译. 北京：中国铁道出版社，2006.

［3］许文治. NPS现场管理操作手册［M］. 广州：广州经济出版社，2002.

［4］唐·泰平，汤姆·路易斯特，汤姆·斯特. 价值流管理［M］. 张群，等译. 大连：东北财经大学出版社，2005.

［5］詹姆斯·摩根，杰佛瑞·莱克. 丰田产品开发体系［M］. 精益企业中国，译. 北京：中国财政经济出版社，2008.

［6］杰弗里·莱克. 丰田汽车案例［M］. 李芳龄，译. 北京：中国财政经济出版社，2004.

［7］迈克·鲁斯，约翰·舒克. 价值流图析［M］. 杜宏生，等译. 北京：人民交通出版社，1999.

［8］佃律志. 图解丰田生产方式［M］. 滕永红，译. 北京：东方出版社，2006.

［9］肖智军，党新民，刘胜军. 精益生产方式JIT［M］. 深圳：海天出版社，2002.

［10］李娟，刘旭. 精益化装配管理［M］. 北京：中国计量出版社，2005.

［11］孙亚彬. 精益生产实战手册［M］. 深圳：海天出版社，2006.

［12］李向阳. 丰田改变世界［M］. 北京：北京大学出版社，2007.

［13］黄祯祥，鲁建厦. 看板管理在企业中的应用研究［C］//王核成，等. 信息化与管理创新——2006年全国第十届企业信息化与工业工程学术年会论文集. 北京：电子工业出版社，2006：330-334.

［14］路士利，鲁建厦. 精益生产中的快速换模技术研究［J］. 轻工机械，2006：24（3）：496-499.